Dietz Berlin / Theorie

Jacques Bidet

Foucault mit Marx

Aus dem Französischen von
Andreas G. Förster und Lilian Peter

Dietz Berlin

Für Annie, mit der ich dieses Buch Seite um Seite besprochen habe.

Editorische Vorbemerkung:
Die Schreibweise von Zitaten ist den Regeln der neuen Rechtschreibung angeglichen. Zusätze, Erläuterungen und Ergänzungen der Übersetzer im Text sind mit eckigen Klammern gekennzeichnet. Für die deutsche Ausgabe angefertigte Anmerkungen und Kommentare von Alexis Petrioli sind als »Editor. Hinweise« eingeleitet. Soweit nicht als »Anm. d. Ü.« ausgewiesen, stammen alle anderen Anmerkungen vom Autor.

Bibliografische Informationen der Deutschen Nationalbibliothek.
Die Deutsche Nationalbibliothek verzeichnet diese Publikation in der Deutschen Nationalbibliografie; detaillierte bibliografische Daten sind im Internet über http://dnb.dnb.de abrufbar.

Gefördert von der Rosa-Luxemburg-Stiftung

1. Auflage 2023

Lektorat: Alexis Petrioli
Gestaltung: Andreas Homann
Satz: Kerstin Davies
Druck und Bindung: Interpress Budapest
Printed in Hungary
ISBN 978-3-320-02396-6

JACQUES BIDET, geb. 1935, ist emeritierter Professor für Philosophie der Université de Paris X – Nanterre und Mitherausgeber und Mitgründer der Zeitschrift *Actuel Marx*.

ANDREAS G. FÖRSTER ist Übersetzer aus dem Englischen wie dem Französischen und aktives Mitglied des Übersetzerverbands VdÜ in ver.di.

LILIAN PETER ist Autorin, Philosophin und Übersetzerin aus dem Englischen und Französischen.

Inhalt

Einleitung – Warum und wie Marx und Foucault zusammendenken?

Der Verlauf der kapitalistischen Globalisierung entspricht genau der Tendenz, die Marx vorhergesehen hatte: einer totalen Kommodifizierung der Güter, Dienstleistungen und Wissensprodukte, der »Arbeitskräfte« selbst, sowie all dessen, was die Natur hervorbringt. Seine Diagnose derart verifiziert zu sehen, dürfte einige seiner Anhänger fast schon mit Stolz erfüllen. Doch die Revolutionen, die die kapitalistische Entwicklung selbst notwendig hervorbrachte, sind versandet. Und »der neue Mensch«, der die Bühne betritt, ist anders als erwartet nicht der emanzipierte Produzent, sondern ein gänzlich normiertes und kontrolliertes, der neoliberalen Macht unterworfenes Subjekt. Als Vorreiter der Kritik hatte Foucault dieses Ergebnis vorausgesehen; er löst Marx ab. Aber im Negativen, als Zeuge des Scheiterns.

Man kann davon ausgehen, dass die Zukunft nicht so eindeutig vorgezeichnet ist. Ich möchte hier vorschlagen, diese beiden Vermächtnisse, das marxsche und das foucaultsche, wieder aufzugreifen und miteinander zu verknüpfen. Denn in genau dieser Verbindung, in dieser extremen Spannung, entfalten sie erst ihr volles Potenzial und finden ihre relative Wahrheit. Das zumindest ist die Hypothese. Ich werde versuchen, herauszufinden, unter welchen Bedingungen Marx und Foucault konsequent zusammengedacht werden können, ohne dabei in bloßen Eklektizismus zu verfallen. Sicherlich wird dies nicht restlos möglich sein. Das Werk Foucaults übersteigt den Rahmen des marxschen Projekts, und umgekehrt. Ein entscheidendes Moment dieses *work in progress* schreibt sich jedoch in den Rahmen eines gewissen »historischen Materialismus« ein, dem sie beide, auf je eigene Weise, angehören. Dieses Moment ist in erster Linie in den am Collège de France gehaltenen Vorlesungen von 1971 bis 1979 zu finden, die sich auf den Marx des »Kapitals«[1] beziehen.

1 Editor. Hinweis: Der Marx des »Kapitals« ist in erster Linie der Marx des ersten Bandes des »Kapitals«, von dem zu seinen Lebzeiten zwei deutsche Auflagen erschienen (1867 und 1872[–73]) und der den zweiten von Marx unternommenen Anlauf zur Publikation seiner »ausgereiften« »Kritik der politischen Ökonomie« darstellt: Karl Marx: Das Kapital. Kritik der politischen Oekonomie. Erster Band. Buch I: Der Produktionsprocess des Kapitals [1867,^{2}1872;^{4}1890], in: Karl Marx/Friedrich Engels: Werke [MEW], Berlin 1957 ff., Bd. 23 [1962, unveränd. ^{24}2013]. – Siehe auch die bibliografischen Ausführungen weiter unten in Fn. 10.

In jenen Jahren stehen zwei Modelle von »Kritik« und »Wahrheit« einander gegenüber, aus denen sich gegensätzliche politische Praktiken ergeben. Dieser Konflikt, der Foucaults Werk zu jener Zeit durchzieht und einen Teil seiner öffentlichen Interventionen motiviert, ist nicht an eine räumlich oder zeitlich klar umrissene Situation geknüpft. Er ist Ausdruck einer Spaltung, die in der heutigen Welt nahezu überall zu finden ist. Nennen wir sie, mit einem Begriff aus einer anderen Zeit – und wir werden sehen, dass dies nicht ungerechtfertigt ist – »Widersprüche im Volke«.[2] Einerseits sind da diejenigen, für die die großen Gesellschaftsfragen von Produktions- und Aneignungsprozessen, von der »Ausbeutung« her anzugehen sind, verstanden nicht einfach nur als Ungleichheit, sondern als Prinzip der Kapitalakkumulation in den Händen einer Minderheit, der der soziale und ökologische Gehalt der produktiven Arbeit gleichgültig ist. *Für diese Fraktion ist Marx ein Bezugspunkt.* Andererseits sind da diejenigen, deren Hauptaugenmerk unmittelbar der Konstituierung des Subjekts gilt, der »Behandlung des Menschen durch den Menschen«: in der Unternehmenshierarchie, der familiären Ordnung, den Geschlechtsbeziehungen, zwischen integrierten Mehrheiten und »Anteillosen«, in der Verwaltung der ethnischen oder sexuellen Minderheiten, der Exilanten und der Immigranten, der Stigmatisierten hinsichtlich Gesundheit oder Kriminalität. *Für diese Fraktion kann Foucault einen Anlaufpunkt bieten.* Natürlich verstehen sich erstere als im zweiten Bereich gleichermaßen engagiert: Nichts Menschliches ist ihnen fremd. Zweitere halten sich für die radikalsten Kritiker des Kapitalismus, nämlich seiner produktivistischen und konsumistischen Auswüchse. Diese Spaltung taucht immer wieder auf; in meinen Augen ist sie der Ausdruck für eine Gesellschaftskritik, die von in der gegenwärtigen Epoche strukturell ausdifferenzierten Orten der modernen Gesellschaft aus aufkommt. Sie teilt und schwächt die »Partei« derjenigen, die sich im Dienst eines universellen emanzipatorischen Projektes sehen.

Natürlich wird auf verschiedenen Seiten darüber nachgedacht, unter welchen Voraussetzungen eine produktive Kooperation möglich wäre. Die marxistischen Schulen, um nur von ihnen zu sprechen, lebten stets von den Hybridisierungen, mit denen sie mit ihrem [sozialen und intellektuellen] Umfeld in Beziehung standen. Über Generationen hinweg haben Wissenschaftler unterschiedlicher Fachrichtungen immer wieder

2 Editor. Hinweis: Anspielung auf Mao Zedong, der seinerzeit (und bezogen auf den Aufbau des Sozialismus in China) diese Art von Widersprüchen den »Widersprüchen zwischen uns und dem Feind« gegenüberstellte. Während letztere grundsätzlich antagonistischer Natur seien, sei für die ersteren charakteristisch, dass sie antagonistische und, nämlich was die Widersprüche »unter den Werktätigen« betrifft, nicht-antagonistische Widersprüche umfassen, wobei diese nicht-antagonistischen in antagonistische übergehen können, wenn sie nicht erkannt und durch Debatten und Massenmobilisierung offen ausgetragen werden. (M. Zedong [Tse-tung]: Über den Widerspruch [1937], in: ders.: Ausgewählte Werke, Bd. 1, Peking 1968, S. 365–408; ders.: Über die richtige Behandlung der Widersprüche im Volke [1957], in: ebd., Bd. 5, Peking 1978, S. 434–476.) Siehe auch das letzte Kapitel des vorliegenden Buches.

neue Verkupplungen vorgenommen: Marx-Weber, Marx-Keynes, Marx-Braudel, Marx-Lacan, Marx-Bourdieu, Marx-Heidegger, Marx-Rawls, Marx-Derrida ... Das Paar Marx-Foucault wird heute am häufigsten im Rahmen eines quasi »offiziellen« kritischen Programms aufgerufen, das sich auf das Triptychon »*class/race/gender*« bezieht. Für »Klasse« zieht man Marx heran, für *race* und *gender* Foucault. Eine solche Vorgehensweise kommt jedoch häufig kaum über das Stadium einer eklektischen Arbeitsteilung hinaus, die dem einen das vermeintlich leichter zu erkennende Terrain der Ausbeutung zuordnet – und dem anderen die vermeintlich undurchsichtigeren Zonen der Herrschaft. Ergebnis dessen ist eine Spaltung zwischen beiden Perspektiven, die beide Seiten schwächt und trivialisiert.

Was ich versuchen will, birgt somit ein großes Risiko, ist sozusagen ein »Kraftmanöver« im dem militärischen Ingenieurwesen entlehnten Sinne: Ziel ist es, beide Ansätze zusammen innerhalb *eines einzigen theoretischen Rahmens* zu verstehen, nämlich einer »allgemeinen Theorie der modernen Gesellschaft«, zu deren Definition sie beitragen sollen. Das Experiment ist offensichtlich voller Fallstricke. Man kann von vorliegender Arbeit nicht erwarten, den *philosophischen* Dissens zwischen den beiden Vorgehensweisen zu überwinden. Und bezüglich ihres *sozio-theoretischen* Gehalts gibt es beiderseits Vorbehalte: Dieser markiert einen Bruch innerhalb der marxistischen Tradition; und Foucault hätte das Unternehmen grundsätzlich für unzulässig befunden. Bekanntermaßen richtet sich dessen Kritik gegen einen »hegelschen« Marx, gegen ein Denken der Totalität, die sich historisch entfaltet, bis die sozialen Widersprüche aufgehoben sind. Historisch bedeutsam sind für Foucault große Ensembles, »Dispositive«; diese setzen sich aus unterschiedlichen Elementen zusammen, verschieben sich gegeneinander, sind immer in Bewegung, ausgestattet mit unterschiedlichen Geschwindigkeiten, Intensitäten und Orientierungen, und übertragen ihre Substanz und ihren Rhythmus auf Aktivitäten und Leben der Menschen. Sie bilden kein System. Als Erbe Nietzsches geht Foucault von einer Vielheit singulärer Dinge, Lebewesen und Ereignisse aus, die aufeinandertreffen. Er denkt die Ordnung ausgehend von der Unordnung. Ich werde den umgekehrten Weg nehmen und versuchen – möge man mir die Kühnheit verzeihen –, die Unordnung ausgehend von der Ordnung zu verstehen. Der Marxismus ist bekanntlich von einem solchen Projekt durchdrungen. Die marxistische Kritik bringt die Unordnung, die durch die kapitalistische Ordnung entsteht, zum Vorschein. Das Feld der Unordnung ist damit jedoch, in meinen Augen, nicht erschöpfend ausgeleuchtet. Ich werde versuchen, zu zeigen, was der von Marx ausgehenden Tradition in diesem Sinne fehlt, und warum dies eine Beschäftigung mit Foucault nahelegt. Der Marxismus wies den Königsweg, den vernünftigen Pfad des Kampfes, weg von der Klassenherrschaft hin zur Freiheit-Gleichheit [liberté-égalité] aller.

Natürlich erwies sich bereits in jenen »glorreichen« Jahren, dass Viele – Verrückte, Kranke, Delinquenten, Abweichler, Ausländer und Minderheiten aller Art – nicht in dieses Programm passten. Doch wir wissen, wie die Dinge heute bestellt sind, in Zeiten von Massenarbeitslosigkeit, Desaffiliation[3], Orientierungslosigkeit, Zerfall von Gruppensolidarität. Die »Minderheiten« – die Anteillosen und die Zukunftslosen, zumindest die Perspektivlosen – sind zur Mehrheit geworden. Der Ruhm Foucaults läuft daher nicht Gefahr, zu verlöschen (jedenfalls nicht unmittelbar). Foucault heilt uns von Hegel, jenem Hegel, der als Engel der großen Erzählung erfunden wurde. Er verwundet uns für immer.[4]

Die widersprüchliche, durch Affinität und Abstoßung geprägte Beziehung zwischen Marx und Foucault rechtfertigt es – auch wenn mehr als ein Jahrhundert zwischen ihnen liegt –, sie im Licht ihrer Idee von der »kritischen« Funktion der Philosophie zum Zweck der Analyse und Kritik der Gegenwart gemeinsam auf den Plan zu rufen.

Meiner Ansicht nach setzt eine fruchtbare Begegnung voraus, dass man beider Theorien im Sinne einer »strukturalen« Kritik und einer *»metastrukturalen«* Neubegründung angeht – sprich die moderne »Gesellschaftsstruktur« ausgehend von ihrer »Metastruktur« betrachtet. Darunter verstehe ich nicht deren moralisches oder politisches *Fundament*, sondern ihre »Voraussetzungen«: *die Fiktion [Objekt], die diese Struktur [Subjekt] voraussetzt und setzt*, die sie [= die Struktur] als *reale* Bedingung ihrer Existenz [= Existenz der Struktur] *produziert*. Marx' Kritik des »Gesellschaftsvertrages« ist in diesem Sinne zu verstehen. Ich habe dieses Projekt über mehrere Bücher und einen Zeitraum von drei Jahrzehnten hinweg entwickelt und werde es hier nicht noch einmal neu darlegen können.[5] Doch sind einige wichtige Hinweise zu geben.

3 Diesen Begriff, der sich am ehesten als »Entkopplung« oder »Ausgliederung« umschreiben lässt, verwendet Robert Castel in seiner Kritik an einer inflationären, allzu leichtfertigen Rede von sozialer Exklusion: Während von dieser nur im Hinblick auf extreme Formen multidimensionaler Deprivation gesprochen werden sollte, biete sich der neu eingeführte Begriff für Prozesse der Deklassierung und Marginalisierung an. Siehe Robert Castel: Nicht Exklusion, sondern Desaffiliation. Ein Gespräch mit François Ewald, in: Das Argument, Jg. 38, 1996, Nr. 217, S. 775–780. Zur diskursiven Einbettung des (umkämpften) Begriffsfeldes vgl. Olivier Gajac: La notion de désaffiliation chez Robert Castel, in: Revue du MAUSS [Mouvement anti-utilitariste dans les sciences sociales] permanente [Online-Ausgabe], 28.10.2015, unter: https://www.journaldumauss.net/?La-notion-de-desaffiliation-chez-1250. (Anm. d. Ü.)

4 Editor. Hinweis: »Erkennen heilt die Wunde, die es selber ist«, erklärte Hegel und bezeichnete den Prozess von (Selbst-)Verwundung und (Selbst-)Heilung als die »ewige Geschichte des Menschen«. (Religions-Philosophie [= Manuskript der Vorlesungen über die Philosophie der Religion], Dritter Theil, in: Gesammelte Werke [Akad.-Ausg.], Bd. 17: Vorlesungsmanuskripte I (1816–1831), hrsg. v. Walter Jaeschke, Hamburg 1987, S. 205–300, hier S. 249 [87a]). Die biblische Erzählung vom Sündenfall, mit dem die Wunde aufbricht, welche die christliche Religion zu heilen angetreten ist, macht Hegel zu einem Gründungsdokument der modernen Subjektivität: Sie liefert das Urmuster für den schmerzlichen Weg von einer ursprünglich-glücklichen Einheit über den Selbstverlust (Entfremdung) zur Selbstvergewisserung des Geistes.

5 Ich erlaube mir, auf fünf meiner früheren Bücher zu verweisen: »Que faire du Capital?« (1985), »Théorie de la modernité« (1990), »Théorie générale« (1999), »Explication et reconstruction du Capital« (2004), »L'État-monde« (2011). Der Leser sollte sich nicht über häufige Verweise auf diese Arbeiten wundern. Es handelt sich bei vorliegender Arbeit um die Fortsetzung eines

Bekanntermaßen schlug die Frankfurter Schule vor, die Gegenwart als unter der Herrschaft der »instrumentellen Vernunft« stehend zu interpretieren. Bei Foucault findet sich hiervon ein Echo, wenn er 1978 in genau diesem Sinne von der »Vernunft als despotische[r] Aufklärung«[6] spricht. Ich schlage eine hierein einstimmende Maxime vor, die aber doch im Grunde recht anders ist:[7] Die »Moderne« muss, als historisch spezifische Gesellschaftsordnung, im Sinne einer »Instrumentalisierung der Vernunft« verstanden werden. Marx hat, so meine ich, hierfür bereits die schematische Vorlage geliefert: Er entschlüsselt das kapitalistische Klassenverhältnis als Instrumentalisierung der *Marktvernunft [raison marchande]* und definiert den Kapitalismus durch die Ausbeutung der zur »Ware« verwandelten Arbeitskraft. In diesem Sinne konstituiert der Markt die metastrukturale Voraussetzung, die in der kapitalistischen Klassenstruktur instrumentalisiert wird. Meiner Ansicht nach deckt Marx damit jedoch nur die Hälfte des sozialen Feldes ab (und wir werden sehen, inwieweit Foucault die andere Hälfte übernimmt ...). Denn das »moderne Klassenverhältnis« impliziert tatsächlich *zwei Vermittlungen*: den *Markt* natürlich, aber auch, gleichermaßen und damit zusammenhängend, die *Organisation*. Dies sind, in den Begriffen der Institutionenökonomik,[8] die beiden nicht isolierbaren Hauptmodalitäten der »rational-vernünftigen Koordinierung auf gesellschaftlicher Ebene«. Die Instrumentalisierung der Vernunft besteht folglich darin, dass sich die beiden intelligiblen sozialen »Vermittlungen«, Markt und Organisation, in »Klassenfaktoren« verkehren. Anders gesagt, in der »modernen« Gesellschaft ist das Klassen*verhältnis* als komplexe Verknüpfung beider Klassen*faktoren* zu analysieren.

Das Paradoxe – was die Kommentatoren offenbar stets übersehen haben – ist, dass kein anderer als Marx den grundlegenden Charakter dieses Paars erkannt hat, das er im Übrigen explizit als zwei

---

sich kontinuierlich weiter entwickelnden Forschungsvorhabens. Meine *metastrukturale Theorie* hat einen »Existenzvorteil«, wie man von bescheidenen Vorhaben zu sagen pflegt, d. h. ihr kommt das Verdienst zu, überhaupt zu existieren. Auf vielfältige Weise wird sie inzwischen von anderen angewendet. Sie inspiriert analytische Hypothesen – in den Bereichen von Soziologie, Geschichte, Politik und Kultur –, und hält sich im Gegenzug für Kritik und Anpassungen offen. Durch die Verknüpfung von »Klassenstruktur« und »Weltsystem« versucht sie insbesondere auch, Herrschaftsformen bezüglich *race* und *gender* zu beleuchten.

6 Michel Foucault: Vorwort [Introduction] [zu Georges Canguilhem: On the Normal and the Pathological, Boston 1978], übers. v. Hermann Kocyba, in: ders.: Schriften in vier Bänden. Dits et Écrits [1994], hrsg. v. Daniel Defert/François Ewald/Jacques Lagrange, Frankfurt a. M. 2001–2005, hier Bd. III, S. 551–567, S. 556. [Zum Hintergrund der Edition siehe Fußnote 17.]

7 Ich verdanke Jean-Marc Durand-Gasselin, dem Autor von »L'École de Francfort« (Paris 2012) eine Klärung dieses Punktes. Bezüglich der Bedeutung von »Moderne« kann ich auf meine oben genannten Bücher verweisen. Vorläufig verweist das Wort, getreu dem geschichtswissenschaftlichen Gebrauch, auf die lange Periode der »Neuzeit«, nicht nur auf die »zeitgeschichtliche« Phase.

8 Vgl. etwa Oliver E. Williamson: Die ökonomischen Institutionen des Kapitalismus. Unternehmen, Märkte, Kooperationen [1985], übers. v. Monika Streissler [1990], Tübingen 2009. In den §§ 221–222 und 711–713 meiner »Théorie générale« (1999) biete ich eine kritische Analyse der Konzeptionen dieser Schule.

»Vermittlungen«[9] bezeichnet. Er definiert *den Markt* als Gleichgewicht a posteriori zwischen verschiedenen Instanzen privater Produktion und *die Organisation* – auch dieser Begriff stammt von ihm – als Anordnung a priori von Zwecken und Mitteln innerhalb einer Produktionsinstanz unter einer Autorität und Leitung (im Privaten etwa die Fabrikleitung, gleichermaßen aber auch die kollektive einer sozialistischen Gesellschaft).[10] Er machte dieses Paar zum Angelpunkt seiner historisch-ökonomischen Theorie. Aber, und das ist im Kern meine Kritik an ihm, er handhabte es nicht richtig und machte es zu einer teleologischen Schimäre. In der kapitalistischen »Konzentration« und »Zentralisation«, Ergebnis der Konkurrenz auf dem *Markt*, sah er einen kongruenten Machtzuwachs der *Organisation*, der schließlich, im Extremfall, in einem Wirtschaftszweig oder einem ganzen Land nichts weiter übrig lasse als ein einziges Unternehmen:[11] Die *Markt*logik zeige eine rückläufige Tendenz, um schließlich ganz hinter einer »nach konzertierten Plänen« *organisierten* Ordnung zurückzustehen und dem Sozialismus den Weg zu ebnen. In diesem Transitionsprozess ordnet Marx den Markt gewissermaßen der Vergangenheit und die Organisation der Zukunft zu. Und genau darin liegt sein Irrtum. Denn die zwei Vermittlungen, Markt und Organisation,

9 Das Konzept der Vermittlung etabliert Marx in den »Grundrissen« [1857/58], in: MEW, Bd. 42, S. 104. Er unterscheidet darin zwei Vermittlungen, eine durch den »Tauschwert«, das heißt durch den Markt, die andere durch »eine Organisation«, die »vorausgesetzt« ist und nicht »post festum« den »gesellschaftliche[n] Charakter der Produktion« sicherstellt. Zur Entdeckung und Behandlung dieser »Vermittlungen« durch Marx vgl. Jacques Bidet: L'État-monde, Paris 1999, Kap. 2.

10 Diese Definition findet sich im ersten »Kapital«-Band [seit der zweiten Auflage] unter der Zwischen-Überschrift »Teilung der Arbeit innerhalb der Manufaktur und Teilung der Arbeit innerhalb der Gesellschaft« (Marx: Kapital, Bd. 1, in: MEW, Bd. 23, S. 371–380 [= Kap. 12.4]; vgl. Kapital-Erstausgabe [1867], in: Karl Marx/Friedrich Engels: Gesamtausgabe [MEGA²], Berlin 1975 ff., Bd. II/7, S. 285—293). – Bidet bezieht sich auf die französische Übersetzung der Erstausgabe des »Kapitals« (Karl Marx: Le capital. Livre premier [1872–75; Erstauslieferung in Heften von jeweils ca. 40 Seiten], übers. v. Joseph Roy, von Marx zur Gänze durchgesehen, in: MEGA², Bd. II/7). Wir zitieren nach dem in den Marx-Engels-Werken (MEW) konsolidierten und modernisierten deutschen Text, der auf der 4., von Friedrich Engels herausgegebenen Auflage von 1890 fußt und verweisen auf die Textgestalt der deutschen Erstausgabe von 1867 nach der »zweiten« historisch-kritischen Marx-Engels-Gesamtausgabe (MEGA²), sofern die beiden Quellen signifikant voneinander abweichen oder aber text- bzw. redaktionshistorische Details zumindest für Bidets Ausführungen von Relevanz sind. (Anm. d. Ü.) – Editor. Hinweis: Die betreffende Textpassage existierte bereits in der Erstausgabe von 1867, wo Marx allerdings das Manufaktur-Kapitel (= Kap. IV.3) noch nicht unterteilt hatte. Für die deutsche Zweitauflage (1872–73) und die teils parallel vorbereitete französische Ausgabe (1872–75) überarbeitete Marx die Kapitel-Gliederung des ganzen Buches und fügte unter anderem auch im Manufaktur-Kapitel (= dt. Ausg.: Kap. 12; frz. Ausg.: Kap. 14) weitere kleingliedrige Zwischenüberschriften ein.

11 »[...] in dem Augenblick, wo das gesamte gesellschaftliche Kapital vereinigt wäre in der Hand, sei es eines einzelnen Kapitalisten, sei es einer einzigen Kapitalistengesellschaft«, Marx: Kapital, Bd. 1, in: MEW, Bd. 23, S. 656. – Editor. Hinweis: Den Begriff der »Zentralisation« (als Zusammenschluss mehrerer bestehender Kapitale, komplementär zur »Konzentration« von konstantem [und variablem] Kapital durch Vergrößerung individueller Kapitale innerhalb des Akkumulationsprozesses im engeren Sinne) hat Marx erst in der französischen Ausgabe des ersten »Kapital«-Bandes eingeführt (Marx: Le capital I, in: MEGA², Bd. II/7, S. 548). Engels hat die damit verbundenen Änderungen bzw. Zusätze größtenteils in die 1883 von ihm herausgegebene 3. deutsche Auflage des ersten Bandes aufgenommen, den betreffenden Satz allerdings erst in seiner abermaligen redaktionellen Überarbeitung für die 4. Auflage 1890 eingeflochten (Karl Marx: Das Kapital. Kritik der politischen Oekonomie. Erster Band. Buch I: Der Produktionsprocess des Kapitals [⁴1890, hrsg. v. Friedrich Engels], in: MEGA², Bd. II/10, S. 563).].

sind in der modernen Gesellschaft struktural, das heißt dauerhaft voneinander nicht zu trennen und also stets koexistent.

Die beiden Vermittlungen können nur als Klassenfaktoren instrumentalisiert werden, weil jede Einzelne ein Herrschaftspotenzial birgt und zum Objekt eines gesellschaftlich reproduzierbaren Vorrechts werden kann, entweder in Form des Eigentums (auf dem *Markt*) oder der »Kompetenz« (in der *Organisation*). Kompetenz nicht in dem Sinne, dass man kompetent *ist* (über Wissen und Kenntnisse verfügt, das einen zu Tätigkeiten befähigt), sondern in dem Sinne, dass man Kompetenz (*erhalten*) *hat*: Man übt *Macht-Wissen* aus, eine direktive Macht, die an ein sanktioniertes Wissen gebunden ist. Die herrschende bzw. privilegierte Klasse umfasst somit zwei Pole. Die beiden derart definierten sozialen Kräfte – basierend auf den jeweiligen Privilegien, auf der Akkumulation daraus abgeleiteter sozialer Macht – bezeichne ich als die der »Kapitalisten« und die der »Entscheidungs-Kompetenz-Träger« oder »Kompetenten«, die aufgrund einer erhaltenen Kompetenz zur Führungsschicht gehören. Beide korrespondieren miteinander, sind aber zugleich auch antagonistisch. Marx definiert die herrschende Klasse einseitig auf Basis des *Eigentums*: Sie besitzt die Produktions- und Tauschmittel auf dem kapitalistischen Markt. Ihm entgeht der andere Pol, der des »Macht-Wissens«. Dabei erkannte Marx das Problem durchaus: Nach der Abschaffung des Marktes, schreibt er in der »Kritik des Gothaer Programms«, bestehe weiterhin »die knechtende Unterordnung der Individuen unter die Teilung der Arbeit, damit auch der Gegensatz geistiger und körperlicher Arbeit«[12] – *das heißt die Unterordnung unter das Macht-Wissen*. Deren Überwindung erfolge erst in der fernen Zukunft »einer höheren Phase der kommunistischen Gesellschaft«, in der die Arbeit, dank zunehmender Produktivität, nicht länger gesellschaftlicher Zwang, sondern freie Tätigkeit sein werde. Was daraus wurde, ist bekannt.

In Wirklichkeit konstituiert sich die moderne Klassenherrschaft in der wechselhaften Beziehung zwischen den *zwei Polen* der »Instrumentalisierung der Vernunft«, die an diesem Punkt als Markt und Organisation bezeichnet werden. Doch geht es nicht nur um Ökonomie. Denn diese »Bipolarität«, die jene des »Zwischen-Einzelnen« und »Zwischen-Allen« [l'entre-chacun et l'entre-tous] ist, teilt sich analog, entsprechend ihrer zwei »Seiten«, in die Ordnung des ökonomisch »Rationalen« (Markt/Organisation) und in die Ordnung des *rechtlich-politisch* »Vernünftigen« (interindividuelle/zentrale Vertraglichkeit).[13] Diese ökonomisch-politi-

12 Karl Marx: Randglossen zum Programm der deutschen Arbeiterpartei [Kritik des Gothaer Programms] [1875; zuerst veröff. 1891], in: MEW, Bd. 19, S. 13–32, hier S. 21.

13 Es ist wichtig, zu beachten, dass die Formel einer »Instrumentalisierung der Vernunft« nur dann überzeugt, wenn man beide »Seiten« [»faces«] dessen betrachtet, was sie zunächst unterschiedslos als »Vernunft« bezeichnet: einerseits die ökonomische *Rationalität (Verstand)*, andererseits die rechtlich-politische Räson (*Vernunft* im engeren Sinne). Diese zwei Seiten bilden zwei Pole.

sche Gesamtmatrix findet sich im modernen Klassenverhältnis instrumentalisiert.

2 SEITEN / 2 POLE	**Das ökonomisch *Rationale***	**Das rechtlich-politisch *Vernünftige***
Zwischen-Einzelnen	Markt	Interindividuelle Vertraglichkeit
Zwischen-Allen	Organisation	Zentrale Vertraglichkeit

Am Schnittpunkt der Perspektiven, den das »metastrukturale Quadrat« definiert, nehmen die wichtigen Strömungen der verschiedenen »Sozialwissenschaften« (der Ökonomie und Soziologie, der Geschichts- und Rechtswissenschaft) sowie auch der politischen Philosophie, die sich seit Jahrhunderten auch in ihren Widersprüchen entwickelt haben, wie selbstverständlich ihren Ausgangspunkt. Ausgehend hiervon lassen sich auch die Klassen und emanzipatorische politische Strategien analysieren.[14]

Jeder der hier vorgeschlagenen Termini bedarf ausführlicher Erklärung, zuallererst der der »Organisation«, der als inkongruent mit dem foucaultschen Universum erscheinen mag, aber auch »Pole«, »Seiten«, »Rationalität«, »Vernünftigkeit«, »Kompetenz«, »Führungskräfte« etc. Gewiss spricht Marx nicht von »Macht-Eigentum«, und Foucault nicht – zumindest nicht systematisch – von »Macht-Wissen«. Meiner Ansicht nach sind diese Beschreibungen jedoch hervorragend geeignet, um zwei Konzepte auf den Punkt zu bringen, die, wenn auch auf unterschiedliche Weise, beim einen wie beim anderen eine tragende Rolle spielen. Ich werde sie daher in der Auseinandersetzung mit beiden Ansätzen regelmäßig verwenden. Eine Theorie benutzt Worte, um Konzepte darzustellen; deren genauer Inhalt kann sich erst am Ende der Ausführung und in Anbetracht der Stichhaltigkeit ihres Gebrauchs, der erst dann nachweisbar ist, herausstellen. Sie hat nichts anderes zur Verfügung als Worte, die etwas anderes bezeichnen als das, wofür sie diese verwenden will. Ich werde mich also nicht länger mit Vorreden aufhalten.

Oder auch: Diese zwei Pole bilden zwei Seiten. Die Figur des *metastrukturalen Quadrats der Moderne* (siehe Bidet: État-monde, S. 55) fasst dies zusammen: *Bipolarität und Bifazialität*. Es ist anzumerken, dass das Paar »Zwischen-Einzelnen und Zwischen-Allen« nicht dem Paar »bürgerliche Gesellschaft und Staat« entspricht. Die »zentrale Vertraglichkeit« beschränkt sich nicht auf Staatlichkeit, sie ist vielmehr die Voraussetzung jeglicher *modernen* »Organisation«, auf welcher Ebene auch immer (etwa der betrieblichen), und sei es in der entfremdetsten Form, zwischen Menschen, die als frei und gleich *gelten*.

14 Jedenfalls wenn es um Emanzipation von »strukturalen« Verhältnissen geht, von *Klassen- und politischen Herrschaftsverhältnissen [rapports de classe et d'État]*. Verhältnisse bezüglich *race* beziehen sich auf die »systemische« *versus* die »strukturale« Konfiguration, auf Systemwelt *versus* Klassenstruktur. Im Unterschied zu diesem Paar gehören *gender*-Verhältnisse zum anderen Hauptregister einer Sozialontologie. Zur wechselseitigen Verflechtung dieser verschiedenen gesellschaftlichen Verhältnisse erlaube ich mir den Verweis auf Kapitel 5 von »L'État-monde«: »Classe, ›race‹, sexe«.

Doch lässt sich wohl bereits erahnen, warum es gilt, die Beziehung zwischen Marx und Foucault ausgehend von dem »*metastrukturalen Quadrat*« zu eruieren. Letztlich geht es darum, eine Konfrontation zwischen »Makrologischem« und »Mikrologischem« zu ermöglichen, und zwar zunächst zwischen der Klassenordnung und der Subjektordnung. Nun bringt der metastrukturale Ansatz – der sich auf die im »Klassenverhältnis« vorausgesetzten »Klassenfaktoren« bezieht – zwei entscheidende Gegebenheiten zum Vorschein. Zum einen sind die beiden »Vermittlungen«, die er ins Feld führt – Markt und Organisation, vermeintliche Relais eines »unvermittelten Diskurses« – Beziehungen *zwischen Individuen*. Das »Klassenverhältnis« verbindet die Klassen qua Vermittlung der »Klassenfaktoren«, die ihrerseits die Individuen miteinander verbinden. Marx' Analyse, die mitunter als »holistisch« (oder »strukturalistisch«, ausgerichtet auf die strukturierte Totalität) gilt, wird sich somit in der Lage finden, auf Foucaults »nominalistischem« (individualistischem) Terrain zu operieren. Zum anderen: Wenn es stimmt, dass die beiden Klassenfaktoren einen ähnlichen Status besitzen, so hat die herrschende Klasse (von der Foucault gern spricht, unter Bezug auf Marx) *zwei Pole*, nämlich den des Marktes (regiert durch das *Macht-Eigentum*) und den der Organisation (regiert durch das *Macht-Wissen*). Insofern werden wir das Werk Foucaults als einen der wichtigsten Glutherde der metastrukturalen »Erweiterung« der marxschen Matrix identifizieren können. So wie, auf anderer Ebene, das Werk Bourdieus, dem Entdecker des »kulturellen Kapitals«. Beide gehören zu den Theoretikern des »anderen Pols« (hier bezeichnet, wir kommen auf die Wortwahl zurück, als der des Macht-Wissens oder der »Kompetenz«), den Foucault in sämtlichen Institutionen nachweist (Spital, Gefängnis, Schule, Fabrik ...) und in bestimmten Aspekten erforscht, die spezifisch mit dem »Körper« und der »Seele« zu tun haben. Foucaults Ergebnisse veranschaulichen, dass es einer umfangreicheren Ausarbeitung bedarf, als Marx sie uns hinterlassen hat. Im Gegensatz zur gängigen Praxis, die Erkenntnisse Marx' und Foucaults (sowie Bourdieus) auf verschiedene empirische Felder anzuwenden, nehme ich mir vor, diese Erkenntnisse in einer einzigen Theorie anzuordnen, die den bipolaren Charakter der Herrschaft in der modernen Gesellschaftsordnung aufzeigt. Daraus ergibt sich nach meiner Ansicht eine ganze Reihe von Konsequenzen für die Analyse und Interpretation der Geschichte moderner Gesellschaften und ihres Potenzials.

Marx und Foucault werden in diesem Buch nicht auf gleicher Ebene behandelt. Ich versuche, Marx' Beitrag in einen Rahmen zu fassen, der seine Theorie erweitert. Mit Foucault ebenso zu verfahren, hätte keinen Sinn, da er die Idee einer Gesamttheorie ablehnt. Daraus folgt keineswegs, Foucaults Analytik und Kritik in marxschen Begrifflichkeiten noch dessen politischen Ansatz in einem marxistischen aufzulösen. Von Anfang an begegne ich beiden mit derselben kritischen Methode. Doch ist nicht bei beiden derselbe Arbeitsaufwand erforderlich: Foucault ist ein »Zeitgenosse«. Wir kennen ihn hauptsächlich noch durch die (mehr oder weniger) zeitnahe Lektüre seiner Werke. Unsere Marx-Rezeption dagegen ist Ergebnis von eineinhalb Jahrhunderten Interpretation und Meinungsstreit, Richtungskämpfen und breitem theoretischem wie politischem Gebrauch. Im einen wie im anderen Fall finden wir uns umgeben von einem Netz von Vermittlungen. Allerdings ist das Netz, das uns an Marx bindet, deutlich komplexer und widersprüchlicher. Zur Orientierung bleibt uns nichts anderes übrig, als neue Lesarten zu produzieren und nicht darauf abzuzielen, endlich den wahren Marx zu entdecken, sondern seine Konzepte für die geistige Durchdringung der Gegenwart nutzbar zu machen.

Foucault warf uns einmal diesen Handschuh hin: »Einem Marxisten, der mir sagt, dass der Marxismus eine Wissenschaft sei, antworte ich: Ich werde an dem Tag glauben, dass Sie den Marxismus als Wissenschaft praktizieren, an dem Sie mir im Namen dieser Wissenschaft zeigen, worin sich Marx geirrt hat.«[15] Ich werde mich hüten, eine solche Herausforderung anzunehmen. In der Tat will ich herausfinden, »worin sich Marx geirrt hat«, und worin er recht haben mag. Doch werde ich dies nicht *im Namen des Marxismus* tun, »im Namen dieser Wissenschaft« (einer vermeintlichen Wissenschaft). Mein theoretisches Vorhaben geht darüber hinaus und soll, trotz ihrer gegensätzlichen Epistemologien, Marx und Foucault miteinander vereinen. Nur ein grobes Missverständnis möchte darin einen geschichtslosen Postmarxismus erkennen. Oder auch einen einfachen Neomarxismus, eine bloß neue Spielart des Marxismus. Nein, es handelt sich um einen »Metamarxismus«,[16] eine *Neubegründung*, die sich eben nicht nur auf den Marxismus stützt.

In Kapitel I will ich das Ausmaß der »Diskrepanz« zwischen Foucault und Marx, den ersterer doch als einen seiner Lehrmeister anerkennt,

15 Michel Foucault: Von der Archäologie zur Dynastik [Gespräch mit S. Hasumi am 27. September 1972], übers. v. Jürgen Schröder, in: ders.: Schriften, Bd. II, S. 504–518, hier S. 509.

16 Ich habe das Konzept in »Théorie de la modernité« (1990) eingeführt; siehe das Fazit, »Pour un métamarxisme«, S. 273–309. Heute würde ich zwar nicht mehr alle Begriffe verwenden; dennoch war es die Skizze des Projekts, das ich seither verfolgt habe. Der Begriff »Altermarxismus« – den ich in »Altermarxisme« (Paris 2007) gemeinsam mit Gérard Duménil verwende – bezeichnet mit Blick auf die von der globalisierungskritischen Bewegung [altermondialisme] aufgeworfenen Fragen eine Theorie der Beziehung zwischen Klassen*struktur* (bis hin zu einem Klassenweltstaat) und Welt*system*. Unser beider Ansätze weisen ein großes Maß an Affinität und einige Unterschiede auf. Duménil und Dominique Lévy denken in Begriffen der »Produktionsweise« und gehen von einer Konfiguration mit *drei Klassen* vor, wobei die »Führungskräfte« [cadres] in ihren Augen seit Ende des 19. Jahrhunderts zunehmend eine Zwischenklasse bilden [siehe etwa: Gérard Duménil/Dominique Lévy: Cadres et classes populaires: Entre gauche traditionnelle, altermondialisme et anticapitalisme, in: Actuel Marx, Nr. 44, 2008, S. 104–116; dies.: La grande bifurcation. En finir avec le néolibéralisme, Paris 2014; Anm. d. Ü.]. Der metastrukturale Ansatz, der sich einem größeren Gegenstand widmet (die »moderne Gesellschaftsform«), unterscheidet *zwei Klassen*, wobei die privilegierte Klasse, durchaus seit Beginn der sozialen Moderne, zwei Pole umfasst. Ich komme darauf in Kapitel 2 (»Repériodiser les temps moderne«) von »Le néolibéralisme. Un autre grand récit« (Paris 2016) mit Bezug auf das Ancien Régime zurück. Dabei stütze ich mich insbesondere auf Foucault, der die Geschichtsschreibung breiter rezipierte, und argumentiere, dass die moderne Organisation nicht nur als Folge des Kapitalismus zu verstehen ist. Ich beziehe sie auf das »metastrukturale Quadrat« der Moderne.

ermessen. Es geht dabei um zwei neuralgische Punkte. Erstens um jene Mischung aus Gemeinsamkeiten und scheinbar unüberbrückbaren Diskrepanzen zwischen der »Disziplinargesellschaft«, Foucaults Forschungsgegenstand, und der »Klassengesellschaft«, die er stets stillschweigend unterstellt, aber nie explizit definiert; dies ergibt sich aus »Überwachen und Strafen« [1975]. Zweitens geht es um die Thematik der »Gouvernementalität«, die sich der marxschen Auffassung vom »Staat« entgegensetzen lässt und die Foucault in seinen Vorlesungen am Collège de France von 1977-79 darstellt. Bezüglich beider Punkte wird zu zeigen sein, wie zwei unvollständige Theoriegebilde – jenes von Marx und jenes von Foucault – darauf warten, konzeptionell in einem einheitlichen Rahmen rekonstruiert zu werden. Ebenso wird festzustellen sein, was einem Vorhaben, das auf ein Gesamtes zielt, grundsätzlich entgeht.

In den folgenden Kapiteln nähere ich mich der Beziehung zwischen Marx' und Foucaults theoretischen Konzeptionen systematisch und versuche, eine größere Konzeption zu entwickeln, die beide umfasst und es beiden ermöglicht, von Wissen und Kritik der je anderen zu profitieren. Dabei halte ich mich so nah wie möglich an die Texte Foucaults und beziehe mich vor allem auf die Vorlesungen am Collège de France sowie auf die philosophischen Einsichten der »Dits et Écrits«.[17]

Kapitel II (»Macht-Eigentum und Macht-Wissen«) beginnt diese jeweilige Wiederaufbereitung der zwei Ansätze, indem die *Unvollständigkeit* der marxschen Analyse aufgezeigt wird, die die notwendigen begrifflichen Mittel zur Integration des »anderen Pols« der Klassenherrschaft – nämlich des »Macht-Wissens« – eben nicht bereitstellt. Dabei soll es nicht darum gehen, einen Anbau für Marx' Gebäude zu entwerfen und dort Foucaults Schätze unterzubringen, sondern eine Gesamttheorie neu zu begründen, mit der sich ausgehend von Foucaults Untersuchungen die »fehlenden Elemente« in der Theorie des »Kapitals« rekonstruieren lassen.

Kapitel III (»Marxscher Strukturalismus und foucaultscher Nominalismus?«) fragt nach der sozialwissenschaftlichen Bedeutung des

17 Editor. Hinweis: Im April 1970 wurde Foucault in das Collège de France gewählt und trat dort am 2. Dezember 1970 die für ihn geschaffene Professur für die »Geschichte der Denksysteme« an. In dieser Position hielt er bis zu seinem Tod 1984 insgesamt 13 Vorlesungszyklen, vorbereitet durch über 5000 Manuskriptseiten (heute archiviert in der Bibliothèque Nationale; daraus ediert die ersten beiden Zyklen: frz. 2011 u. 2015/dt. 2012 u. 2017) und aufgenommen auf zahlreichen Kassettentonbändern, der Grundlage aller weiteren Vorlesungseditionen, also der Herausgabe des gesamten auf die Zeit ab 1973 datierten Vorlesungsmaterials (11 Bände: frz. 1997–2014/dt. 1999–2016). – Die von Daniel Defert und François Ewald herausgegebene Edition »Dits et Écrits« (4 Bände, Paris 1994; auf Deutsch als »Schriften in vier Bänden. Dits et Écrits«, Frankfurt a. M. 2001–2005) erhebt den Anspruch, alle »gesprochenen und geschriebenen« Texte Foucaults mit Ausnahme seiner Bücher und seiner (nicht in schriftlicher Form publizierten) Vorlesungen darzubieten. Gemäß der testamentarischen Verfügung Foucaults sammelten die Herausgeber dabei nur Material, das der Autor schon zu Lebzeiten veröffentlicht hatte. Insgesamt trugen sie 364 Texte zusammen, die sie in chronologischer Ordnung abdruckten. Dabei handelt es sich um Texte verschiedener Gattungen wie Vorworte, Aufsätze, Zeitungsartikel, Vorträge, offene Briefe, Interviews, von denen viele vorher nur schwer zugänglich waren; des Weiteren auch zwei Vorlesungen aus dem Zyklus 1975/76 – die einzigen, die zu Lebzeiten eine schriftliche Veröffentlichung erfahren hatten.

Schismas zwischen jenen zwei philosophischen Grundansätzen [dem *»realistischen«* und dem *»nominalistischen«*]. Darin befasse ich mich mit der Diskrepanz zwischen beiden anhand ihrer Übersetzung in das Paar »Struktur«/»Dispositiv«, das zwei verschiedene Konzeptionen von Macht, von sozialen Praktiken und Kämpfen zu bestimmen scheint. Unter dem Vorzeichen dieser Frontstellung ist zu erweisen, inwiefern es wiederum einen spezifisch marxschen Nominalismus gibt und inwiefern Foucault seinerseits einen wichtigen Beitrag zur strukturalen Analyse der modernen Gesellschaft leistet. Hier tun sich nun auch, diesmal bei Foucault, die »Schwachstellen« auf, die die strategische Ausarbeitung einer dem Anspruch nach universalistischen Politik von unten, wie beide sie fordern, erschweren.

Kapitel IV (»Marx' ›Kapitalismus‹ und Foucaults ›Liberalismus‹«) widmet sich den Horizonten historischer Ontologie, die beide Theorien eröffnen. Die »Produktivität« der modernen Gesellschaftsordnung manifestiert sich, begreift man sie im Zeichen sei es der Produktionsmodalität oder der Regierungsmodalität, deutlich unterschiedlich. Beide Ansätze – der eine auf Widersprüche, der andere auf Antagonismen gerichtet – teilen gleichwohl gemeinsame Voraussetzungen, die es ermöglichen, sie gegeneinander wie auch füreinander arbeiten zu lassen.

Das Fazit versucht, die in vorliegender Einleitung aufgeworfene politische Frage zu beantworten. Eingedenk der zwei »oberen« Parteien, der rechten und der linken, der verdeckten Finanzwelt *versus* der selbst ernannten Elite, der Privilegierten in Sachen Eigentum und der Privilegierten in Sachen »Kompetenz«: Wie lässt sich im Angesicht dieser herrschenden Hybridoligarchie die ungreifbare »dritte Partei« gedanklich fassen, für die auf der politischen Bühne kein Platz vorgesehen ist, jener Partei der Multitude im Volke, die Privilegien entbehrt, aber reich an Wissen und Kenntnissen, die Grundlage des Lebens ist? »Partei« nicht verstanden im Sinne einer festen Organisation, sondern von »Partei ergreifen«. Denn es existiert sehr wohl eine dritte Perspektive, ein drittes Einigungsprinzip. *Eine dritte Partei.* In dem Sinne, wie es 1848 zwar weltweit noch keine einzige »Kommunistische Partei« gegeben hat, sich aber sehr wohl eine »kommunistische Partei« mit einem berühmten Manifest Gehör verschaffen konnte.[18] Und genau darum geht es im Grunde. Diese Par-

18 »Partei« steht hier also, im Gegensatz zur »Unparteilichkeit«, für eine »Gruppierung« oder »Seite«, so wie man etwa auch von einer Mietpartei oder einer Partei im Rechtsstreit spricht. Politische Parteien im modernen Sinne bildeten sich in der zweiten Hälfte des 18. Jahrhunderts zunächst in England und – wenngleich ohne stabile programmatische Zuordnung – wenige Jahrzehnte später in den USA, seit den 1830er-Jahren vermehrt auch in kontinentaleuropäischen Ländern heraus. Laut »Manifest« sind »die Kommunisten [...] keine besondere Partei gegenüber den anderen Arbeiterparteien«; sie sind »praktisch der entschiedenste, immer weitertreibende Teil der Arbeiterparteien aller Länder«; Karl Marx/Friedrich Engels: Manifest der Kommunistischen Partei (1848/⁴1890), in: MEW, Bd. 4, S. 459–493, hier S. 474, vgl. S. 492. Das »Manifest« führte nicht zur Gründung einer oder mehrerer (politischer) Parteien, jedenfalls nicht unmittelbar. Organisatorisch konzentrierten sich Marx und Engels auf den Aufbau einer internationalen

tei setzt sich aus Menschen zusammen, die Zuschreibungen von Klasse, Geschlecht oder auch *race* ausgesetzt sind. Und *sie existiert bereits*, verstreut in unzähligen Organisationen, Vereinen, Bewegungen, Initiativen, Forderungen, Erfindungen sowie Formen der Empörung und Revolte. Sie ist am Werk in allem, was emanzipativ ist. Warum nur ist sie ihrer selbst sich nicht bewusst, stets noch Opfer einer übersteigerten und melancholischen Spaltung? Werden wir die »Kinderkrankheit des Kommunismus« jemals hinter uns lassen? Können sich Marx' und Foucaults Wahrheiten im Sinne einer gemeinsamen Strategie verbünden, einer gemeinsamen Strategie von unten?

Dachvereinigung, unter deren Führung die in den Einzelstaaten bereits konstituierten oder – mehrheitlich – erst noch zu bildenden Arbeiterparteien verbunden werden sollten. Resultat war die im September 1864 in London gegründete Internationale Arbeiterassoziation (IAA), die späterhin sogenannte Erste Internationale, der erste internationale Zusammenschluss von Arbeitergesellschaften, die »dasselbe Ziel verfolgen, nämlich: den Schutz, den Fortschritt und die vollständige Emanzipation der Arbeiterklasse« (Provisorische Statuten der Internationalen Arbeiter-Assoziation, verfasst von Karl Marx, in: MEW, Bd. 16, S. 14-16, hier S. 15). – Nationale »kommunistische Parteien« bildeten sich bekanntlich erst nach der russischen Oktoberrevolution. (Anm. d. Ü.)

1 —— Die Diskrepanz Foucault/Marx: Disziplin und Gouvernementalität

Bevor wir uns der systematischen Gegenüberstellung von Marx und Foucault zuwenden, will ich zunächst einige Analogien und Unterschiede zwischen beiden herausarbeiten, wie sie in den am Collège de France gehaltenen Vorlesungen aus den 1970er-Jahren deutlich werden, namentlich in »Überwachen und Strafen«[19] einerseits und in »Sicherheit, Territorium, Bevölkerung« sowie »Die Geburt der Biopolitik«[20] andererseits. In den Vorlesungen von 1972–74, auf denen »Überwachen und Strafen« basiert, bezieht Foucault sich sehr explizit auf das Paradigma der »Klassengesellschaft«, führt zugleich aber ein neues ein, nämlich jenes der »disziplinarischen« Ordnung. In den Vorlesungen von 1977–79, auf denen die beiden anderen Titel basieren, begibt er sich auf das Feld der Machttheorien und -technologien. Er spricht nun nicht mehr von »Klassenverhältnissen«, sondern von »Regierungsverhältnissen«.[21]

19 Michel Foucault: Überwachen und Strafen. Die Geburt des Gefängnisses [1975], übers. v. Walter Seitter, Frankfurt a. M. 1977.

20 Michel Foucault: Geschichte der Gouvernementalität I. Sicherheit, Territorium, Bevölkerung. Vorlesung am Collège de France, 1977–1978 [2004], hrsg. v. Michael Sennelart, übers. v. Claudia Brede-Konersmann/Jürgen Schröder, Frankfurt a. M. 2004; ders.: Geschichte der Gouvernementalität II. Die Geburt der Biopolitik. Vorlesung am Collège de France, 1978–1979 [2004], hrsg. v. M. Sennelart, übers. v. Jürgen Schröder, Frankfurt a. M. 2004.

21 Vergegenwärtigen wir uns Foucaults Forschungsstationen am Collège de France in dem hier relevanten Zeitabschnitt und die entsprechenden Publikationen: 1971/72, »Theorien und Institutionen der Strafe« widmen sich dem Universum der *Justiz* und des *Gefängnisses*; 1972/73, weitere Behandlung derselben Fragestellungen unter dem Titel »Die Strafgesellschaft«; 1973/74, »Die Macht der Psychiatrie« handelt von den *Irrenanstalten*; 1974/75, »Die Anormalen« befasst sich mit der *Sexualität*; 1975/76, »In Verteidigung der Gesellschaft« nimmt den *Krieg* zum Analyseraster der Gesellschaft; 1977/78, »Sicherheit, Territorium, Bevölkerung«; 1978/1979, »Die Geburt der Biopolitik«. – Auf den Vorlesungsreihen der Jahre 1972–74 beruht »Überwachen und Strafen« (1975, dt. 1977); »Der Wille zum Wissen« (1976, dt. 1977) greift Fragestellungen aus den Vorlesungen 1974/75 auf. Die Vorlesungen der Jahre 1973–79 wurden als solche [in seit 1997 erschienenen Einzelausgaben, basierend auf Vortragsmitschriften und Audio-Mitschnitten] posthum bei Gallimard [und auf Deutsch bei Suhrkamp] veröffentlicht [2003 begonnene Übersetzung der Gallimard-Bände]. – Editor. Hinweis: Der erste Vorlesungszyklus am Collège de France von 1970/71 bildet den Inhalt des Bandes »Über den Willen zum Willen« (2011; dt. 2012), der nicht mit dem »Willen zum Wissen« von 1976 zu verwechseln ist, der den ersten Band des Projekts zur »Geschichte der Sexualität« darstellt.

1.1 Disziplinargesellschaft/Klassengesellschaft: Überwachen und Strafen

§111 Foucaults Entdeckung der neuen Gesellschaftsordnung

»Überwachen und Strafen« untersucht die neue Straf- und Disziplinarordnung, die im ausgehenden 18. Jahrhundert in Europa entstand. In Frankreich enden damit das Gerichtswesen des Ancien Régime und dessen Geheimprozesse mit ihrer Kunst, aus Geständnissen Beweise zu gewinnen, gekrönt von Spektakeln öffentlicher Folter, durch die die königliche Macht durch Terror wiederherzustellen war. Das neue System basiert auf öffentlicher Verhandlung unter der Aufsicht eines Richters, dessen Rolle augenscheinlich in Vorbeugung und bessernder Korrektur besteht. Die Vollstreckung obliegt nun einer separaten Verwaltung. Die körperliche Strafe ist für alle gleich: Sie wird einem Rechtssubjekt auferlegt und besteht darin, diesem mittels des simplen Mechanismus einer Guillotine das Leben, die höchste Freiheit, zu nehmen. Mit dieser abstrakten Welt der Sanktion geht eine konkrete Individualisierung der sanktionierten Person einher. Gerichtet wird nicht mehr das Verbrechen, sondern das kriminelle Individuum, das man als solches am Ende eines »wissenschaftlichen« Verfahrens erkennt, in dem bald auch der Psychiater tätig wird als Richter über die Normalität des Subjekts und mögliche mildernde Umstände.

Der Gefängnisaufenthalt wird zur Standardstrafe. Foucault ordnet ihn in eine umfassendere Logik ein, die er als Logik der »Disziplin« bezeichnet, und die der Kaserne, der Fabrik, dem Spital, der Schule gemein ist. Die militärische Disziplin, die einen Maschinenmenschen erzeugt und ihn einer strengen Hierarchie unterwirft, bildet nur das Konzentrat eines Phänomens, das sämtliche gesellschaftliche Einrichtungen betrifft: Die Erfindung eines abstrakten Raumes, gezeichnet durch die Abgeschlossenheit des Ganzen und seiner Untergliederungen – mit funktioneller Parzellierung, der Markierung von Orten, um das jeweilige Feld einzelner Gruppenbestandteile zu fixieren und deren Kommen und Gehen zu reglementieren. Ein kollektiver Zeitrhythmus wird jedem Einzelnen auferlegt und erzwingt die Umsetzung und Ausschöpfung einer in standardisierte Handlungen und Übungen unterteilten Zeit. Aufgaben werden aufgeteilt, Abläufe zerlegt. Dies ist nicht die Abstraktion des *Marktes*, dies ist – so zumindest meine These – »die andere Abstraktion«, die der *Organisation*.

Das »panoptische« Dispositiv erlaubt, als verwirklichte Utopie, die totale Kontrolle und Überwachung der betreffenden Individuen. Es gestaltet den Ort der normalisierten Probe, der individuellen Prüfung im medizinischen wie schulischen Sinne, als objektive und archivierbare Angabe, die jede Person als einen Fall einordnet und ihr einen Rang zuweist. Es erfordert eine den Werkstätten, Spitälern, Kasernen und Zuchthäusern gemeine, geeignete Architektur. In diesem abgeschlossenen Universum entwickelt sich, fernab der Rechtsordnung, ein zweiter Strafzusammenhang aus intern verfügten Normen, ein »Subsystem« außerhalb des gemeinen Rechts: Besserung[22] durch Züchtigung, Sanktion, Bestrafung und Belohnung, Verteilung nach Rangordnung entsprechend dem Grad der Anpassung an die Institution. Instrumentalisierung der organisierten Ordnung durch deren unmittelbare Agenten.

Foucault versäumt es auf diesen Seiten nicht, auf Marx' Analysen und Begriffe zurückzugreifen. Eindeutig gehören solche Institutionen für ihn in den Kontext einer modernen Klassenherrschaft, auf Basis ökonomischer Verhältnisse und unter der Ägide der Bourgeoisie. Foucault bezieht sich maßgeblich auf die Beschreibung der Manufaktur und der Fabrik, wie sie im ersten Band des »Kapitals« dargelegt ist.[23] Seine Wortmeldungen und Interviews aus dieser Zeit sind ebenfalls voller Marx-Referenzen. Zugleich schafft er aber etwas Neues. Foucault formuliert in »Überwachen und Strafen« die Elemente einer theoretischen Arbeit, die sich als derart kraftvoll erweisen sollte, dass sie zum Common Sense des zeitgenössischen kritischen Denkens wurde – und zwar soweit, dass die marxistische Tradition lange schon bemüht ist, sich selbige anzueignen. Unklar sind bislang jedoch die Bedingungen, unter denen eine solche »Assimilierung« als plausibel und kohärent gelten kann. Zwar geht Foucault von einer »klassistischen« Verbindung zwischen ökonomischer Ausbeutung und politischer Herrschaft aus. Zugleich wahrt er aber gebührlichen Abstand zum spezifisch *marxschen* Klassen- und Staatsbegriff. Und während er sich gegen dessen ökonomische Analyse noch durchaus gleichgültig zeigt, steht er politischen Ansichten marxistischen Typs unverhohlen feindlich gegenüber.

In den Blick nimmt Foucault nicht das Klassenverhältnis und dessen *Reproduktion*, sondern (den Klassenbegriff dabei sehr wohl übernehmend) die *Ausübung* von »Klassenmacht« durch bestimmte *Individuen* auf andere und insbesondere jene, die durch öffentliche wie private Institutionen kontrolliert und zum Arbeiten gebracht werden sollen. Diesen Institutionen eignen, Foucault zufolge, zwar unterwerfende Funktionen und repressive Dimensionen. Dennoch liege es in ihrer Natur, rationale Dispositive einzuführen, anhand derer eine Bevölkerung zu höheren Formen von Kultur und Macht aufsteigen könne. Dies ist, zu einem wesentlichen Teil, die ursprüngliche Heimstätte der Sozialwissenschaften. Denn in jedem Fall, auch in Bezug auf das Gefängnis, ist das Gegenstück zur

22 Foucaults »correction« wird in diesem Zusammenhang häufig (meist als Verb) mit »Besserung« übertragen und insofern hier übernommen; das Wort verweist freilich auch auf das »Korrigieren«, das Berichtigen, das auch in der realsozialistischen Welt (auch in Form der »[Selbst-]Kritik«) eine wichtige Rolle spielte. (Anm. d. Ü.)

23 Foucault betont diesen Punkt in einem Vortrag auf einer Konferenz in Bahia 1976; siehe Michel Foucault: Die Maschen der Macht [veröff. 1981/1985], übers. v. Michael Bischof, in: ders.: Schriften, Bd. IV, S. 224–244, hier S. 228. Er bezieht sich auf den zweiten Band (und die Herausgeber behalten die falsche Referenz bei), tatsächlich handelt es sich um den ersten Band und darin um die Abschnitte zu »Maschinerie und große Industrie« (Marx: Kapital, Bd. 1, in: MEW, Bd. 23, S. 391 ff.).

Disziplin die Implementierung eines an Macht gebundenen Wissens: das Macht-Wissen.[24] Eine neue Vernunftordnung, die auch eine neue Herrschaftsordnung ist. In der Gesamtschau, und insbesondere hinsichtlich dieser Ambivalenz, weisen Foucaults Schriften und die von Marx – der ja ebenfalls bestrebt war, dem Kapitalismus, dem Unterdrücker und Wissenserzeuger, gerecht zu werden – eine gewisse Ähnlichkeit auf.

§112 »Disziplinen« und Klassenverhältnisse

Ich möchte all dies anhand der Lektüre der letzten Seiten des dritten Teils von »Überwachen und Strafen« näher untersuchen, einer schönen synthetischen Ausführung mit der Überschrift »Disziplin«. Wir können darin Foucaults kompliziertes Verhältnis zu Marx in seiner ganzen Komplexität erahnen.

Zunächst kommentiere ich diese wenigen Seiten Zeile für Zeile. Anschließend erstelle ich eine Übersicht der Analogien zwischen Foucaults Konstruktion der »Disziplinargesellschaft« und Marx' Aufriss der »kapitalistischen Gesellschaft«. Wer es eilig hat, mag die Textanalyse überspringen und direkt zum Ergebnis weiterblättern, das im nachfolgenden §113 zu finden ist. Man bedenke indes, dass die hier ausgewiesenen Analogien nicht den Wert von Homologien haben: Noch bilden sie nur Anhaltspunkte für Probleme, die es zu identifizieren gilt.

Im Folgenden also, in (hinsichtlich der zu erstellenden Übersicht) noch ungeordneter Reihenfolge, die Hauptaussagen des Textes und mein Kommentar. Ich kursiviere in Foucaults Text, was für die Analyse besonders wichtig ist.

> »Die *panoptische Spielart der Macht* – die auf einer elementaren, technischen, materiellen Ebene liegt – ist nicht direkt von den großen *rechtlich-politischen Strukturen* einer Gesellschaft abhängig und bildet auch nicht deren unmittelbare Verlängerung. Sie ist aber auch nicht ganz unabhängig davon.«[25]

Die Analogie zeichnet sich im Gegensatz zwischen einer (höheren) Ordnung von »rechtlich-politischen Strukturen« und einer davon unterschiedenen »technisch-materiellen« Spielart der Macht ab. Bei Marx eine Macht zur Ausbeutung; bei Foucault, an dieser Stelle, eine Macht zur Kontrolle.

24 *Pouvoir-savoir*, in »Überwachen und Strafen« übersetzt als »Macht/Wissen-Komplex«, sonst jedoch meist als »Macht-Wissen«. (Anm. d. Ü.)

25 Foucault: Überwachen und Strafen, S. 284.

> »Der historische Prozess, durch den die *Bourgeoisie* im Laufe des 18. Jahrhunderts zur politisch dominierenden *Klasse* wurde, hat sich hinter der Einführung eines ausdrücklichen, kodifizierten und *formell egalitären* rechtlichen Rahmens *verstellt* und ist als Organisation eines parlamentarischen und *repräsentativen* Regimes aufgetreten.«[26]

Es geht also um eine Klassengesellschaft, in der eine »Bourgeoisie« politisch dominiert, deren Macht durch einen »formell egalitären« und »repräsentativen« rechtlichen Rahmen »verstellt«, also verdeckt und geschützt ist. Hier sind wir Marx' Perspektive am nächsten. Offen bleibt jedoch, worin sich die »Bourgeoisie« von der Klasse unterscheidet, die Marx als »Kapitalistenklasse« bezeichnet.

> »Die Entwicklung und Verallgemeinerung der Disziplinaranlagen [dispositifs disciplinaires] bildeten jedoch die dunkle *Kehrseite* dieser Prozesse.«[27]

Bei Marx ist die »Kehrseite« der Gleichheit auf dem Markt, die letztere erst möglich macht, das Dispositiv der Ausbeutung, definiert in Kapitel 5 des »Kapitals«.[28] Hier ist das Dispositiv der Disziplin die Kehrseite der rechtlichen Freiheit.

> »Die allgemeine Rechtsform, die ein System prinzipiell gleicher Rechte garantierte, *ruhte* auf jenen unscheinbaren, alltäglichen und physischen Mechanismen *auf*, auf jenen *wesenhaft ungleichen* und asymmetrischen Systemen einer Mikromacht – den Disziplinen.«[29]

Im marxschen Schema »ruht« der juristische *Überbau* eines egalitären Rechts auf einer *Basis* asymmetrischer materieller Ausbeutungsmechanismen »auf«. Aus solcher Perspektive bringt Foucault eine Disziplinarordnung zur Sprache, deren Wirkung »wesenhaft ungleich« ist – genau wie die ökonomische Basis bei Marx.[30]

---

26 Ebd., S. 284 f. – Bidet kursiviert »parlamentarischen«, sein Kommentar bezieht sich aber auf »repräsentiven«. Da es sich bei den hiesigen Kursivierungen um Hervorhebungen zwecks Wiedererkennung handelt und nicht um Akzentuierungen mit Bezug auf einen genuin zu entwickelnden Gedankengang, haben wir uns erlaubt, die Kursivierung sinngemäß zu ändern. (Anm. d. Ü.)

27 Ebd., S. 285.

28 Marx: Kapital, Bd. 1, in: MEW, Bd. 23, S. 192–213.

29 Foucault: Überwachen und Strafen, S. 285.

30 Das marxsche Begriffspaar *Basis–Überbau* wird im Französischen, und auch im Englischen, mit *base–superstructure,* sehr häufig auch mit *infrastructure–superstructure* wiedergegeben. Letzteres Begriffspaar ist insofern problematisch, als der Ausdruck »infrastructure« im Sinne von »Unterbau« aufgrund seiner »offensichtlichen Komplementarität mit *Überbau* den Blick dafür verstellt, dass die Struktur von Basis und Überbau eine innere Homogenität besitzt, die sich nicht«, jedenfalls nicht bei Marx, »auf einfache Kausalität reduzieren lässt.« (Georges Labica: Basis, übers. v. Eckhard Volker, in: Kritisches Wörterbuch des Marxismus [1982, ²1985], hrsg. v. Georges Labica/Gérard Bensussan, dt. Fassung hrsg. v. Wolfgang F. Haug, Bd. 1, Berlin/Ham-

> »Wenn es das repräsentative Regime *formell* ermöglicht, dass *der Wille aller*, direkt oder indirekt, mit oder ohne Vermittlung, die *fundamentale* Instanz der Souveränität bildet, so garantieren doch die Disziplinen im *Unterbau* [à la *base*] die Unterwerfung der Kräfte und der Körper.«[31]

»Der Wille aller« bildet zwar ein »Fundament«, aber nur »formell«. Denn die Basis bzw. der »Unterbau«, das sind die Disziplinen, die die Körper unterwerfen. Ganz so wie das Lohnverhältnis (die marxsche Basis, hier: »Unterbau«) die Ausbeutung der Arbeitskräfte durch den Kapitalisten garantiert, der über diese »verfügt« – in einer Ordnung formeller, durch ein parlamentarisches System besicherter Freiheit.

> »Die *wirklichen* und körperlichen Disziplinen bildeten die *Basis und das Untergeschoss* zu den *formellen* und rechtlichen Freiheiten.«[32]

Wir befinden uns immer noch im Gegensatz zwischen »Formellem« und »Wirklichem«, alias Rechtlichem/Körperlichem, der zum disziplinarischen »Untergeschoss« gehört. Foucault scheint die von Marx gezogene Linie noch zu verstärken. Es spricht freilich mit diesem metaphorischen Spiel der Trennung Formelles/Reales, Überbau/Basis, keiner von beiden sein letztes Wort.

> »Mochte auch der *Vertrag* als *ideale Grundlegung* des Rechts und der politischen Macht erdacht werden: der Panoptismus stellte das allgemein verbreitete *technische Zwangsverfahren* dar. Und er hat nicht aufgehört, an den Rechtsstrukturen der Gesellschaft von unten her zu *arbeiten*, um die wirklichen Macht*mechanismen* im Gegensatz zu ihrem *formellen* Rahmen *wirken* zu lassen.«[33]

Wie bei Marx, wird der Vertrag stets vorausgesetzt; hier in den Paaren »ideale Grundlegung«/»technische Verfahren« und »Freiheit«/»Zwang«. Der Vertrag gehört zum »Formellen« und die Disziplin zum »Wirken«. Der Vertragsrahmen, den die Klassenmacht setzt (»sich gibt«), existiert nur unter den Bedingungen des »Panoptismus«, der an ihm »arbeitet«. Die »Wirksamkeit« der Macht liegt in ebendieser Wechselbeziehung zwischen dem »Idealen« und dem »Wirklichen«, deren Art nicht näher bestimmt wird. Es gilt herauszufinden, ob dies bei Marx anders ist.

---

burg 1983, S. 147–150, hier S. 147). In den Foucault-Übersetzungen ist mitunter von »Unterbau« (*base*) und »Überbaustruktur« (*superstructure*) die Rede. (Anm. d. Ü.)

31 Foucault: Überwachen und Strafen, S. 285.

32 Ebd.

33 Ebd.

> »Die ›Aufklärung‹, welche die Freiheiten entdeckt hat, hat *auch* die Disziplinen erfunden.«[34]

Diese Aussage bestätigt die vorhergehende: Die gleichzeitige »Entdeckung« des »Formellen« und des »Wirklichen« oder »Realen«, des »Idealen« und der »Techniken«, scheint in Foucaults Diskursgerüst keinen Namen zu haben. Die *Beziehung* zwischen den beiden Elementen des Paars wird nur mit einem vagen, hinzufügenden »auch« formuliert, wie so häufig bei Foucault. Aber eben diese Beziehung hat uns zu beschäftigen, bildet sie doch den Kernpunkt einer noch auszuarbeitenden Theorie.

> »Scheinbar sind die Disziplinen nichts anderes als ein Subsystem des Rechts. Sie scheinen die allgemeinen Rechtsformen auf die infinitesimale Ebene der Einzelexistenzen hin*fortzuschreiben*; oder sie erscheinen als *Anlern*möglichkeiten, die das Individuum zur Integration in die allgemeinen Anforderungen befähigen. Somit würden sie die eine Rechtsform fortsetzen, indem sie sie auf Einzelfälle anwendeten und dabei kleinlicher und auch nachsichtiger würden.«[35]

»Scheinbar«, sagt Foucault, sind die Disziplinen fest mit dem Recht verbunden und stellen dessen »Fortschreibung« dar: Gesetze, Erlasse, Regelwerke, Sanktionen. Bei Marx ist es ähnlich: Das Lohnvertragsverhältnis scheint nur eine Sonderform des Austauschvertrages zwischen Gleichen zu sein, die mittels Geldes frei ihre Produkte austauschen. In Wirklichkeit bestimmt das Lohnverhältnis jedoch, wie man in Marx' Beschreibung der Manufaktur und Fabrik sieht, einen ganzen mechanischen »Anlernprozess«, der eine Zeiterfassung auf »infinitesimaler Ebene« und weit jenseits dessen erlaubt, was eine Rechtsordnung vorschreiben könnte.

> »Tatsächlich sind die Disziplinen *eher* als eine Art *Gegenrecht* zu betrachten. Sie haben nämlich gerade die Aufgabe, unübersteigbare *Asymmetrien* einzuführen und Gegenseitigkeiten auszuschließen.«[36]

Ein Gegenrecht: Sie kehren Rechtsverhältnisse um und negieren sie. In marxscher Lesart wendet das Lohnverhältnis die Gleichheit in Ungleichheit und schafft eine Asymmetrie. Die Gewinnung des »Mehrwerts« ist formell gesetzeskonform und zugleich eine Verkehrung des Rechts in eine »asymmetrische« Disposition.

34 Ebd.
35 Ebd.
36 Ebd.

> »Zunächst schafft die Disziplin zwischen den Individuen ein *›privates‹* Band, das ein von der vertraglichen Verpflichtung gänzlich unterschiedenes Zwangsverhältnis ist [...]«[37]

Marx geht davon aus, dass das Lohnverhältnis als Klassenverhältnis *unpersönlich* ist. Dabei vergisst er aber nicht, dass dieses nur in vertraglich festgehaltenen Beziehungen *zwischen Individuen* existiert, wie uns die »Stimme des Arbeiters« (zu vernehmen in Kapitel 8 »Der Arbeitstag«[38]) in Erinnerung ruft: »das ist wider unsren Vertrag«.

> »[...] zwar kann die Zustimmung zu einer Disziplin durch Vertrag besiegelt werden; aber die Art ihrer Durchsetzung, die Spielregeln ihrer Mechanismen, die *unumkehrbare Unterordnung* der einen unter die anderen, die immer an eine Seite gebundene Übermacht, die ungleichen Positionen der verschiedenen ›Partner‹ hinsichtlich der gemeinsamen Regelung setzen die *Disziplinarbande* dem *Vertragsband* scharf entgegen und führen zur systematischen *Verfälschung* des Vertragsbandes, sobald es einen Disziplinarmechanismus zum Inhalt hat.«[39]

Wieder die Ambivalenz: Der Disziplin wird »zugestimmt«, zugleich aber wird sie »durchgesetzt«, und darin ist das Vertragsband »verfälscht« (wir finden ein Wort bei Marx wieder: Der Lohnvertrag werde immerzu »revolutioniert«[40]). Der ontologische Status des Vertrags muss somit als einer bestimmten sozialen Tatsache zugehörig verstanden werden: Um »verfälscht« oder »revolutioniert« sein zu können, muss er zunächst einmal *sein*. Der Vertrag ist nicht bloßer Schein (auf einem Formular), nicht trügerisches Sprachspiel. Er taucht nur in einem Verhältnis auf (wird nur in einem Verhältnis gesetzt), das Ungleichheit strukturell *reproduziert*. Die »unumkehrbare Unterordnung« ist das Analogon der (strukturell) *reproduzierbaren* Ausbeutung: Sie reproduziert ihre Bedingungen, sie erzeugt aus sich heraus die Distanz. Die »Struktur«, in der die vertragliche Metastruktur »gegeben« ist, ist nichts anderes als ein sich reproduzierender »Mechanismus«.

---

37 Ebd.

38 Marx: Kapital, Bd. 1, in: MEW, Bd. 23, Kap. 8, insbes. S. 247 f.

39 Foucault: Überwachen und Strafen, S. 285 f.

40 Marx: Kapital, Bd. 1, in: MEW, Bd. 23, S. 417. – Editor. Hinweis: Das Verb »revolutionieren« hier im Sinne von »umwälzen« oder auch »in sein Gegenteil wenden«. Konkret hat Marx die Abwälzung bzw. Ausweitung von Lohnerwerbstätigkeiten auf Minderjährige, d. h. die »lohnförmige« Kinderarbeit vor Augen. Die »Verfälschung« (Bidet) besteht darin, dass die Lohnform den freien Rechtsvertrag vorsieht, Kinder aber in eben diesem Rechtssystem per se nicht als Rechtssubjekte gelten. Für die französische Übersetzung haben Marx/Roy das Verb »alterer« gewählt (MEGA², Bd. II/7, S. 338).

> »Es ist bekannt, wie viele *wirkliche Verfahren die Rechtsfiktion* des Arbeitsvertrages *verbiegen*: die Disziplin am Arbeitsplatz ist davon nicht die unwichtigste.«[41]

Da ist er wieder, hier in Bezug auf die (marxsche) Fabrik, der Gegensatz zwischen dem »Wirklichen« und der »Fiktion«, die auf ihre Art doch reichlich wirklich ist, da sie nur »verbogen« ist. Die Schwierigkeit besteht bei Foucault wie auch bei Marx darin, *das Verhältnis* zwischen Wirklichkeit und Fiktion, also zwischen beiden Registern des sozialen Seins, die im »Dispositiv« enthalten sind, auf den Begriff zu bringen. Worin besteht die Wirklichkeit der Fiktion? Das ist die Frage, mit der wir uns werden auseinandersetzen müssen.

> »Dazu kommt, dass die rechtlichen Systeme nach allgemeinen Normen *Rechtssubjekte* qualifizieren, während die Disziplinen charakterisieren, klassifizieren, spezialisieren; sie verteilen die Individuen entlang einer Skala, ordnen sie um eine *Norm* herum an, *hierarchisieren* sie untereinander und am Ende *disqualifizieren* sie sie zu Invaliden.«[42]

Gestützt auf die Kritik älterer Ökonomen und die Berichte von Arbeitsinspektoren hebt Marx mit Nachdruck auf die innerbetriebliche Hierarchie ab.[43] Diese bleibt jedoch zweitrangig: Das *Wesentliche* ist die Spaltung Lohnarbeiter/Kapitalisten, also das *Klassenverhältnis*, dem seine Theorie der Ausbeutung und der Akkumulation gewidmet ist. Die Hierarchie ist eine zwingende *Folge* des kapitalistischen Systems. Bei Foucault ist sie ein eigenständiger Untersuchungsgegenstand. Er erkennt in ihr eine neue Machtordnung, die des »Macht-Wissens« im Unterschied zum, wie ich es nenne, Macht-Eigentum, und führt damit ein neues begriffliches Register ein – wie allein die Tatsache beweist, dass seine Analyse auf sämtliche gesellschaftliche Institutionen anwendbar ist. Das kapitalistische Unternehmen, in dem Manager und Führungskräfte nicht mehr nur simple *Handlungsbevollmächtigte* des Eigentümers sind, sondern eine spezifische Macht ausüben, ist nur ein Sonderfall. Mit Foucaults Entdeckung eines Dispositivs struktureller Entwertung (Invalidisierung) und Exklusion nähert sich seine Analyse derjenigen von Marx jedoch wieder an. Das von Marx analysierte Dispositiv des kapitalistischen *Marktes* schließt die »Reservearmee« aus und »entwertet« jene Arbeitskräfte, die für den Profit nicht notwendig sind. Ebenso »disqualifiziert« und »invalidisiert« das hierarchische Dispositiv der *Organisation* in jeglicher Institution und erzeugt *Ausgeschlossene*.

41 Foucault: Überwachen und Strafen, S. 286.

42 Ebd.

43 Marx: Kapital, Bd. 1, in: MEW, Bd. 23, S. 352.

> »Wo sie und solange sie ihre Kontrolle ausüben und die Asymmetrien ihrer Macht ins Spiel bringen, vollziehen die Disziplinen jedenfalls eine *Suspension* des Rechts, die zwar niemals total ist, aber auch *niemals ganz eingestellt* wird.«[44]

Die Rechtsordnung ist nach wie vor in Kraft. Doch sie steht unter Vorbehalt: Es gibt Orte des Rechts und Orte des Nicht-Rechts. Diese Unterscheidung von Ort und Zeit ist von wesentlicher Bedeutung. Ebenso wesentlich ist, dass die Arbeitskraft nur »für eine bestimmte Zeit« und zudem nur für einen bestimmten Ort verkauft wird, nämlich den Produktionsort, wo zwar außergesetzliche Kräfteverhältnisse herrschen, die aber nicht die gesamte Existenz umfassen. Es reicht offensichtlich nicht aus, solchermaßen in Begriffen der Exteriorität zweier Raumzeiten zu denken, deren eine vom Recht regiert und deren andere mit Nicht-Recht gesättigt ist. Foucault und Marx arbeiten daran, das Verhältnis zwischen beiden Registern begrifflich zu fassen.

> »Wie geregelt und institutionalisiert sie auch sein mag, in ihrem tatsächlichen Mechanismus ist die Disziplin immer ein ›*Gegenrecht*‹. Und wenn das allgemeingültige Rechtssystem der modernen Gesellschaft den Machtausübungen Grenzen zu setzen scheint, so hält doch ihr allgegenwärtiger Panoptismus im Gegensatz zum Recht eine sowohl unabsehbare wie *unscheinbare* Maschinerie in Gang, welche die *Asymmetrie* der Mächte unterstützt, verstärkt, vervielfältigt und die ihr gezogenen Grenzen unterläuft.«[45]

Hier findet sich Foucaults zentrales Thema wieder: Die disziplinarische Reglementierung ist nicht die Fortsetzung einer Rechtsordnung mit anderen Mitteln. Marx zeigt ebenfalls, dass sich das Lohnverhältnis nicht einfach als fortgeschriebenes Marktrecht, als verallgemeinerter Rechtszustand analysieren lässt, sondern vielmehr außerhalb des Rechts stehende Dispositive einführt, etwa zum Zweck der Arbeitsintensivierung. Doch Foucaults Forschungsfeld, größer als das marxsche, erstreckt sich auf das ganze soziale Leben.

> »Die *unscheinbaren* Disziplinen, die alltäglichen Panoptismen mögen unterhalb der *großen Apparate* und *unterhalb* der *großen* politischen *Kämpfe* liegen: In der Genealogie der modernen Gesellschaft bildeten sie zusammen mit der sie *durchkreuzenden Klassenherrschaft* das Gegenstück zu den Rechtsnormen der Machtverteilung.«[46]

44 Foucault: Überwachen und Strafen, S. 286.

45 Ebd.

46 Ebd.

Anders als für Marx *definiert* für Foucault die »Klassenherrschaft« (die Klassenstruktur) die »moderne Gesellschaft« nicht. Allerdings »durchkreuzt« sie diese auf gesamter Länge. Und man muss die unscheinbaren und alltäglichen Tatsachen »unterhalb« (im »Unterbau«) der großen Politik erkennen können, in der sich die »großen Klassenkämpfe« (so versteht Foucault es hier) um die »großen Apparate« drehen und sich der großen Rechtsprinzipien zur »Machtverteilung« bemächtigen. Das Singuläre steht so im Zusammenhang mit dem Allgemeinen.

> »Zweifellos liegt hier der Grund dafür, dass man den kleinen Disziplinarprozeduren seit so langer Zeit eine solche Bedeutung zumisst: ihren kleinlichen *listen*reichen Erfindungen wie auch den *Wissenschaften*, die ihnen ein *ehrenvolles* Ansehen verschaffen; hier liegt auch der Grund dafür, dass man sich *scheut*, sie ersatzlos abzuschaffen; und dass man behauptet, sie bildeten die Grundlage für die Gesellschaft und ihr Gleichgewicht, wo ihre Mechanismen doch die Machtbeziehungen für immer und überall ins Ungleichgewicht bringen; und dass *man* sich hartnäckig darauf versteift, sie für die bescheidene aber konkrete Form jeder *Moral* auszugeben, wo sie doch ein Bündel von physisch-politischen Techniken sind.«[47]

Gekonnte Verortung von Konzepten in ihren begrifflichen Räumen und topologischen Beziehungen. Die Disziplinarmechanismen gehören zu einer »listenreichen« Praxis (Klassenpraxis, in einem noch zu definierenden Sinne) mit strategischem Ziel: Sie werden eingesetzt, *um* »ins Ungleichgewicht [zu] bringen«.[48] »Man« hat jedoch allen Grund zu fürchten, dass diese Mechanismen wirkungslos bleiben, wenn *man* es nicht schafft, die »Wissenschaften« zu mobilisieren, mit denen die Mechanismen als »Grundlage« eines rationalen Gleichgewichts ausgegeben werden können, welches eine immanente »Moral« ergibt. Ein solcher (interpellativer) Anspruch ist in seiner illokutionären Dreiheit zu betrachten, wie Habermas sie definiert:[49] Er beansprucht (1) *wahr* und zugleich (2) *richtig* zu sein. Der dritte Teil der Illokution bezieht sich (3) auf die wahrhaftige *Identität* des Sprechers und bringt sich hier als »man« zum Ausdruck. Ebendiese, dem Klassenverhältnis immanente Diskursivität haben wir zu untersuchen, bei Marx und bei Foucault.

47 Ebd., S. 286 f.

48 Im französischen Text steht hier: »alors qu'elles sont une série de *mécanismes pour déséquilibrer* définitivement et partout les relations de pouvoir« – Bidet bezieht sich auf das »pour déséquilibrer«, wörtlich »um ins Ungleichgewicht zu bringen«; die vorliegende Foucault-Übersetzung übernimmt die französische Finalkonstruktion im Deutschen nicht. (Anm. d. Ü.)

49 Jürgen Habermas: Theorie des kommunikativen Handelns, Bd. 1, Frankfurt a. M. 1981, S. 412, vgl. S. 581. (Anm. d. Ü.)

> »Um aufs Problem der gesetzlichen Strafen zurückzukommen: das Gefängnis mit seiner ganzen *Besserungs*technik hat hier seinen Platz, wo sich die kodifizierte *Straf*gewalt in eine Disziplinargewalt der *Überwachung verbiegt*; wo die *allgemeingültigen* Gesetzesstrafen *selektiv* auf bestimmte Individuen und immer auf dieselben treffen; wo die Wiedereinbürgerung des *Rechtssubjekts* durch die Strafe zu einer *nutzbringenden Abrichtung* des Kriminellen wird; wo das Recht *in sein Gegenteil umschlägt*, indem es sich zu einer bloßen *Form veräußert*, deren *tatsächlicher* und institutionalisierter Inhalt das Gegenrecht wird. Die Verallgemeinerung der Strafgewalt beruht nicht auf dem universellen Gesetzesbewusstsein der Rechtssubjekte, sondern auf dem endlos weit gespannten und unendlich eng geknüpften Netz der panoptischen Verfahren.«[50]

Wir sind hier bei einer Art rekapitulierender, dialektischer Schlussfolgerung angelangt. Die formelle Rechtsordnung, in der das »universelle Gesetzesbewusstsein« gegeben ist, »schlägt um«: Das Gegenrecht wird ihr »tatsächlicher«, wirklicher Inhalt. Oder, andere Metapher, es geht aus sich selbst hervor, wie ein hegelsches Inneres, das nur durch sein »Äußeres« ist. Dies markiert den Übergang vom »Allgemeinen« zum Besonderen: von einem »Rechtssubjekt«, das mit jedem anderen identisch ist, zum (schlechten) Subjekt, das in die Norm eingepasst werden muss. Es geht hier um eine Klassendialektik, die »immer dieselben« trifft und das »nützliche« Subjekt hervorbringen will – wobei »nützlich« näher zu definieren wäre. Das Panoptikum, das das Ganze umfasst, steht metonymisch für das *Macht-Wissen*, das hier am Werk ist. Denn dem *allgemeinen* Konzept des *Macht-Wissens* gelingt es, das Feld, das Foucaults Analyse entdeckt, auf den Begriff zu bringen. Und diese Macht der Kompetenz muss mit der anderen Macht verknüpft werden, jener des Eigentums, wie Marx sie analysiert.

§113 Übersicht der Analogien zwischen Foucault und Marx

Nun können wir, noch sehr provisorisch, Analogien, Ähnlichkeiten und Diskrepanzen zwischen den Arbeiten von Marx und Foucault festhalten.

Diese Übersicht ist natürlich mit größter Vorsicht zu genießen. Denn noch wäre zu präzisieren, was die einzelnen hier angeordneten Ausdrücke genau bedeuten; zu ergründen wären zudem ihre möglichen Wechselbeziehungen innerhalb des jeweiligen Werkes, wie auch zwischen den beiden Fragestellungen. Diese topologische Übung soll lediglich eine Reihe von Fragen aufwerfen, die es anzugehen gilt. Letztlich geht es hier nicht um die Frage, welche Art von *Vergleich* zwischen Marx und Foucault mög-

50 Foucault: Überwachen und Strafen, S. 287.

<table>
<tr><th colspan="2">Foucault</th><th colspan="2">Marx</th></tr>
<tr><td>Die Vertragsfiktion</td><td>– »erdachter Vertrag«
– »Fiktion«, »scheinbar«
– »formeller Rahmen«
– »ideale Grundlegung«
– »ehrenvoll«</td><td rowspan="3">Überbau</td><td>Vertragsfiktion
– Staat (Gesellschaftsvertrag)
– Markt (Lohnaustausch)</td></tr>
<tr><td rowspan="2">»rechtlich-politische Strukturen«

»Verkehrung«, die Disziplinen:</td><td rowspan="2">– »Rechtssubjekte«
– »der Wille aller«
– »parlamentarisches Regime«

– »verfälschen«
– »arbeiten«
– »bringen ins Ungleichgewicht«
– »verkehren«
– »verbiegen«
– »aufruhen auf«</td><td>Rechtsinstitutionen

Politische Institutionen</td></tr>
<tr><td>Das Lohndispositiv verkehrt den Handelsvertrag in kapitalistische Ausbeutung
Es unterstellt die Arbeitskraft dem Kapitalisten, wodurch der Vertrag »revolutioniert« wird</td></tr>
<tr><td>DISZIPLINEN

Kontrolle
– des Raumes
– der Zeit
– der Aufgaben

Mittel
– Überwachung
– Normalisierung
– Sanktionen
– Untersuchungen

Panoptikum</td><td>Was die Disziplinen produzieren:
– »klassifizierte Subjekte«
– »hierarchisierte Subjekte«
– »unumkehrbare Unterordnung«
– »wesenhaft ungleich«
– »unübersteigbare Asymmetrien«

Was die Disziplinen sind:
– »Unterbau«, »Untergeschoss«
– »technische Verfahren«
– »wirkliche Mechanismen«</td><td>Basis (Unterbau)</td><td>KLASSENVERHÄLTNISSE

Die Produktionsverhältnisse reproduzieren das Klassenverhältnis: Ausbeutung, Ungleichheit und Abhängigkeit

Die Produktivkräfte: Produktionstechniken, die auch den Arbeiter verändern</td></tr>
</table>

lich, sondern welche Art von Neufassung erforderlich ist, um zu bestimmen, unter welchen Bedingungen sich ihre Konzeptualisierungen zu einer einzigen Theorie zusammenfügen könnten: einer Gesamttheorie der modernen Gesellschaftsform. Foucault lehnte eine solche Sichtweise entschieden ab. Meine These lautet, dass er dennoch in außerordentlichem Maße zur Ausarbeitung der Theorie beiträgt, zumal wir mit seiner Hilfe die Grenzen eines solchen Projektes besser umreißen können.

Nicht alle diese Ausdrücke sind auf einer Ebene zu verorten; sie stellen nicht dieselbe Ebene dar. Foucault ist ein Meister des Hell-Dunkel-Kontrasts: Die vage angedeuteten Hintergründe des Rechts dienen ihm nur dazu, das, was ihn beschäftigt, klarer hervortreten zu lassen: die Disziplinen. Trotz einer semantischen Unsicherheit, die dieser erste Ansatz noch nicht zu tilgen vermag, dürfte sich abzeichnen, unter welchen Voraussetzungen eine Begegnung zwischen beiden Fragestellungen möglich ist. Es wird sich jedoch zeigen, dass die Konzepte von Marx und Foucault so verschieden sind, dass sie nur in einer gesamttheoretischen Erneuerung miteinander verknüpft werden können.

1.2 Bürgerliche Gesellschaft versus Klassenstaat. Die Vorlesungen von 1977–79

1977, als in Europa und somit auch in Frankreich die eurokommunistische Welle von 1968 abebbte und sich im Fahrwasser der »neuen Ökonomie« die lärmende Kohorte der »neuen Philosophen« breitmachte, wandte sich Foucault in seiner Lehrtätigkeit am Collège de France[51] dem zu, was man »neue Politik« nannte. Bis dahin hatte er stets einzelne Einrichtungen untersucht: Gefängnisse, Spitäler, Anstalten, Schulen, Kasernen. Nun geht er, wie er es beschreibt, von diesen »sektorialen Techniken« zur »großen Politik« über, zur »Technologie der Staatsmacht«, und kommentiert, ausgehend von deren Vorgängern vom 18. bis zum 20. Jahrhundert, sogar die Vorhaben der damaligen Regierung Barre unter Präsident Giscard d'Estaing. Der Neoliberalismus als gegenwärtiges Stadium des Liberalismus. Kaum zehn Jahre nach 1968, am Ende eines Jahrzehnts sozialer Kämpfe und Befreiungskriege, die rund um die Welt die Abenddämmerung des Kapitalismus einzuläuten schienen, verkündet Foucault dessen Wiedergeburt.

Wie verortet er sich in Bezug auf den »Liberalismus«? Ist sein Diskurs als *Lobrede* auf den Liberalismus zu verstehen, im Gegensatz zu Marx' *Kritik* der politischen Ökonomie? (§121) Ich ziehe der umstrittenen Frage, welche politische Position Foucault in diesen Vorlesungen einnimmt, die Frage vor, welches literarische Genre, welches wissenschaftliche Genre er

51 Siehe Foucault: Sicherheit, Territorium, Bevölkerung; ders.: Geburt der Biopolitik; vgl. oben, Fn. 21. Man beachte die wertvolle »Situierung der Vorlesungen«, politische und theoretische Situierung, die der Herausgeber Michel Senellart vorschlägt (in: Foucault: Sicherheit, Territorium, Bevölkerung, S. 527–571).

praktiziert.[52] Es ist nicht unerheblich, dass er, wie Marx, die Form einer *großen Erzählung* wählt (§122). Der Unterschied zwischen beiden besteht nicht nur in der Unterschiedlichkeit des Themas, sondern auch darin, dass sich die foucaultsche Erzählung, im Gegensatz zur marxschen, schließlich in einem *großen Bild* auflöst (§123).

§121 Lobrede *versus* Kritik der politischen Ökonomie?

Ruft man sich in Erinnerung, dass Marx sich im Wesentlichen einer »*Kritik* der politischen Ökonomie« verschrieb (wie es der Untertitel des »Kapitals« anzeigt), so stellt man mit Erstaunen fest, dass Foucault, der sich zumindest teilweise für dieselben Autoren interessiert, nämlich englische Physiokraten und Liberale, gerade anders herum eine Art *Lobrede* in Angriff zu nehmen scheint. Marx analysiert die *ökonomischen Theorien* dieser Autoren, Foucault die durch sie angeregten *Politiken*. Beide arbeiten am gleichen Material, nämlich an ihren ökonomisch-politischen Diskursen; aber ihre Vorgehensweisen sind radikal verschieden. Marx will zeigen, dass der Gegenstand der kapitalistischen Produktion, anders als Adam Smith behauptet hatte, nicht der »Wohlstand der Nationen« ist, also konkreter Wohlstand, das heißt Gebrauchswert – sondern abstrakter Wohlstand, das heißt Mehrwert. Foucault dagegen will zeigen, dass die liberale Wirtschaftspolitik das Leben, die Bevölkerung,[53] konkreten Wohlstand und die Leistungsfähigkeit der Gesellschaft zum Ziel hat.

Im ersten Kapitel des ersten »Kapital«-Bandes[54] stellt Marx das Modell der Ware vor, charakterisiert als Inbegriff der rationalen Logik der Produktion gesellschaftlichen Wohlstands. Das »Wertgesetz« – demzufolge Waren nach dem Maßstab der Zeit, die durchschnittlich zu ihrer Produktion nötig ist, getauscht werden – setzt sich in einer Wettbewerbssituation tendenziell durch und sorgt dafür, dass Ressourcen optimal eingesetzt werden und eine Maximierung der Produktivität erfolgt.[55] Aber man kann nicht, so fährt Marx [im den II. Abschnitt abschließenden Kapitel 4.3 und sodann] im III. Abschnitt[56] fort, bei dieser abstrakten

52 Diese Vorlesungen versetzen uns (gerade so wie die posthum veröffentlichten Texte von Marx) in einen Forschungsprozess, ein riskantes Vorgehen, deren Umwege und Ungewissheiten sich an bisweilen scharfen und polemischen Formulierungen messen lassen müssen. Die von Foucault im Nachhinein verfasste Zusammenfassung seiner Vorlesungen von 1979 (Michel Foucault: [Résumé:] Die Geburt der Biopolitik [(Vorlesungs-) Bericht für das Jahrbuch (Annuaire) des Collège de France; 1979], in: ders.: Schriften, Bd. III, S. 1020–1028), bei der es sich auch um eine korrigierte Fassung handelt, weist größere Distanz zum Liberalismus auf.

53 Frz. »population« wird bei Foucault meist als »Bevölkerung« übersetzt, bisweilen ist hier auch die »Population« mitzudenken. (Anm. d. Ü.)

54 Marx, Kapital, Bd. 1, in: MEW, Bd. 23, S. 49–98.

55 Zu dieser Interpretation des Wertgesetzes erlaube ich mir, auf meine Arbeit »Explication et reconstruction du Capital« (2004), S. 51–56 zu verweisen.

56 Marx, Kapital, Bd. 1, in: MEW, Bd. 23, S. 181–191; 192 ff. – Editor. Hinweis: In der deutschen Erstausgabe von 1867 waren die Kapitel noch nicht jenen größeren »Abschnitten« zugeordnet, wie sie seit der zweiten Auflage (1872/73) – und fast deckungsgleich in der französischen Erstausgabe (1872–75) – die Gliederung des Bandes mit Abschnitten, Kapiteln und Unterkapiteln prägen (letztere werden mitunter von Marx allerdings auch »Abschnitte« genannt). Den

Analyse stehen bleiben, denn auf dem *kapitalistischen* Markt fungiert die Arbeitskraft selbst als produktive Ware – diejenige Ware, die Mehrwert produziert. Und so dreht sich der Wettbewerb nicht um Warenproduktion im Sinne des Gebrauchswerts, sondern um Profit-Maximierung. Ziel der kapitalistischen Produktion und des kapitalistischen Unternehmers mittels Warenproduktion ist nicht »der Wohlstand«, sondern der Profit, also abstrakter Wohlstand. Marx bestreitet nicht, dass die »kapitalistische Produktionsweise« (hinsichtlich des Wohlstands) unendlich viel produktiver ist als ihre Vorgänger. Er argumentiert jedoch, die Dynamik der kapitalistischen, auf Ausbeutung beruhenden Akkumulation könne mit diesen Begriffen nicht adäquat analysiert werden, weil die Akkumulation der Mehrwertlogik folgt. Anders als die Liberalen untersucht er den Unterschied und den Widerspruch zwischen Wohlstand und Profit. Ausgehend hiervon deutet er die historische Entwicklung des Kapitalismus.

Foucault dagegen nähert sich dem Kapitalismus ausgehend von der »liberalen Regierung«, die diesen erst ins Werk setzt und als »moderne und zeitgenössische Gouvernementalität«[57] figuriert. Jenseits des »Souveräns« der Renaissance und der »Staatsräson« des klassischen [mit der Regentschaft Ludwigs IV, des »Sonnenkönigs« verbundenen] Zeitalters führen die liberalen Ökonomien die – laut Foucaults Zuschreibung – bescheidenere Figur der »Regierung« ein, die sich auf die »natürlichen Prozesse« der (Markt-)Ökonomie und die »Verwaltung der Bevölkerung« beschränke – auch sie als natürliches Phänomen verstanden, dessen Realisierung »bestimmte Formen der Freiheit« impliziere.[58] Der Liberalismus entwickelt ein *Wissen*, das den Wohlstand der Nation zum Gegenstand hat und sich nicht mehr allein mit Subjekten oder ihrer Verwaltung beschäftigt, sondern mit einer *Bevölkerung*, deren Leben es zu fördern gilt. Die Ökonomie ist eine Bevölkerungswissenschaft; sie erfasst kollektive Reaktionen auf Knappheit, hohe Preise usw. Sie macht Probleme und Gesetzmäßigkeiten ausfindig, die für eine Bevölkerung spezifisch sind (Fruchtbarkeitsrate, Sterblichkeitsrate, Epidemie, Produktion), für ein Kollektiv also, das nicht mehr Kollektiv eines Gesellschaftsvertrages ist. Das ist es, was mit der »Gouvernementalisierung des Staates« gemeint ist. Der moderne Staat des Liberalismus hat nicht nur die Funktion der »Reproduktion der Produktionsverhältnisse«.[59] Er *regiert* auf Basis positiver Ziele, die Ziele des kollektiven Lebens sind. Die Geschichte des Kapitalismus lässt sich so, wie Marx sie gedacht hatte, nicht verstehen.

Man kann natürlich versuchen, die beiden Diskurse miteinander zu verbinden. Die Logik der Kapitalisten ist auf Profit ausgerichtet und damit

Abschnitten I bis IV entsprechen in der deutschen Erstausgabe die Kapitel I bis IV.

57 Foucault: Sicherheit, Territorium, Bevölkerung, S. 500.

58 Ebd., S. 506.

59 Ebd., S. 163 f.

auf abstrakten Wohlstand; Marx vergisst aber nicht, dass sie nur dann Profit machen, wenn sie ihre Waren auch verkaufen können, wenn diese also mit einem relevanten Gebrauchswert versehen, das heißt Bestandteil des konkreten Wohlstands sind. Ich analysiere dies (in §412) als den »produktiven Widerspruch des Kapitals«. Marx stellt dieses Problem in den Mittelpunkt seiner Untersuchungen zu Reproduktion, Krise und Akkumulation. Die Widersprüche des Systems untersucht er immer nur ausgehend von dessen relativer Rationalität. Deren Konsequenz aber ist er nie konzeptuell angegangen, nämlich den »gouvernementalen«, das heißt im gramscischen Sinne *hegemonialen* Zwang, der die herrschende Klasse veranlasst, (in einem noch unbestimmten Maße) auf die Forderungen der Gesellschaft einzugehen. Ebenso wenig in Betracht zieht er das vielgestaltige Netzwerk von sozialem Wissen und Teilbereichspraktiken, durch die eine solche Macht ausgeübt wird. Foucault gesteht Marx eindeutig zu, dass es hinter dem liberalen Diskurs auch die Ausbeutung und deren Zwangsmittel gibt – und Foucault liefert genau das, was Marx fehlt, um die außerordentliche historische Produktivität des Kapitalismus zu erklären, nämlich die Analyse des Macht-Wissens, das diesen antreibt. Genügt es nicht, dies hinzuzufügen, um ohne großen Aufwand einen »Foucault mit Marx« zu erhalten?

Wer es dabei bewenden lässt, die beiden Herangehensweisen auf diese Weise miteinander zu verbinden, läuft allerdings Gefahr, zu verschleiern, was beide trennt – wie auch das, was sich in der Divergenz zwischen zwei »großen Erzählungen« manifestiert.

§122 Die große Erzählung Foucaults und die neoliberale Frage

Foucault legt eine »Genealogie des modernen Staates und seiner verschiedenen Apparate im Ausgang von einer Geschichte der gouvernementalen Vernunft« vor.[60] Diese *Genealogie* entwickelt sich in drei aufeinanderfolgenden historisch-progressiven »Momenten«, die gleichsam den foucaultschen Text strukturieren.

Der Eintritt in die politische Moderne wurde in der Renaissance mit dem Triumph der Figur jener *Souveränität* vollzogen, in deren Namen die vom Staat monopolisierte Gewalt vermittels des [strafenden] Gesetzes auf die Subjekte ausgeübt wird: Dieser »Justizstaat« ist ein »System des rechtlichen Gesetzbuches mit der binären Aufteilung zwischen dem Erlaubten und dem Verbotenen«.[61]

60 Ebd., S. 508. – »Gouvernementale Vernunft« [raison gouvernementale] wird in deutschsprachigen Foucault-Übersetzungen bisweilen auch als »Staatsräson« wiedergegeben. Wir haben uns dazu entschieden, den französischen Begriff je nach Kontext und jeweils in prüfendem Abgleich mit vorliegenden Übersetzungen zu übersetzen. (Anm. d. Ü.)

61 Ebd., S. 19. – »État de justice«: Wir übernehmen die von Brede-Konersmann/Schröder gewählte Übersetzung »Justizstaat« (Foucault: Sicherheit, Territorium, Bevölkerung, S. 464; ebenso Bischoff in: Foucault: Schriften, Bd. III, S. 870), während Gondek mit »Gerechtigkeitsstaat« übersetzt (Foucault: Schriften, Bd. III, S. 822). (Anm. d. Ü.)

Der Westfälische Friede (1648) markiert mit dem Aufstieg des *Verwaltungsstaates* und der Entwicklung von Disziplinarinstitutionen den Eintritt ins klassische Zeitalter. Es ist die Zeit der Merkantilisten, die eine industrielle [bzw. manufaktorielle] Exportorientierung propagieren, um so die Finanzeinnahmen des Staates und damit die Grundlage seiner Machtfülle zu sichern. Das »Gleichgewicht zwischen den Staaten«[62] zwingt jeden einzelnen, sich dieser Forderung zu beugen. In der Perspektive eigener Macht will der »Polizeistaat«, in dem Sinn, den das Wort *Policey* im 18. Jahrhundert angenommen hatte, »das Leben« und »das Glück« der Bevölkerung fördern.[63] Die »Staatsräson« gründet auf der »Statistik« über Ressourcen und Bevölkerungen.[64] Zusätzlich zu den juristischen und gerichtlichen Wegen soll mithilfe von passenden »polizeilichen, medizinischen, psychologischen« Techniken[65] vorgebeugt und gebessert werden. Die modernen Staaten werden so zu großen Maschinerien, die wie ein »permanenter Staatsstreich« funktionieren:[66] Befehle, Verbote, Anweisungen, Regeln, lokale Disziplinen in der Werkstatt, der Schule, der Armee. Von juristischer Seite und damit aus dem Inneren der Maschine ist, mit Naturrecht und Gesellschaftsvertrag, die Forderung nach einer Begrenzung der Staatsgewalt zu hören.

Ab 1750 taucht mit den Physiokraten die Figur der *Regierung* auf. Die politische Ökonomie ist ihre wichtigste Machttechnologie und zielt nicht zuerst auf den internationalen Handel, sondern auf die nationale Produktion. Der Markt, als Logik der Produktion, ist ihr »Ort der Veridiktion«.[67] Im Unterschied zum dem Souveränitatsparadigma unterstehenden Staat, der durch Gesetz, Recht und Jurisdiktion funktioniert, funktioniert die liberale Gouvernementalität durch »Veridiktion«, das heißt durch die *Wahrheit* der angeblich »›natürlichen‹ Mechanismen«.[68] Sie benötigt bestimmte juristische Voraussetzungen der Freiheit, nicht einer allgemeinen Freiheit, sondern der »Freiheit des Marktes, Freiheit des Verkäufers und des Käufers, freie Ausübung des Eigentumsrechts, Diskussionsfreiheit, eventuell Ausdrucksfreiheit, usw.«[69] Durch diese beiden Mittel, das ökonomische und das rechtliche, wird die Selbstbeschränkung der gouvernementalen Vernunft gegenüber der Unbegrenztheit des Polizeistaates verwirklicht. *Andererseits* entwickelt sich der vielfältige Bereich der gouvernementalen

62 Foucault: Sicherheit, Bevölkerung, Territorium, S. 436.

63 Michel Foucault: Die politische Technologie der Individuen [Vortrag an der Universität von Vermont, Oktober 1982; veröff. 1988], übers. v. Michael Bischoff, in: ders.: Schriften, Bd. IV, S. 999–1015, hier S. 1010. [Quellenangabe korrigiert; Anm. d. Ü.]

64 Foucault: Sicherheit, Bevölkerung, Territorium, S. 398.

65 Ebd., S. 19.

66 Ebd., S. 488.

67 Foucault: Geburt der Biopolitik, S. 57.

68 Ebd., S. 54.

69 Ebd., S. 97.

Intervention, allerdings in flexiblerer Form als in der vorangegangenen Ära: Er arbeitet mit einer Suche nach »Sicherheit«, die sich auf das Akzeptable, Wahrscheinliche, Durchschnittliche stützt und von Verfahren der »Normation« ausgeht.[70] Man denke etwa an die Pockenimpfung, wie sie initiiert und kontrolliert wurde, ein präventives technisches Verfahren auf dem Gebiet des Wahrscheinlichen und Verallgemeinerbaren. So entstehen die Begriffe »Fall«, »Risiko«, »Krise« etc. Der Kontext dessen ist, mehr noch als zuvor, jener der »Bevölkerung«, verstanden als Gesamtheit von Lebewesen, die Marx durch den Kontext der »Klasse« nur »umgehe« und meide.[71]

Doch die »Geschichte der politischen Vernunft« endet hier nicht. Foucault überspringt den Keynesianismus, den er als eine »Krise des Liberalismus«[72] bezeichnet, und macht sich vom 24. Januar 1979 an daran, jene neue Variante zu untersuchen, die damals mit einem Paukenschlag die Bühne betritt: den *Neoliberalismus*. Er versteht ihn als eine Antwort auf diese »Krise«. Das »neue Dispositiv der Gouvernementalität«, erklärt er, werde seit den 1930er-Jahren von Hayek und anderen ergründet.[73] Doch erst nach der Stunde Null in Deutschland öffnet sich ein Experimentierfeld. Die totale Auflösung der bis dahin bestehenden Wirtschaftsordnung ermöglicht es, Tabula rasa zu machen, und den Markt nicht mehr als eine *Naturgegebenheit* zu betrachten, sondern als ein erreichbares und verallgemeinerbares *Ziel*. Ein »Gesellschaftsprojekt«: Die Gesellschaft soll zum Markt werden. Der Staat hört auf, konkrete Ziele zu verfolgen, Maßnahmen zu ergreifen und Korrekturen vorzunehmen, und beschränkt sich darauf, die Spielregeln festzulegen, während er das Spiel selbst den Wirtschaftsakteuren überlässt. In Frankreich wendete sich diese neue, von Giscard d'Estaing eingeführte Doktrin gegen die früheren keynesianischen Kompromisse. Wenn man auf diese Weise jede Form der Planung und ernsthafteren Eingriffe in die Wirtschaft ausschließt, erhält man einen »Rechtsstaat«, der durch nichts anderes regiert wird als durch »formale Prinzipien«,[74] wie der Markt sie erfordert. Man muss somit von einer »wirtschaftlich-rechtliche[n] Ordnung« sprechen, in der »das Rechtswesen [...] das Wirtschaftswesen« informiert[75] – ebenso gilt der Umkehrschluss, denn es geht um »Rechtsregeln, die in einer geregelten Gesellschaft auf der Grundlage und entsprechend der Wettbewerbswirtschaft des Marktes notwendig sind«.[76] Damit wird folglich die Idee zurückgewiesen, dass die [Voll-]Beschäftigung ein Ziel und

70 Foucault: Sicherheit, Territorium, Bevölkerung, S. 90.

71 Ebd., S. 117–118.

72 Foucault: Geburt der Biopolitik, S. 105.

73 Eine durch Foucault inspirierte Darstellung der Geschichte der neoliberalen Ideen findet sich bei Pierre Dardot/Christian Laval: La Nouvelle Raison du monde, Paris 2009.

74 Foucault: Geburt der Biopolitik, S. 241.

75 Ebd., S. 229 f.

76 Ebd., S. 226.

Gleichheit eine sozial relevante Kategorie sein kann. Die »soziale Frage« ist außerhalb des Rechts und an den Rändern der Wirtschaft zu regeln, nämlich als *moralische* Frage nach dem akzeptablen Maß von Armut. Mit seiner »Theorie des Humankapitals«[77] geht der US-amerikanische Neoliberalismus noch weiter, wenn er die Arbeitskraft als Kapital begreift, das der Arbeiter vom Standpunkt der »optimale[n] Verteilung von beschränkten Ressourcen auf alternative Zwecke«[78] betrachten sollte. Diese brillante »erkenntnistheoretische Veränderung«[79] wird bekanntermaßen das gesamte soziale Feld durchdringen, vom ehelichen bis zum strafrechtlichen Bereich. Sie wird innerhalb kurzer Zeit zum Leitsatz einer globalisierten Ökonomie. Man kommt nicht umhin anzuerkennen, dass Foucault in der kritischen Tradition einer der ersten ist, der das Ausmaß dieser Entwicklung begreift.

Er versäumt es nicht, sich von den »Handlungsweisen, die zum mindesten auch die Freiheit kompromittieren«, zu distanzieren, wie auch von all dem, was »*man* vermeiden will« – ich kursiviere auch hier das »man«, das stets eine Unklarheit bezüglich des Sprechers aufwirft –, sei es »de[n] Kommunismus, de[n] Sozialismus, de[n] Nationalsozialismus, de[n] Faschismus«.[80] Er benennt die Gefahren einer »Staatsphobie«[81] sowie ihre »unmittelbaren politischen Implikationen«,[82] die offensichtlich unerfreulich sind. Aber, fügt er hinzu, »dieser politische Nebeneffekt« erlaubt uns keineswegs, bei einer einfachen »Denunziation« stehen zu bleiben. Das wäre »falsch und gefährlich« angesichts der Erkenntnisse, die diese Analysen in Bezug auf viele Phänomene liefern. Foucault erörtert so unterschiedliche Fragen wie elterliche Bildungsinvestitionen, den tendenziellen Rückgang der Profitrate, das japanische Wachstum und Wachstum im Allgemeinen, und den möglichen Aufstieg der Dritten Welt. Er stellt fest, dass sich die Wirtschafts-, Sozial-, Bildungs- und Kulturpolitiken in diese Richtung bewegen und betont die »Wirksamkeit der [neoliberalen] Analyse und Planung«[83] – wenngleich natürlich nicht ohne auch »ihren Bedrohungsfaktor« zu nennen. Foucault sieht darin

> »das programmatische Thema einer Gesellschaft, in der es eine Optimierung der Systeme von Unterschieden gäbe, mit der man Schwan-

77 Ebd., S. 305–315.

78 Foucault präzisiert, dass dies für Marx gilt, der nur »abstrakte Arbeit« kenne (Geburt der Biopolitik, S. 368) und zeigt sich selbst etwas freier. Sein Vorschlag lautet, die Befähigung der Arbeit zur Produktion nützlicher Dinge (genau das ist im »Kapital« als »konkrete Arbeit« definiert), als eine Form von Kapital zu verstehen. Dieser Gedanke ist bekanntermaßen Gegenstand der marxschen »Kritik«.

79 Ebd., S. 309.

80 Ebd., S. 105.

81 Ebd., S. 112–115 [vgl. S. 262–269; Anm. d. Ü.]; am Beispiel der Genetik: ebd., S. 316.

82 Ebd., S. 321.

83 Ebd., S. 324.

> kungsprozessen freien Raum zugestehen würde, mit der es eine Toleranz gäbe, die man den Individuen und den Praktiken von Minderheiten zugesteht«.[84]

Diese große Erzählung zielt wohl offenbar darauf ab, eine ultimative politische Frage zu formulieren, nämlich nach dem »Überleben des Kapitalismus« und der möglichen Erfindung eines »neuen Kapitalismus«. Foucault spricht seine Leser, die [in seinen Augen] zweifellos noch nicht recht von ihrem 68er-Marxismus rekonvertiert sind, mit außerordentlichem Pathos an. »Man versteht wohl«, sofern es nur eine einzige »Logik des Kapitals« gibt (nämlich die Profitlogik), so ist ihr Ende von vornherein in »endgültige Sackgassen« eingeschrieben und es wird bald »überhaupt keinen Kapitalismus mehr« geben (Unterton: wie Sie geglaubt haben!); sofern aber im Gegenteil (Unterton: wie ich aufzeigen werde!) der Kapitalismus sich in einer Diversität der Haltungen und Rationalitäten präsentiert, dann öffnet sich ihm ein breites »Feld an Möglichkeiten«.[85] Ein solcher Diskurs ist, wie wir sehen werden, ganz auf eine *Zukunft* des Kapitalismus hin ausgerichtet. Es geht somit nicht nur um den »Liberalismus« als Kunst des Regierens auf Grundlage der kapitalistischen Ökonomie, sondern um die Geschichte und die Zukunft des Kapitalismus selbst.

Wenn Foucault philosophisch ein Skeptiker ist, wie Paul Veyne insistiert,[86] so hindert ihn das natürlich nicht daran, politische Ansichten zu haben, deren Studium für die Interpretation seines Werks von Interesse ist. Man kann sich nicht mit der Aussage zufriedengeben, er untersuche den Neoliberalismus als studierenswerte »Utopie«[87]. Er setzt den »wirklichen Neoliberalismus«, wie er damals aufkam, auf seine Forschungsagenda. Und wie wir sehen werden, fällt er politische Urteile über ihn. Beschäftigen wird uns allerdings (um mit Max Weber zu sprechen) das, was zur Verantwortung des »Wissenschaftlers« gehört, nicht dessen persönliche Position, nicht dessen »Politik«. Uns interessiert Foucaults Arbeit als Historiker – also die Art und Weise, wie er die historische Entwicklung versteht – und seine kritischen Ausführungen in Bezug auf unsere historische Wirklichkeit.

Daraus ergeben sich zwei Arten von Fragen.

Was die Geschichte betrifft, so betont Foucault, haben sich die alten Techniken des Regierens durch die Neuerungen des Liberalismus nicht

---

84 Ebd., S. 359.

85 Ebd., S. 232 f.

86 Paul Veyne: Un archéologue sceptique, in: Didier Éribon (Hrsg.): L'infréquentable Michel Foucault, Paris 2001, S. 19–59.

87 Dies ist die von Geoffroy de Lagasnerie in »La Dernière Leçon de Foucault« (Paris 2012) vorgeschlagene Interpretation (siehe insbesondere S. 41 ff.). Der Autor verbindet Foucault mit Hayek. Er begrüßt die »neoliberale Dekonstruktion ›monistischer‹ Konzepte« (S. 107). Wie aber kann er übersehen, dass der Neoliberalismus, der alles als Markt auffasst, seinerseits den Gipfel des Monismus darstellt?

erübrigt. Das Faktum der »Polizei«, dargelegt in den Vorlesungen von 1978, ebenso wie das Faktum der »disziplinarischen Techniken« aus den Vorlesungen von 1972, haben sich in den liberalen Kontext eingeschrieben. Beide Techniken sind, gemeinsam mit der »Regierung durch die politische Ökonomie«, für die Ära des Liberalismus konstitutiv.[88] Sie gehören, wenigstens einer Formel nach, die Foucault lange Zeit eigen war, zur selben »Klassenmacht«. Aber wie passt all das zusammen? Ein entscheidendes Problem dürfte die Aufteilung dieser Regierungstechnik im »liberalen Zeitalter« auf die beiden Pole sein, von denen der eine auf den *Markt* einwirkt, den die Regierung lenkt, indem sie ihm folgt, und der andere sich auf dem Weg der *Organisation* die Bevölkerung vornimmt.[89] Welche *strukturellen* Zwänge halten sie gesellschaftlich zusammen? Welche *Klassenverhältnisse*? Wir werden sehen, dass Foucaults Fragestellung möglicherweise kaum geeignet ist, die Bipolarität in ihrem ganzen Ausmaß zu verstehen, dass sie aber in hohem Maße dazu beiträgt, sie überhaupt erst ans Licht zu bringen.

Was die Gesellschaftskritik betrifft, so mag es überraschen, dass Foucault sich nicht weiter damit beschäftigt, die Ansprüche auf rationale Herrschaft einzuordnen. Wie steht es, insbesondere im Neoliberalismus, mit dem *Leben* der Bevölkerungen? Und wie mit dem Verhältnis zwischen Recht und Wirtschaft? Der Neoliberalismus wird als Technik diskutiert, die darauf abzielt, *Recht und Wirtschaft zu vereinen* und zugleich *die Wirtschaft vom Sozialen zu trennen*. Dies läuft darauf hinaus, dass ein *Recht* geschaffen wird, das *vom Sozialen, das heißt auch vom Politischen, getrennt* ist. Wie kann Foucault, der sich doch so sehr der politischen Kritik verschrieben hat, all dies in der Schwebe lassen? Der »Perspektivismus«, den er für sich beansprucht, lässt ihn offenbar nacheinander, den Epochen der politischen Vernunft folgend, die Perspektive derer einnehmen, von denen er spricht. Aber wie lassen sich diese verschiedenen Perspektiven zusammendenken?

§123 Das große Bild Foucaults: Die bürgerliche Gesellschaft und die Regierungskunst

Gleichwohl betont Foucault, dass sich die drei Figuren der gouvernementalen Vernunft – Souveränität, Staat, Regierung –, die mehr oder weniger

88 Es sei darauf hingewiesen, dass seine Untersuchungen zur »Polizei« aus heutiger Perspektive die innovativsten und wertvollsten sind. »Die Politikwissenschaft verdankt Michel Foucault in der Hauptsache eine effektive Verschiebung der Staatstheorie hin zu einer Analyse staatlicher Praktiken, sprich einer Theorie der Gouvernementalität, die als spezifische Modalität der Machtausübung definiert ist«, so die überzeugend entwickelte These von Pierre Lascoumes in: La gouvernementalité. De la critique de l'État aux technologies du pouvoir, in: Foucault, usages et actualités (Le Portique, Nr. 12–13), 2004, S. 169–190, hier S. 169. Lacoumes hebt Foucaults Bezug auf den [deutschen] Kameralismus hervor, »den Schmelztiegel der zeitgenössischen öffentlichen Politik« (S. 174).

89 Entsprechend der in der Einleitung skizzierten Spaltung, die im folgenden Kapitel erörtert wird.

aufeinanderfolgend auftauchen, nicht ausschließen, sondern zusammengehören, sich ergänzen und als »Dreieck« verstanden werden müssen.[90] Zusammen bilden sie die komplexe Figur der modernen politischen Rationalität. Die Frage ist, so scheint mir, inwieweit es Foucault gelingt, ihre Gleichzeitigkeit, das heißt ihre strukturale Einheit zu denken.

In Wirklichkeit ist seine Untersuchung nicht in dieser »dreieckigen« Form organisiert. Sie konzentriert sich in ihrem Verlauf zunehmend auf den Anspruch des Liberalismus, Recht und Wirtschaft zu vereinen. Vom 28. März 1979 an vernachlässigt Foucault den Neoliberalismus und wendet sich dem klassischen Liberalismus und dem Programm zu, das er zu Beginn der Vorlesung erwähnt hatte: die Frage des politischen Rechts und die des ökonomischen Nutzens zusammen zu denken. Vorweg betont er, dass es im Inneren des »Liberalismus«, den er hiermit in einem extrem weiten Sinne versteht, zwei Möglichkeiten gebe, diese Einheit zu denken: »den revolutionären Weg«, der von den Menschenrechten ausgeht, und den einer »radikalen utilitaristischen Perspektive«, die sich an der Unabhängigkeit der Regierten orientiert.[91] Es ist aber eher der zweite Weg – der »sich behauptet hat«, während der andere »zurückgegangen« ist[92] –, der Foucault im letzten Teil seiner Vorlesung inspirieren wird.

Das Ziel, sagt er, ist, »die Kunst, ökonomisch zu regieren, und die Kunst, juristisch zu regieren«, »nicht mehr in zwei Zweige aufspalten« zu müssen. Genau dies war die Forschungsfrage, die der junge Marx aufgeworfen hatte, der bekanntermaßen die Spaltung zwischen dem »bourgeois« und dem »citoyen«, also zwischen der kommerziellen Wirtschaftsordnung und der *rechtlich-politischen* Ordnung überwinden wollte. Dieses Projekt hat ihn nie losgelassen, das zeigt sich schon ganz zu Anfang in Abschnitt I des »Kapitals«,[93] der der Logik der Warenproduktion gewidmet ist. Er nennt dort Kategorien, die sowohl ökonomisch als auch politisch sind, und formuliert genau jenes »Ökonomisch-Politische«, das Foucault den Liberalen zuspricht. Die dem Kapital gewidmete »Kritik«, die er anschließend in Abschnitt III[94] übt, (seine »Kritik der politischen Ökonomie«[95]), zeigt, durch welchen Mechanismus diese »Trennung von Bourgeois und

90 Foucault: Sicherheit, Territorium, Bevölkerung, S. 161.

91 Foucault: Geburt der Biopolitik, S. 68 f.

92 Ebd., S. 72.

93 Marx: Kapital, Bd. 1, in: MEW, Bd. 23 [vor allem 1. und 2. Kapitel].

94 Ebd., 5. bis 9. Kapitel.

95 Editor. Hinweis: In der Ausklammerung des I. Abschnitts und somit der Wertformanalyse aus der eigentlichen »Kritik der politischen Ökonomie« von Marx hallt die Interpretation Althussers wider, gleichwohl Bidet sich dessen Aversion gegen den »verhegelten« Anfang des »Kapitals« nicht zu eigen macht. (Vgl. Louis Althusser: Retraktationen [1968-1978], in: ders./Étienne Balibar/Roger Establet/Pierre Macherey/Jacques Rancière: Das Kapital lesen. Vollständige und ergänzte Ausgabe mit Retraktationen zum Kapital, hrsg. v. Frieder Otto Wolf, Münster 2015, ²2018, S. 653–725, hier S. 686, 690; ders.: Marx dans ses limites [1978], in: ders.: Écrits philosophiques et politiques, hrsg. v. François Matheron, Bd. 1, Paris 1994, S. 327–534, hier S. 358 f; vgl. Lukas Egger: Der »schreckliche erste Abschnitt«. Zu Louis Althussers Kritik an der marxschen Werttheorie, in: PROKLA – Zeitschrift für Kritische Sozialwissenschaft, 47. Jg., 2017, H. 188, S. 435–452.)

Bürger« erfolgt, und warum sie nie total ist (und warum die »Stimme« des Bürgers, Lohnarbeiters und Chartisten, die für eine ganz andere »Gesetzgebung« kämpft – sie kommt in Kapitel 8[96] zu Wort – nicht unterdrückt werden kann. Foucault interessiert sich für ein ähnliches Projekt, wenn er die liberale Ambition formuliert, die Spaltung zwischen *homo oeconomicus* und *homo juridicus* zu überwinden. Aber er geht das Problem in umgekehrter Richtung an. Beider Antworten lassen sich in Zweifel ziehen. Marx will die ökonomische Ordnung des *Marktes* abschaffen, die den Liberalen als Maßstab der Rechtsordnung dient. Und er stellt sich vor, die *Organisation* (entsprechend konzertierter Planung zwischen allen) führe zum Primat der politischen Demokratie. Foucault deutet an, die »Spaltung« sei bereits wirksam überwunden, nicht in der Aufhebung des Kapitalismus, sondern unter Ägide des Liberalismus, aus dem sich »ein neues Bezugsgebiet« ergibt: »die bürgerliche Gesellschaft«.[97]

Für Marx ist die moderne Ökonomie nicht der Markt, sondern der *kapitalistische* Markt, er adressiert das »unendliche Übel« des Kapitals und dessen grenzenlosen Drang zum abstrakten Wohlstand. Foucault hat, als Liberaler, im Unterschied hierzu stets den grenzenlosen Drang des Staates zu sehr konkreter Macht im Visier. Indem sich die Regierung der Spontanität eines vermeintlich natürlichen ökonomischen Spiels anpasst, das ergebnisoffen und nicht totalisierbar ist, »begrenzt sich« das Regieren – [die »Selbstbegrenzung« erweist sich bei Foucault als] ein Schlüsselbegriff [terme-clé]. Die Regierung respektiert somit »die Regeln des Rechts«, indem sie »die Besonderheit der Wirtschaft berücksichtigt«.[98] Genau hierum geht es beim Konzept der »bürgerlichen Gesellschaft«.

Foucault liefert, ausgehend von Adam Ferguson, tatsächlich zwei mehr oder weniger verschränkte Ansätze dieses Konzepts, einen im Sinn von Gemeinschaft,[99] und einen im Sinn von Gesellschaft,[100] zwei Figuren, deren angenommene Verschmelzung den Schlüssel des Problems zu liefern scheint. Die bürgerliche Gesellschaft ist als konkrete Lebensform einer historischen *Gemeinschaft* zu verstehen, die eine *spontane* Symbiose uneigennütziger Interessen und zugleich von den eigennützigen Beziehungen der Ökonomie durchzogen ist, also gemacht ist aus Bindungen, die »weder rein wirtschaftliche noch rein juristische« sind[101] und sich in ein Verhältnis der »Unterordnung«[102] einschreiben, das heißt in ein Verhältnis zwischen Regierenden und Regierten. Das Problem, das

96 Ebd., Kap. 8.

97 Foucault: Geburt der Biopolitik, S. 404 f. – Die »bürgerliche Gesellschaft« verweist im Frz. als »société civile« heutzutage auch auf die »Zivilgesellschaft«. (Anm. d. Ü.)

98 Ebd., S. 300.

99 Deutsch im Original.

100 Deutsch im Original.

101 Ebd., S. 422.

102 Ebd., S. 423.

es zu lösen gilt, besteht darin, wie man in einem »Raum der Souveränität [...], der von Wirtschaftssubjekten bewohnt und bevölkert« ist, »nach Rechtsregeln regieren« kann.[103] Die bürgerliche Gesellschaft, dann verstanden als spezifisch modernes *Gesellschafts*konzept, liefert uns die Lösung durch »Ausrichtung« [indexation] des Rechts an der Marktökonomie: Sie ist »das Korrelat einer Regierungstechnik, deren rationales Maß sich juristisch an einer Wirtschaft ausrichten soll«.[104] »Ausrichtung« bzw. »Indizierung«: Es ist das ökonomische Verhältnis (sofern es sich um ein Marktverhältnis handelt), das *indiziert*, was ein Rechtsverhältnis im eigentlichen Sinne, eine Rechtsordnung ist. Der Markt wird zum *Index* des Rechts.

Es ist bemerkenswert, dass Foucault einige Wochen später mit denselben Worten den Neoliberalismus charakterisiert.[105] Die Frage, was den Neoliberalismus vom Liberalismus unterscheidet, ist also durchaus berechtigt. Die problematische Unschärfe kommt dadurch zustande, dass das Konzept der bürgerlichen Gesellschaft, sobald es marktwirtschaftlich übersetzt wird, paradoxerweise die andere Dimension der Klassenmacht verkennt – den anderen Pol, der Organisation –, der sich in einer Wirtschaft ebenfalls realisiert: Es geht nicht nur um »die Disziplin« im engeren Sinne von »Überwachen und Strafen«, sondern auch um die »Polizei«, die diese im Dienste einer »gouvernementalen Vernunft« mobilisiert und sich in der Verwaltung des »Lebens« der Bevölkerung durch Spitäler, Schulen und staatliche Prognose- und Kontrollbehörden konkretisiert. Diese »Dispositive« gehören nicht (jedenfalls nicht ausschließlich) zur Marktwirtschaft, sie bilden allerdings eine »Wirtschaft« im engeren Sinne, die auf Dienstleistungen und andere Gebrauchswerte produzierender Arbeit basiert. Wenn sich nun Foucault auf die »bürgerliche Gesellschaft« beruft, so bleibt er konzeptuell im liberalen Rahmen: Unversehens reduziert er die Wirtschaft auf den Markt (in den auch korrigierend eingegriffen wird), dessen Natur rätselhaft bleibt, da Foucault weder ihre sozialen Determinanten noch die Bedingungen ihrer Rechtfertigung untersucht. Offenbar macht er sich die Fiktion zu eigen, der zufolge sich Recht und Wirtschaft ineinander übersetzen, sobald Rechtstreue als Wirtschaftstreue gilt, und umgekehrt ... mit dem Zusatz, dass es die (Markt-)Wirtschaft als Naturgegebenheit (liberale Version) bzw. als

103 Ebd., S. 404 f.

104 Ebd., S. 405.

105 Siehe die o. a. Verweise (Foucault: Geburt der Biopolitik, S. 226–228). – Editor. Hinweis: Bidet macht hier sozusagen einen »Verweis auf zu findende Verweise«. An der angegebenen Stelle referiert Foucault das Walter-Lippmann-Kolloquium von 1938, auf dem die späteren Exponenten des deutschen Ordoliberalismus den *Staatsinterventionismus,* einen, in den Worten des Veranstalters Louis Rougiers, »juridischen Interventionismus« des marktliberalen Staats, für sich entdecken, in Abgrenzung zu den Stammvätern des »Anarcho-Liberalismus der Chicagoer Schule« (ebd., S. 227).

Gebot der Vernunft (neoliberale Version) ist, die, jedenfalls in erster Linie, den Index des Rechts bietet.

Diese theoretische Kulisse ist deckungsgleich mit der, die Marx im I. Abschnitt [»Ware und Geld«] des ersten Bandes des »Kapitals« aufbaut.[106] Sie ist nichts anderes als die Darstellung einer reinen »bürgerlichen Gesellschaft«, in den rechtlich-ökonomischen Zügen einer »Marktwirtschaft«.[107] Im III. Abschnitt [»Die Produktion des absoluten Mehrwerts«][108] legt Marx anschließend eine »Kritik« der Idee dar, die moderne Gesellschaft beruhe auf einer *rechtlichen Tauschordnung*: Er erkennt darin eine »Fiktion«, die *Voraussetzung* der kapitalistischen Marktordnung sei. Eine sehr *reale* Fiktion, mit (widersprüchlichen) Wirkungen.[109] Gesteht Foucault dem Liberalismus mehr Realitätsgehalt zu? Man mag das bezweifeln; schließlich zeigt er, wie der liberale Anspruch, sich einer natürlichen Ordnung einzupassen, vom neoliberalen Anspruch

106 Marx: Kapital, Bd. 1, in: MEW, Bd. 23, S. 49–160.

107 Sprich – in der metastrukturalen Sprache, wie oben definiert (siehe oben, Einleitung, Fn. 13) – eine Gesellschaftsordnung, begriffen anhand ihrer zwei »Seiten«, der ökonomischen und der *politisch-rechtlichen*, gedacht allein *in den Begriffen des Markts*, also ohne ihren anderen »Pol« – ohne die *Organisation*.

108 Marx: Kapital, Bd. 1, in: MEW, Bd. 23, S. 192–330.

109 Editor. Hinweis: Marx' Rückgriff auf den juristischen Vorstellungsgehalt der »Fiktion«, worunter in der Rechtwissenschaft die Anordnung des Gesetzes verstanden wird, tatsächliche oder rechtliche Umstände als gegeben zu behandeln, obwohl sie in Wirklichkeit nicht vorliegen, findet sich innerhalb des *VII. Abschnitts*, im 21. (dt.) bzw. 23. Kapitel (frz.): »Der römische Sklave war durch Ketten, der Lohnarbeiter ist durch unsichtbare Fäden an seinen Eigentümer gebunden. Der Schein seiner Unabhängigkeit wird durch den beständigen Wechsel der individuellen Lohnherrn und die fictio juris des Kontrakts aufrechterhalten« (Marx: Kapital, Bd. 1, in: MEW, Bd. 23, S. 599; in der dt. Erstaufl. noch als Unter-Kap. 6.1: MEGA², Bd. II/5, S. 464), wobei in der frz. Ausg. der entlehnte Fachterminus in die Wendung »fiction du libre contrat« (»Fiktion des freien Vertrags«) aufgelöst und, um einige Druckseiten versetzt, in den vorletzten Satz des Kapitels (vgl. MEW, Bd. 23, S. 603) eingeflochten ist (Marx: Le capital I, in: MEGA², Bd. II/7, [von S. 498 versetzt auf:] S. 502). – Was den *III. Abschnitt* betrifft, so mag Bidet das Kapitel 8.1 vor Augen haben, im welchem Marx die »Grenzen des Arbeitstags« erörtert und ausgehend von der bürgerlichen Vertragsordnung feststellt, dass »sich aus der Natur des Warenaustausches selbst [...] keine Grenze der Mehrarbeit« ergebe. Beide Seiten, Käufer wie Verkäufer der Ware Arbeitskraft, hätten vertragsrechtlich betrachtet legitime Ansprüche, und ihre diametral entgegengesetzten Interessen täten der Vertragsordnung zwar keinerlei Abbruch; eben diese Ordnung jedoch erweise sich gleichzeitig als unfähig, die sich aus den Gegensätzen ergebenden Widersprüche immanent, d. h. auf dem Boden der Vertraglichkeit zu lösen. »Es findet hier also eine Antinomie statt, Recht wider Recht, beide gleichmäßig durch das Gesetz des Warenaustausches besiegelt.« (Marx: Kapital, Bd. 1, in: MEW, Bd. 23, S. 249) Schließlich bietet sich für die von Bidet entfaltete Problematik ein Blick in den *II. Abschnitt* an. Im Kapitel 4.3 (»Kauf und Verkauf der Arbeitskraft«) baut Marx kurze Exkurse ein, die die Ergebnisse seiner Untersuchung zur »sogenannten ursprünglichen Akkumulation« (Kapitel 24) vorwegnehmen. Im Januskopf eben jener Realität, in der sich der »doppelt freie Lohnarbeiter« im spezifisch modernen Geflecht unpersönlicher Abhängigkeitsverhältnisse wiederfindet, sieht Marx die Ideale des Liberalismus ad absurdum geführt bzw. ihren (in seinen Augen) ohnehin nur partikularistischen Geltungsanspruch bloßgelegt: Die »Sphäre der Zirkulation oder des Warenaustausches«, führt Marx sarkastisch aus, innerhalb »deren Schranken Kauf und Verkauf der Arbeitskraft sich bewegt«, sei »in der Tat ein wahres Eden der angebornen Menschenrechte«, da ja »Käufer und Verkäufer einer Ware, z. B. der Arbeitskraft, [...] nur durch ihren freien Willen bestimmt« seien (ebd., S. 189). Sobald wir die »Sphäre der einfachen Zirkulation [...], woraus der Freihändler vulgaris Anschauungen, Begriffe und Maßstab für sein Urteil über die Gesellschaft des Kapitals und der Lohnarbeit entlehnt«, verlassen und uns in die Welt der kapitalistischen Produktion begeben, ist von der menschenrechtlichen Freiheit des »Arbeitskraftbesitzer« nicht mehr viel übrig: »scheu« und »widerstrebsam« folge er den Anweisungen des Kapitalisten, »wie jemand, der seine eigne Haut zu Markt getragen und nun nichts andres zu erwarten hat als die – Gerberei.« (Ebd., S. 190)

abgelöst wird, demzufolge es sich hierbei um Fiktion handelt und in Wirklichkeit eine solche rationale Ordnung erst konstruiert werden muss. Man ahnt es bereits, ein bedeutender Teil der Auseinandersetzung zwischen Marxismus und Liberalismus betrifft die Beziehung zwischen Wirklichkeit und Fiktion.

Es scheint also ziemlich schwierig zu sein, im Konzept der »bürgerlichen Gesellschaft«, die durch Marktbeziehungen definiert ist, die Generallösung zu den Fragen politischer Macht zu finden, die Foucault angehen will. Am Ende seiner letzten Vorlesung bietet er uns quasi eine letzte Volte und ultimative Lektion, die man aus der Vorlesung mitnehmen soll, ein Gesamtbild, in dem sich die drei Elemente des »Dreiecks« – Souveränität, Staat, Regierung – als das Spiel der *drei Regierungskünste* darstellen.

> »Und darin erkennt man in der modernen Welt, in der Welt, die wir seit dem 19. Jahrhundert kennen, eine ganze Reihe von Rationalitäten der Regierung, die sich überschneiden, sich stützen, im Widerstreit miteinander stehen und sich bekämpfen. Die Regierungskunst gemäß der Wahrheit, die Regierungskunst gemäß der Rationalität des souveränen Staats, die Regierungskunst gemäß der Rationalität der Wirtschaftsakteure.«[110]

Erst an dieser Stelle wird ganz deutlich, dass sein Ansatz über den Rahmen des »klassischen Liberalismus« hinausgeht, denn »nationalistische Politik« und »Staatspolitik« – selbst »so etwas wie der Marxismus«, sagt er, der ausgerichtet ist an der »Rationalität einer Geschichte, die sich nach und nach als Wahrheit manifestiert« – gehören ebenfalls zur selben »politischen Debatte«.[111] »Unsere Rationalität« dehnt sich, folgt man dieser ökumenischen Schlussfolgerung, auf diverse Rationalitäten aus. Nichtsdestotrotz räumt Foucault dem, was er ganz spezifisch als »Liberalismus« bezeichnet, eine privilegierte Position ein. Sollten hieran noch Zweifel bestehen, so braucht man bloß die auf der letzten Seite zweimal wiederholte Formulierung zu konsultieren, der zufolge der Liberalismus – der sich an die Rationalität der »Wirtschaftssubjekte« sowie der Subjekte als »Interessenssubjekte« anpasst (»wobei hier Interesse im weitesten Sinne verstanden wird«) – eine »Regierungskunst auf das rationale Verhalten der Regierten«, eine »Regierungskunst nach Maßgabe der Rationalität der Regierten« begründet hat.[112] Die Begegnung zwischen Foucaultismus und Marxismus verspricht also, eine echte Herausforderung zu werden.

110 Foucault: Geburt der Biopolitik, S. 429.

111 Ebd.

112 Ebd., S. 428 f.

Trotz allem ist das Interesse der großen Erzählung Foucaults, sich in einem Gesamtbild aufzulösen, in dem die verschiedenen sozialen Logiken koexistieren und konfligieren – wohingegen Marx' Erzählung (auf deren Auslegung durchaus auch Tabus lasten) letztlich darauf hinausläuft, dass der Tag kommen werde, an dem eine planende Abstimmung zwischen allen die kapitalistische Marktordnung ersetzt, und zwar durch die *Abschaffung* ihrer Grundvoraussetzungen, nämlich des Privateigentums und des Marktes. Ob Marx gegebenenfalls auch bis zum Äußersten gegangen wäre, lässt sich wohl ebenso schwer beantworten wie die Frage, ob Foucault sich in dem Liberalismus wiedererkennt, von dem er spricht. Doch setzt man das Schema der liberalen Gouvernementalität mit dem Schema der administrativen Gouvernementalität – zu der *erstere hinzutritt* – ebenso in Beziehung wie das Bild der bürgerlichen Gesellschaft mit dem Bild der Disziplinen, so wird nachvollziehbar, dass die bisweilen fragmentarische Kulisse Foucaults jene Elemente liefert, die zur Definition der resilienten Bipolarität nötig sind – Bipolarität einer so marktförmigen wie organisierten Moderne.

In diesem ersten Kapitel haben wir nur einige anfängliche Schritte getan. Die Kritik an Marx steht noch aus. Stattdessen habe ich versucht, mögliche Verwandtschaften mit Foucaults Anliegen aufzuzeigen. Was Foucault betrifft, so habe ich vor allem versucht, die Unsicherheiten seines Diskurses anzudeuten; sein Anspruch ist ein anderer als derjenige von Marx, auch stellt er nicht die gleichen systematischen Anforderungen, sondern widersetzt sich jeder Idee eines [theoretischen oder begriffsgeleiteten] »Systems«. Zudem habe ich versucht, eine analytische und konzeptuelle Herangehensweise wieder aufleben zu lassen, die mir geeignet scheint, das marxsche Vermächtnis in seinen Grundfesten zu erschüttern bzw. in Bewegung zu versetzen. Darum geht es in den folgenden Kapiteln.

2 —— Macht-Eigentum und Macht-Wissen

Es ist ein erklärungsbedürftiges Vorhaben, das *Macht-Wissen* der »Kompetenzeigner« jeglicher Art (leitende Angestellte und Manager, Funktionsträger und Verwalter, Geistesgrößen, etc.) mit dem *Macht-Eigentum* der Kapitalbesitzer ins Verhältnis und in Kontrast zu setzen. Schließlich widerspricht das dem Alltagsverstand sowie der Tradition kritischer Intelligenz und wirft eine ganze Reihe von Fragen auf: Ist eine solche Dichotomie und sind solche Neugliederungen theoretisch wie empirisch haltbar? Kann der Begriff des »Entscheidungs-Kompetenz-Trägers« [dirigeant-compétent][113] soziologischen Wert beanspruchen? Wie fasst man das Verhältnis seiner Grundelemente? Und das Verhältnis zwischen Macht und Wissen? Steht der Begriff »Macht«, beigestellt sowohl dem »Eigentum« wie dem »Wissen«, für etwas Substanzielles? Und wenn ja, für was?

Um diese Fragen zu beantworten, will ich in den folgenden Unterkapiteln Foucaults Konzeptualität neu fassen, die Marx' Unternehmung in meinen Augen sowohl erweitert als auch infrage stellt, wenngleich er seine Ziele in andere Worte fasst. Foucault *identifiziert*, analog zum Kapital, *den anderen Pol* von Macht und Herrschaft in der modernen Gesellschaft, nämlich das Macht-Wissen (2.1). Er bietet unverkennbar *theoretische Überlegungen* zu diesem Pol und verknüpft darin Wissen und Macht (2.2). Und Foucault leistet eine *Kritik*, die gleichermaßen die Werkzeuge gegen dessen Herrschaft schmieden als auch dessen Einsatz im Sinne sozialer Emanzipation ermöglichen will (2.3).

2.1 Foucault erforscht den bei Marx unterbeleuchteten »Pol«

In seiner Forschungsarbeit, die sich zunächst nur auf gesellschaftliche »Randbereiche« zu richten scheint, entdeckt Foucault schrittweise eine *andere Macht* neben der des Kapitals. Der somit umrissene *andere Blickwinkel* auf das gesamte gesellschaftliche Feld tritt in Konkurrenz zu dem der marxistischen Tradition (§211). Aus dieser Perspektive können wir den *anderen »Pol«* besser erkennen, der zwar für die moderne Klassen-

113 Siehe dazu weiter unten, Kapitel 2, Fn. 186. (Anm. d. Ü.)

struktur mitkonstitutiv ist, als solcher aber von Marx nicht bestimmt worden war, welcher einen lediglich historizistischen und damit falschen Gesellschaftsbegriff hatte (§212).

§211 Neben dem Macht-Eigentum entdeckt Foucault ein Macht-Wissen

Die Vorlesung von 1972/73 über »Die Strafgesellschaft« weist – die Explosion von 1968 liegt noch nicht lange zurück – eine stark marxistische Färbung auf. Davon zeugen einige knappe Phrasen in der Zusammenfassung für das Jahrbuch des Collège de France: Ziel der liberalen Gesetzgebung des ausgehenden 18. Jahrhunderts war demnach »ein auf die Produktionszeit hin bezogener, ausgerichteter und angepasster Arbeiterkörper, der genau die erforderliche Kraft liefert«; »[d]ie Gefängnis-Form der Bestrafung entspricht der Lohn-Form der Arbeit«.[114] Stéphane Legrand entdeckt mehrere derartiger Äußerungen in der Vorlesungsreihe:[115] So erklärt Foucault, es gehe um »die Einführung der *Zeit* in das kapitalistische Machtsystem und in das Strafsystem.« Das System des Zwangs sei »ein politisches Instrument zur Kontrolle und Aufrechterhaltung der Produktionsverhältnisse«. Und »[d]ie Lebenszeit der Menschen musste«, diesem Ziel diene die Disziplin, »dem Zeitsystem des Produktionszyklus [...] unterworfen werden.« Kurz, die »Disziplin« erscheint als Dimension der kapitalistischen Produktionsverhältnisse: Sie ist, gewissermaßen als Vorprodukt, erforderlich zur Produktion der Produktivkraft.

In seinen Vorträgen in Rio de Janeiro geht Foucault 1973 noch weiter[116] und bezeichnet Fabriken, Gefängnisse, Spitäler, Schulen, Kasernen usw. insgesamt als »Sequestrierungsinstitutionen«,[117] als Einrichtungen der Freiheitsberaubung. »Wozu dienen diese Institutionen und dieses Netz?«[118] Zu zweierlei: Ihre erste Aufgabe und Funktion ist es, im Unternehmen »ein Maximum an Zeit aus den Menschen herauszuholen«.[119] »Die zweite Funktion besteht darin, den Körper des Menschen zur

114 Michel Foucault: [Résumé:] Die Strafgesellschaft [(Vorlesungs-) Bericht für das Jahrbuch (Annuaire) des Collège de France; 1973], übers. v. Hermann Kocyba, in: ders.: Schriften, Bd. II, S. 568–585, hier S. 583 f.

115 Stéphane Legrand: Le marxisme oublié de Foucault, in: Actuel Marx, Nr. 36, 2004, S. 27–43; siehe Michel Foucault: Die Strafgesellschaft. Vorlesungen am Collège de France 1972–1973 [2013], übers. v. Andrea Hemminger, Berlin 2015. Die folgenden Äußerungen zitiert Legrand anhand des einzig verfügbaren Typoskripts, sie finden sich in »Die Strafgesellschaft« auf S. 106–107, 210 und 291; vgl. auch, in »Überwachen und Strafen« [(1975) 1977], die Parallele zwischen »Anhäufung der Menschen« und »Kapitalakkumulation« (S. 283).

116 Michel Foucault: Die Wahrheit und die juristischen Formen [fünf Vorträge an der Katholischen Universität in Rio de Janeiro, 21.-25. Mai 1973], übers. v. Michael Bischoff, in: ders: Schriften, Bd. II, S. 669–792. Wir befinden uns hier nur einen Katzensprung entfernt von Salvador Allendes Chile, dessen Aufschwung und Elan die gesamte intellektuelle Linke Lateinamerikas beeindruckt hat.

117 Ebd., S. 765.

118 Ebd., S. 759.

119 Ebd., S. 761.

Arbeitskraft zu machen. Die beiden Funktionen, die Umwandlung des Körpers in Arbeitskraft und die Umwandlung der Zeit in Arbeitszeit, entsprechen einander«,[120] ... und zwar zum Zwecke »der kapitalistischen Produktion und der Erzeugung von Surprofit«.[121] Kurz, die genannten Institutionen seien als Funktion der kapitalistischen Produktion zu begreifen.[122] Purer Marxismus.

Legrand zeigt, wie Foucault in »Überwachen und Strafen« – das 1975 im Original und 1977 auf Deutsch erscheint – die marxistischen Begriffe quasi ausrangiert. In der Konsequenz, so Legrand, überwiege ein abstraktes Disziplinkonzept, das für eine »fiktive Entsprechung unterschiedlicher disziplinarischer Institutionen« stehe und grundverschiedene Dinge (Schule, Gefängnis, ...) miteinander in Verbindung setze. Dergestalt bilde die »Disziplin« einen »Pseudobegriff«.[123] Foucaults Analyse des Kerkersystems verliere alle Kraft, sobald man sie von ihrem geschichtlich konkreten Ursprungsbezug, den Zwängen der kapitalistischen Produktion abschneide. So lässt sich gewiss argumentieren. Ich möchte allerdings die Auffassung vertreten, dass Foucault in Referenz auf die marxistische Tradition eine weitere fruchtbare Ausdifferenzierung leistet, die eine andere Macht als die Macht »des Kapitals« aufzeigt und sie (wenn auch auf allgemeinster Ebene) in ihrer konkreten Textur begreift.

Man kann sich dabei übrigens sehr wohl auf Legrands Analyse stützen, der zeigt,[124] wie sich zwischen den Normen beider Sphären eine Kommunikation vollzieht: Was der Pfarrer als Sünde angesehen, der Richter als Delikt, der Polizist als Straftat, der Pädagoge als Faulheit und der Chef als mangelhafte Arbeitskraft, das deutet der Psychiater als Krankheit. Jeder einzelnen dieser Versionen einer Norm entspricht ein Typus disziplinarischer Sanktion, damit aber vereinheitlicht »die Disziplin« das Feld nicht unter einem Begriff der »Zwangsgewalt« [»pouvoir coercitif«]. Legrand hat recht: In jedem Bereich gilt es herauszufinden, inwiefern eine bestimmte Kodierung des Normalen einem Subjektivitätsregime

120 Ebd., S. 762.

121 Ebd., S. 767.

122 Foucault äußert eine Reihe von mehr oder weniger spezifischen und allgemeinen Hypothesen: die große Einsperrung im 17. Jahrhundert als funktionale Bedingung des Niedriglohndrucks (»eine außerordentlich elegante Lösung, [...], ein Wunderheilmittel in der Periode des entstehenden Kapitalismus« [Michel Foucault: Die große Einsperrung [1972], übers. v. Hans-Dieter Gondek, in: ders.: Schriften, Bd. II, S. 367–381, hier S. 370]); die Entstehung des Gefängnisses in England als Notwendigkeit zum Schutz der Warenlager (Foucault: Wahrheit und juristische Formen, S. 747); der Aufstieg einer polizeilichen Rechtsordnung als Mittel zur Festlegung und Kontrolle der Arbeitskräfte, zur Aneignung der Kenntnisse der Arbeiter, als »epistemologische Macht« (ebd., S. 763), sowie zur Stigmatisierung eines Plebs, in dem stets der Aufruhr schlummere (Michel Foucault über Attica. Gespräch mit J. K. Simon [1972/1974], übers. v. Reiner Ansén, in: ders.: Schriften, Bd. II, S. 653–667, hier S. 664 f.). Fazit: Resultat der Delinquenz sei »ein gigantischer ökonomischer und politischer Profit« für die Bourgeoisie (Michel Foucault: Von den Martern zu den Zellen [Gespräch mit R.-P. Droit, 1975], übers. v. Hans-Dieter Gondek, in: ders.: Schriften, Bd. II, S. 882–888, hier S. 885).

123 Legrand: Le marxisme oublié, S. 33.

124 Siehe Stéphane Legrand: Les normes chez Foucault, Paris 2007, insbes. S. 81 ff.

entspricht. Foucault enthüllt hier durchaus einen transversalen Faktor. Dieser ist letztlich nicht *die Disziplin*, sondern wiederum *das Macht-Wissen*: heterogen in Inhalt und Wirkung, als solches in der Vielfalt der seinerseits ins Werk gesetzten Normen und Disziplinen allerdings identifizierbar. In der erstmals von Alessandro Fontana und Pasquale Pasquino herausgegebenen Vorlesung vom 7. Januar 1976[125] definiert Foucault seine Entdeckung in Abgrenzung von einem »Ökonomismus in der Theorie der Macht«, der dem Marxismus eigen sei: Die Analyse der Machtformen lasse sich nicht »von der Ökonomie herleiten«.[126] Die »Rekodierung« ist Ausdruck eben des Wirkens der *anderen* herrschenden Macht, nicht der Macht des ökonomischen *Eigentums*, sondern der Macht der *Kompetenz*. Diese Macht manifestiert *die Einheit* der Kompetenz und realisiert die (klassenmäßige) Komplizität-Konkurrenz der Eigner von Macht-Wissen. So zumindest lautet meine Lesart.

Tatsächlich führt Foucault eine neue Analyseebene ein. Er arbeitet die Disziplin nicht als einfache Funktionsvoraussetzung der *kapitalistischen Ordnung* heraus, sondern als weiteres, als ein *anderes Ordnungsprinzip* (neben der Eigentums- und Tauschordnung), das an *»Macht-Wissen«* gebunden und seinerseits gesamtgesellschaftlich wirksam ist. Darin liegt Foucaults wesentliche »strukturelle« Entdeckung: Da dieses Prinzip im dritten Teil von »Überwachen und Strafen« unter der Überschrift »Disziplin« auftaucht, handelt es sich um *eine andere Art von Macht* als jener, die Kapitalisten als solche ausüben, wenn sie Produktionsmittel und Erzeugnisse kaufen und verkaufen, wenn sie Arbeitskräfte einstellen und entlassen, wenn sie über das Mehrprodukt verfügen und Entscheidungen über Investitionen, Auslagerungen oder Dividenden treffen ... Diese andere Macht ist spezifisch gebunden an den Besitz und die Realisierung anerkannten Wissens. Für die Betriebsführung ist sie zwar unerlässlich, allerdings beschränkt sie sich nicht auf diesen Zweck. Wie man in dem Forschungsfeld sehen kann, das Foucault sich zu eigen machte, umfasst sie die panoptische Organisation von Raum und Zeit, die Überwachung, Prüfung und Ausarbeitung von Normen, welche Rangfolgen und Urteile möglich sowie Aufgaben, Etappen und Koordinierungsmechanismen bestimmbar machen ... Je nach Sachlage zielt sie auf Produktion, Besserung oder Heilung. Sie durchwirkt das Wissen des Psychiaters, des Richters und des Pädagogen. Sie unterwirft durch Separierung, Unterscheidung, Objektivierung. Sie ist ein Wissen, das Wissenschaft wurde.

125 Michel Foucault: Corso del 7 gennaio 1976, in: ders.: Microfisica del potere: interventi politici, hrsg. v. Alessandro Fontana/Pasquale Pasquino, Turin 1977, S. 163–177. Deutsch in: Foucault: Schriften, Bd. III, S. 213–231 (übers. v. Hans-Dieter Gondek aus dem Französischen).

126 Foucault: Vorlesung vom 7. Januar 1976, S. 224.

> »Das Kerkernetz bildet [gleiches gilt denn für Schule und Krankenhaus; J. B.] ein Arsenal dieses Komplexes aus Macht/Wissen, der die Humanwissenschaften geschichtlich ermöglicht hat. Der erkennbare Mensch (Seele, Individualität, Bewusstsein, Gewissen, Verhalten ...) ist Effekt/Objekt dieser analytischen Erfassung, dieser Beherrschung/Beobachtung.«[127]

Diese Ordnung bildet zugleich ein unterwerfendes und ein produktives Moment – zwei Konzepte, die wir (zugegebenermaßen) noch näher zu prüfen haben.

Im Lichte seiner alltäglichen Ausübung scheinen die Vorrechte des Macht-Wissens sehr gering gegenüber denen des Macht-Eigentums einer Hochfinanz, die mitunter als Weltenlenker auftreten mag. Foucault kann helfen, uns von dieser Illusion zu befreien: Eine vorübergehende Gestalt wie der Neoliberalismus definiert die moderne Gesellschaftsform nicht. Um ihre Metamorphosen zu begreifen, muss man die Form selbst entziffern. Dazu kommen wir später (§312), wenn es um den Wesensunterschied der beiden herrschenden »gesellschaftlichen Kräfte« geht, um die hierarchische Ordnung und Heterogenität des »Kompetenznetzes« und dessen Durchlässigkeit gegenüber dem Gesellschaftsganzen. Die Identifizierung der Form ist ein vorgängiges, entscheidendes Moment auf dem Weg zur Erkenntnis dessen, was das Potenzial der »Basisklasse«, die Kraft des Volkes bildet.

Mit der »Übersicht der Analogien« in §113 können wir die *strukturelle* (soziologische) Bedeutung dieser Analyseebene erfassen: das real existierende Nebeneinander zweier konstitutiver Pole der »modernen Gesellschaftsform« – ein Terminus, der im Zuge dieser Studie geklärt wird. Im marxschen Duktus ist das hier beschriebene Macht-Wissen kein bloßes Überbau-Element. Sondern es hat selbst eine, so muss man sagen: »ökonomische« Basis, wo Nutzwerte erzeugt werden. So verbindet Foucault das Auftauchen des »spezifischen Intellektuellen«[128] mit der Bedeutung der intellektuellen Funktion, die im selben Maße zunimmt wie die Entwicklung der »technisch-wissenschaftlichen Strukturen«[129]. Er begreift also das zeitgenössische Macht-Wissen ausgehend von dessen »Grundlage«,[130] von der Materialität seiner untrennbar technischen wie sozialen »Dispositive«, jener *Mittel* zur Produktion, Zirkulation und Konsumption seiner *Erzeugnisse*, die zugleich Nutzwerte (Gesundheits-,

127 Foucault: Überwachen und Strafen, S. 394.

128 Siehe insbesondere den wunderbaren Artikel aus *Politique-Hebdo* von 1976: Die politische Funktion des Intellektuellen, übers. v. Hans-Dieter Gondek, in: Foucault: Schriften, Bd. III, S. 145–152, das Kondensat eines ausführlicheren Gesprächs, welches wenig später (1977) zunächst auf Italienisch erschien; deutsch: ebd., S. 186–213 (aus dem Französischen übers. v. H.-D. Gondek).

129 Foucault: Politische Funktion des Intellektuellen, S. 148.

130 Ebd., S. 201.

Sicherheits-, Bildungs- und sonstige Effekte) und Machttatsachen sind. Insofern unterscheiden sich die beiden Pole (Markt und Organisation) also nicht darin, dass der eine auf die Produktion gerichtet wäre und der andere nicht. Dies zeigt sich aktuell in der Tatsache, dass sich das Kapital sehr wohl Bereiche (etwa Krankenhäuser, Schulen, Gefängnisse, Laboratorien, etc.) aneignen und den erzeugten Nutzwerten eine Warenform und eine Profitfunktion verleihen kann, die zuvor durch das Macht-Wissen nicht marktförmig, sondern in Gestalt des öffentlichen Dienstes gewährleistet worden waren. Und wenn das Wissen Macht verleihen kann, dann aufgrund von Effekten, die auf das Verhältnis der Akteure zu den materiellen und sozialen Bedingungen des wissensspezifischen Produzierens zurückzuführen sind. Das zumindest lässt sich auf einer noch äußerlichen, soziologischen Ebene der Analyse von »Wissen« und »Macht« bereits über das »produktive« Verhältnis sagen, das zwischen beiden besteht.

Bleibt die Frage, ob Foucault mit der Einführung dieser anderen allgemeinen Figur der »Macht« eine Problemstellung eröffnet, die der marxschen völlig fremd wäre. Oder lässt sich eine theoretische Gestalt denken, die beide Blickwinkel umfasst und auf deren Grundlage sich beide Perspektiven gegenseitig erhellen und kritisieren können?

§212 Warum in der marxschen Theorie ein »Pol« fehlt

In meinen Augen setzt das übergreifende kritische Verständnis von »Foucaultismus« und »Marxismus« – die nicht als geschlossene Doktrinen, sondern als *Forschungsprogramme* anzusehen wären – eine wechselseitige Nachschärfung ihrer Konzepte voraus, welche eine theoretische Neubegründung erlauben würde, die einen breiteren Raum schafft, in dem beide Platz haben. Dies ist der Ansatz, den ich als »metastruktural« bezeichne und von dem ich glaube, dass er zum Vorschein bringt, was Marx einerseits entgangen ist und was andererseits die Hinwendung zu Foucault motiviert.[131]

Mein Ausgangspunkt ist der eingangs erwähnte Gedanke, dass die moderne Gesellschaftsordnung als »Instrumentalisierung der *Vernunft*« zu begreifen ist. Demnach weist die *herrschende Klasse*, analog zu den zwei »Mechanismen *rationaler* Koordinierung auf gesellschaftlicher Ebene«, zwei Pole auf: den Markt und die Organisation. Diesen *zwei* rationalen *Formen* entsprechen *zwei* gesellschaftliche *Kräfte*, deren jede über eigene Reproduktionsmechanismen verfügt: die der *Kapitalisten*,

131 Der genannte »metastrukturale« Ansatz wird in meinen Arbeiten »Théorie générale« (1999), »Explication et réconstruction du Capital« (2004) und schließlich in »L'État-monde« (2011) entwickelt [vgl. Jacques Bidet: Für eine metastrukturale Theorie der Moderne, übers. v. Joachim Wilke, in: Deutsche Zeitschrift für Philosophie, Jg. 39, 1991, H. 12, S. 1331–1340; Anm. d. Ü.]. Das vorliegende Buch verfolgt diese theoretische Ausarbeitung mit der Untersuchung der foucaultschen Konzepte weiter.

die vermittels von Eigentumsprivilegien den Markt beherrschen, und die der *Führungskräfte*, die vermittels von Kompetenzprivilegien die Organisation beherrschen (»Kompetenz« im doppelten Sinne von *unterstelltem Wissen* und *eingeräumter Autorität*). Diese beiden gesellschaftlichen Kräfte, nämlich das Macht-Eigentum und das Macht-Wissen, verhalten sich je nach Umfeld konvergent oder auch antagonistisch. Sie stellen die Minderheit. Gegenüber dieser Oligarchie gliedert sich die *Basis- bzw. Volksklasse* als dritte gesellschaftliche Kraft (tatsächlich ist sie die erste) entsprechend der unterschiedlichen Beziehungen, die ihre verschiedenen »Fraktionen« (Selbstständige/abhängig Beschäftigte in Privatwirtschaft/öffentlichem Dienst) sowohl zu den Markt- und den Organisationsmechanismen als auch zu den daraus resultierenden Ausschlussmechanismen unterhalten. Die inhaltliche Bestimmung (insbesondere von »Kompetenz«, »Entscheidungs-Kompetenz-Träger«, »Organisation«, ...) sowie die konkrete Identifizierung der Akteure (wer sind die »Führungskräfte«, die »Kompetenzträger«, etc.) werfen naturgemäß zahlreiche Fragen auf, die ich erst im weiteren Verlauf der Darlegungen werde behandeln können. Noch formulieren wir hier lediglich eine soziohistorische Grundlinie.

Anzumerken ist, dass dieser *duale* Koordinierungsmechanismus nicht im Markt gipfelt (nach dem die Gesellschaftsform als »Marktgesellschaft« [»société de marché«] benannt ist), sondern in der übergeordneten *Organisation*, die auf die moderne Klassenstruktur aufsetzt: *der neuzeitlichen Staatsinstitution*. Diese *beruft sich*, kraft des »metastrukturalen Vorrangs« des Gemeinsamen über das Individuelle (des Zwischen-Allen über das Zwischen-Einzelnen),[132] zumindest ab einer bestimmten historischen Schwelle, auf eine demokratische Rechtsordnung, auch ungeachtet deren wirklicher Ausprägung: Sie kann nunmehr nicht anders als sich zum Produkt einer als vorausgesetzt angesehenen unter allen gleich verteilten Rede [parole][133]zu erklären – das ist ihr *Anspruch*: Es gelte

132 Siehe Kapitel 3 in »Théorie générale«, wo noch »transzendentale Asymmetrie« (im Sinne der spezifisch neuzeitlich-modernen Vorstellung eines geschichtlichen Transzendentalen) heißt, was ich nun besser als »metastrukturale Asymmetrie« bezeichne. Kant nannte diesen Gedanken »Urkommunismus«: Unter Menschen, die sich als frei und gleich anerkennen, kann keiner zurecht sagen »Das gehört mir«, sofern dies nicht unter dem Vorbehalt einer Übereinkunft aller über die Regeln im Umgang mit der Welt steht. So lautet die fiktionale Vorannahme der Neuzeit hinsichtlich des Staates. – Editor. Hinweis: Zur (von Bidet mit »Urkommunismus« [»communisme primitif«] gleichgesetzten) »communio possessionis originaria« bzw. »communio fundi originaria« in Kants Rechtslehre siehe Immanuel Kant: Metaphysische Anfangsgründe der Rechtslehre [= Metaphysik der Sitten, Teil I; 1797], Textkorpus nach der Akademie-Ausgabe, Bd. VI [^{2}1914], Rechtslehre I: Das Privatrecht vom äußeren Mein und Dein überhaupt, § 16, vgl. §§ 6, 10 u. 15.

133 Editor. Hinweis: Verständlich wird die hier dargebotene Verwendung des »Rede«-Begriffs vor dem Hintergrund der Sprechakttheorie (im Anschluss an Wittgenstein, Austin, Habermas; siehe dazu weiter unter, S. 62 ff. und S. 68 ff.). Dann verweist die »gleich verteilte Rede« auf den dreifachen Geltungsanspruch intersubjektiver verbaler Äußerungspraktiken: Anspruch auf Wahrheit–Wirksamkeit, auf Richtigkeit und auf Wahrhaftigkeit. – Zum grundsätzlichen Verständnis sei daran erinnert, dass Rede/*parole* seit Ferdinand de Saussure im linguistischen Verständnis nicht auf Gesprochenes eingeschränkt ist (sondern alles umfasst, was jemand sagt oder schreibt, unabhängig von Länge, Inhalt, Form, Funktion und Adressat; genaugenommen auch ebenso das, was jemand gedanklich in Worte kleidet, ohne es zu äußern).

das Axiom »eine Stimme = eine Stimme«, das als Fundament einer allen gemeinen Macht gesetzt wird. Mit Bezug auf diese moderne *Fiktion* einer vertraglich-diskursiven Ordnung (die Foucault, wie wir sahen, stets stillschweigend unterstellt) wird deren *ontologischer* Status zu erhellen sein, sprich ihre praktische Bedeutung: Ein Anspruch ist nicht *nichtig*.

Insofern die herrschende Klasse jene beiden Pole umfasst, ist Marx' Klassenstruktur-Ansatz einseitig: Marx vermag es nicht, der »Organisation« einen konstitutiven Platz in der modernen Gesellschaftsform zuzuordnen – im Unterschied zu dem Platz, den er dem »Markt« zuerkennt. Ebenso wenig erfasst er den Platz der »Entscheidungs-Kompetenz-Träger« als sozialer Kraft innerhalb der herrschenden Klasse. Marx untersucht verschiedene theoretische Paare: Produktive/Unproduktive, Manager/Ausführende, Unternehmer/Rentiers, usw. Doch er ordnet diese verschiedenen Charaktere anhand des Gegensatzes Kapitalist/Lohnarbeiter. Er übersieht das Hauptpaar, das die *»Kapitalisten«* gemeinsam mit den *»Führungskräften«* bilden, und das insofern für die moderne Herrschaft spezifisch ist, als es auf der irreduziblen Dualität (Markt/Organisation) der »Instrumentalisierung der Vernunft« gründet. Genauer gesagt sieht Marx nach dem Übergang zum Sozialismus, verstanden als möglichst aufeinander abgestimmte Planung, eine letzte Aufgabe: den »Gegensatz geistiger und körperlicher Arbeit« abzuschaffen (»geistige Arbeit«, wir lesen: »Macht-Wissen«), wie er in der »Kritik am Gothaer Programm« erklärt.[134] Diese Aufgabe verweist Marx auf künftige Zeiten,

134 Editor. Hinweis: Strenggenommen spricht Marx in der »Kritik des Gothaer Programms«, und zwar in jenen Passagen, in denen er sich zum Charakter der Gesellschaftsorganisation nach erfolgter proletarischer Revolution äußerst, nicht von »Sozialismus«, sondern von (zwei) Phasen der »genossenschaftlichen, auf Gemeingut an den Produktionsmitteln gegründeten« oder »kommunistischen Gesellschaft« (Marx: Randglossen [Kritik des Gothaer Programms], S. 21). Wichtig sind dabei jene Ausführungen hinsichtlich der postkapitalistischen »Distributionsverhältnisse« geworden (ebd., S. 19 ff.), also der Art und Weise der Verteilung der (individuellen) Konsumtionsmittel, was Marx dahingehend resümiert: Während in der »ersten Phase der neuen Gesellschaft« das Leistungsprinzip noch weiter fortwirke, werde erst in einer »höheren Phase der kommunistischen Gesellschaft [...] der enge bürgerliche Rechtshorizont ganz überschritten werden und die Gesellschaft auf ihre Fahne schreiben [können]: Jeder nach seinen Fähigkeiten, jedem nach seinen Bedürfnissen!« (Ebd., S. 21) In späteren marxistischen Diskussionen (vgl. Lenin: Staat und Revolution [1917/18], in: Lenin Werke, Bd. 25, S. 393–507, insbes. S. 481, 485) und dann vor allem im Offizialmarxismus der »realsozialistischen« Staaten wurde die terminologische Zuschreibung von jener höheren (oder zweiten) Phase als Kommunismus im eigentlichen Sinne und der ersten Phase als Sozialismus verfestigt, Sozialismus und Kommunismus somit in ein Sukzessionsverhältnis gesetzt, wobei der Übergang in die kommunistische Gesellschaft immer weiter in die Zukunft rückte. Was in der »Kritik des Gothaer Programms« zum Charakter der zukünftigen Gesellschaftsorganisation ausgeführt ist, findet sein Pendant in der kurzen Charakterisierung der postkapitalistischen Organisation der gesellschaftlichen Gesamtarbeit innerhalb des Exkurses zur transhistorisch-anthropologischen Relativierung der kapitalistischen Produktionsweise im Fetischismus-Kapitel des ersten Bandes des »Kapitals«, auf den Bidet hier zusätzlich anspielt – wobei der Wortlaut der deutschen Ausgabe durch den der französischen zu ergänzen ist: Wo Marx von der nicht-entfremdeten Gesellschaft als einem »Verein freier Menschen« spricht, »die mit gemeinschaftlichen Produktionsmitteln arbeiten und ihre vielen individuellen Arbeitskräfte selbstbewusst als eine gesellschaftliche Arbeitskraft verausgaben«, steht in dem von Joseph Roy angefertigten und von Marx durchgesehenen französischen Text »nach einem untereinander abgestimmten Plan« (»d'après un plan concerté«) anstelle von »selbstbewusst« (Marx: Kapital, Bd. 1, in: MEW, Bd. 23, S. 92; Marx: Le capital I,

wenn »alle Springquellen [...] voller fließen«[135] und das Problem sich im Überfluss von selbst löse. Doch die Geschichte lehrt uns, dass man zwar die Kapitalisten verjagen kann, dabei allerdings Gefahr läuft, dass die »Organisatoren« dann die Macht monopolisieren und konzentrieren.[136]

Paradoxerweise hat niemand anderes als Marx diese Doppelstruktur einer »Instrumentalisierung der Vernunft« erkannt, die für die moderne Gesellschaftsordnung konstitutiv ist und auf einer Verknüpfung von Markt und Organisation fußt.[137] Ersteren definierte er als aposteriorische Ordnung unabhängiger Produzenten und letztere als apriorische Ordnung im Rahmen einer einheitlichen Machtstruktur (beispielhaft hierfür: die Fabrik). Das Begriffspaar Markt/Organisation unterscheidet zwei Logiken, die in der konkreten Wirklichkeit stets eng ineinandergreifen.[138] Indem er, gerichtet gegen die klassische politische Ökonomie, die theoretische Frage des Sozialismus auf die Tagesordnung setzt, stellt Marx die Verknüpfung Markt/Organisation ins Zentrum der historischen Fluchtlinie.

Doch an eben diesem Punkt hinkt seine Analyse auch. Denn er macht keinen vorurteilsfreien Gebrauch davon, sondern lässt das Begriffspaar im Grunde mit einer *teleologischen* Lesart neuzeitlicher Geschichte verschmelzen, die augenscheinlich vom ersten zum zweiten Begriff, vom Markt zur Organisation führt: Vermittels der wettbewerblichen industriellen Konzentrationsprozesse sowie der Revolutionsgelegenheiten, die sie einem immer zahlreicheren, besser gebildeten und zunehmend geeinten Proletariat biete, bestehe, so Marx, die Grundtendenz der *kapitalistischen Wirtschaftsordnung* in der Entwicklung zur Möglichkeit einer höheren Gesellschaftsordnung: einer *zwischen allen konzertierten Organisationsordnung*, des Sozialismus. Der marxsche Gebrauch des Paares Markt/Organisation ist also ein *historischer* und kein *strukturaler* – ein

---

in: MEGA², Bd. II/7, S. 59). Obwohl kein Zweifel darüber bestehen kann, dass es sich dabei um eine Präzisierung handelt, die von einer im Zweifelsfall mit der Tatphilosophie des Deutschen Idealismus assoziierten Begrifflichkeit zu einer eher nüchtern-aufklärerischen Formulierung führt und dabei das gedankliche Bild für demokratietheoretische Konzeptionalisierungen anschlussfähiger macht, ist Marx dies in späteren Problematisierungen zuweilen als übermäßige Betonung des Planungs- und Bemeisterungsaspekts zulasten der Perspektive auf eine freie schöpferische Gestaltung ausgelegt worden.

135 Marx: Randglossen [Gotha], S. 21.

136 Editor. Hinweis: Siehe dazu ausführlich Charles Bettelheim: Les luttes de classes en URSS [Buchreihe in 4 Teilen, Paris 1974–1983], Bd. »Troisième période: 1930–1941« in 2 Teilbänden [1982/83]; dt. als: Charles Bettelheim: Die Klassenkämpfe in der UdSSR: Bd. 3 und 4, übers. v. Andreas G. Förster, Berlin 2016 (2. Aufl. 2021).

137 Das ist zumindest die Hypothese, die ich in meinen bisherigen Arbeiten zu belegen suchte.

138 Je nachdem, ob sie öffentlich oder privat sind, fußen die Medizin, die Bildung, die Medien, die Post usw. auf verschiedenen Gleichgewichtszuständen zwischen Markt und Organisation, umfassen aber auf jeder Ebene stets beide Vermittlungsarten: So verkauft das private Gesundheitswesen warenförmige Dienstleistungen auf einem Gesundheitsmarkt, und zwar im Rahmen einer öffentlichen Organisation von Ausbildung, Kompetenzen und mitunter auch Vergütung etc. All das ist trivial. Weniger trivial sind die politisch-theoretischen Herausforderungen, die diese strukturelle Dualität stellt – und zwar als einfacher Markstein (wir kommen darauf zurück) auf einer beweglichen, fluktuierenden Linie, die »Führungskräfte« [»dirigeants«] und »Fachkräfte« [»dirigés«] voneinander trennt.

historisch falscher, weil *strukturell falscher* Gebrauch. Er vermochte nicht zu erkennen, dass die beiden Begriffe – Markt und Organisation – die konstitutive Bipolarität der modernen Klassenstruktur beschreiben. Marx versäumte es daher, das strukturelle Gegenstück zum Macht-Eigentum *in dessen Heterogenität* und *in dessen spezifischer Materialität* als solches zu betrachten: das *Macht-Wissen*.

Es fiel anderen und insbesondere Foucault zu, diesen »anderen Pol« des gesellschaftlichen Raumes zu ergründen;[139] nicht in systematischer, enzyklopädischer Weise, aber doch in den wesentlichen Zügen. Offen ist allerdings, welche Art von Einheit ihm zuzuschreiben ist und welche Beziehungen er zu dem Pol »Kapital« unterhält. Die beiden *Vermittlungen*, Markt und Organisation, strukturieren den zweipoligen Gegensatz und erweisen sich als Relais, als Fortsetzung der diskursiven Unmittelbarkeit, der unmittelbar aufs Wort gegründeten Zusammenarbeit.[140] Der neuralgische Punkt der »Instrumentalisierung der Vernunft« liegt im Prozess der Verkehrung dieser »Vermittlungen« in »Klassenfaktoren«, der die diskursive Beziehung unterläuft. Marx' Schwäche war es, den Sozialismus als eine Art Triumph der Demokratie und der unter allen gleich verteilten Rede zu denken, der sich aus der Abschaffung des Marktes durch die »aufeinander abgestimmte Organisation« ergebe. Wie weit dieser Gedanke führte, ist hinreichend bekannt.

Es zeichnen sich also die sozio-epistemischen Motive wie auch die historisch-politischen Gründe ab, die eine metamarxistische Neuinterpretation Foucaults ergeben, dessen Gesellschafts- und Staatskritik wesentlich nicht auf die kapitalistische Warenherrschaft zielt, sondern der Machtfülle gilt, die ihren Ursprung im »anderen Pol«, namentlich im Macht-Wissen hat.

2.2 Foucault als Theoretiker des Macht-Wissens der »Entscheidungs-Kompetenz-Träger«

Doch um welcherart Wissen handelt es sich hier? Und welcherart Macht verleiht es? Wessen Wissen und Kenntnisse? Wessen Macht und Vermögen? Das wird im Verlauf der Analyse Stück für Stück deutlich werden. Ich will zunächst versuchen, Foucaults Projekt einer Geschichte des Wissens als »Geschichte der Wahrheit« besser zu fassen (§221), das theoretische Programm dem marxschen gegenüberstellen (§222) und beachsichtige

139 Tatsächlich durchzieht diese Problemstellung insbesondere seit den 1930er-Jahren alle großen soziologischen Theorien und zeigt sich dabei von verschiedenen Seiten in den Feldern des Manager-Regimes, der bürokratischen Gesellschaft, der Technostruktur, in den entsprechenden Analysen aus der Sozialforschung (sowohl Frankfurter wie auch institutionalistischer Provenienz) als Trennlinie zwischen Kapital/Oikos, Entropie/Organisation, ökonomischem/kulturellem Kapital, zwischen den »Teilsystemen« Markt/Verwaltung, etc.

140 Zu diesem Punkt, siehe Bidet: État-monde, S. 79–84.

dann, einen konzeptionellen Rahmen zu umreißen, in dem sich beide Blickwinkel zueinander ins Verhältnis setzen lassen (§223).

§221 »Geschichte der Wahrheit«: Wahrheit, Richtigkeit und Wahrhaftigkeit

Als Bewunderer Koyrés[141] beginnt Foucault seine Forschung vor dem Hintergrund eines philosophischen Zwists um die Wissenschaftsgeschichte. Doch mit »Wahnsinn und Gesellschaft« begibt er sich im Geiste der *Annales* auf den Pfad einer nicht mehr »internen«, sondern »externen Geschichte«:[142] einer *Sozial*geschichte des Wissens, die er ausgehend von der Untersuchung der regelmäßigen Erneuerung von Gegenstandsfeldern, von Wissenstypen, von Stellungen der betreffenden Akteure oder Subjekte, von Techniken und materiellen »Dispositiven«, von Strategien unterschiedlicher Gruppen entschlüsselt; ausgehend auch, seit »Die Ordnung der Dinge«, von den epistemischen Transformationen, die das Wissen insgesamt berühren. So halten sie schrittweise Einzug, die allgemein anerkannten und autoritätsheischenden »Wahrheiten«. Bekanntermaßen verhehlt Foucault den Einfluss nicht, den diesbezüglich ein Theoretiker der Diskontinuität, der Transformationen epistemologischer Felder und des Einsatzes von Konzepten, nämlich Canguilhem (im Gefolge Bachelards) auf ihn hatte.[143] Doch Foucaults Projekt, das schließlich »Geschichte der Wahrheit« heißt, nimmt zunehmend größere Ausmaße an. »Mein Problem war«, so erklärt er später, »was den Wahnsinn anging, herauszufinden, wie man die Frage nach dem Wahnsinn im Sinne von Wahrheitsdiskursen hatte funktionieren lassen können, das heißt von Diskursen, die den Status und die Funktion wahrer Diskurse haben. Im Abendland ist das der wissenschaftliche Diskurs. Unter diesem Blickwinkel habe ich auch die Sexualität angehen wollen.«[144]

Seit den 1970er-Jahren denkt Foucault »Wissen« und »Macht« ausdrücklicher zusammen: »Jede Gesellschaft hat ihre Wahrheitsordnung, ihre ›allgemeine Politik‹ der Wahrheit: das heißt Diskursarten, die sie annimmt und als wahr fungieren lässt; die Mechanismen und die Instanzen, die es gestatten, zwischen wahren und falschen Aussagen zu unterscheiden; die Art und Weise, wie man die einen und die anderen sanktioniert; die Techniken und die Verfahren, die wegen des Erreichens

141 Michel Foucault: Rezension [Dez. 1961] zu Alexandre Koyré: La Révolution astronomique. Copernic, Kepler, Borelli (Paris 1961), übers. v. Hans-Dieter Gondek, in: ders.: Schriften, Bd. II, S. 238–240, hier S. 238.

142 Foucault: Wahrheit und juristische Formen, S. 672–673.

143 Vgl. Judith Revel: Foucault. Une pensée du discontinu, Paris 2010, S. 47–55. Erblasser ist auch Braudel, wie Jean-François Bert betont: Introduction à Michel Foucault, Paris 2011, S. 19. – Vgl. Stephan Moebius/Lothar Peter: Die französische Epistemologie, in: Gerhard Fröhlich/Boike Rehbein (Hrsg.): Bourdieu-Handbuch, Stuttgart 2014, S. 10–15. (Anm. d. Ü.)

144 Michel Foucault: Das Spiel des Michel Foucault [Gespräch mit D. Colas, A. Grosrichard u. a.; veröff. 1977], übers. v. Hans-Dieter Gondek, in: ders.: Schriften, Bd. III, S. 391–429, hier S. 409.

der Wahrheit aufgewertet werden: die rechtliche Stellung derjenigen, denen es zu sagen obliegt, was als wahr fungiert.« Kurz, eine »›politische Ökonomie‹ der Wahrheit«.[145]

Der *positive* Charakter, der dem Forschungsgegenstand damit im Zeichen der »Wahrheit« zugewiesen ist, grenzt sich klar von marxistisch inspirierten Ansichten ab, denen Foucault regelmäßig vorwirft, sich bei der Untersuchung ebendieser Phänomene auf einen »ideologischen« Blickwinkel zu beschränken, sofern letztere nicht Teil des Fortschritts von Wissenschaft und »Produktivkräften« seien.[146] Es ist, als würden sich beide – eine »Geschichte der Wahrheit« und eine »Geschichte der Ideologie« – gegenseitig abstoßen und miteinander vermischen, und zwar entsprechend ihrem Verhältnis zur Macht. Versuchen wir also, hier Klarheit zu schaffen und zunächst zu fassen, was es mit der fraglichen »Wahrheit« auf sich hat.

Ein Geltungsanspruch

Die »Geschichte der Wahrheit« interessiert sich nicht für die Wahrheit als solche, sondern für die Geschichte des für wahr Gehaltenen.[147] So hat sie als Gegenstand die Wahrheits*ansprüche* und *-annahmen*, die sie mit den technischen und institutionellen Bedingungen der Wahrheitsproduktion ins Verhältnis setzt. Insofern scheint es mir legitim, diese Ansprüche und Annahmen im Anschluss an Wittgenstein und Austin als *Sprechakte* zu betrachten: als *Ansprüche*, die in intersubjektive Praktiken eingelassen, in »Dispositive« eingeschrieben sind, als Äußerungen mit »kommunikativem« Anspruch im habermasschen Sinne.[148] Insofern tritt die »Wahrheit«, von der Foucault spricht, niemals allein auf: Ihr Diskurs birgt notwendig stets die beiden anderen konstitutiven Dimensionen eines solchen Sprechaktes. Ihr Anspruch ist zu begreifen in ihrem dreifachen *Geltungs*gehalt: Der »Wahrheitsdiskurs« beansprucht nicht nur,

145 Foucault: Politische Funktion des Intellektuellen, S. 149 f.

146 Siehe Foucaults Ablehnung eines Ideologie-Ansatzes, dem es nicht möglich sei, »historisch zu erkennen, wie innerhalb von Diskursen, die an sich selbst weder wahr noch falsch sind, Wahrheitswirkungen zustande kommen.« (Gespräch mit Michel Foucault [= Foucault/Fontana/Pasquino: Interview vom Juni 1976], S. 196 f.)

147 In diesem Sinne versteht man das Widerstreben Jacques Bouveresses gegenüber der Verwendung des Wortes »Wahrheit« (L'objectivité, la connaissance et le pouvoir, in: Didier Eribon [Hrsg.]: L'infréquentable Michel Foucault, Paris 2001, S. 133–145, hier S. 136 ff.). Das foucaultsche Konzept »Wahrheit« ist allerdings in einem ganz anderen Sinne zu verstehen; siehe Thomas Boccon-Gibod: Michel Foucault. Dire la vérité, Poitiers 2013: »Während Wahrheit für gewöhnlich als eine Eigenschaft des Gesagten verstanden wird«, heißt es im Inhaltstext, »führt Foucault [...] eine radikal neue Perspektive ein: die Wahrheit des Gesagten im Verhältnis zum Leben des Sprechers«. In eben diesem Sinne spreche ich hier von »Wahrheitsanspruch«.

148 Ein sehr einfacher Gedanke: Sagt der Fahrstuhlführer »Das Rauchen ist einzustellen«, erhebt er den dreifachen Anspruch des Wahren (Rauchen ist ungesund), Richtigen (Rauchen ist hier und jetzt verboten) und Wahrhaftigen (ich bin befugt, Sie zu ermahnen). Für eine Gesamtanalyse siehe Jürgen Habermas: Theorie des kommunikativen Handelns, Bd. 1: Handlungsrationalität und gesellschaftliche Rationalisierung, Frankfurt a. M. 1985, S. 397–427. So setzt der Geltungsanspruch drei Bestandteile voraus: den Anspruch auf Wahrheit–Wirksamkeit, auf Richtigkeit und auf Wahrhaftigkeit; vgl. die tabellarische Übersicht zu den »reinen Typen sprachlich vermittelter Interaktionen« auf S. 439.

wahr [vrai] zu sein. Er gibt sich auch als *richtig [juste]*, in der seinerseits vorgeschriebenen »Normalität«. Und er beruft sich auf das *Wahrhaftige [l'authentique]*, auf die Wahrheit der Subjekte, die sich im Diskurs erklären.[149] Er ist der Ort einer Instrumentalisierung der Vernunft. Er lässt sich allerdings nicht herunterbrechen auf die *Wirkung [effet]*, die er auf die Sprecher hat. Es handelt sich um Voraussetzungen, die in den diskursiven, institutionellen und materiellen Dispositiven objektiv gegeben sind, mittels derer sich Akteure in »Wahrheitsspielen«,[150] in Manövern der Instrumentalisierung und der Emanzipation gegenübertreten und sich als bestimmte, determinierte Subjektivitäten erzeugen. In diesem dreigliedrigen Spektrum sind Foucaults »Wahrheiten« zu betrachten.

(1) *Wahrheit–Wirksamkeit.* Die »Geschichte der Wahrheit« gibt sich als »Geschichte des Wahrsprechens«, der Diktion des *Wahren*.[151] In der Neuzeit ist die Wissenschaft die allgemein akzeptierte Wahrheit. Foucault betrachtet sie in verschiedenen Facetten: Geschichte des Wahns, der Sexualität, etc. In »Überwachen und Strafen« ist es die Wahrheit der Diskurse und Praktiken von Gefängnissen, Asylen, etc. – sie beansprucht zu bessern, zu heilen, zu bilden. Laut den Vorlesungen von 1977–79 besteht das Spezifische der liberalen Gouvernementalität darin, den erklärtermaßen wissenschaftlich erwiesenen Naturgesetzen freien Lauf zu lassen.

(2) *Richtigkeit der Norm.* Nachdrücklich betont Foucault den Fakt, dass die *Norm* tendenziell das *Recht* ersetze oder vielmehr sich mit diesem »vermenge«. Beispielhaft ablesen lasse sich diese Entwicklung am Übergang vom »Legalismus« eines Cesare Beccaria – bei dem es um Wiedergutmachung des der Gesellschaft zugefügten Unrechts gehe – zur Frage der »Kontrolle« und »Überwachung«, die insbesondere in der panoptischen Utopie Benthams ihren Ausgang nehme.[152] Gut ausgedrückt ist

149 Das so verstandene »kommunikative Handeln« ist ausgerichtet auf eine gemeinsame Bestimmung der Situation hinsichtlich einer konsensualen Koordinierung der Pläne jedes Einzelnen. In der habermasschen Perspektive gilt es zu bestimmen, unter welchen Bedingungen sich die Kommunikation als wirksame Norm des gesellschaftlichen Lebens durchsetzen könnte. Sofern ich mich auf diesen Begriff beziehe, tue ich das mit ganz anderem Ziel: nicht in normativer, sondern in analytischer Absicht, entgegen der gesellschaftlichen, geschichtlichen und politischen Theorie eines Habermas. Ich verwende den Begriff, um das Wesen des Anspruchs zu bestimmen, welcher der gesetzten Voraussetzung einer modernen Klassenstruktur innewohnt. Siehe Bidet: Théorie générale, S. 413–426, und Bidet: État-monde, S. 74–92.

150 Michel Foucault: Gebrauch der Lüste und Techniken des Selbst [1983], übers. v. Hans-Dieter Gondek, in: ders.: Schriften, Bd. IV, S. 658–686 [in leicht veränderter Textgestalt ebenso als Einleitung in: Foucault: Sexualität und Wahrheit, Bd. 2: Der Gebrauch der Lüste, Frankfurt a. M. 1986, S. 7–45], hier S. 662 [S. 13]. (Anm. d. Ü.)

151 Editor. Hinweis: Bidet folgt hier der den gesamten Schaffensprozess umspannenden Charakterisierung der Werkbiografie, die Foucault retrospektiv im von ihm selbst (unter dem Pseudonym Maurice Florence) verfassten Lexikoneintrag zu seiner Person gegeben hat (s.v. Foucault, in: Denis Huisman [Hrsg.]: Dictionnaire des philosophes, Bd. 1, Paris 1984, S. 942–994; dt. in: Foucault: Schriften, Bd. IV, S. 776–782, übers. v. Hans-Dieter Gondek). Auf die Thematik des Wahrsprechens aufmerksam geworden ist Foucault im Jahr 1980, d. h. mit dem Eintritt in die letzte Phase seines Werks.

152 Foucault: Wahrheit und juristische Formen, S. 749 ff. – Editor. Hinweis: Zu Beccaria siehe auch unten, Kap. 4, Fn. 345.

diese »Vermischung« im weiten Begriff der »Richtigkeit« in einer »sozialen Welt«, in der sich Normen und Werte, Interessen und Ethiken überlagern. Diese neue Macht, die im *Aufstieg der Norm* aufscheint, ist die Macht einer *neuen* Welt von *Kompetenzträgern*, die zuständig sind für Körper und Seele, für die richtigen Zwecke und die angemessenen Mittel. In ihrer Kompetenz liegt die Unterscheidung derer, die das Recht nicht zu differenzieren vermag: Anormale, Abweichler, Kranke, etc. Wenn der Kranke an die Stelle des Verbrechers tritt, sind »die Wahrheitseffekte einer Wissenschaft zugleich Machteffekte«.[153] Die Besitzer dieser Wahrheit, die mutmaßlich die der Wissenschaft ist, füllen – anstelle von Vertretern des Rechts – eine normative Funktion aus. Sie sagen, was zu tun *richtig* ist. So etwa Ärzte und Hygieniker, die einen lichten und transparenten Städtebau anmahnen, usw.[154] Die Macht der Kompetenz, die so die Gesellschaft prägt, wird im Namen der Norm ausgeübt, die sich nicht auf das wissenschaftlich Wahre reduzieren lässt. Sie spricht zugleich das Wahre wie das »Normale«.[155] So findet sich eines der bedeutendsten Vermächtnisse von Foucaults Forschung in einer foucaultschen Soziologie, welche die Norm als Operator der neuen, der neoliberalen »Bürokratisierung der Welt« bezeichnet.[156]

(3) *Wahrhaftigkeit und Autorität des Diskurses.* Die Wahrheit (der Anspruch auf Wahrheit), von der Foucault spricht, hat aber nur Bestand, sofern sie gemeinsam getragen wird: nicht nur anerkannt, sondern wirklich angenommen wird durch ein Subjekt, das selbst an der Interlokution, am sprachlichen Austausch beteiligt ist und das somit *gesteht.* »Wenn ich von Geständnis spreche«, erklärt Foucault, »verstehe ich darunter [...] sämtliche Verfahren, mit denen man das Subjekt anstachelt, über seine Sexualität einen Wahrheitsdiskurs zu halten, der auf das Subjekt selbst Wirkungen zu erzielen vermag«.[157] Die Sexualität ist aufgerufen, sich in (wahren, richtigen und) *wahrhaftigen* Formulierungen zu äußern: Im Geständnis erklärt das Subjekt den Diskurs der »Sexualwissenschaft«

153 Michel Foucault: Die gesellschaftliche Ausweitung der Norm [1976], übers. v. Hans-Dieter Gondek, in: ders.: Schriften, Bd. III, S. 99–105, hier S. 103.

154 Foucault in Michel Foucault/Jean-Pierre Barou/Michelle Perrot: Das Auge der Macht [Gespräch 1977], übers. v. Hans-Dieter Gondek, in: Foucault: Schriften, Bd. III, S. 250–271, hier S. 255.

155 Pierre Macherey (De Canguilhem à Foucault. La Force des normes, Paris 2009) zeigt insbesondere, wie die Autoren dem Konzept der Norm eine dynamische Bedeutung im Sinne eines erfinderischen Prozesses verleihen, der in Reaktion auf die Entstehung neuer Probleme einsetze und das Erfahrungsfeld verwandele.

156 Siehe Béatrice Hibou: La bureaucratisation du monde à l'ère néolibérale, Paris 2012. Das Buch verweist auf ein mittlerweile immenses Forschungsfeld. – Editor. Hinweis: In Deutschland ist die Rezeption des Buches bisher ausgeblieben. Die Autorin zeigt sehr deutlich auf, dass es sich bei dem gesellschaftlichen Großprojekt des Neoliberalismus entgegen dessen ideologischem Zerrbild keineswegs um eine Entbürokratisierung oder auch nur Zurückstufung der Bürokratie handelt, sondern geradewegs um das Gegenteil: die verschärfte und mystifizierte Fortführung der Bürokratisierung aller Lebensbereiche unter (kulturell) veränderten Vorzeichen.

157 Foucault: Das Spiel des Michel Foucault, S. 415. Die Neuerung der Moderne entstand, als »man den Leuten gesagt hat, dass in ihrem Geschlecht das Geheimnis ihrer Wahrheit läge« (ebd., S. 414).

zum *eigenen*. Dasselbe gilt für den Verstoß, die Gesundheit, die Bildung. Und zwar nicht hinsichtlich eines gebesserten, geheilten oder gebildeten Subjekts, sondern insofern das Subjekt *sich (wieder-)erkennt* in dieser Macht zu bessern, zu heilen oder zu bilden. In diesem Sinne ist der Anspruch in der gegenseitigen Anrufung [inter-interpellation] gegeben, die das Individuum als Subjekt setzt, als Anrufendes wie auch als Angerufenes.[158] Damit ist nicht gesagt, das Wahrheitsspiel bleibe beschlossen in einem Raum singulärer Subjekte und ihrer Mikrobeziehungen. Die Wahrheit »wird unter der nicht ausschließlichen, aber dominanten Kontrolle durch einige große politische oder ökonomische Apparate (Universität, Armee, Schrift, Medien) hervorgebracht und übermittelt« und ist Gegenstand »einer umfassenden politischen Auseinandersetzung und sozialen Konfrontation (›ideologische‹ Kämpfe)«.[159] Anders gesagt, die »Wahrheit« erzeugt ihre Produkte nur vermittels technisch-organisatorischer Produktionsdispositive. Der eigentlich *moderne* Charakter der »Wahrheit« liegt nicht allein in ihrem Bezug zur Wissenschaft und technischen Effizienz, sondern unmittelbar auch in ihrem öffentlichen Charakter. Im Unterschied zur antiken Erotik, betont Foucault, ist der moderne Sexualdiskurs – und das gilt auch für die anderen »Wahrheitsdiskurse« – Teil des *öffentlichen* Raumes. In diesem Sinne ist das wiederkehrende Motiv einer »Verstaatlichung« oder »Gouvernementalisierung« des Macht-Wissens (Medizin, Schule, Justiz, Armee) zu verstehen.[160] Darin liegt wohl die, metastrukturell moderne, Wahrheit des »Wahrheitsdiskurses«: Sie impliziert einen Zusammenhang zwischen einem öffentlich-staatlichen Diskurs und dem Diskurs von Subjekten, die sich – unter der Voraussetzung, die *offenbar* das gesamte gesellschaftliche Leben in das Regime der »Rede« einschreibt – diesen zu eigen machen.[161]

158 Gefordert wird das Geständnis »in der Justiz, in der Medizin, in der Pädagogik, in den Familien- wie in den Liebesbeziehungen« (Michel Foucault: Der Wille zum Wissen [= Sexualität und Wahrheit, Bd. 1; 1976], übersetzt v. Ulrich Raulff/Walter Seitter [1977], Frankfurt a. M. 1983, S. 62). Mutmaßliche Unschuld des Alles-Sagens wie auch des Alles-Zeigens. Nicht zu übersehen ist die Beziehung zwischen der unablässig wiederholten Forderung »Sag alles« (ebd., S. 27) der für die Seelen und Körper zuständigen Kompetenzträger – vom Beichtvater bis zum Psychiater – und dem modernen Anspruch, sich unter dem Regime der Rede (ein Mensch = eine Stimme) selbst zu regieren und die öffentlichen Angelegenheiten zu regeln, unter der mutmaßlichen, daraus resultierenden Autorität eines öffentlichen und transparenten Sprechens.

159 Foucault: Politische Funktion des Intellektuellen, S. 150; siehe auch Foucault: Der Wille zum Wissen, S. 65: »Nun ist das Geständnis ein Diskursritual, in dem das sprechende Subjekt mit dem Objekt der Aussage zusammenfällt, und zugleich ist es ein Ritual, das sich innerhalb eines Machtverhältnisses entfaltet, denn niemand leistet sein Geständnis ohne die wenigstens virtuelle Gegenwart eines Partners, der nicht einfach Gesprächspartner, sondern Instanz ist, die das Geständnis fordert, erzwingt, abschätzt und die einschreitet, um zu richten, zu strafen, zu vergeben, zu trösten oder zu versöhnen«.

160 Zur modernen »Sexualwissenschaft«, Objekt der dargelegten, öffentlichen »Wahrheit« – im Gegensatz zu den antiken und orientalischen »Erotiken«, die private Weisheiten waren und ihre Schüler je an Meister banden –, siehe das Kapitel »Scientia sexualis« in: Foucault: Der Wille zum Wissen, S. 57–76. Zur Verstaatlichung des Biologischen vgl. Michel Foucault: In Verteidigung der Gesellschaft. Vorlesungen am Collège de France 1975–1976 [1996], übers. v. Michaela Ott [1999], Frankfurt a. M. 2001, S. 282.

161 Zum Konzept »Regime der Rede« siehe Bidet: État-monde, S. 84–87.

Foucaults Projekt, soviel ist klar, *umgeht die Wissenschaftsgeschichte*, insofern es sich nicht mit der fortschreitenden Eroberung dessen, was wir heute als »wissenschaftlichen« Wert anerkennen, beschäftigt. Stattdessen beschreibt es den Werdegang dessen, was als wahr angenommen und praktiziert wird, und nimmt die damit einhergehenden Macht-, Herrschafts-, Lebens- und Subjektivierungseffekte in den Blick. Es *geht über eine Ideengeschichte hinaus*, da es wissenschaftliche Diskurse als Praktiken und Praktiken als Dispositiven zugehörig versteht. Ich habe aufzuzeigen versucht, dass in das materiale, ontologisch-soziale Raster, das Foucault ans Licht bringt, *Wahrheiten, Normen* und *Subjekte* gleichermaßen einbezogen sind.

Dies ist bekanntermaßen nicht Foucaults Wortwahl. Ich meine jedoch gezeigt zu haben, dass sein Ansatz ebendies impliziert. Um jedes Missverständnis auszuschließen, möchte ich im Voraus erklären, zu welchen Schlüssen mich diese Lesart führen wird: Die dreifache Berufung auf die Vernunft-Rationalität, die dem »Geltungsanspruch« inhärent ist, erscheint als von oben stets nur instrumentalisiert durch die Kräfte, die sich nicht nur äußern, sondern die unter den gesellschaftlichen Bedingungen dieser Äußerung, das heißt in einem »Klassenzusammenhang«, auch effektiv wirken. Geht man nun davon aus, dass Macht nicht als einfacher *Transmissions*riemen zwischen Herrschendem/Beherrschtem zu verstehen ist, sondern als wechselseitige *Beziehung*, als Aufeinandertreffen von Kräften (von Zugriffen auf soziale Dinge und auf sich selbst), so gelangt man zu der Auffassung, dass die Positivität – die geschichtliche Schöpfungskraft, die dem spezifisch modernen Herrschaftsprozess innewohnt – davon abhängig ist, dass die Macht von oben auf eine lebendige Kraft von unten trifft, die selbst (jenseits jeglicher Instrumentalisierung) von ihrer sozialen Beziehung zu der gemeinsamen »zweipoligen« Vernunft-Rationalität, zu einem gemeinsamen Potenzial der »Vermittlung« wie des Diskurses geprägt ist. Die Produktivität der Macht ist keine simple Gegebenheit von oben. So lautet meine These, die in der hier gebotenen Kürze noch undurchsichtig erscheinen mag.

Die »Geschichte der Wahrheit« betrifft, in den Forschungen der Jahre 1971 bis 1976, nicht das *Eigentum*, sondern den von mir sogenannten »anderen Klassenfaktor«, die *Kompetenz*: das Vermögen der Entscheidungs-Kompetenz-Träger, als Besitzer der »Wahrheit« Anerkennung zu finden (und durchzusetzen) – einer Wahrheit, die das Wahre, Richtige und Wahrhaftige miteinander verbindet. Damit nimmt die Hypothese, der zufolge ein Parallelismus zwischen den beiden »Polen« der modernen Gesellschaftsordnung besteht, deren einen Foucault und deren anderen Marx entdeckt hat, festere Gestalt an. Offen ist, wie die beiden theoretischen Teile, die eine je eigene Geschichte und wenige Berührungspunkte zu haben scheinen, zusammenhängen: Die Geschichte der »Wahrheit« ist schließlich nicht die des »Kapitals«. Bevor wir uns dieser wesentlichen Frage zuwenden, haben wir uns mit einem weiteren Problem zu befassen, das mit dem Gegenstands- und Perspektivwechsel zutage tritt, der Ende der 1970er-Jahre zu beobachten war.

§222 Die Regierungswahrheiten

1. Die Vorlesungen von 1977–79 betrachten tatsächlich einen neuen Horizont. Untersucht werden nicht mehr die Praktiken der *Kompetenzträger* in ihrem Kompetenzbereich, sondern die »Regierungspraktiken« und das Regieren vermittels »politischer Ökonomie«, die zunächst einmal als Domäne der Kapitalisten erscheinen mag. Es geht um die Wahrheit der »Regierenden«. Dieser Kollektivakteur existiert nur in Korrelation zum Kollektiv der Regierten, in einer bestimmten Vorstellung vom gesellschaftlichen *Ganzen*, die mit einem offiziell *nominalistischen* Ansatz konfligiert. Wer also regiert? Von wem stammen die »Regierungswahrheiten«? Wir müssen uns abermals der Idee der »Wahrheit« selbst zuwenden und fragen, wie sie auf dem Gebiet des »Regierens durch die politische Ökonomie« und in ihrem Verhältnis zur von Marx formulierten »Kritik der politischen Ökonomie« wirksam ist. Was hat es mit den »Regierungswahrheiten« auf sich? Welchen Status hat der Diskurs, der die »bürgerliche Gesellschaft« zum Bezugspunkt nimmt?

2. Foucault regt an, die Kategorien der »bürgerlichen Gesellschaft« als »Transaktionsrealitäten« aufzufassen: »Ich glaube, dass man sehr vorsichtig sein muss, was den Grad an Wirklichkeit angeht, den man dieser bürgerlichen Gesellschaft zugesteht.« Sie sei nicht als »ursprüngliche und unmittelbare Wirklichkeit« im Gegensatz zu den politischen Institutionen zu fassen:

> »Die bürgerliche Gesellschaft ist etwas, das zur modernen Regierungstechnik gehört. [... Das bedeutet] nicht, dass sie keine Realität hat. Die bürgerliche Gesellschaft ist wie der Wahnsinn, wie die Sexualität etwas, das ich Transaktionsrealitäten nenne, d. h., dass jene transaktionalen und vorübergehenden Gestalten gerade im Spiel sowohl der Machtverhältnisse als auch dessen, was diesen Verhältnissen entgeht, also gewissermaßen an der Schnittstelle der Regierenden und der Regierten entstehen. Diese Gestalten sind, obwohl sie nicht schon immer existiert haben, nicht weniger wirklich«.[162]

Diese Transaktionsrealität zwischen Akteuren, die pragmatische Wirklichkeit des übergreifenden Diskurses [inter-discours] – dies zumindest

162 Foucault: Geburt der Biopolitik, S. 406 f.

ist die in meinen Augen zwingende Lesart des »Regierens durch die politische Ökonomie« – ist nicht das *Wirkliche der* (Klassen-)*Struktur* der betreffenden Gesellschaft; sie definiert keine reine Objektivität. Sie ist auch kein *Ideal*, das herbeizuführen wäre. Sie ist die Wirklichkeit einer realen Ordnung von Äußerungen, die in wirkliche Praktiken eingebunden sind, die Wirklichkeit praktischer Voraussetzungen, die einer bestimmten Sozialstruktur innewohnen – und zwar in Gestalt eines *geschichtlichen Apriori*, so der gängige Ausdruck, das in seiner spezifischen »Materialität« zu begreifen ist. Auf dem Feld, da Foucault auf Marx trifft, ist sie Bestandteil dessen, was ich als *»Metastruktur«* bezeichnet habe.

3. Eine solche »Transaktionsrealität« formuliert die Darstellung in Abschnitt I des ersten Bandes des »Kapitals«. Marx beschreibt hier sehr genau die Logik jener »bürgerlichen Gesellschaft«, von der die Liberalen sprechen. Er definiert die moderne Gesellschaft als »Marktwirtschaft« [»société de marché«], also bereits bevor er sie im weiteren Verlauf der Darstellung in ihrem kapitalistischen Charakter spezifiziert. Er fasst die Soziallogik der Warenproduktion als Voraussetzung des Kapitalismus, als dessen offen erklärte Logik. Das erste Kapitel legt sowohl ihre *Rationalität* und *Wahrheit*[163] dar (die Konkurrenzsituation auf der Grundlage des Privateigentums maximiert die Gebrauchswertproduktion und optimiert die Faktorenzuweisung) als auch ihre *Legitimität* und *Richtigkeit*[164] (die lediglich freie und gleiche Partner kennt). Marx zeigt, mit den oben (§123) analysierten Formulierungen Foucaults gesprochen, wie sich das Recht an der Ökonomie und die Ökonomie am Recht »aus[ge]richtet« findet[165] im Rahmen einer ökonomisch/juristisch-politischen (Meta-)Strukturierung innerhalb des Konzepts der Warenproduktion. Das zweite Kapitel des »Kapitals« betrachtet die dritte Erfordernis in der kommunikativen Transaktion: die *Identität* des Bürgers, der Anspruch erhebt, sowie die *Wahrhaftigkeit* seines Regierungsanspruchs. Marx legt hier dar, dass das Geld und die dadurch bedingte Marktform[166] – welche keine Naturgegebenheiten sind, schließlich hat die Gesellschaft auch andere Arrangements hervorgebracht – eine »gesellschaftliche *Tat*« implizieren, die sie setzt und eine solche Gesellschaftsordnung proklamiert. »Im Anfang war die Tat«, schreibt er:[167] nicht im Anfang der Geschichte, sondern im

163 Deutsch im Original. (Anm. d. Ü.)

164 Deutsch im Original. (Anm. d. Ü.)

165 Foucault: Geburt der Biopolitik, S. 405.

166 In seinem Sprachgebrauch, den der Marxismus von Hegel übernahm, verweist der Begriff »Form« schlicht und einfach auf jeglichen Typ gesellschaftlicher Strukturierung, sei dies der Markt oder das Kapital, die Metastruktur oder die Struktur, das Lohnverhältnis oder der Staat. Der Begriff selbst birgt keinerlei theoretisches »Geheimnis«.

167 Marx: Kapital, Bd. 1, in: MEW, Bd. 23, S. 101 [Marx zitiert hier Goethes »Faust« (Faust I [1808], V. 1237), Anm. d. Ü.]. Bemerkenswerterweise bleibt dieser Abschnitt in der philosophischen Kommentierung des Werkes stets unbeachtet. Er wirft tatsächlich ein Problem auf, das eine gewisse Lehrmeinung nicht anzugehen vermag – weil sie nicht begreift, dass es sich hierbei um eine spezifisch metastrukturale Position handelt. Zur Interpretation dieser ersten beiden

Grundsatz dieser Logik, einer besonderen gesellschaftlichen, sich ständig neu begründenden Logik. Ein solcher Akt im Kreise mutmaßlich *freier* Produzenten-Kaufleute kann nur ein *Pakt* sein, in dem die Freiheit aller unter den Gesetzen des Marktes zum Ausdruck kommt. Eben ein Sprechakt nach dem Johannesevangelium: »Im Anfang war das Wort« – dieser allerdings ist nicht Bestandteil einer ahistorischen transzendentalen Ontologie, sondern Teil einer geschichtlich bestimmten gesellschaftlichen Gestalt, der die Theorie Rechnung zu tragen hat.

4. Die Bedingungen dieses dritten Kriteriums sind also bei Marx beschrieben: *Wie kommt es dazu, dass die Akteure diesen Diskurs für ihre Wahrheit halten, dass sie sich für die wahrhaftigen Subjekte dieser »Wahrheit« halten?* Über die immanente Kritik dieses Anspruchs hinaus, die in Abschnitt I des ersten »Kapital«-Bandes geäußert wird (zuvorderst in den berühmten Passagen zum »Fetischcharakter der Ware«),[168] sucht Marx tatsächlich das Wesen des historisch bedingten, *reell-strukturellen* Prozesses zu beschreiben, der dieses Warendispositiv in seiner verallgemeinerten Form *erzeugt* und alle Subjektivitäten darin einschreibt. In Abschnitt III zeigt er, wie sich der Markt – durch den kapitalistischen Mechanismus der Lohnausbeutung, die aus der Arbeitskraft selbst eine Ware macht – als *universale* Regel verwirklicht. In der *strukturalen* Tatsache des Kapitalismus findet sich dieser Eröffnungsakt *gesetzt*, hergestellt als dessen *metastrukturale* Voraussetzung. Das »Kapital« ist die Struktur, welche die Metastruktur »Markt« als dessen universale Voraussetzung erzeugt. Erstere setzt letztere als »Transaktionsrealität«, vermittels derer die Akteure *in ihren Praktiken kommunizieren*: als Fiktion; als die Fiktion, nach der das Lohnverhältnis als Warenverhältnis – an dem der Lohnabhängige als freier Partner teilnehme – rational (Wahrheit), gleich (Richtigkeit) und frei (Wahrhaftigkeit) ist. Die *Wirklichkeit* dieser Fiktion liegt in den (widersprüchlichen) Auswirkungen, die sie in der Klassenauseinandersetzung erzeugt.[169] Die Stärke der marxschen *dialektischen* Analyse liegt also darin, ausdrücklich die Frage danach zu stellen, in welcherart *Sozialstruktur* sich *Praktiken* entwickeln, die als ihre Voraussetzung eine solche *Metastruktur* setzen – die Ansprüche, »Wahrheiten«, Äußerungen

Kapitel erlaube ich mir den Verweis auf »Éxplication et reconstruction du Capital«, S. 45–91: Dort zeige ich auf, wie Marx Hobbes' Pakt in den apokalyptischen Farben der Entfremdung neu schreibt.

168 Es handelt sich um eine doppelte Kritik: zunächst eine, *phänomenologische*, des Warenfetischismus in Kapitel 1.4 (Marx: Kapital, Bd. 1, in: MEW, Bd. 23, S. 85–98) sowie eine, *ontologischkritische* [sic], der »gesellschaftlichen Tat«, die den Markt etabliert, in Kapitel 2 (ebd., S. 99–108) – eine »Ontologie der Tat«. Es ist durchaus der zweite, seltsam unbeachtete Schritt, der den ersten regiert: nämlich in dem Maße, wie die Gesellschaft tatsächlich unter der Ägide der *Tat* funktioniert, die das Marktgesetz *etabliert* – sprich sobald die Produzenten-Bürger sich ihrer Fähigkeit enteignen lassen, sich untereinander nach »abgestimmten Plänen« zu organisieren –, erscheinen die gesellschaftlichen Verhältnisse schließlich als Dinge.

169 Darauf komme ich in §411 im Zusammenhang mit dem »politischen Widerspruch des Kapitalismus« zurück.

der bürgerlichen Gesellschaft (verstanden, nach Foucault, als »Transaktionsrealität«). In den Abschnitten I–III des ersten Bandes gelangt Marx vom Studium des »Liberalismus« (als »Diskurs« der Kapitalisten, der sich als universeller Diskurs von Handelspartnern versteht) zur Untersuchung des Kapitalismus.[170] Er führt uns von der »bürgerlichen Gesellschaft« zur »Klassengesellschaft«. Er führt uns von dem *abstrakten* Moment in der Eingangsdarstellung, in dem sich das Recht an der Ökonomie »aus[ge] richtet« (Foucault)[171] findet – einer Wirtschaft, die durch Beziehungen der Warenproduktion fiktiv definiert ist –, zur *konkreteren*, das heißt konzeptionell stärker »bestimmten« Form des Kapitalismus[172] – »bestimmt« durch die Charakterisierung der Arbeitskraft selbst als Ware. In diesem zweiten Moment handelt es sich um eine ganz andere, *strukturale* Realität, die allerdings stets nur im Verhältnis zur ersten, *metastrukturalen* Realität zu begreifen ist – im Verhältnis zu und *ausgehend von dieser*, das belegt die Anordnung in der Eingangsdarstellung des »Kapitals«.[173] Man kann sich hier zudem auf Deleuze berufen: »Denn das Universale erklärt nichts; es selbst ist das, was erklärt werden muss.«[174]

170 Das Wort »Liberalismus« besitzt bekanntermaßen mehrere Bedeutungsebenen. Foucault versteht es im Sinne des 18. Jahrhunderts, in dem das rationale Primat des Marktes postuliert wurde, ohne indes bestimmte Formen der Organisation auszuschließen. Die darauffolgenden, geografisch verschiedenen Formen des Liberalismus unterscheiden sich voneinander durch die je verschiedene Gewichtung der einen oder der anderen Vermittlung: Gemein ist ihnen der Anspruch, ihre ökonomischen Regeln seien gleichbedeutend mit »politischem Liberalismus«. Meinerseits rege ich an, mit diesen Begrifflichkeiten zu brechen. Unter »Liberalismus« verstehe ich die Eigenperspektive der Privilegierten des Kapitals (ihre Devise lautet naturgemäß »die Welt ist ein *Markt*«). Der »Sozialismus« ist daher die Eigenperspektive der Privilegierten der Kompetenz im Sinne von Macht-Wissen (welches in Gestalt des »realexistierenden Sozialismus« zum Triumph der Organisation führt, wenn diese die Macht erfolgreich monopolisieren). Der »Kommunismus« schließlich steht denjenigen als Perspektive offen, die keinen *privilegierten* Zugriff auf die beiden »Vermittlungen« besitzen, denen sie allerdings unterliegen, weil diese zur allen gemeinen gesellschaftlichen Vernunft gehören.

171 Siehe oben, Fn. 165. (Anm. d. Ü.)

172 Das Begriffspaar abstrakt/konkret zeigt in Marx' Epistemologie einen graduellen Bestimmungsunterschied an: Die Darstellung geht vom *Allgemeinsten* zum *Bestimmtesten*. Sobald die Analyse aufzeigt, dass das erstere Moment die gesetzte Voraussetzung des letzteren ist, entdeckt sie die dialektische Beziehung zwischen den beiden Begriffen. – Editor. Hinweis: Im kanonisch gewordenen »Methodenkapitel« seiner Einleitung zu den »Grundrissen«, auf das Bidet hier anspielt, reflektiert Marx über die Anwendung der hegelschen Theoriesprache bei der Grundlegung einer wissenschaftlichen Kritik der Kategorien der politischen Ökonomie (Karl Marx: Einleitung [zu den »Grundrissen der Kritik der politischen Ökonomie«] [1857; erstmals veröff. 1903], in: MEW, Bd. 42, S. 15–45/S. 34–42: Abschnitt 3: Die Methode der politischen Oekonomie [MEGA², Bd. II/1.1, S. 17–45/S. 35–43]). Das methodische Prinzip, »vom Abstrakten zum Konkreten aufzusteigen« (ebd., S. 35 [bzw. S. 36]), bildet einen der maßgeblichen Ausgangspunkte für die »unendliche Geschichte« (Sgro') der versuchten Klärungen einer methodisch verbindlichen Definition der marxschen »Dialektik«. Siehe stellvertretend für die umfangreiche Diskussion: Judith Jánoska/Martin Bondeli/Konrad Kindle/Marc Hofer: Das »Methodenkapitel« von Karl Marx. Ein historischer und systematischer Kommentar, Basel 1994; Giovanni Sgro': Die dialektisch-materialistische Methode der Marxschen Kritik der politischen Ökonomie. Stichworte zu einer unendlichen Geschichte, in: Stefan Müller (Hrsg.): Probleme der Dialektik heute, Wiesbaden 2009, S. 201–227.

173 Noch einmal: Der Begriff der Metastruktur (*métastructure*), als der »gesetzten Voraussetzung« der Struktur (in dem Sinne wie der Abschnitt I im »Kapital« die in Abschnitt III gesetzte Voraussetzung darstellt), ist nicht zu verwechseln mit dem Begriff des »Überbaus« (*»superstructure«*).

174 Gilles Deleuze: Was ist ein Dispositiv? [1988], übers. v. Hans-Dieter Gondek, in: François Ewald/ Bernhard Waldenfels (Hrsg.): Spiele der Wahrheit. Michel Foucaults Denken, Frankfurt a. M. 1991, S. 153–162, hier S. 157.

5. Diesen analytischen Schritt vom Liberalismus (verstanden als subjektiver Diskurs der Kapitalisten) zum Kapitalismus vollzieht Foucault nicht. In den Vorlesungen von 1977 bis 1979 bleibt er beim *Diskurs* des Liberalismus – bei einer Unbestimmtheit, die folgende vielsagende Bemerkung bestätigen mag, nämlich »dass ich immer nur Fiktionen geschrieben habe«.[175] Eigentlich *gibt* er eine Fiktion *wieder*, berührt dabei aber nicht – im Unterschied zu Marx – die Frage ihres Wirklichkeitsgehalts und der Bedingungen ihrer Herstellung. Die kapitalistische *Praxis* analysiert er nicht. Natürlich geht er, hintergründig, von den unerfreulichen Wirklichkeiten des Kapitalismus aus, die seine feinfühlige Prosa oftmals sehr eloquent zum Vorschein bringt. Foucault kommt nicht auf Marx' ökonomische Analyse der Ausbeutung zu sprechen, weder in kritischer noch in korrigierender Absicht. Er wechselt das Bühnenbild: tauscht Klassenpraktiken gegen Regierungspraktiken. Bewusst ist er sich wohl, dass Regieren eine *Klassen*frage ist. Seinen Gegenstand aber bilden die Regierungstechniken, die »Politiken« *des Staates*. Er fasst sie nicht als Teil einer Politik des Kapitals (wie sie, einseitig, eine marxistische Strömung begreift). Er bringt sie im Diskurs der Akteure selbst zum Ausdruck, in *ihrem* »Wahrheitsdiskurs«. Er bindet sie an Praktiken, die an »Dispositive« angeschlossen sind, bindet sie aber nicht an die »Struktur«, was Marx seinerseits, im ersten »Kapital«-Band, im Übergang vom I. zum III. Abschnitt, vom Markt zum Kapital tut. Foucault verbleibt im Feld der »Transaktionsrealitäten«, in dem die sozioökonomischen Verhältnisse als Tauschbeziehung auf einem Markt betrachtet werden, dessen Produktivität zu optimieren sei, indem man seinem natürlichen Spiel freien Lauf lasse.

6. Bevor wir zum Fazit gelangen, ist noch das größere Bild zu betrachten, das Foucault von der liberalen Epoche zeichnet. Mit etwas Abstand von seinen Kernäußerungen wird nämlich klar, dass er uns auch eine andere »Regierungswahrheit« darlegt. Foucault scheint einfach von der Idee einer Marktordnung auszugehen, die er als Ordnung der »Ökonomie« bezeichnet. Eigentlich aber präsentiert er uns *eine Regierungsrationalität mit zwei Polen*. Tatsächlich hält der von Foucault beschriebene klassische Liberalismus (im Unterschied zum Neoliberalismus, dem Foucault sich später zuwendet) die »Eingriffe« des Staates stets für unverzichtbar – wiewohl er den Markt als »natürliche Ordnung« bezeichnet. Das prächtige Bild, das Foucault uns von den Disziplinareinrichtungen zeichnet (Spitäler, Schulen, Infrastrukturen, königliche Manufakturen, etc.) veranschaulicht, dass der Eingriff bei Weitem nicht die Ausnahme, sondern Teil der Regel ist. Es geht nicht bloß um Eingriffe in den Markt, *es geht um eine Ökonomie* (Produzentin von Gebrauchswerten), die parallel zu und verflochten mit der Warenökonomie organisiert ist. Zwar sagt er

175 Michel Foucault: Die Machtverhältnisse gehen in das Innere der Körper über [Gespräch mit L. Finas; 1977], übers. v. Hans-Dieter Gondek, in: ders.: Schriften, Bd. III, S. 298–309, hier S. 309.

es nicht ausdrücklich, allerdings verknüpft die Regierungswahrheit des »Liberalismus«, von der Foucault spricht (Begleiterscheinung des liberalen Subjekts), die beiden Ordnungen der Vernunft-Rationalität: die (Waren-) Wirtschaftsordnung und die Organisationsordnung.[176]

Meine These lautet, dass der Vorrang Ersterer gegenüber Letzterer die geschichtliche Phase der liberalen bzw. bürgerlichen Hegemonie definiert. Nichts anderes ist im Grunde der Gedanke Foucaults. Tatsächlich erkennt man, dass er den Liberalismus nicht als völlige Neuheit auffasst, die Geist und Wirklichkeit einer Epoche ausdrückt, sondern als historische Wendung, als verändertes Gleichgewicht, als Reaktion, die ältere Techniken begrenzt und konterkariert: die Staatsräson unter Ägide einer *Polizeiwissenschaft*[177] sowie, noch älter, die Souveränität. Sprich, ein verändertes »Hegemonialregime«: Der Hegemoniebegriff findet bei Foucault sehr wohl Anwendung.[178] Es bliebe noch eine Theorie der neuzeitlichen Hegemonie zu formulieren, mit der sich die aufeinander folgenden *hegemonialen* Wahrheiten und die Bedingungen ihrer geschichtlichen Genese einschätzen ließen; auch über erwartbare Folgen wäre nachzudenken.

Dies allerdings ist nicht unmittelbar Gegenstand der vorliegenden Arbeit.[179] Man kann sich bereits vorstellen, dass diese »Wahrheiten« auf zwei diametral entgegengesetzte *gesellschaftliche Kräfte* verweisen, die (je unterschiedlich) in der Lage sind, ihre »Regierung« – im aktiven Sinne des »Regierens«, den Foucault mit dem Begriff verbindet – durchzusetzen. Eine Hegemonietheorie muss die Analyse des geschichtlichen Verlaufs ihrer Beziehungen und ihres Verhältnisses zur Basisklasse ermöglichen (die selbst *aktiver* Bestandteil der beiden »Vermittlungen«, sowohl des Marktes als auch der Organisation ist); und »Geschichte« müsste in diesem Zusammenhang auch »systemisch«, im Sinne des Weltsystems verstanden werden. Ein besseres Verständnis erfordert zunächst einmal, die Beziehung zwischen den von Foucault etablierten Konzepten und der von Marx vorgeschlagenen Strukturmatrix näher zu betrachten.

§223 Das marxsche Projekt neu denken, um Foucault zu verstehen

Es dürfte kaum überraschen, dass ich eine marxsche Lesart Foucaults und eine foucaultsche Lesart von Marx vorbringe und dabei Begriffe wie »Pol«, »Organisation« und »Kompetenz« zugrunde lege, die beiden

176 Im »metastrukturalen Quadrat«, daran sei erinnert, bilden das Rationale-Vernünftige die beiden »Seiten« und Markt-Organisation die beiden »Pole«. Siehe oben, Einleitung, Fn. 13.

177 Deutsch im Original. (Anm. d. Ü.)

178 Siehe Foucault in Foucault/Barou/Perrot: Auge der Macht, S. 260 f. Die Nähe zwischen einem Ansatz der »Regierung«, also des »Führens der Führungen«, *im Gegensatz* zu Gewalt oder Vertrag, und der gramscischen Konzeption von »Hegemonie« betont Thomas Lemke: »Marx sans guillemets«. Foucault, la gouvernementalité et la critique du néolibéralisme, übers. v. Marc Chemali, in: Actuel Marx, Nr. 36, 2004/2, S. 13–26.

179 Im zweiten Kapitel von »Le néolibéralisme. Un autre grand récit« (Paris 2016) widme ich mich der Formulierung einer »metastrukturalen« Hegemonietheorie.

offenbar fremd sind. Das liegt natürlich daran, dass ein solches Unterfangen nur möglich ist, wenn man in der Begriffskette eine Ebene höher geht und zu dem Punkt gelangt, an dem sich ihre Projekte unterscheiden – zu eben jenem Punkt, an dem sie sich wieder begegnen und in Auseinandersetzung begeben können.

Hierzu bedarf es zweier vorgängiger Überlegungen: einerseits zur Beziehung *zwischen den beiden Polen* in der herrschenden Klasse, zwischen Macht-Eigentum und Macht-Wissen, und andererseits zu den *Beziehungen innerhalb des Pols Macht-Wissen*, der geprägt ist von der Spannung zwischen den beiden Begriffen »Macht« und »Wissen«, die man spiegelbildlich auch vorfindet in der Bezeichnung »Entscheidungs-Kompetenz-Träger«.

1 Die Beziehung zwischen den beiden Polen als Machtorten

Wer sagt, es handele sich um zwei Pole moderner Herrschaft, sagt zugleich, sie seien unter *Machtgesichtspunkten* wie Machtkampf, Gewaltenteilung, etc. gewissermaßen *vergleichbar*. Erforderlich ist hier ein übergreifender Machtbegriff, der wesentlich ganz unterschiedliche Vorrechte (nämlich des Eigentums sowie der Kompetenz) als *Vorrechte der Macht* zu fassen vermag.

Inwiefern bildet der Kapitalbesitz eine Machtquelle? Es mag scheinen, als ermögliche der Mehrwert insbesondere die Akkumulation von *Reichtum*. Denn was in das Eigentum des Unternehmer-Kapitalisten – die zentrale Figur in Marx' Analyse – übergeht, ist zunächst einmal die *Gesamtheit der Waren*, deren Wert über demjenigen liegt, den er in Form von Löhnen und Produktionsmitteln hat investieren müssen. Sobald der Verkauf realisiert ist, nimmt der angeeignete Überschuss die Form abstrakten Reichtums an, der eine Machtquelle bildet: die *Eigentumsmacht*. Die Macht, willkürlich über diesen Überschuss zu verfügen und Prestigegüter, Produktionsmittel oder Arbeitskräfte zu kaufen (im Unterschied zum Reichtum in Feudalgesellschaften, mit dem man, so Foucaults Analyse, »Gewalt ebenso wie das Recht über Leben oder Tod der anderen ausüben« kann[180]); man kann ihn auch rein spekulativ einsetzen. Die klassischen Ökonomen sagten, Eigentum ist Macht. Wobei zu unterscheiden ist zwischen der »Macht«, die der Lohn verleiht, nämlich Subsistenzgüter zu erwerben, und derjenigen, die kapitalistisches Eigentum verleiht – nämlich einerseits Macht auszuüben über Menschen und Mittel, um sie zu gewinnorientierter Arbeit einzusetzen, und andererseits auch (im Bunde mit anderen) einzuwirken auf den Gesetzgeber, die Exekutive, das Rechtswesen, etc. Kurz, der akkumulierte Mehrwert ist Eigentum im

180 Foucault: Wahrheit und juristische Formen, S. 716.

Sinne gesellschaftlicher Macht, die sich letztendlich unter Beweis stellen lässt im Kauf von Arbeitskraft zum Zweck seiner eigenen Akkumulation.

Und der andere Pol? Auch das Macht-Wissen bildet eine Gewalt über Dinge und Personen, die von Individuen kraft der Stellung ausgeübt wird, die diese in einer Organisation (Unternehmen, Verwaltung, Berufsstand, Armee, Kommune, Staat) gemäß der sozialen Anerkennung innehaben, welche ihnen Kompetenz und Befugnisse verleiht. In der Ausübung einer bestimmten Funktion übt man eine besondere Form der Macht, eine spezifische Gewalt aus: eine leitende über Arbeiter, eine ärztliche über Kranke, eine akademische über Studierende, etc. Diese Macht erstreckt sich natürlich auch auf die materiellen und symbolischen Dispositive, die mit den Funktionen verbunden sind. Man erzeugt, erneuert und akkumuliert, man gewinnt und verliert sie im Rahmen anderer als Eigentumsmechanismen, die sich ihrerseits soziologisch charakterisieren lassen. Damit verbunden sind andere soziale Boni. Doch in beiden Fällen handelt es sich um das Vermögen – in je bestimmten Formen und Grenzen –, »über andere zu verfügen«. (Zu klären bleibt in beiden Fällen die Rolle des Marx und Foucault jeweils zugeschriebenen Holismus oder aber Nominalismus.)

Macht-Eigentum und Macht-Wissen, insofern sie in den »zwei Grundformen der Rationalität auf gesellschaftlicher Ebene« ihren Ursprung haben, eignet natürlich eine Form der Produktivität. Deshalb werden sie instrumentalisiert, ihre Produktivität allerdings wird in dieser Instrumentalisierung niemals vernichtet (so fragt Foucault und verneint, dass reine Repression jemals akzeptiert worden wäre). Es handelt sich um verschiedene Arten der Macht, allerdings sind sie vergleichbar. Aus diesem Grunde können sie sich, zeitgleich oder abwechselnd, koordinieren und bekriegen. Die Frage der *Hegemonie* wird folglich zur Frage des Gleichgewichts zwischen den beiden Machtarten, die stets eng miteinander verflochten sind und von Individuen ausgeübt werden, die untereinander auf einem Markt *in Konkurrenz* bzw. in einer Organisation *im Wettbewerb* stehen. Beide Arten der Macht vermengen sich insbesondere an der Spitze, ausweislich der Tatsache, dass die Top-Manager an den kapitalistischen Gewinnen beteiligt sind (und sei es in Form hoher Gehälter), während Großkapitalisten am Management beteiligt sind. Und weil, allgemeiner gesprochen, Markt und Organisation grundsätzlich miteinander verflochten sind. Doch den beiden Funktionen sind unterschiedliche Machtlogiken eigen.

Hier wird der Standardmarxismus der Philosophen/Interpreten meist durch ein seltsames »epistemologisches Hindernis« ausgebremst, das Marx mit dem Begriffspaar »formelle Subsumtion/reelle Subsumtion«[181]

181 Siehe hierzu jenen dichten Text, der [in Frankreich] als »unveröffentlichtes Kapitel des ›Kapitals‹« und ansonsten als »verworfenes ›Sechstes Kapitel‹« bekannt ist: Karl Marx: Das Kapital 1.1. Resultate des unmittelbaren Produktionsprozesses. Sechstes Kapitel des ersten Bandes des »Kapitals« [Entwurf von 1863–65; zuerst veröff. 1933], bearb. u. kommentiert v. Rolf Hecker/Hildegard Scheibler, Berlin 2009.

gewissermaßen selbst aufgestellt hat: Nach einer ersten Phase der rein »formellen« Subsumtion der Arbeit durch [bzw. unter] das Kapital, nämlich des kapitalistischen Familienbetriebs auf dem Lande, ja noch der Manufaktur mit ihren Überresten handwerklicher Verfahren, komme es zur »reellen« Subsumtion, die den Raum und die Zeit, den Körper und Geist des Arbeiters unter dem totalen Zugriff des »Kapitals« organisiert. Es bedurfte sicherlich einer Bezeichnung dieses Übergangs zu einer organisierteren-disziplinierteren Form, die den Zugriff des Produzenten auf die Betriebsmittel zunehmend ausschaltet, sprich eines Prozesses, der in der industriellen Fabrikation seinen Anfang nimmt, sich durch den Taylorismus (wo sogar das Produzentenwissen angeeignet wird), den Fordismus und Toyotismus fortsetzt bis hin zur totalitären neoliberalen Verwaltung.[182] Doch der Rückgriff auf ein philosophisches Register – »formell/reell« – ist irreführend. *Tatsächlich* übt der Zugriff dessen, was man »das Kapital« nennt, von Anfang an *wirklichen* Einfluss aus. Und was man in fortgeschrittenerer Form als »reelle Subsumtion *des Kapitals*« [sic] bezeichnet, ist eine Modalität der Macht, die man ebenso in *nicht-kapitalistischen Bereichen* (Gefängnis, Spital, Schule, Verwaltung allgemein) sowie im »real existierenden Sozialismus« (im Staatssozialismus, vom VEB bis hin zum Gulag) findet, die sich also nicht beschränkt auf den Bereich des Kapitals. Das Paar »formell/reell« erzeugt daher einen Pseudobegriff. Er *verschleiert* eben das, was Foucault aufzeigt: die Tatsache, dass die Moderne einen *anderen Machtmechanismus* hervorbringt, einen *anderen* »Pol« der instrumentalisierten Vernunft, der sich vom kapitalistischen Markt unterscheidet, allerdings ebenfalls die gesamte Gesellschaft und auch deren nicht-kapitalistische Bestandteile durchzieht. Kurz, die neuzeitliche Gesellschaftsform ist zu verstehen als Verflechtung von Markt *und Organisation*, die als Klassenfaktoren instrumentalisiert werden. Die Aufgaben der Analyse und der Kritik, auch des Klassenkampfes, sind somit gewachsen: Sie stehen nunmehr an zwei Fronten, stehen nicht allein *dem* »Kapital« gegenüber, sondern einer zweiköpfigen Hydra, den Herren des Marktes *und den Potentaten der Organisation*. Genau hier greift Foucaults Marxismus-Kritik, und hier erweist sich seine »Entdeckung« als entscheidende Ressource, mit der sich die Frage der Emanzipation im größeren Stil aufwerfen lässt.

2 Die Spannung zwischen »Kompetenz« und »Entscheidung« im Pol Macht-Wissen

Foucaults Forschung ist hier insofern besonders fruchtbar, als sie mit dem »Macht-Wissen« ein für diesen »anderen Pol« angemessenes Konzept bietet. Doch warum soll man diesen als Pol »der Organisation« oder auch »der Entscheidung–Kompetenz« bezeichnen?

182 Unter metastrukturalem Blickwinkel greife ich die Frage der Subjektivierungseffekte des Managements wieder auf in: Bidet: Néolibéralisme, S. 107–136 (= Kap. 4).

Warum »Kompetenz«? Der Begriff entspricht tatsächlich der »Macht«, die er neben jener Macht zum Vorschein bringt, die mit dem *kapitalistischen Eigentum* verbunden ist. Wie bereits gesehen, ist *»Kompetenz«* hier im doppelten Sinne zu verstehen: als *unterstelltes Wissen* und *als zugestandene Macht (Autorität)* seitens einer ihrerseits kompetenten, in ihrer Autorität anerkannten gesellschaftlichen Instanz. In diesem Sinne, so Foucault, »erlaubt und gewährleistet jedes allgemeingültige Wissen die Ausübung von Macht«.[183] Die »Kompetenzprivilegien« unterscheiden sich in diesem Sinne von den »Eigentumsprivilegien«. Auch Bourdieus Rede von der »kulturellen Willkür«,[184] die im Verbund mit dem »kulturellem Kapital« organisch wird, thematisiert »die Instrumentalisierung der Vernunft«.[185] Foucault schlägt in die gleiche Kerbe, wenn er ein »Macht-Wissen« als Januskopf entschlüsselt, als Kraft des Lebens und als Gewalt der Unterwerfung – je nachdem, ob sich im Widerstreit des Klassenverhältnisses die verstandesmäßige Vernunft [entendement-raison] in einen Klassenfaktor verkehrt oder nicht. Wenn ich nun, nachdem ich lange Zeit den Ausdruck »Entscheidungs- und Kompetenzträger« verwendet habe,[186] der Nominalphrase »Entscheidungs-Kompetenz-Träger« den Vorzug gebe, so will ich damit dem Immanenzverhältnis beider Begriffe besser Rechnung tragen, das in der Vokabel »Macht-Wissen« bzw. »Wissen-Macht« gut zum Ausdruck kommt: Ob in der Produktion oder Verwaltung, ob im Einsatz von Körpern oder bei der Lenkung von Köpfen und Seelen, immer handelt es sich um das Vorrecht, namens erworbener–erhaltener–zugestandener »Kompetenzen« andere zu »dirigieren«.[187]

183 Foucault: Strafgesellschaft, S. 317.

184 Editor. Hinweis: Siehe zum Beispiel Pierre Bourdieu: Was heißt sprechen? Die Ökonomie des sprachlichen Tauschs [1982], übers. von Hella Beister, Wien 1990, S. 96.

185 Bourdieu bewegt sich ebenfalls auf dem Feld der Kritik, in dem die *Wissens*kompetenz (erworbener und weitergegebener Kenntnisse) die *Macht*kompetenz (der erfahrenen und ausgeübten Autorität) berührt. Er interessiert sich wie Foucault für deren Ausübung, aber auch (anders als dieser) für die Bedingungen ihrer Reproduktion im Sinne der Reproduktion einer Klassenstruktur. Das mangelnde Interesse Foucaults für diesen Aspekt der Dinge bleibt verblüffend. Um die Reproduktion eines Klassenprivilegs zu denken, muss man in Strukturen denken. Eben diese Art der Begrifflichkeit, wir kommen darauf zurück, ist Foucault zuwider.

186 Eine Formulierung aus »Altermarxisme. Un autre marxisme pour un autre monde« (Paris 2007), gemeinsam verfasst mit Gérard Duménil – dieser verwendet, insbesondere in seinen Schriften mit Dominique Lévy, den Begriff der »cadres«, der Kader und Führungskräfte. Seiner Auffassung nach bilden diese eine Zwischenklasse, die – sofern sie ein Bündnis mit den »Volksklassen« eingeht – eine Art Hegemonie erlangen kann, welche die kapitalistische Klasse hinwegfegen würde. [Siehe auch oben, Einleitung, Fn. 16; Anm. d. Ü.] Gemein ist dem »Kader«- und dem metastrukturalen Ansatz insbesondere die Unterscheidung dreier gesellschaftlicher Hauptkräfte, die als Anhaltspunkte für eine Periodisierung der neuzeitlichen Hegemonie und für eine politische Strategie der Emanzipation wesentlich sind: Wo ersterer von einer »Klasse« der Kader spricht, spricht letzterer von einem »Pol« der Entscheidungs-Kompetenz-Träger innerhalb der herrschenden oder privilegierten Klasse. Zu näheren Ausführungen über die Ähnlichkeiten und Unterschiede zwischen beiden, siehe Bidet/Duménil: Altermarxisme, S. 151 f.

187 Anzumerken ist, dass der metastrukturale Ansatz im Gegensatz zu einigen Formulierungen Foucaults – welcher von Machttatsachen in dem Sinne auszugehen scheint, dass sie Wissenstatsachen voraussetzen und hervorbringen (typisch etwa: »wir können Macht nur über die Produktion von Wahrheit ausüben«; Foucault: Verteidigung der Gesellschaft, S. 38) –, dass also der metastrukturale Ansatz eine umgekehrte theoretische Ordnung nahelegt. Wissen und Macht bedingen sich zwar gegenseitig, doch – in der modernen Gesellschaftsform – ist vom Wissen

Dies bedeutet nicht, das Kriterium der Kompetenz (im Sinne von Wissen) würde eine Grenze zwischen einer herrschenden Klasse und einer beherrschten Klasse festlegen; was noch andere Fragen aufwerfen würde als die der Existenz hybrider und zwischengeordneter Positionen. Wir kommen noch auf das Axiom zurück (§311), wonach das Klassenverhältnis nicht gesellschaftliche Gruppen, sondern einen *aktiven* Spaltungsprozess definiert, also keine Trennung im Sinne der Aufteilung meint, sondern ein *Teilendes*. Allerdings ist zu betonen, dass sich – sobald man in Begriffen der »Instrumentalisierung der Vernunft« denkt – verstehen lässt, dass das *Volk* sozialer *Macht* nicht entbehrt. Und zwar nicht nur, weil es »Masse« ist, sondern weil es eine rational entscheidende gesellschaftliche Kraft bildet,[188] hinsichtlich sowohl des Eigentums als auch der Kompetenz. Die Basisklasse existiert als solche in der modernen Gesellschaft nur, insofern sie an den gesellschaftlich-produktiven Markt- und Organisationsprozessen teilhat. Im Lohnverhältnis hält und vertritt auf dem *Markt* jeder Einzelne einen Rechtstitel auf Eigentum; und zwar in Abhängigkeit von einer Klassenmacht, die je nach Hegemonialzustand der drei gesellschaftlichen Hauptkräfte veränderlich ist und die Regeln für Lohn, Steuerlast, Erbschaft etc. bestimmt. Und jeder Einzelne ist auch beteiligt an der kompetenten *Organisation*, dem anderen Bestandteil des Klassenverhältnisses. Die gesellschaftlichen Organisations- und Kompetenzfunktionen (Bildung, Technik, Gesundheit, Kommunikation, etc.) *als solche* gehören nicht zu einer herrschenden Klasse – wie im Übrigen auch die Leitungsebene nicht, wie Marx betont.[189] Sie werden mehr oder minder instrumentalisiert bzw. stehen mehr oder weniger unter einem Einfluss (einer Macht) von unten, was sich an der mehr oder weniger demokratischen Verfasstheit jener Regeln bemisst, die den Zugang zu den Funktionen und die Modalitäten ihrer Ausübung bestimmen. Insbesondere Foucault zeigt auf, dass sich nicht die gesamte Macht »an der Spitze« konzentriert: Die kapitalistische Macht ist nicht unabhängig von einer Staatsmacht, die wiederum abhängig ist von den Kräfteverhältnissen, die das soziale Gewebe insgesamt durchziehen; und daraus folgt, dass der *Zugriff auf die Macht* sich für das Volk nicht einfach in der

und nicht von der Macht auszugehen, um deren Immanenzverhältnis zu verstehen. Denn das Wissen ist (wie das Eigentum) Gegenstand eines reproduzierbaren *Machtprivilegs*. Von welcher »Macht« wäre sonst die Rede? Die Macht-Herrschaft besteht allein vermittels dieser »Privilegien«. Die »herrschende« Klasse ist die derart »privilegierte« Klasse. Indem man die Dinge so anpackt, scheint mir, lassen sich die gegenwärtigen gesellschaftlichen Kräfte identifizieren.

188 Siehe Mathieu Arnoux: Le temps des laboureurs. Travail, ordre social et croissance en Europe (XIe–XIVe siècle), Paris 2012, der – entgegen dem oft kolportierten Bild des passiv ausgebeuteten Knechts – die aktive Rolle der Bauernschaft beim Aufstieg Europas betont.

189 Im Kapitel über die »Kooperation« (Marx: Kapital, Bd. 1, in: MEW, Bd. 23, S. 341–355) betont Marx den an sich rationalen Charakter der Organisation (einschließlich ihres hierarchischen Elements), die in der kapitalistischen Fabrik einen Klassencharakter annimmt. Er würdigt nach meiner Auffassung zu wenig die Tatsache, dass der so konstituierte »Klassenfaktor« nicht durch das Kapital *definiert* wird – sondern *durch den anderen Faktor*, der die »Abschaffung« des Kapitals überdauert.

»Eroberung der Macht« erschöpfen kann. Man bedenke zudem, dass diese Institutionen auch die Sexualität regieren, das Verhältnis zwischen Gesunden und Kranken sowie zwischen den Generationen, die alle mit den Klassenverhältnissen verbunden, auf diese aber nicht zu reduzieren sind. Kurz, man muss sich von der (schlecht gestellten) Frage frei machen, in welche Klasse man Menschen mit dieser oder jener Funktion, aus dieser oder jener Schicht bzw. Profession *einordnen* soll. Diese Frage ist nicht Gegenstand der Klassenanalyse, zielt diese doch auf die Identifikation gesellschaftlicher *Prozesse*.

Es existiert indes eine breite Palette gesellschaftlicher Positionen, angefangen bei jenen, deren Funktion im Wesentlichen die Lenkung und *Weisung* ist (Macht), bis hin zu jenen, deren Beruf die Akkumulation und Anwendung von *Kompetenzen* ist (Wissen). Hier wie dort – ohne klare Trennlinie, ohne jemals völlig voneinander verschieden zu sein – erscheinen einige eher als »Entscheidungsträger« und andere eher als »Kompetenzträger«. Der Unterschied zwischen beiden liegt eher darin, dass sich erstere – insbesondere im Maße ihrer *Macht*stellung in der kapitalistischen Produktion (und Finanzwelt) – näher am Pol des Eigentums befinden und mehr oder minder beteiligt sind an der Ausübung (und der Nutznießung) von dessen spezifischer Gewalt, während letztere – weil das *Wissen* kein gleichermaßen exklusives »Eigentum« ist – stärker in einem Kontinuitätsverhältnis zur Basisklasse stehen. Um diese »mikrologische Klassenbeziehung« besser zu verstehen, werden wir untersuchen müssen, wie »Klassenlagen« in unterschiedliche »Klassenpositionen« münden (§313). Bemerkt sei an dieser Stelle lediglich, dass Foucault seinen Blick weniger auf die Entscheidungs- als vielmehr auf die Kompetenzträger richtet, weniger auf diejenigen, welche die materielle Produktion beaufsichtigen und dirigieren, sondern auf diejenigen, welche die Kompetenz haben sollen, mit Blick auf das »gute Leben« und das »Leben« überhaupt tätig zu sein: Gesundheit, Bildung, Sicherheit, Rechtsprechung, geistige Hygiene, Lenkung der Körper und Seelen. Als Spender des Lebens und Agenten der Unterwerfung ist ihre Stellung Foucault zufolge uneindeutig an der Schnittstelle der »verstandesmäßigen Vernunft« und deren »Instrumentalisierung« verortet.

Doch warum ist hier von »Organisation« die Rede? Ein mit »Organisation« bezeichneter »Pol« mag als Klammer für foucaultsche Charaktere wie den Arzt, den Psychiater, den Richter usw. ungeeignet erscheinen. Foucault hätte die Bezeichnung vielleicht abgelehnt, ruft sie doch vielfach Assoziationen an strukturell Festgefügtes auf.[190] Um den Gesamt-

190 Allerdings existiert bei Foucault ein Bezug zu dem Gedanken einer gesamtgesellschaftlichen *Organisation*. Siehe bspw. seinen Vortrag vom 27. April 1978 in Tokio: »All die großen Disziplinarmaschinen: Kasernen, Schulen, Werkstätten und Gefängnisse sind Maschinen, die es gestatten, das Individuum einzukreisen, zu wissen, was es ist, was es tut, was man aus ihm machen kann, wo man es platzieren muss, wie es unter den anderen zu platzieren ist.« (Michel

konnex der mehr oder minder zielgerichteten gesellschaftlichen Prozesse, der mehr oder weniger abgestimmten Klassen- bzw. Gruppenpraktiken (im Unterschied zu den rein kommerziellen Mechanismen) gedanklich zu fassen, bringt er mit den *»Dispositiven«* und *»Strategien«* ein anderes konzeptuelles Korpus ins Spiel. Er verweigert sich, wie wir sehen werden (§§321–322), dem Gedanken, eine strukturierte Totalität zum gedanklichen Ausgangspunkt zu nehmen. Offen bleibt einstweilen die Frage, ob man die modernen Gesellschaftsprozesse in Begriffen jenes fluiden Historizismus begreifen kann, der Foucault eigen ist, ob man also *Strategie* denken kann, ohne *Struktur* zu denken, ob man die Struktur denken kann, ohne sie als *Klassenstruktur* zu denken, und ob man die *moderne* Klassenstruktur anders denken kann als ausgehend von einer Instrumentalisierung des Paares Markt/Organisation, wobei diese mittels einer geordneten Wahrheit der Mittel sich auf die Wahrheit ihrer Zwecke bezieht. Diese Fragen verweisen uns wieder auf Marx, oder vielmehr auf eine metamarxistische Rekonstruktion der Theorie der modernen Gesellschaft.

Kurz, in diesem Sinne ist meine Hypothese zu verstehen, nach der die Arbeit von Foucault wie die von Marx in einer Perspektive der »Instrumentalisierung« der Vernunft zu interpretieren ist: in ihrem metastruktural zweipoligen Gehalt Markt/Organisation, der das Paar Macht-Eigentum und Macht-Wissen begründet, welches für das moderne Klassenverhältnis konstitutiv ist.[191] Hierbei handelt es sich selbstverständlich bislang lediglich um eine Skizze. Zahlreiche Punkte sind noch zu erhellen.

Foucault: Die analytische Philosophie der Politik [1978], übers. v. Hermann Kocyba, in: Foucault: Schriften, Bd. III, S. 675–695, hier S. 694.) Bezeichnenderweise schließt Foucault damit, die daran geknüpften »Kämpfe« zu einer Gesamtheit zusammenzufassen, die (wie er betont) ebenso viel Aufmerksamkeit verdienten wie »die revolutionären Kämpfe«, worunter er solche versteht, die »die ökonomische Macht« anstreben. Kurz, er hat sehr wohl einen Befreiungskampf vor Augen, der sowohl Kampf gegen das Macht-Wissen als auch Kampf gegen das Macht-Eigentum ist. Allerdings gilt erstem sein Interesse und wir werden nie genau erfahren, was er unter letzterem verstand.

191 Dieser »metamarxistische« Ansatz hat einige Ähnlichkeit mit dem von Étienne Balibar vorgeschlagenen: »Disziplin und Mikromacht stehen folglich für die Kehrseiten sowohl der kapitalistischen Ausbeutung als auch der rechtlich-politischen Klassenherrschaft, deren Einheit zu denken sie ermöglichen. Das heißt sie fügen sich just an dem Punkt des Kurzschlusses ein, den Marx in seiner Analyse des Produktionsprozesses zwischen dem Ökonomischen und dem Politischen, der Gesellschaft und dem Staat herbeiführt.« (La Crainte des masses, Paris 1997, S. 297; [aus dem Anhang, nicht enthalten in der unter dem Titel »Der Schauplatz des Anderen« veröffentlichten Übersetzung; Anm. d. Ü.].) Meinerseits interpretiere ich die Disziplin nicht als Kehrseite des Kapitalismus, sondern – diesem gegenüber – als zugehörig zur Kehrseite der Klassenherrschaft in der modernen Gesellschaft (zugehörig zum anderen »Pol« in seiner komplexen Beziehung zum ersten). Jeder der beiden Pole ist zugleich dem Ökonomischen und dem Politischen zugehörig: die beiden »Pole« zeigen zwei »Seiten«, und umgekehrt. Was Balibar in elliptischer Form als einen »Kurzschluss« bezeichnet, begreife ich als »metastrukturales Quadrat« (siehe oben, Einleitung, Fn. 13), als analytisches Raster zur Untersuchung der Klassenverhältnisse in der modernen Gesellschaft.

2.3 Foucault als Historiker und Kritiker der Kompetenzträger

Foucault hilft uns also, den Raum der Klassen und gesellschaftlichen Kräfte zu kartografieren. Mit seiner Geschichte der »Wahrheit« lässt sich (neben dem »Kapital«) ein »anderer Pol« der modernen Herrschaft identifizieren, der sich vermittels des Macht-Wissens eine Befugnis über das »Wahre« aneignet, welches auch eine Befugnis über das »Leben« ist. Nun müssen wir die Bedingungen der geschichtlichen Entstehung einer solchen »Biopolitik« und darüber hinaus deren Historizität untersuchen. In diesem Sinne wende ich mich der im Vergleich zu Marx anderen Periodisierung zu, die Foucault vornimmt, und versuche, beide zu überwinden (§231). Ich beleuchte zudem die Bedeutung, die in diesem Zusammenhang der Kritik zukommt, die er namens dessen am zeitgenössischen Macht-Wissen formuliert, was er als »emanzipatorischen« Kampf bezeichnet hat (§232).

§231 Die historischen Bedingungen der modernen »Biopolitik«

Seit jeher soll die politische Macht das Leben derer schützen, die sie anerkennen – darin zumindest liegt ihre Legitimation. Sie tut dies klassischerweise kraft eines bestimmten Gewaltmonopols, das sich auf eine bestimmte Brauchs- oder Rechtsordnung stützt. Unter »*Bio*politik« versteht Foucault die öffentliche Inanspruchnahme des Lebens – der Gesundheit, der Ernährung, der Seuchenbekämpfung, der Geburtenrate, der Sexualität, etc. – und er sucht, deren historische Etappen zu bestimmen. Er verwendet den Begriff für vorliberale Einrichtungen der »Policey« im alten Sinne des Wortes, also der organisatorischen Regierungspraxis im Dienste der Machtfülle der Staaten. Vorrangig aber verwendet er ihn für den »Liberalismus« der zweiten Hälfte des 18. Jahrhunderts, mit dem die Biopolitik erstmals jenen Aufschwung nimmt, der bis heute anhält. Foucault erschließt auf diese Weise ein fruchtbares historiografisches Feld. Ich sehe dennoch einen Zugewinn darin, etwas Abstand zu suchen und die neuzeitliche Erfahrung aus der Vogelperspektive zu betrachten: Nahmen sich nicht die chinesischen Kaiser, insbesondere seit der sogenannten modernen Ära, also seit der Song-Dynastie ab dem ausgehenden 10. Jahrhundert, des öffentlichen Wohlstands (Bewässerung, Kanäle ...) an, der Gesundheit, der landwirtschaftlichen Techniken, der Bildung und des Städtebaus?[192] Ich komme später auf das liberale Moment

192 Editor. Hinweis: Es gilt mittlerweile als weitestgehend akzeptiert, dass die Wirtschaft während der Song-Dynastie (960–1279), was (proto-)industrielle Fertigungsmethoden, Energiegewinnung, Urbanisierung und Marktverhältnisse betrifft, als die zu ihrer Zeit fortschrittlichste und prosperierendste weltweit anzusehen ist und dass in den folgenden Jahrhunderten das chinesische Imperium im Vergleich mit den nachmaligen europäischen Kerngebieten der industriellen Revolution diesen um gut vier Jahrhunderte »voraus gewesen« zu sein scheint. Maßgeblich von den wissenschaftshistorischen Studien des britischen Sinologen und Biochemikers Joseph Needham (1900–1995) ausgehend, hat sich um die Frage, warum die industrielle Revolution nicht in China (etwa des 14. Jahrhunderts) ihren Ausgang genommen hat, eine eigene Forschungsrichtung etabliert, aus der die gegenwärtige »Divergenzforschung« hervorgegangen ist. (Vgl. Justin Yifu Lin: The Needham Puzzle: Why the Industrial Revolution Did Not Originate

und die Form biopolitischer Produktivität zurück, die Foucault diesem zuschreibt (§422). Zunächst aber möchte ich vorschlagen, uns mit einem Blick auf die ersten Erfahrungen der europäischen Neuzeit die Möglichkeit zu eröffnen, Foucaults Untersuchung in einen größeren Zeithorizont einzuordnen – was der Interpretation unserer Gegenwart, nämlich einer neoliberalen Ultimoderne/Ultimodernität angemessen ist.[193]

Betrachten wir also das erste »soziopolitische« Experiment der Neuzeit: die norditalienische Kommune des 13. Jahrhunderts, in der sich spezifisch – aufgrund der Abschwächung der königlich-kaiserlichen Vormachtstellung, in deren Folge man »Konsequenzen ziehen« konnte – eine Erfahrung herauskristallisierte, die im Übrigen mittelalterlich-europäischen Raum unvollendet bleiben sollte.[194] Bereits hier findet sich, im engen Zusammenhang mit einer rechtlich-politischen Grundlegung und entsprechenden modernen republikanischen Institutionen, eine positiv »biopolitische« Ausrichtung im Sinne einer öffentlichen Verwaltung der Gebrauchswerte, die kollektives Leben ausmachen. *Einerseits* zeichnet sich in Gestalt des Stadtstaats tatsächlich erstmals in Europa der *Anspruch* auf ein Zusammenleben unter dem »Regime des Wortes« ab, wonach »eine Stimme gleichviel einer Stimme« sei (im steten Rahmen einer Ausgrenzung der Frauen, der Armen und der Ausländer ...). Die Volkssouveränität wird in der Ausarbeitung einer Verfassung durch eine gewählte gesetzgebende Versammlung, welche die Exekutive (den »Podestà«, einen allein den öffentlichen Interessen verpflichteten Ausländer) kontrollieren soll, regelmäßig neu begründet – so zumindest der erklärte Anspruch und machtpolitische Zankapfel. Doch diese neuzeitliche Entwicklung birgt eine *»andere Seite«*, eine *ökonomische*; und diese Tatsache ist für die von Foucault ausgearbeitete Hypothese entscheidend. Da es in Zünften und Gilden *(arti)* organisiert ist, erlangt das Stadtvolk, zumindest unter günstigsten Bedingungen, eine gewisse kollektive Kontrolle über die Wirtschaftsprozesse. Sein Souveränitätsanspruch beschränkt sich nicht aufs *Politische*, sondern berührt auch – ein beispiel-

in China, in: Economic Development and Cultural Change, Vol. 43, 1995, Nr. 2, S. 269–292; Kent G. Deng: Demystifying Growth and Development in North Song China, 960–1127, London 2013; Kenneth Pomeranz: The Great Divergence – China, Europe, and the Making of the Modern World Economy [2000], um ein neues Vorwort erweitert, Princeton ²2021.)

193 Die Übersetzer Martin Krzywdzinksi und Frieder Otto Wolf merken an: »Mit *ultimodernité* bezeichnet Bidet jenen Zeitpunkt bzw. jene Epoche, in der die Dynamik der kapitalistischen Produktion die nationalstaatlichen Grenzen in Frage zu stellen beginnt und sich in Form internationaler Institutionen die ›Apparate‹ eines supranationalen Staats zu entwickeln beginnen.« (Jacques Bidet: Die metastrukturale Rekonstruktion des *Kapital*, übers. v. M. Krzywdzinski/F. O. Wolf, in: Jan Hoff/Alexis Petrioli/Ingo Stützle/Frieder Otto Wolf [Hrsg.]: Das Kapital neu lesen, Münster 2006, S. 146–158, hier S. 157.) (Anm. d. Ü.) – Zum Zusammenhang von »neoliberalem Hyperkapitalismus« und ultimoderner (Welt-) Staatlichkeit siehe ausführlich Bidet: Néolibéralisme, Kap. 5 (»Le néolibéralisme, seuil d'une ultimodernité«, »Der Neoliberalismus, Schwelle zu einer Ultimoderne«).

194 Das ist Gegenstand von Kapitel 7 in Bidet: État-monde, S. 188–232; dort findet sich ein Literaturverzeichnis.

loser Fakt, insbesondere im Unterschied zu den antiken Demokratien – das Wirtschafts*leben* selbst in jeglicher Hinsicht.

Das neue Dispositiv des »Lebens« umfasst nicht nur die Versorgung (das althergebrachte Problem der Städte), sondern – als Neuerung – auch die Organisation des Handels, die Aufsicht über Zünfte und Gilden, die Preiskontrolle und Besteuerung (proportional zum Vermögen; Erfindung des *estimo*, der Vermögensschätzung), die Infrastruktur und Stadtplanung, das Schulwesen, die Streitkräfte und das diplomatische Corps, die Bevölkerungskontrolle (insbesondere der Einwanderung in die Stadt) und schließlich das Recht selbst (mit dem allerersten Beispiel für ein ermittelndes Justizwesen, demzufolge Verbrechen und Vergehen *dem Gesellschaftskörper schaden*) sowie die Religion in bürgerlicher Form. Es ist also durchaus eine »Policey« im klassischen Sinn des Wortes, die sich damals in neuen Konzepten wie »Gemeinschaft«, »Gemeinwohl« und »Gemeinnutzen« konstituiert, welche in majestätischen »Palästen der Vernunft« gipfeln. Alles zielt auf eine Steigerung der Macht des Stadtstaats im Wettbewerbsumfeld eines entstehenden modernen Weltsystems. Dass es sich bei dieser protodemokratischen Erfahrung noch lediglich um eine oligarchische Macht handelt (die von der Feudalordnung umstellt und mit ihr verflochten ist), verhindert aber keineswegs die – mehr oder weniger eklatante, aber vor dem Hintergrund einer Christenheit, deren althergebrachte gesellschaftliche Verhältnisse noch lange vorherrschen sollten, doch *plötzliche* – Ausprägung eines *Konglomerats* moderner Eigenschaften, die vorwegnehmen, was Foucault im 17. und beginnenden 18. Jahrhundert ansiedelt.[195] Wenn es einer bestimmten Kraft der Stadt gelingt, die Blutrache des Adels durch das Recht ebenso zu zügeln wie dessen Monopol auf die legitime kriegerische Gewalt oder auch die Allmacht der »Magnaten«, die als »reißende Wölfe« aus der Stadt ausgeschlossen werden, so wirkt das Rechtlich-Politische bereits auf biopolitischem Feld: Das Negative des Rechts übersetzt sich ins Positive des Lebens. Es handelt sich hierbei natürlich um ein kurzlebiges revolutionäres Geschehen. Dieses steht allerdings für ein neues Feld von Möglichkeiten, das seine spezifische Kohärenz eines *buon governo*, also einer »Guten Regierung«, unter Beweis stellt und sich zunehmend in breiteren Räumen behaupten wird – und das im Übrigen auch durchaus oligarchische Züge verstetigt,

195 In »Die Macht der Psychiatrie« betont Foucault insbesondere, die »disziplinarische Macht« trete in den religiösen Gemeinschaften des Spätmittelalters auf, im Zeitalter der Städte – und der ersten Ausformung der »modernen Gesellschaftsform« – und verallgemeinere sich seit dem 17. und 18. Jahrhundert. (Michel Foucault: Die Macht der Psychiatrie. Vorlesung am Collège de France 1973–1974 [2003], übers. v. Claudia Brede-Konersmann/Jürgen Schröder, Frankfurt a. M. 2005, siehe v. a. S. 99–140). Es ist auch keineswegs von nebensächlicher Bedeutung, dass sich die erste Maßnahme der revoltierenden Ciompi gegen das System der Folter richtet, welches Foucault zum Kennzeichen des Ancien Régime macht. Siehe Alessandro Stella: La Révolte des Ciompi. Les hommes, le lieux, le travail, Paris 1993. [Vgl. Ernst Piper: Der Aufstand der Ciompi. Über den »Tumult«, den die Wollarbeiter im Florenz der Frührenaissance anzettelten [1978], Berlin 1990; Anm. d. Ü.]

wie sie der modernen Klassenstruktur (mit der ihr gemäßen »republikanischen« Institution) innewohnen, deren ersten Entwurf der *buon governo* bildet.[196] Die Protomodernität der italienischen Kommune (das zumindest wollte ich aufzeigen) fußt auf der öffentlichen und privaten Überschneidung von *Markt* und *Organisation*, in welcher der öffentliche Diskurs – der zwischen beiden steht und der aus dieser Frontstellung hervorgeht: Unmittelbarkeit zwischen zwei Vermittlungen – *das materielle Leben* derer zum Gegenstand hat, die ihn führen. In diesem Sinne entsteht, in diesem Augenblick und an diesem Ort, eine »soziopolitische« Moderne, in der »die Gesellschaft« sich »der Politik« insofern zu bemächtigen sucht, als sich »das Volk« oder zumindest dessen Vorform »popolo« zum Ziel setzt, den wesentlichen Prozess jener Überschneidung zweier Vermittlungen zu beherrschen.

Unser geschichtlicher Exkurs legt nahe, dass man die Konfrontation von Marx und Foucault bezüglich der Interpretation der Neuzeit von einem allgemeineren Standpunkt aus angehen muss.

Der marxsche Pfad ist bekanntermaßen vorgezeichnet durch die Beziehung zwischen »Produktivkräften« und »Produktionsverhältnissen«: Einem bestimmten technologischen Entwicklungsstand entspricht eine Produktionsweise (die auf Sklaverei basierende, die feudale, die kapitalistische),[197] in der ein Bruchteil des Gesellschaftskörpers sich die wesentlichen Produktionsmittel aneignen und die Masse zu seinem Nutzen arbeiten lassen kann. Die strukturelle Befähigung zur Regierung der Produktion erweist sich zugleich als die Fähigkeit, eine weitere Entwicklung der Produktivkräfte bis zu jenem Punkt voranzutreiben, an dem diese die gegebene Struktur gesellschaftlicher Herrschaft sprengen. Dann kommt die Zeit einer neuen sozialen Revolution.

Eben dieser Art »historischer Dialektik« verweigert sich Foucault, der hierin mit gutem Grund ein Ad-hoc-Konstrukt vermutet, das die Plausibilität eines »Übergangs zum Sozialismus« versinnbildlichen soll. Zwar finden sich bei Marx auch ganz andere Aussagen (etwa über das Moment, das von der Manufaktur zur Großindustrie führt), die ein Nachdenken darüber ermöglichen, was im Übergang zu einem neueren technologi-

196 Zur Kontinuität der kommunalen Vorstellungswelt, obwohl diese sich etwa in Florenz und Mailand gegen den *popolo* wendete, siehe Patrick Boucheron (Hrsg.): Histoire du monde au XVe siècle, Paris 2009, S. 62 f.

197 Editor. Hinweis: Zwar ist hier vom »marxschen Pfad« die Rede, die angeführte Trias verdankt sich genau genommen jedoch nicht den einschlägigen »formationstheoretischen« Fundstellen bei Marx (der bekanntlich in »groß umrissener« Typologie *vier* historisch-bestimmte Produktionsweisen nannte: neben der kapitalistischen oder »modern bürgerlichen« die asiatische, die antike, die feudale – ohne dabei die auf Sklaverei beruhenden Produktionsverhältnisse zum Konstituens einer eigens theoretisierbaren »Produktionsweise« zu machen; vgl. Karl Marx: Vorwort von Zur Kritik der politischen Ökonomie [1859], in: MEW, Bd. 13, S. 7–11, hier S. 9), sondern kann sich vielmehr auf Engels berufen, der von den »drei großen Formen der Knechtschaft, wie sie für die drei großen Epochen der Zivilisation charakteristisch sind«, gesprochen hat: Sklaverei, Leibeigenschaft, Lohnarbeit (Friedrich Engels: Der Ursprung der Familie, des *Privateigenthums* und des Staates [1884], in: MEW, Bd. 21, S. 25–173, hier S. 170).

schen Stadium geschieht. Dennoch bleibt der Gegensatz zwischen Marx und Foucault bestehen, denkt doch ersterer die geschichtliche *Tendenz* im Ausgang von einer der Gesellschafts*struktur* immanenten Dynamik, während letzterer die Historizität uneinheitlicher wie einzigartiger Neuerungen als aufeinanderfolgende Phasen einer Geschichte der politischen Vernunft auffächert: Justizstaat, Verwaltungsstaat, Regierungsstaat. Die von Foucault vorgeschlagene Zeiteinteilung bringt in der Tat einen ganzen Bereich der Historie ans Licht, den der Marxismus dem Dunkel überlassen hatte. Möglich ist allerdings, dass sein historischer Pfad eine spiegelverkehrte Voreingenommenheit des marxschen aufweist, der die moderne Geschichte ausgehend von der Bewegung des *Kapitals* analysiert: Foucault denkt ausgehend vom Pol des *Macht-Wissens*, des anatomisch-politischen im 17. und des biopolitischen im 18. Jahrhundert, ausgerichtet auf die Disziplin, dann auf die Kontrolle, die Wechsel der Episteme und die Vernunftordnung. Unweigerlich fragt man sich, ob es möglich wäre, beide Ansätze in einem breiteren Begriff zu berücksichtigen.

Die Geschichte der italienischen Kommune rechtfertigt in meinen Augen das Unterfangen, die Reflexion im Ausgang der von mir sogenannten metastrukturalen Hypothese wieder aufzunehmen. Denn begreift man die »moderne Gesellschaftsform« auf Basis der »Instrumentalisierung der Vernunft« – verstanden anhand der zwei Pole, dem Zwischen-Einzelnen des Marktes und dem Zwischen-Allen der Organisation – als in ihrem logischen Zusammenhang seit den ersten mittelalterlichen Anfängen, in einer noch lange Zeit von anderen gesellschaftlichen Logiken beherrschten Welt als gegeben, so versetzt man sich wohl in die Lage, in das Verständnis der *historischen Inkohärenz* der Neuzeit vorzudringen. Denn warum lässt sich im Laufe des jahrhundertelangen (noch immer unvollendeten) Aufbaus der Moderne hier die Entstehung einer Staatsbürokratie beobachten (im Italien der Renaissance, im föderalen Deutschland), dort die einer agrarischen, später industriellen bürgerlichen Klasse (England) und andernorts die eines Staatsadels (Frankreich),[198] ohne dass dies hindern würde, dass auch die anderen konstitutiven

198 Vgl. Pierre Bourdieu: Der Staatsadel [1989], übers. v. Franz Hector/Jürgen Bolder, Konstanz 2004. (Anm. d. Ü.) – Editor. Hinweis: Den Begriff des »Staatsadels« (*noblesse d'État*) prägt Bourdieu in seiner Untersuchung der *Grandes Écoles* – jene mit dem republikanischen Staat entstandenen schulischen Einrichtungen zur Produktion von Herrschenden – einerseits in genealogischer Erweiterung, andererseits in soziologischer Engführung des für die Geschichte des Ancien Régime einschlägigen Begriffs des Amtsadels *(noblesse de robe)*. Dieser ist das (von den absolutistischen Ambitionen der Krone geförderte) Resultat eines mehr als hundertjährigen, in Konkurrenz zum Schwertadel *(noblesse d'épée)* wie zum Klerus geführten Kampfes der »Diener des Allgemeinwohls« für die zunehmende Autonomie eines »bürokratischen Felds«, auf dem staatliche Macht als solche akkumuliert werden kann. (Vgl. dazu den fünften und letzten Teil, »Die Staatsmacht und die Macht über den Staat«; ebd., S. 453–475.) Davon ausgehend bezeichnet Bourdieu als *Staatsadel* eben dasjenige »Korps, das sich geschaffen hat, indem es den Staat geschaffen hat«. (Ebd., S. 463) Der (moderne) Staat steht dabei weder im Dienst des Allgemeinwohls noch im Dienst des Kapitals. Er stellt ein relativ autonomes Machtfeld dar, in dem der mit der neuzeitlichen Republik entstandene Staatsadel herrscht, dessen Angehörige dem Zwang unterworfen sind, »sich aufs Allgemeine zu berufen, um ihre Herrschaft auszuüben«. (Ebd., S. 467)

Eigenschaften der Struktur in jedem Einzelfall – und sei es nur ansatzweise – zum Ausdruck kommen und schließlich das von Foucault thematisierte »Gesamtbild« ergeben, welches man heute trotz vielfältiger Ungleichheiten und Diskrepanzen in jedem einzelnen Nationalstaat vorfindet? Die metastrukturale Hypothese lautet, dass diese Epochenfolge als »Hegemoniewechsel« zu verstehen ist, sodass nacheinander und vor dem Hintergrund technologischer Umbrüche die eine oder andere der gesellschaftlichen Kräfte vorherrschend ist (die, mit dem Markt bzw. der Organisation als Kern, die herrschende Klasse konstituieren), wobei dieser Wechsel die Wandlungen der *strukturellen* Verbindungen beider Kräfte zur Basisklasse vor dem Hintergrund kontinuierlich erschütterter (welt-)*systemischer* Zusammenhänge nachvollzieht.[199]

Im Gegensatz zu Marx' auf das Macht-Eigentum des Kapitals zentrierten Darlegung erlaubt es die foucaultsche Ausarbeitung, den spezifischen Anteil des Macht-Wissens an allen diesen Prozessen besser zu verstehen. Zwar beansprucht der moderne Staat seit seinen mittelalterlichen Anfängen, sich um das Leben der Menschen zu kümmern, insbesondere durch den *Schutz* der Bevölkerung vor drohenden Gewaltakten (mittels Ausübung der Staatsgewalt ...); damit wird das Funktionieren der Institutionen sichergestellt, aus denen sich die ökonomische und kulturelle Kohärenz der neu entstehenden Territorialgebilde ergibt. An einigen Orten zeigen sich bereits die Voraussetzungen einer künftigen »Policey«. Doch seit der klassischen Epoche und im Verbund mit der *warenproduzierenden* Entwicklung des Kapitalismus ist – als Ergebnis und Element zunehmender Kenntnisse und Techniken – parallel dazu ein Anstieg der organisatorischen Kapazität des Gesellschaftskörpers zu beobachten: eine Befähigung, kollektive Ziele in verschiedenen Lebensbereichen zu projektieren und zu verwirklichen. Das Macht-Wissen hat hier seine Wirkung getan, sich vermittels eines Gefüges immer komplexerer und übergreifend verbundener gesellschaftlicher Funktionen reproduziert, und dabei Schritt für Schritt das intellektuelle und körperliche Leben jedes Einzelnen geprägt. Foucault zeigt auf, wie dieses Macht-Wissen an der Schnittstelle der Produktions-, Gesundheits-, Rechts-, Geschlechter- und Familienverhältnisse operiert, wie es eindringt in den Gebrauch der Gebrauchswerte, in den Gebrauch des produzierenden, des leidenden und des genießenden Körpers – in einem Wort: in den Gebrauch des Selbst. Er entschlüsselt die biopolitische Beanspruchung, die im Laufe der Neuzeit und mit den von ihr verursachten Ansprüchen stets wächst.[200]

199 Diese Hegemonietheorie wird dargelegt in: Bidet: Néolibéralisme.

200 In einer Gesellschaft, in der sich die Macht als aufs Gemeinwohl gerichtete behauptet, kommt irgendwann der Moment, da der Verrückte und der Delinquent als durchaus gefährliche Individuen erscheinen, die man allerdings heilen oder bessern müsse. Die Irrenärzte vereinnahmen folglich die »Verbrechen« der Wahnsinnigen im Namen der »öffentlichen Hygiene« und erklären, der Wahnsinn sei eine Gefahr, die allein ein Arzt diagnostizieren könne (siehe Foucault: Das Spiel

§232 Foucaults Kritik des Macht-Wissens: Politik

Foucault äußert durchaus eine *Klassen*kritik. Allein der traditionelle Marxismus kann sie als solche nur schwer (an-)erkennen, eben weil sie sich spezifisch nicht des »Kapitals«, sondern des anderen Pols der herrschenden Klasse annimmt: der Institutionen sowie Praktiken, in denen sich jene *andere* Macht und also der Aspekt »Kompetenz« entfaltet. Davon ausgehend entwickelt Foucault eine Politik. Und ungeachtet seines Willens zum Bruch nimmt auch er eine gesamtgesellschaftliche Perspektive ein, ohne die Politik undenkbar ist.[201]

In einem Gespräch mit K. S. Karol[202] bemerkt Foucault, die Sowjets hätten die von der »Bourgeoisie« erfundenen Techniken übernommen.[203] Darunter versteht er nicht die Techniken des Marktes, sondern die des anderen »Pols« der modernen »bürgerlichen« Macht, die Techniken der Organisation. Der »traditionelle Marxismus«, erklärt er andernorts,[204] betrachte Gefängnisse und Irrenanstalten als *randständige* Tatsachen; und man verkehrt seinen Gedankengang nicht gänzlich, wenn man diese Institutionen dementgegen als *strukturale* Verfahren definiert. In seinen Augen geht es weniger um die Frage, ob der Marxismus wissenschaftlichen Wert habe, man müsse »zunächst einmal die Frage nach dem Machtstreben stellen, den [sic! das; d. Ü.] der Anspruch, eine Wissenschaft zu sein, mit sich bringt«.[205] Foucault interessiert sich für den sowjetischen »Marxismus« als ein in Macht umgesetztes Wissen. Indem er sich als Wissenschaft instituiert, tritt der Marxismus in den Fokus der Forschung zu jenen Machteffekten, die der Okzident seit dem Mittelalter »denen vorbehalten hat, die einen wissenschaftlichen Diskurs führen«.[206] In der UdSSR setzte sich das marxistische Macht-Wissen vermittels des gesamten staatlichen Netzwerkes durch; damit hat es aber lediglich eine Potenz der »westlichen« Gesellschaft zu Ende geführt. Foucault bringt somit – neben den »Machteffekten«, die zum Eigentum gehören – diejenigen Machteffekte ans Licht, die mit dem anderen, der modernen Gesellschaft innewohnenden *Klassen*prozess verbunden sind: dem des Macht-Wissens.

---

des Michel Foucault, S. 403 f.). So greift, im Zeitalter der Wissenschaft, das Macht-Wissen Raum.

201 José Luis Moreno Pestaña (Foucault, la gauche et la politique, Paris 2010) bietet eine fundierte Studie von Foucaults Werdegang. Und Gérard Noiriel untersucht die Modalitäten von dessen Engagement als Intellektueller (Gérard Noiriel: Michel Foucault: les trois figures de l'intellectuel engagé, in: Marie-Christine Grandjon [Hrsg.], Penser avec Michel Foucault. Théorie critique et pratiques politiques, Paris 2005, S. 301–330). Ich hingegen suche, eine Verbindungsmodalität zwischen den politischen Ansätzen herzustellen, die von Marx und von Foucault inspiriert sind.

202 Michel Foucault: Verbrechen und Strafen in der UdSSR und anderswo ... [1976], übers. v. Hans-Dieter Gondek, in: ders.: Schriften, Bd. III, S. 83–98.

203 Ebd., S. 98.

204 Vgl. Michel Foucault: Methodologie zur Erkenntnis der Welt: Wie man sich vom Marxismus befreien kann [Gespräch mit Ryumei Yoshimoto; 1978], übers. v. Jürgen Schröder, in: ders.: Schriften, Bd. III, S. 748–777, insbes. S. 757. (Anm. d. Ü.)

205 M. Foucault: Vorlesung vom 7. Januar 1976 (siehe oben, Fn. 125), S. 220 f.

206 Ebd., S. 221.

> »Diese Machtform«, schreibt er, »gilt dem unmittelbaren Alltagsleben, das die Individuen in Kategorien einteilt, ihnen ihre Individualität zuweist, sie an ihre Identität bindet und ihnen das Gesetz einer Wahrheit auferlegt, die sie in sich selbst und die anderen in ihnen zu erkennen haben. Diese Machtform verwandelt die Individuen in Subjekte. Das Wort ›Subjekt‹ hat zwei Bedeutungen: Es bezeichnet das Subjekt, das der Herrschaft eines anderen unterworfen ist und in seiner Abhängigkeit steht; und es bezeichnet das Subjekt, das durch Bewusstsein und Selbsterkenntnis an seine eigene Identität gebunden ist. In beiden Fällen suggeriert das Wort eine Form von Macht, die unterjocht und unterwirft.«[207]

Der Kampf richte sich »also nicht in erster Linie gegen bestimmte Machtinstitutionen, Gruppen, Klassen oder Eliten, sondern gegen eine bestimmte Machttechnik oder Machtform«,[208] die Ergebnis »vielfältiger, nicht definierter Machtverhältnisse« ist.[209] Ihr entspricht, wäre in guter nominalistischer Logik hinzuzufügen, ein Ensemble von Akteuren, in der man tatsächlich die gesamte Spannbreite von Berufen wiederfindet, deren Diskurse und Praktiken Foucault analysiert.

Beiseite lassen wir hier die Frage, ob die »Transformation der Individuen in Subjekte«[210] ein besonderer Effekt dieser »Machtart« ist, oder ob man diese nicht in Bezug setzen müsste zu einem komplexeren und dialektischen Spiel markt- und organisationsbezogener Klassen- und Staatsverhältnisse. Sagen lässt sich allerdings, dass Foucault hier ein Kapitel des Klassenkampfes aufschlägt.[211] Ein Kapitel der Widerstände gegen die spezifischen Strategien des Macht-Wissens. Es sind »›transversale‹«, »›unmittelbare‹«, »anarchische« Kämpfe: »Sie suchen nicht nach dem ›Hauptfeind‹, sondern nach dem unmittelbaren Gegner«[212] – also

207 Michel Foucault: Subjekt und Macht [1982], übers. v. Michael Bischoff, S. 269–294, hier S. 275. – Editor. Hinweis: Den Text »The Subject and Power« hat Foucault als Nachwort zu dem Buch von Hubert L. Dreyfus und Paul Rabinow verfasst (Michel Foucault – Beyond Structuralism and Hermeneutics, mit einem Nachwort von und einem Interview mit Foucault, Chicago 1982/²1983, S. 208–226). Zur Publikationsgeschichte dieses viel zitierten Textes siehe unten, Fn. 212.

208 Ebd.

209 Foucault/Fontana/Pasquino: Interview vom Juni 1976, S. 201.

210 Foucault: Überwachen und Strafen, S. 222. (Anm. d. Ü.)

211 Siehe insbes. sein bereits erwähntes Nachwort »Subjekt und Macht« von 1982 (wie oben, Fn. 207).

212 Ebd., S. 273 f. (Restituierung des Ausdrucks »Hauptfeind« für »Feind Nr. 1« nach Maßgabe des foucaultschen Originals; vgl. auch Foucault: Analytische Philosophie der Politik, S. 689; Anm. d. Ü.) – Editor. Hinweis: Foucault hat sein Nachwort für Dreyfus/Rabinow teils auf Englisch, teils auf Französisch verfasst. Im ersten, auf Englisch verfassten Teil, aus dem das hier herangezogene Zitat stammt, spricht er von »›immediate enemy‹« und »›chief enemy‹« (The Subject and Power, S. 211 f.). Davon ausgehend findet sich in der ersten deutschen Übersetzung das Begriffspaar »unmittelbarer Feind«/»Hauptfeind« (Michel Foucault: Das Subjekt und die Macht, übers. v. Claus Rath, in: Dreyfus/Rabinow: Michel Foucault – Jenseits von Strukturalismus und Hermeneutik, aus dem Amerikanischen v. Claus Rath/Ulrich Raulff, Weinheim 1987/²1994, S. 243–261, hier S. 246). Bei der (Rück-) Übertragung des (vollständigen) Textes für die Ausgabe der »Dits et Écrits« hat sich die französische Übersetzerin jedoch stillschweigend für die Wiedergabe als »l'ennemi

nicht die Macht des Kapitals, sondern die Macht des kompetenten Wissens. »Sie leisten Widerstand gegen alle Formen von Macht, die in einem Zusammenhang mit Wissen, Kompetenz und Qualifikation stehen. Sie kämpfen gegen die Privilegien des Wissens.«[213] Foucault bietet ihnen, mit Deleuze metaphorisch gesprochen,[214] einen »Werkzeugkasten«, »um die Machtsysteme [...] zu zerschlagen«.[215]

Das bedeutet keine Stigmatisierung des Macht-Wissens als solchem, das keine im Vorhinein festgelegte politische Funktion hat. Die Macht, die aus Wissen erwächst, ist Träger einer besonderen Kraft. Um es noch einmal in metastrukturalen Worten zu fassen: Sie ist Teil einer rational-vernünftigen Koordinierungsweise auf gesellschaftlicher Ebene und hat als solcher nur insofern Bestand, als sie rational-vernünftige Wesen koordiniert; sie erlischt folglich als »Macht« im engeren Sinne, als politische Beziehung, wenn sie nur mehr reine Instrumentalisierung ist. Das Vorrecht des Kommandos in einer Firma oder Verwaltung, die Gehorsamsforderung, die Manipulation und selbst die Drohung wirken – vor dem Hintergrund von Klassengewalt – in einer Gesellschaftsform, die außerdem (dabei gibt es kein Außerhalb) im Widerspruch dazu die Freigleichheit-Rationalität [libertégalité-rationalité] aller ausruft.[216] Und das Macht-Wissen findet sich hier in einer anderen Position als das Macht-Eigentum. *Es kommt nur zum Ausdruck, indem es sich mitteilt,* mit rückwirkendem Effekt – und unter (zugegeben) sehr ungleichen Bedingungen in den Verwaltungen, der Schule, den Unternehmen oder der Armee, ganz zu schweigen vom Gefängnis und den psychiatrischen Einrichtungen. Es ist Bildner des wissenden Subjekts, und Wandler desjenigen Subjekts, auf und an das sich sein Wissen richtet, das als Subjekt auf das Macht-Wissen reagiert. Es wundert daher nicht, bei Foucault – als Gegenstück einer Wahrheitsgeschichte, welche die kompetenzgebundenen Gewalteffekte entschlüsselt – *eine Anrufung* der Kompetenzträger von heute zu finden: Er wendet sich an sie als »spezifische Intellektuelle«, die insofern über ein spezifisches Macht-Wissen verfügen, als sie »nicht im Universalen [...], sondern in festgelegten Sektoren« arbeiten, wo sie unter ihren Arbeits- und Lebensbedingungen letzten Endes »auf denselben Gegner stießen

immédiat«/»l'›ennemi numéro un«« entschieden (Michel Foucault: Le sujet et le pouvoir, aus dem Englischen übers. v. Fabienne Durand-Bogaert, in: ders.: Dits et Écrits, Bd. IV, hrsg. v. Daniel Defert/François Ewald/Jacques Lagrange, Paris 1994, S. 222–243, hier S. 226), was wiederum für die deutsche Ausgabe der »Dits et Écrits« als »unmittelbarer Gegner«/»Feind Nr. I« übernommen wurde (Foucault: Subjekt und Macht [1982/2005], S. 274). Über die Motivation für den möglicherweise nicht nur nebensächlichen Eingriff in die foucaultsche Ausdrucksweise lässt sich nur spekulieren.

213 Foucault: Subjekt und Macht [1982/2005], S. 274.

214 Michel Foucault/Gilles Deleuze: Die Intellektuellen und die Macht [Gespräch vom 4. März 1972], übers. v. Hans-Dieter Gondek, in: Foucault: Schriften, Bd. II, S. 382–393, hier S. 384.

215 Foucault: Von den Martern zu den Zellen, S. 888.

216 Editor. Hinwies: Zum Begriff der »Freigleichheit«, den Bidet in Abgrenzung zu Balibars Konzept der »Gleichfreiheit« gebraucht, siehe den im Nachwort zu vorliegendem Buch referierten Kurzüberblick über ausgewählte Stationen der bidetschen Werkbiografie (unten, S. 188 ff. mit dortiger Fn. 28).

wie das Proletariat, das Bauerntum oder die Massen (die multinationalen Konzerne, den Gerichts- und Polizeiapparat, die Immobilienspekulation usw.)«.[217] Kurz, man kann sie gegen den »Hauptfeind« mobilisieren. Intellektuelle sind nicht mehr die Schriftsteller, sondern »die Richter und die Psychiater, die Ärzte und die Sozialarbeiter«, etc.[218] Diese Eigner des Macht-Wissens befinden sich tatsächlich, im Unterschied zu den Privilegierten des Macht-Eigentums, in einer für gegenteilige Klassenhaltungen offenen »Klassenposition«: als »Kleinbürger im Dienste des Kapitalismus« oder als »organischer Intellektueller des Proletariats«.[219] Sie wählen ihre Seite. Und dies trifft durchaus auch auf Foucault selbst zu, der es nicht versäumt, auf die Verbindung zwischen seiner theoretischen Tätigkeit und der einzigartigen Erfahrung hinzuweisen, die er 1968 machte.

Natürlich lässt sich das Ereignis, in dem er sich in den 1970er-Jahren verortet, auch anders verstehen als es seine tagesaktuellen Schriften nahelegen.[220] Im Zeichen eines »Bündnisses«, eines »Einverständnisses« zwischen Entscheidungs-Kompetenz-Trägern und Volksklasse, das auf den großen Umbruch der 1930er-Jahre zurückgeht,[221] gelangt man damals in verschiedenen Winkeln weltweit zu einer Art Höhepunkt. Neue Fraktionen der nunmehr viel zahlreicheren Kompetenzträger werden in einem beispiellosen Klassenkampf gegen die kapitalistische Macht, den »Hauptgegner« aktiv, und bleiben doch unverbunden mit dem Kampf der »Arbeiterbewegung«. So wie die Revolutionäre von 1793 das Vokabular antiker Republikaner wiederentdeckt haben, nehmen die »Linksradikalen« [»gauchistes«] – Studenten, künftige Kompetenzträger, und dieser ihrer Zukunft sehr sicher – die proletarische Revolution in ihren Wortschatz auf. Foucault zeigt sich zunächst verwundert, dass die Studenten »nur vom Klassenkampf reden«. Doch bald macht er sich diese Sprache zu eigen.[222]

217 Foucault/Fontana/Pasquino: Interview vom Juni 1976, S. 205.

218 Ebd., S. 206.

219 Ebd., S. 211.

220 Wenn er beispielsweise im Frühjahr 1971 in einem Interview mit der *Partisan Review* zum Kampf der US-amerikanischen Studenten erklärt, es »besteht hier der Vorteil, dass es keine großen bewahrenden Kräfte wie die Kommunistische Partei oder die C.G.T. gibt. Ich denke, durch die langjährige Verfolgung der Kommunistischen Partei hat die amerikanische Regierung der revolutionären Sache einen Dienst erwiesen, denn sie hat damit die Möglichkeit einer Zusammenarbeit zwischen Studenten und Arbeitern offen gehalten« (Foucault im Gespräch mit J. K. Simon [1971], übers. v. Michael Bischoff, in: ders.: Schriften, Bd. II, S. 222–235, hier S. 229). Sic!

221 Womöglich eine Anspielung auf die Volksfront-Strategie, die in Frankreich u. a. mit dem Acht-Stunden-Tag kurzfristig eine alte Forderung der Arbeiterbewegung durchsetzte; womöglich greift der Verweis weiter aus auf New Deal, Goldstandard, usw. usf., siehe in diesem Band S. 179. (Anm. d. Ü.)

222 Das im Frühjahr 1972 in *L'Arc* erschienene Gespräch zwischen Foucault und Deleuze – das nicht ohne Grund den Titel »Die Intellektuellen und die Macht« trägt und dessen Losung lautet, man weigere sich, die Verhältnisse zwischen »Theorie und Praxis« »zu totalisieren« – ist für den Linksradikalismus der Adelsschlag. Theorie und Praxis könne es nur lokal geben: »Jeder Kampf entwickelt sich im Umfeld eines besonderen Machtherdes (einer dieser unzähligen kleinen Herde, und das kann ein kleiner Vorgesetzter, ein Hausmeister vom Sozialen Wohnungsbau, ein Gefängnisdirektor, ein Richter, ein Gewerkschaftsfunktionär oder der Chefredakteur einer Zeitung sein). Und das Bezeichnen und Anprangern dieser Herde [... ist ein Kampf ...], weil es eine erste Umkehrung der Macht, ein erster Schritt hin zu weiteren Kämpfen gegen die Macht

Seine akademische Forschung, die ihn zum Konzept der Disziplin führt, findet darin ihre Anregung. Der emanzipatorische Kampf der spezifischen Intellektuellen wendet sich natürlich gegen seinen Widerpart: gegen die hierarchische Macht der Kompetenz, die letztere in den Dienst der bürgerlichen Macht stellt. Die neoliberale Wende lässt nicht lange auf sich warten und viele große Köpfe wenden sich wieder ab. Doch der Kampf, der vielerorts die Institutionen wie die Kultur erschüttert hat, ist weiterhin ein strahlendes Erbe.

In dieser undurchsichtigen Gemengelage stellt sich Foucault bewusst gegen eine Kommunistische Partei, die auf die Arbeiterklasse fokussiert ist: In einer Arena gefangen, in der man gegen das Kapital antritt, hat die Partei allerdings Schwierigkeiten, den Prozess in Gänze zu begreifen. Denn was sich am »anderen Pol« abspielt, ist in ihren Augen von untergeordneter Bedeutung, ein Nebenwiderspruch. Foucault seinerseits hat eine ganz andere Wahrnehmung von der »großen Schlacht«, an der er auf anderer Warte beteiligt ist – ausgehend eben vom Macht-Wissen. Sie nimmt ihren Anfang nicht in der Entfaltung einer monumentalen Geschichte, in der die Arbeit (und mit ihr das gesamte Volk) dem Kapital gegenübersteht und eine Arbeiterklasse mit universeller Berufung und also im natürlichen (oder mystischen) Bunde mit den Intellektuellen, deren Funktion das Aussprechen des Allgemeinen ist, die Führung übernimmt. Diese Schlacht besteht vielmehr – in der Vielfalt ihrer Glutherde – aus Ereignissen, Neuerungen und Anfängen, die in verschiedenen gesellschaftlichen Bereichen gegeneinander versetzt sind. In diesem Sinne kann Foucaults »Genealogie« als Geschichte gelten, die vom Standpunkt der Kämpfe der Unterdrückten begriffen wird.[223] Es versteht sich allerdings, dass die »Schlacht« nur Form annehmen kann, wenn sie von einem subversiven Wissen stimuliert wird, das sich in der Überlappung spezifisch intellektueller Kenntnisse und lokaler Kenntnisse bildet, die den betreffenden Akteuren eigen und aus deren besonderen Kämpfen hervorgegangen sind.

Bemerkt sei, dass die »spezifischen Intellektuellen« in den »spezifischen Kämpfen« weiterhin eine Rolle ersten Ranges spielen. Denn diese »Spezifizität« bedeutet in Foucaults Augen nicht, dass die richtige Strategie in der mannigfaltigen Spontaneität »beispielhafter Kämpfe« zu finden

ist«. (Foucault/Deleuze: Die Intellektuellen und die Macht, S. 390.) Das aktivistische Fieber, das sich hier plötzlich der beiden großen Geister im Angesicht verschiedener »kleinerer« Lichter bemächtigt, ist nicht weniger heiß als das, welches Althusser damals mit den Treueerklärungen gegenüber seiner Partei unter Beweis stellte (in einem, zugegeben, unveröffentlichten Text). Sie überbieten einander in ihrer Bezugnahme auf »das Proletariat« mitsamt »der revolutionären Bewegung des Proletariats« (ebd., S. 392 f.). Ihren theoretischen wie praktischen Anteil an den Gefangenenkämpfen und anderen, damals entstehenden »Erhebungen« mindert das recht beschwörende Pathos mitnichten; allerdings überkodiert es die gesamte Aussage.

223 Fragen an Michel Foucault zur Geografie [Interview in der Zeitschrift *Hérodote – revue de géographie et de géopolitique;* 1976], übers. v. Hans-Dieter Gondek, in: ders.: Schriften, Bd. III, S. 38–54, hier S. 39.

wäre. Als Theoretiker einer »Geschichte der Wahrheit« zeigt er sich auch als Herold einer »Politik der Wahrheit«,[224] die zur »Funktion« der Intellektuellen und insbesondere der Philosophie gehöre.[225] Dies ist nur eine andere Weise, Marx' Wort aufzugreifen,[226] die Philosophie müsse »von der Erde« ausgehen, und den Philosophen – den »großen Intellektuellen«? – wieder ins Zentrum der Politik stellen. Auch der spezifische Intellektuelle blickt weit über sein berufliches Universum hinaus: »Er kämpft auf der allgemeinen Ebene dieser für die Strukturen und für das Funktionieren unserer Gesellschaft so wesentlichen Ordnung der Wahrheit.«[227] Das Besondere korrespondiert also mit dem Allgemeinen; und die Macht des Wissens mit einer emanzipatorischen Kraft. Da liegt es nahe, die Hauptrolle zu beanspruchen (ungeachtet der vorgeblichen »proletarischen« Führung).

> »Es kommt nicht darauf an, die Wahrheit von jedem Machtsystem zu befreien – was ein Trugbild wäre, da die Wahrheit selbst Macht ist –, sondern die Macht der Wahrheit von den Formen einer (sozialen, ökonomischen, kulturellen) Hegemonie zu befreien, innerhalb derer sie derzeit funktioniert.«[228]

Die Schranke zwischen universellem Intellektuellen und spezifischem Intellektuellen wird hier offensichtlich etwas durchlässiger. Foucaults pathetische Anrufung des kanonischen Intellektuellen – der die vom Würdenträger ererbte prophetische Funktion des Intellektuellen aufgeben müsse[229] – bezeichnet eine Haltung, in der Foucault sich selbst glänzend ausgewiesen hat. Seine durchtriebene politische Rhetorik, seine spitzen Formeln, denen der Glanz des Unklaren und Unbestimmten, jenes Zeichen des Prophetischen anhaftet, sind Teil einer Bühne, auf der die jeweiligen Verdienste verhandelt werden, sowohl eines Sartre als auch ... eines würdigen Nachfolgers.

Mit einigen Jahrzehnten Abstand scheinen die Scheidelinien, die zwischen den verschiedenen, ehedem konkurrierenden Projekten des

224 Foucault: Politische Funktion des Intellektuellen, S. 151 f.; ebenso Foucault/Fontana/Pasquino: Interview vom Juni 1976, S. 213. (Anm. d. Ü.)

225 Vielsagend ist in diesem Bereich die Nähe zwischen Foucault und der Frankfurter Schule, die er als philosophisches Projekt begreift. Vgl. Emmanuel Renaults prägnanten Beitrag »Foucault et l'École de Francfort« (in: Yves Cusset/Stéphane Haber [Hrsg.], Habermas et Foucault, Paris 2006, S. 55–68). Renault zeigt, dass sich Foucault – der um 1978 während ihrer ersten Rezeption in Frankreich auf diese Tradition stößt – deren kritische Ansätze recht spontan zu eigen macht: »Doch genauere Lektüre lässt vermuten, dass er unmittelbarer noch ›Traditionelle und Kritische Theorie‹ [von Max Horkheimer, 1937] im Sinn hat, ja dass er einige ihrer Ansätze auf Kant zurückführt« (S. 65).

226 Marx/Engels: Die deutsche Ideologie [geschrieben 1845–46; nach den Handschriften], in: MEW, Bd. 3, S. 26 (MEGA^2, Bd. I/5, S. 135 [Fragment aus dem Konvolut zu Feuerbach]). (Anm. d. Ü.)

227 Foucault: Vorlesung vom 7. Januar 1976 (siehe oben, Fn. 125), S. 211 f.

228 Foucault: Politische Funktion des Intellektuellen, S. 152.

229 Michel Foucault: Nein zum König Sex [Gespräch mit Bernard-Henri Lévy; 1977], übers. v. Hans-Dieter Gondek, in: ders.: Schriften, Bd. III, S. 336–353, hier S. 353.

emanzipatorischen Kampfes gezogen waren, welche ihrerseits an verschiedenen Orten und Zeiten aus der modernen Gesellschaft hervorgingen, weniger klar zu sein. Als Mitglieder kommunistischer Parteien erfuhren die »Intellektuellen« (sofern sie es nicht schon wussten), dass sie in den »spezifischen« Kämpfen in Bildung, Forschung, Presse, Gesundheits- und Rechtswesen, etc. gefragt waren. Man legte ihnen ganz entschieden nahe, in dieser »spezifischen« Rolle zu bleiben und ihre natürliche Neigung zu unterdrücken, sich als kompetenten Generalstab zu konstituieren. Jedwedes Vorrecht war ihnen versagt ... Als organisierter Apparat bevorzugte die »Arbeiterbewegung« zwei Typen der Disziplin: *die Ökonomie*, gerichtet auf die Ausarbeitung politischer Programme auf Grundlage der kollektiven Aneignung der Produktionsmittel, sowie *die Geschichte* und *Philosophie* – eine Geschichtsphilosophie –, zuständig für die Förderung eines humanistischen und revolutionären Weltbildes. Eine »Soziologie« stand nicht auf ihrer spezifischen Tagesordnung. Der neuere »Linksradikalismus« hatte seinen Ursprung in sozialen Räumen, die ihrem Blick daher entgingen. Er war ein Zeichen für die Eröffnung neuer Fronten, jenseits des Horizonts der »Arbeiterklasse«. Soziologisch war er geeignet, interdisziplinäre Erfahrungen anzuregen, denen die außerordentliche Arbeit Foucaults als Bezugspunkt dienen konnte.

Die aktivistischen Gruppen und Parteien der damaligen Zeit sind von der politischen Bühne quasi verschwunden. Der Lauf der Geschichte scheint sich gewendet zu haben. Die Karten der Kritik wurden vielfach neu gemischt. Die neuen Debatten im Zuge der neoliberalen Globalisierung vermengen sich mit den Fragen, die die Gesellschaftskritik in ihrem Gefolge hat: Freiheit, Gleichheit, Gerechtigkeit ... Und doch wirken die alten kulturell-politischen Gegensätze fort, sind sie doch Teil der für die moderne Gesellschaft konstitutiven *strukturellen* Spaltungen, Glutherde mannigfaltiger historischer Erfahrungen, für die Marx und Foucault zwar unter verschiedenen Vorzeichen, doch weiterhin die Kronzeugen darstellen. Die Konturen einer möglichen Einigung zeichnen sich nunmehr ab: Die theoretische Bresche, die das Konzept des Macht-Wissens schlägt, ermöglicht nicht nur einen Ausblick auf die Erweiterung der marxschen Theorie der Klassen in der modernen Gesellschaft, sondern auch auf deren Neubegründung auf einer realistischeren und gesicherteren Grundlage. Insofern ließe sich das Wesen der Schwierigkeiten erhellen, mit denen emanzipatorische Strategien konfrontiert sind. Wie wir sehen werden, strebt die hier angestrengte Reflexion diesem Ziel zu. Noch allerdings finden sich einige epistemologische Hindernisse auf diesem Weg, die wir nun angehen wollen.

3 —— Marxscher Strukturalismus und foucaultscher Nominalismus?

Will man Marx' und Foucaults Welten nachhaltig miteinander verbinden, so stößt man zunächst auf ein philosophisches Hindernis: auf den vermeintlichen Graben zwischen einem »Nominalismus«, der dem Singulären den Primat einräumt und der die foucaultsche Machtanalyse beherrscht, und einem »Strukturalismus«, als auf ein Ganzes ausgerichteter Realismus, der für den *Klassen*begriff sowie auch das Staatsverständnis innerhalb der marxistischen Tradition charakteristisch ist. Der Marx hier zugeschriebene »Strukturalismus« bezieht sich nicht auf die Idee, dass die Gesellschaft »wie eine Sprache strukturiert« sei, sondern auf die der »*Klassen*struktur«, wie sie sich in dem von ihm eingeführten Paar Basis/Überbau[230] zeigt. Die Struktur konstituiert, indem sie sich reproduziert, die stabile Form der Gesellschaft und birgt dabei zugleich in sich Tendenzen, die ein determiniertes Feld des Möglichen eröffnen. Der Marxismus analysiert, jedenfalls auf den ersten Blick, das Schicksal der einzelnen Individuen in einer Gesellschaft auf Grundlage der sozialen Strukturen, in die sie eingebettet sind. In diesem Sinne scheint ein marxscher Strukturalismus mit dem erklärten Nominalismus Foucaults unvereinbar zu sein (3.1). Eine Diskrepanz besteht insbesondere zwischen den »Dispositiven der Macht« als Gegenstand der foucaultschen Analyse und Marx' Bestreben, alles Soziale ausgehend vom gesellschaftlichen Ganzen zu analysieren, theoretisch-begrifflich bezogen auf die »Klassenstruktur« (3.2). Wie lässt sich die Beziehung zwischen Gesellschaft und Individuum denken? Dramatisiert durch die Bezugnahme auf zwei sehr verschiedene Philosophen nimmt diese klassische Fragestellung der Soziologie hier eine zugespitzte Form an. Doch lässt sich die theoretische Arbeit der jeweiligen Werke legitimerweise in solche Schubladen stecken, im Fall von Marx in die eines Realismus der Strukturen und im Fall von Foucault in die eines Nominalismus der Seienden und Dinge? Kann man die beiden politischen Linien, die sich aus einem solchen Entweder-oder offenbar ergeben, gegeneinander ausspielen? Und unter welchen Bedingungen können wir einen theoretischen Vorstoß wagen, durch

230 Zur Terminologie siehe Fn. 30 in Kapitel 1. (Anm. d. Ü.)

den sich beide – ohne jeglichen Eklektizismus – als disharmonische, aber untrennbare Elemente eines politischen Weges verstehen ließen, in dem sich die gesamte Vielfalt sozialer Subversion wiedererkennen könnte? Es wird sich als unumgänglich erweisen, beide Theorien jeweils einer kritischen Analyse ihrer immanenten Grenzen zu unterziehen und damit die Unmöglichkeit aufzuzeigen, beide umstandslos in eine allgemeine Theorie zu integrieren (3.3).

3.1 Die Mikro-Beziehungen der Macht und die Makro-Verhältnisse der Klasse

Betrachten wir zunächst jene konzeptuellen Räume, in denen Strukturalismus und Nominalismus hier am klarsten kollidieren, nämlich den der Macht bei Foucault und den der Klasse bei Marx. Beide Perspektiven bedingen einander, so zumindest die Hypothese (§311). Ihre Relevanz lässt sich allerdings nur nachweisen, wenn es gelingt, Foucaults nominalistisches Konzept der singulären »Beziehung« in Marx' strukturalistisches Konzept des sozialen »Verhältnisses« zu integrieren, das heißt korrelativ zum (makrologischen) *Klassenverhältnis* die (mikrologischen, interindividuellen) *Klassenbeziehungen* zu betrachten (§312); Foucaults Konzept ist auch als (mikrologische) *Staatsbeziehung* zu verstehen (§313). Das weist uns in Richtung einer noch zu definierenden Dialektik.

Halten wir fest, dass der französischen Sprache mit »la relation« [Beziehung] und »le rapport« [Verhältnis] zwei verschiedene Wörter zur Verfügung stehen, wo die englische nur eines kennt, »the relation«. Die Bedeutung beider Wörter ist [im Französischen wie auch im Deutschen] gewiss nicht klar abgegrenzt: Man kann ebenso gut von »Verhältnissen« zwischen *Individuen* und von »Beziehungen« zwischen *Klassen* sprechen. Doch die sprachliche Tradition der Geistes- und Sozialwissenschaften plädiert für ein dem entgegengesetztes Verständnis: »Beziehung« verweist eher auf einen nominalistischen Kontext, »Verhältnis« auf einen strukturalistischen. Diese sprachliche Nuance erleichtert uns die Formulierung der Fragestellung.

§311 Foucaults Konzept der Macht und Marx' Klassenbegriff

Foucault hat sein Konzept von Macht mehrfach dargelegt, vor allem aber im Text »Subjekt und Macht«.[231] Macht, schreibt er, müsse als »Form von Handeln« eines Individuums verstanden werden, die auf das Handeln anderer Individuen »einwirkt«. Daraus ergibt sich die »transitive« Bedeutung, die er dem Konzept der »Regierung« beimisst, nämlich das Verhalten der anderen zu regieren.[232] Diese Formen des Handelns, fügt er hinzu, seien vor dem Hintergrund der Möglichkeiten zu verstehen, die

231 Siehe oben, Fn. 207.

232 Foucault: Subjekt und Macht [1982/2005], S. 285.

in Institutionen- und Beziehungsnetzwerken jeglicher Art und in allen Bereichen des sozialen Lebens gesellschaftlich gegeben sind: Familie, Produktion, Gesundheit, Bildung, Polizei und Justiz, Krieg, und dergleichen mehr. Der Staat sei lediglich eine »allgemeine Hülle«,[233] innerhalb derer jede dieser vielfachen Beziehungen, insofern sie Machtbeziehungen sind, auf die eine oder andere Art reguliert wird.

Foucault weist die Idee zurück, dass die staatliche Institution ein Ort der Macht sei, die ausgeübt werde, nachdem entweder die Individuen Rechte auf das Kollektiv übertragen hätten, oder aber deren Zustimmung durch Gewalt erlangt worden sei. Er versteht den Staat, Ort von Gewalt und Zustimmung, ausgehend von Mikrobeziehungen der Macht, die jeder sozialen Beziehung immanent seien.

> »Wenn ich das Funktionieren der Macht erwähne, dann beziehe ich mich nicht nur auf das Problem des Staatsapparats, der herrschenden Klasse und der hegemonialen Kasten ..., sondern auf eine ganze Reihe immer kleinerer, mikroskopischer Mächte, die auf die Individuen in ihren alltäglichen Verhaltensweisen und bis in ihre eigenen Körper hinein ausgeübt werden.«[234]

Im Gegensatz, wie er präzisiert, zu Althusser und dessen begrifflicher Fassung der »ideologischen Staatsapparate«.[235] In diesem Sinne stimmt er in dem mit Alain Grosrichard und anderen geführten Interview vom Juli

233 Ebd., S. 290.

234 Michel Foucault: Irrenanstalten. Sexualität. Gefängnisse [Gespräch in São Paulo; 1975], übers. v. Hans-Dieter Gondek, in: ders.: Schriften, Bd. II, S. 955–970, hier S. 955. In diesem Sinne auch die wiederholte Metapher von der »Kapillarität« der Machtbeziehung, die Foucault insbesondere in »Die Macht der Psychiatrie« (Vorlesung 1973/74 [2003], übers. v. Claudia Brede-Konersmann u. Jürgen Schröder, Frankfurt a. M. 2005, S. 68) entwickelt, wonach »in unserer Gesellschaft etwas wie eine Disziplinarmacht existiert«. Sie zielt auf »eine bestimmte, gewissermaßen kapillare Endgestalt der Macht«, den Moment, in dem »die politische Macht, die Mächte im Allgemeinen« schließlich »die Körper berühren, sie angreifen«.

235 In diesem Zusammenhang ist anzumerken, dass der anklingende Bezug auf Althusser der steten Entfernung Foucaults vom Marxismus folgt. Ich werde später auf das Gespräch zurückkommen, das er 1971 mit Noam Chomsky führte, der auf den von Foucault hier geltend gemachten Unterschied keinen Wert legt. In seiner Vorlesung »Die Strafgesellschaft« wendet er, noch in gedämpftem Ton, gegen Althusser ein, dass es »eine ganze Menge von Heimstätten der Macht« gebe, »die in sexuellen Beziehungen, der Familie, der Arbeit, der Wohnung bestehen können« (Foucault: Strafgesellschaft, S. 313). 1975 schreibt er ihm die Bereitschaft zu, »diese Probleme in Betracht zu ziehen, um sie anschließend wieder in die alte Frage des Staatsapparates zu integrieren« (Foucault: Irrenanstalten, S. 956). 1977 bleibt er bei der Gegenüberstellung der beiden Ansätze. In Wirklichkeit ist auch Althusser durchaus sensibel für die Ausbreitung der Macht in die Poren der Gesellschaft: Alles ist politisch und somit staatliche Machtbeziehung. Mitnichten sucht er die Staatsmacht von ihrer Spitze her zu verstehen, sondern schlägt eine »vorläufige« Liste »ideologischer Staatsapparate« vor – Schul-, Familien-, Religions-, Politik-, Gewerkschafts-, Informations-, Verlags- und Kulturapparate –, die potenziell den gesamten Kreislauf des gesellschaftlichen Lebens abdeckt (vgl. Louis Althusser: Der Überbau: Über die Reproduktion der Produktionsverhältnisse [Manuskript 1969; veröff. 1995], in: ders.: Über die Reproduktion [Gesammelte Schriften, Bd. 5.2], übersetzt v. Frieder O. Wolf, Hamburg 2012, S. 30–303). Ich werde weiter unten darauf eingehen (§632). Der Graben zwischen den beiden Ansätzen ist in dieser Hinsicht von anderer Natur: Wo sich Althusser lediglich für den *ideologischen Einfluss* interessiert, den diese »Apparate« sicherstellen, entdeckt Foucault in ihnen eine *Produktion von Wissen*, das Macht-Wissen.

1977 Jacques-Alain Miller zu, demzufolge »das erste und letzte Element die Individuen« sind, die sich in mehr oder weniger »vorübergehende[n] Koalitionen« zusammenfänden.[236] Dieser mikrologische Ansatz ermögliche es, »viel besser als in anderen theoretischen Ausarbeitungen das Verhältnis zu erfassen, das zwischen der Macht und dem Kampf, insbesondere dem Klassenkampf, besteht«. Was an den marxistischen Texten auffalle, erklärt Foucault leicht provokativ, sei, »dass man stets stillschweigend darüber hinweggeht [...], was man unter Kampf zu verstehen hat, wenn von Klassenkampf die Rede ist. Es ist diese Mikroebene, auf der wir die vom Klassenkampf durchzogene zivile [oder bürgerliche, Anm. d. Ü.] Gesellschaft« erfassen.[237]

> »Es gibt nicht unmittelbar gegebene Subjekte, von denen das eine das Proletariat und das andere die Bourgeoisie wäre. Wer kämpft gegen wen? Wir kämpfen alle gegen alle. Und es gibt stets etwas in uns, das gegen etwas anderes in uns kämpft.«[238]

Dies hindert Foucault jedoch nicht daran, sich regelmäßig auf »Strukturen« zu berufen, die im Hintergrund als »Rahmen« oder »Stütze« für individuelle Interaktionen figurierten. »So etwas wie *die* Macht«, schreibt er, »die global und massiv oder in diffusem, konzentriertem oder verteiltem Zustand existierte«, gebe es nicht, »auch wenn sie [sich] natürlich [...] auf dauerhafte Strukturen stützt«.[239] »Auch wenn« oder »nicht nur« sind Wendungen, die bei Foucault regelmäßig auftauchen und dazu führen, dass er die derart beiläufig eingeführten »Strukturen« außerhalb seines Analysefeldes ansiedelt. Es stellt sich allerdings die Frage, was die Beziehung zwischen Individuum und Struktur ausmacht. Und da der Terminus »Struktur« bei Foucault auf die marxistische Perspektive verweist, von der er sich zu distanzieren sucht, gilt es, nach diesem Terminus bei Marx zu fragen.

In der Tat gibt es in Marx' Darstellung ein gewisses Problem, das deutlich wird, wenn er etwa im IV. Abschnitt (Kapitel 10 ff.) des »Kapitals«[240] zwischen »Wesen« bzw. »immanentem Gesetz«, das im Klassenverhältnis, dem *Verhältnis* zwischen den beiden Klassen (Kapitalisten und Lohnarbeiter) bestehe, und »der Erscheinung« unterscheidet, worunter hier die Konkurrenz*beziehung* zwischen kapitalistischen Individuen innerhalb ihrer Klasse zu verstehen ist. Marx weist damit darauf hin, dass der Alltagsverstand von der Erscheinung (το φαινόμενον, »das, was erscheint«)

236 Foucault: Das Spiel des Michel Foucault, S. 407 f.

237 Ebd.

238 Ebd.

239 Foucault: Subjekt und Macht [1982/2005], S. 285.

240 Marx: Kapital, Bd. 1, in: MEW, Bd. 23, S. 331 ff.

absorbiert ist, wodurch der Kapitalismus zu einer Konkurrenzgesellschaft, zur *Markt*gesellschaft wird. Marx hingegen will das »Wesentliche« hervorheben, das erst durch die theoretische Konzeption sichtbar werde: Das Verhältnis zwischen den Klassen, das (ausbeuterische) Klassenverhältnis, das sich in die Mehrwertakkumulation übersetzt, bildet die Grundlage des Kapitalismus. Dem lässt sich jedoch entgegenhalten, dass die *Warenbeziehung* für dieses *kapitalistische Verhältnis* absolut *wesentlich* ist, so wie auch die Konkurrenz *wesentlich* für die historische Dynamik des Kapitals ist. Sie gehört zu dessen »Wesen«. Dies ergibt sich schon aus der Gliederung der marxschen Darstellung, die von der auf den Markt verweisenden Ware, also dem interindividuellen Aspekt (Abschnitt I), zum kapitalistischen Klassen*verhältnis* übergeht (Abschnitt III), das die vorausgesetzte interindividuelle Waren*beziehung* »transformiert«, aber nicht ersetzt.[241] Hier zeigt sich das ganze Problem. Und in dem Paar »Wesen/Erscheinung«, in seiner unklaren Verwendung durch Marx, offenbart sich die Schwierigkeit, die Verbindung zwischen interindividueller Beziehung und Klassenverhältnis zu denken.[242]

Es wäre jedoch falsch, zu glauben, Marx ließe sich in ein totalisierendes Schema pressen. Die Idee der »Klasse an sich«, die sich nur ihrer selbst bewusst werden müsse, um »Klasse für sich« zu werden, ist ein Operator für politisches Handeln – und betont lediglich, dass die Voraussetzungen für einen Zusammenschluss gegeben sind. Sie meint nicht, dass die *Klassen* abgegrenzte soziale *Gruppen* seien. Das Klassenverhältnis, wie es im »Kapital« konstruiert wird, verweist nicht auf die Existenz von [der soziologischen Analyse und/oder lebensweltlich-politischen Interaktion vorgelagerten] Gruppen, sondern auf eine [strukturelle] *Spaltung*, ein Prinzip der Teilung des Gesellschaftskörpers.[243] Der Mecha-

241 Editor. Hinweis: Bidet verweist im Original auf die Abschnitte III und V, sachlich naheliegender ist jedoch die Bezugnahme auf die Abschnitte I und III.

242 Aus diesem Grund hatte ich es unlängst als »epistemologische Hindernis-Stütze« [appui-obstacle épistémologique] bezeichnet (siehe Bidet: Que faire du Capital?, S. 133–142 und 168 f.). Im IV. Abschnitt gibt Marx vor, die Untersuchung der Konkurrenz auf später zu verschieben [10. Kapitel »Begriff des relativen Mehrwerts«; Marx: Kapital, Bd. 1, in: MEW, Bd. 23, S. 335; Quellenangaben korrigiert und ergänzt, Anm. d. Ü.], während er in Wirklichkeit (und zu Recht) ausgehend von ihr, ausgehend von der Analyse des *differenziellen* Mehrwerts, Frucht der Konkurrenz*beziehung* zwischen Kapitalisten, die produktive Dynamik erklärt, die zum *relativen* Mehrwert führt, der durch die Konzentration des Kapitals hindurch das *Verhältnis* zwischen den beiden Klassen in Bewegung versetzt. Diese terminologische Unschärfe, die deutlich macht, dass er dem »Verhältnis« gegenüber der »Beziehung« Priorität einräumt, ist symptomatisch.

243 Editor. Hinweis: Richtungsweisend für die entschiedene Abgrenzung von statischen Klassenbegriffen, wie sie gleichermaßen die Klassenanalysen des orthodoxen Marxismus wie auch Spielarten des soziologischen Positivismus bestimmen, waren die ihrerseits, von entgegengesetzten Positionen aus, gemachten Interventionen von Louis Althusser und Edward P. Thompson. In vereindeutigender (und teils selbstkritischer) Zusammenfassung von Überlegungen, die er seit Anfang der 1960er-Jahre angestellt hatte, konstatierte Althusser 1972, der Klassenkampf müsse *»an die erste Stelle gesetzt werden«*. Denn er sei »nicht die entfernte Folge, die sich aus der Existenz der Klassen ergibt, welche vor ihrem Kampf schon existiert hätten«. Vielmehr sei es »die Ausbeutung einer Klasse durch eine andere, also der Klassenkampf«, der die »Klassen*teilung* [konstituiert]. Denn Ausbeutung ist bereits Klassenkampf.« (Louis Althusser: Antwort an John Lewis [1972], in: Horst Arenz/Joachim Bischoff/Urs Jaeggi [Hrsg.]: Was ist revolutio-

nismus der Ausbeutung durchzieht die Gesellschaft mit einem *Schnitt [coupure]*, der in letzter Instanz die soziale Dynamik regiert. Aber er übersetzt sich nicht von selbst in zwei soziale *Gruppen*. Er *bringt* Gruppen *hervor*, Neugruppierungen, die – entsprechend der Variabilität der Kräfteverhältnisse, die er in variablen Verbindungen bestimmt – im Kern fluide sind (in diesem Sinne ließe sich im Übrigen auch Klasse »an sich« und »für sich« interpretieren, jedenfalls wenn man glaubt, dass ein solcher philosophischer Rekurs etwas zum Verständnis des Prozesses beiträgt). Das »großindustrielle Unternehmertum« oder auch die »Industriearbeiterklasse«, zwei soziale *Gruppen*, die im 20. Jahrhundert in Europa durch die Klassenspaltung eine herausragende Stellung eingenommen hatten, haben ihre Bedeutung im Laufe der Zeit zugunsten des »Finanzwesens« und anderer »Proletariate« eingebüßt. Aber das kapitalistische Klassenverhältnis – das, was allgemein als »soziale Klassen« bezeichnet wird – bleibt der Dreh- und Angelpunkt des Werdens der Gesellschaft: Es *bringt* andere Gruppierungen *hervor*, andere Gruppen im Kampf.

Die Rede vom »Klassenkampf« ist somit verkürzt. Im Klassenkampf kämpfen nicht die Klassen, sondern Individuen – in sozialen Gruppen, die je nach (technologischen und anderen) Umständen durch die Klassenspaltung bestimmt sind. In diesen Gruppen kommen Menschen zusammen, die eine Reihe sozialer Bedingungen gemein haben, von denen sie jedoch auf unterschiedliche Weisen betroffen sind. Die Klassenspaltung zieht sich durch die Individuen selbst (das sagt auf seine Weise auch Foucault: »Es gibt stets etwas in uns, das gegen etwas anderes in uns kämpft«). Ein komplexes und überdeterminiertes Geflecht singulärer, fluktuierender biografischer (familiärer, geografischer, beruflicher) Bedingungen öffnet allen ihren je eigenen, stets mehr oder minder unsi-

närer Marxismus?, Berlin 1973, S. 35–76, hier S. 49 mit Fn. 12.) Vordergründig gerät Althusser damit in die Nähe der allerdings ganz anders begründeten These seines praxeologischen Kontrahenten Thompson, für den ebenso der Klassenkampf begrifflich wie historisch »der Klasse voraus[geht]«. Klassen existieren »nicht vor dem Klassenkampf, sondern entstehen aus ihm«, indem Menschen »in bestimmten Produktionsverhältnissen ihre antagonistischen Interessen erkennen und dazu kommen, klassenmäßig zu kämpfen, zu denken und zu werten« (E. P. Thompson: Das Elend der Theorie. Zur Produktion geschichtlicher Erfahrung [1978], übers. v. Peter Huth, mit einer Einleitung von Michael Vester, Frankfurt a. M. 1980, S. 158; vgl.: ders.: Die englische Gesellschaft im 18. Jahrhundert: Klassenkampf ohne Klasse? [1978], in: ders.: Plebeische Kultur und moralische Ökonomie, hrsg. v. Dieter Groh, übers. v. Günther Lottes, Berlin 1980, S. 247–289, insbes. S. 264–267). Kämpfte Thompson für die Einschreibung des Kulturell-Subjektiven in die marxistische Analyse, ging es Althusser darum, ein Argument bereitzuhalten, das sowohl (gegen jede Form einer »humanistischen« Marx- oder Marxismus-Interpretation) einen Rückgriff auf Subjektivität nicht nötig haben, als auch (nun wider den Objektivismus-Fetisch eines »mechanistisch« reduzierten Materialismus innerhalb des Marxismus-Leninismus) gegen teleologische Geschichtsdeutungen immun sein soll: Die *strukturontologische* Ankopplung des Klassenkampfs an den »Widerspruch in seiner Allgemeinheit« (Louis Althusser: Widerspruch und Überdetermination [1962], übers. v. Gabriele Sprigath/Frieder Otto Wolf, in: ders.: Für Marx [1965], Neuausgabe, Berlin 2011, S. 105–144, hier S. 118) ermöglichte es Althusser, innerhalb seiner Konzeption von Geschichte als subjektlosem Prozess dennoch eine treibende Kraft postulieren zu können, ohne dabei wiederum Anleihen bei einem z.B. techno-funktionalistischen Determinismus machen zu müssen, der sich auf den angeblichen »Primat der Produktivkraftentwicklung« beruft (ebd., S. 132; ders.: Bemerkungen zu einer Kategorie: »Prozess ohne Subjekt und ohne Ende/Ziel« [1973], in: Was ist revolutionärer Marxismus?, S. 89–94, hier S. 94).

cheren Horizont. Andererseits definiert, wie Foucault bezüglich der Eigner des Macht-Wissens betont, für die er sich interessiert, eine soziale (Klassen-)*Lage* nicht notwendigerweise eine politische (Klassen-)*Position*. Man darf diese Dinge nicht der unerschöpflichen Kontingenz der Empirie überlassen. Die Theorie muss bestrebt sein, bestimmte regelmäßige Vorkommnisse zu erklären.[244] Doch ist *die Klasse*, kurz gesagt, *so beschaffen, dass es darin stets das Individuum in seiner Einzigartigkeit zu suchen gilt*. Sie besteht aus nichts anderem als aus einzigartigen Individuen in je singulärer Situation.

Es bleibt jedoch zu zeigen, was der Preis dieser Denkbarkeit ist: Unter welchen Bedingungen ist die interindividuelle *Beziehung* innerhalb des gesamtgesellschaftlichen *Verhältnisses* zu verstehen, und umgekehrt?

§312 Die mikro-makrologische Klassengliederung

Dem Alltagsbewusstsein erscheint das Individuum als primär Gegebenes. Foucault und Marx tragen dem auf je eigene Weise Rechnung. Foucault wiederholt, dass »natürlich« Strukturen im Hintergrund seien, ohne sie jedoch in sein Programm aufzunehmen; bei aller schlagkräftigen Kritik am Strukturalismus verbleibt er in den Grenzen eines »Common sense«-Nominalismus, der das Kollektiv nicht auf den Prüfstand stellt – der zumindest nicht bis zu dem Punkt zurückgeht, an dem es insbesondere die interindividuellen Arrangements in der modernen Gesellschaft unter die Lupe zu nehmen gälte, das heißt bis zur modernen Klassenspaltung. Marx seinerseits betont, dass die unmittelbare Erfahrung (die augenfällige »Erscheinung«) nicht den Schlüssel zur Gesellschaftstheorie darstellt. Er meint aber sehr wohl, dass sich seine Theorie der Klassen*verhältnisse* mit konkreten Individuen, mit *Beziehungen* zwischen singulären Subjekten befasst. Meiner Ansicht nach gelingt ihm das nur unzureichend. Denn die Verbindung zwischen Strukturalismus und Nominalismus erfordert eine *Transformation* der marxschen Klassenmatrix, wie sie der metastrukturale Ansatz vorschlägt, den Marx initiiert, aber nicht zu Ende geführt hat.

Wir haben diese Richtung im vorangehenden §311 eingeschlagen und festgestellt, dass die Klasse keine [empirisch eindeutig zu identifizierende] Gruppe ist. Das Klassenverhältnis ist primär als *Spaltung* im modernen Gesellschaftskörper zu verstehen, *die soziale Gruppen hervorbringt*; diese Gruppen versammeln singuläre Personen in unterschiedlichem Umfang. Dies ist jedoch soweit nur das negative, externe Moment der Analyse.

244 Dies ist eines der Ziele des Kapitels 4 von »L'État-monde« (2011), »Classe, parti et mouvements«. Dort versuche ich, insbesondere auf die Frage der Diskrepanz zwischen der sozialen Zusammensetzung der Parteien und den Klassen, die zu vertreten sie vorgeben, zu antworten.

Bevor wir daran gehen, das sich aus dem metastrukturalen Ansatz ergebende positive Moment zu untersuchen, bietet es sich an, auf die Schwierigkeiten einzugehen, die mit der Anerkennung der Tatsache »Klassen« verbunden sind. Ich möchte zeigen, dass *die Beziehung zwischen dem individuellen Moment und dem Klassenmoment deswegen so schwer zu fassen ist, weil die Klassen unsichtbar sind* (jedenfalls als das, was sie sind). Der Klassenbegriff ist schwer zu greifen (schwerer als der des Individuums); das macht auch die Beziehung zwischen Individuum und Klasse schwer greifbar. Dieses Problem hat hauptsächlich damit zu tun, dass im Unterschied zu *gesellschaftlichen Gruppen*, die sich nur in bestimmten Merkmalen unterscheiden (Interessen, Lebensstil, Ideologien etc.) und ansonsten gleichartig sind, den Klassen die »Ähnlichkeit« fehlt, die es erlauben würde, sie als Teil desselben Begriffes zu »visualisieren«.

Betrachten wir zunächst die zwei Klassen: herrschende oder privilegierte Klasse *versus* Basis- oder Volksklasse. Sie unterscheiden sich insbesondere durch ihre unterschiedliche Beziehung zum Paar Markt-Organisation, von dem her sie sich definieren. Die erstgenannte Klasse birgt zwei »Pole«, die jeweils durch ein Privileg gekennzeichnet sind: *Eigentum* (auf dem Markt) oder *Kompetenz* (in Bezug auf Mittel und Ziele der sozialen Organisation). Diese beiden Arten der Macht (die mit den beiden »Vermittlungen« verbunden sind) wirken sich gemeinsam, aber ungleich auf die Gesamtheit der Basisklasse aus. Diese tendiert *deshalb* dazu, sich nicht in zwei Parteien zu gliedern, sondern in drei »Fraktionen«, je nach vorherrschendem Modus sozialer Koordination, je nachdem, ob man mehr in Organisationszusammenhängen gefangen ist (etwa als Beamte), in Marktzusammenhängen (etwa als Einzelproduzenten oder, besser gesagt, »Kaufleute«),[245] oder an der Schnittstelle beider (als Beschäftigte in der Privatwirtschaft). Die beiden Klassen sind somit unterschiedlich strukturiert. Die herrschende Klasse, die Klasse der Wenigen, besteht aus zwei sozialen Kräften, die zwischen Konvergenz und Divergenz oszillieren. Die andere Klasse, die der Vielen, kann sich als solche nur in einer Dialektik zwischen dem Streben nach einer *Einheit* ihrer Fraktionen und einem *Bündnis* mit dem Macht-Wissen behaupten – Bündnis auf Grundlage der Tatsache, dass die zwei Klassenfaktoren nicht dieselben

245 Editor. Hinweis: Die hier gemachte Subsumierung von kleingewerblichen Handwerkern, Bauern, sogenannten Urerzeugern, Freiberuflern etc. zusammen mit den Handelsgewerbetreibenden unter *einen einheitlichen* »Kaufmanns«-Begriff verdankt sich wohl eines spezifischen Details des französischen Handelsrechts: Zwar sind die nicht-handelsgewerbetreibenden Berufe in Frankreich traditionell sehr viel stärker von den kaufmännischen getrennt als im deutschen Rechtsverständnis, andererseits jedoch stellt der Code de Commerce (Art. 632 u. 633) – anders als das deutsche Handelsgesetzbuch – nicht den Begriff des Kaufmanns, sondern den der »actes de commerce« in den Vordergrund, was dazu führt, dass nach französischer Auffassung ein Handelsgeschäft auch vorliegen kann, wenn keine der beteiligten Personen ein Kaufmann ist. Davon ausgehend ist es dann »nur« ein kleiner, »metaphorisierender« Schritt, im Rückschluss vom Charakter der *Tätigkeit* auf die Eigenschaft der beteiligten *Akteure* diese generalisierend eben doch als »Kaufleute« zu bezeichnen.

sozialen Eigenschaften aufweisen. Diese verschiedenen Verknüpfungen [articulations], durch die die »Klassen« als disparate und fluide Entitäten *existieren*, treten nur unter hohem theoretischem (Sozialwissenschaft) und praktischem (Klassenkampf) Aufwand hervor.

Was die zwei Pole der privilegierten Klasse betrifft, so sind auch diese sich untereinander ganz und gar unähnlich. Ihr Reproduktionsmodus unterscheidet sich radikal (siehe Marx für den ersten, Bourdieu für den zweiten). Der Pol der Kapitalisten ist zwar äußerst vielschichtig, besitzt aber dennoch eine Art systematischer Einheitlichkeit, da er sich durch den Prozess der Kapitalakkumulation, der alle konkurrierenden kapitalistischen Akteure miteinander verbindet, ständig neu behauptet. Fest zusammengehalten wird er unter der Hegemonie des Finanzwesens, dem konzentrierten und als solchem erkennbaren Scheitelpunkt. Der andere Pol existiert – ungeachtet der Subspaltung, die ebenfalls ein problematisches Kontinuum zwischen Entscheidungs- und Kompetenzträgern ist (analysiert in §223 oben) – nur in der sozialdynamisch jederzeit erforderlichen Vielfalt von Weisungs- und Kompetenzfunktionen und findet zur Einheit nur vermittels historisch wechselhafter strategischer Prozesse. Die »Elite« der Kompetenz- und Entscheidungsträger verteilt sich in ihrem Wirken auf sehr unterschiedliche Bereiche und Aufgaben, bei deren jeweiliger Durchführung » mit Kompetenz ausgestattete« Individuen in das konkrete Leben (ökonomisch, familiär, sexuell ...) von Individuen hineinwirken – das Leben der singulären Subjekte: der gebildeten, dirigierten, analysierten, erfassten, versorgten, verwalteten Subjekte ... Die »Elite« behauptet sich mittels entsprechender Steuerungsorgane. Doch stehen die allermeisten »kompetenztragenden« Akteure, im Sinne eines fließenden Übergangs zwischen den Klassen, weniger im Rang von Führungskräften als vielmehr von Weisungsempfängern.

Was schließlich die Basis- oder Volksklasse betrifft, so ist auch deren Einheit nicht unmittelbar gegeben. Daher spricht man im Allgemeinen auch von den »unteren Klassen« im Plural – wiederum ein epistemologisches Hindernis, das die Perspektive ihrer politischen Einheit verschleiert. Wir werden diverse Trennungs- und Verstreuungsfaktoren in den Blick zu nehmen haben.[246] Was es jedoch zunächst zu untersuchen gilt, ist das Prinzip der Fraktionierung. Die Erfahrung lehrt uns heute zwar, dass sich der Eintritt ins »Erwerbsleben« (sofern dieser sich als möglich erweist) für eine ganze Generation, die weit überwiegend von »unten« kommt, in Form dreier strukturell verschiedener (mehr oder minder verflochtener) »Wahlmöglichkeiten« darstellt: als Arbeitsplatz im öffentlichen

246 Ich argumentiere hier noch immer im abstrakten Rahmen der Klassenstrukturen, ohne die *andere Dimension* der modernen Gesellschaftsform – die des *Weltsystems* mitsamt Sklaverei, Migration, Rassismus und allem, was noch dazugehört – oder auch das *andere gesellschaftliche Hauptverhältnis*, das Geschlechtsverhältnis, zu integrieren.

Dienst, als Beschäftigung in der Privatwirtschaft oder als vermeintlich »Selbstständiger«. Es bedarf jedoch der metastrukturalen Analyse, die diese verschiedenen Lagen mit dem verschiedentlichen Zusammenspiel der Faktoren Markt und Organisation, mit den unterschiedlich gewichteten Beziehungen zu beiden »Vermittlungen«, in Beziehung setzt und den Nachweis erbringen kann, dass alle drei eine einzige Klasse bilden, zu der auch die Ausgeschlossenen gehören. Unter den Bedingungen des modernen Klassenverhältnisses sind auch die Mechanismen des Ausschlusses, in ihrer Brutalität und Radikalität, Ergebnis der bösartigen Potenziale [potentiels pervers] von Markt und Organisation. Ich komme darauf zurück.[247]

Insgesamt gibt es unter diesen Bedingungen keine absolute Diskontinuität zwischen den zwei Klassen, ebenso wenig wie zwischen den Polen der herrschenden Klasse. Auch der Kleinkapitalist übernimmt Entscheidungsgewalt und steht doch den einfachen Leuten nahe. Dies kann auch für Entscheidungs- und insbesondere für Kompetenzträger gelten. Dennoch ist die *Spaltung* nicht unwesentlich. Sie ist allerdings im aktiven Sinne zu verstehen, nicht als Teilung, sondern als Teilendes: Sie bietet kein *Register*, mit dessen Hilfe sich a priori sagen ließe, wo im Heer der Beamten, Freiberufler und Kopfarbeiter die feste und unverrückbare Grenze zwischen Herrschenden und Beherrschten verläuft – sie trennt die Klassen durch die von ihr erzeugte *Dynamik*. Die Dynamik der Spaltung hat jedoch auch ein einigendes Moment. »Die Klassen« existieren in den fluktuierenden Gruppierungen – den historischen Akteuren –, die durch die Klassenspaltung hervorgebracht werden. Die Situation ist stets in Bewegung und die einzige Möglichkeit, jederzeit zu wissen, wer Freund, wer Feind, wer Partner ist, besteht darin, die Wechselbeziehung zwischen den drei »gesellschaftlichen Kräften« zu betrachten. Genau das ist Aufgabe einer metastrukturalen Hegemonietheorie.

Also, »es gibt Klassen« – und ich habe versucht, den Sinn dieser Aussage zu verdeutlichen. Zu zeigen bleibt noch, dass »die Klasse« zwar [in ihrer empirischen Greifbarkeit] aus nichts Weiterem als aus singulären Einzelfällen besteht, dieser Umstand allerdings nicht allein darauf zurückzuführen ist, dass die Individuen lediglich in einem fluktuierenden und oft brüchigen Verhältnis zu ihr stehen. Er liegt vielmehr darin begründet, dass das Klassen*verhältnis* selbst aus interindividuellen *Beziehungen* besteht. Der metastrukturale Ansatz – der seine Legitimation aus dem Wissen bezieht, das er generiert, sowie aus dem Horizont, den er eben hierdurch für die Praxis eröffnet – analysiert die moderne Klassenstruktur als »Instrumentalisierung der Vernunft«. Er geht von den zwei rationalen Vermittlungen aus, die die zwei komplementären »Pole«

247 Die metastrukturale Analyse vergisst nicht, dass die Klassenverhältnisse stets in Geschlechterverhältnisse eingewoben sind. Siehe unten, §331.2.

unserer gesellschaftlichen »Vernunft« definieren: Markt und Organisation als die zwei Modi rationaler Koordinierung *zwischen Individuen* auf gesellschaftlicher Ebene. Diese zwei *interindividuellen Vermittlungen*, durch die die beiden sozialen Arten von Macht (Macht-Eigentum, Macht-Wissen) ins Werk gesetzt werden, bilden die Klassen*faktoren*, die im modernen Klassen*verhältnis* zusammenkommen. *Die Interindividualität ist somit für den Begriff der [modernen] Klasse konstitutiv*. Hiermit wären die Voraussetzungen genannt, auf Basis derer es *Individuen* – und eben nicht Familien, Eltern, Dörfer oder Clans – sind, die kaufen und verkaufen, einstellen und entlassen, urteilen, befehlen, lehren und heilen, aber auch Verträge schließen, arbeiten, gehorchen, Widerstand leisten, unternehmerisch tätig sind, deuten, die sich zusammenfinden oder trennen (»juristische Personen« existieren nur als interindividuelle Markt-, Organisations- und Diskursbeziehungen). Das »moderne Klassen*verhältnis*« existiert in diesem Sinne nur durch die »interindividuelle Klassen*beziehung*«. Da jedoch auch die Klassen*beziehung* nur durch das Klassen*verhältnis* existiert, gilt ebenso, dass jede individuelle (oder Individuen zusammenbringende) Handlung im Sinne von Arbeit, Gehorsam, Umdeutung, Widerstand oder Neugruppierung einen strukturalen Wert bekommt, also die Klasse und die Gesellschaft als Ganze betrifft. Jede individuelle Handlung ist, mit Yves Citton gesprochen,[248] eine »Geste«, die in der gesamtgesellschaftlichen Auseinandersetzung ein Zeichen für alle ist. Als solche gibt es sie [die individuelle Handlung] aber nur, weil die kollektive Struktur bereits vorhanden ist.

Es ist schwierig, die Beziehung zwischen all diesen Ausdrücken, die vielschichtige Beziehung zwischen Individuum und Klasse zu erfassen. Es ist schwierig, in einer bescheidenen Aktion von unten die eminente strukturale Dimension einer klassenmäßigen »Geste« zu erkennen. Und dennoch: Wenn sich »die Massen« in einer solchen »kleinen Aktion« wiedererkennen können, kommt es dazu, dass diese die Klassenspaltung verschiebt (etwa: eine Frau stürzt sich aus dem Fenster, weil die Bank sie unter unerträglich großen Druck setzt; das Volk empört sich; das Finanzwesen gibt nach). Es ist schwierig, die Macht der *Klasse* in den interindividuellen Praktiken der Kompetenzträger auszumachen, die *ihr* Metier im Namen *ihres* überlegenen Wissens ausüben. Dennoch leitet der Kompetenzträger seine Autorität (seine anerkannte Kompetenz) von der strukturellen Organisation und nicht von sich selbst ab; just in deren Ausübung reproduziert sich das Klassenprivileg. Umgekehrt ist es ebenfalls schwierig, *das Individuelle* in der Macht-Eigentumsaggregation einer Aktiengesellschaft zu erkennen. Und dennoch gibt es hinter der Aktie den Aktionär, und es gibt diejenigen, über die seine Macht »verfügt«

248 Yves Citton: Renverser l'insoutenable, Paris 2012.

(wie man bei Unternehmensschließungen sehen kann). Es gilt, hinter dem epistemologischen Monster der »Märkte«, wie die kapitalistische Herrschaft geheißen wird, die machtvoll organisierten Individuen und konkreten Gruppen zu erkennen, die entschlossen sind, ihr Gesetz durchzusetzen.

Kurz, man kann nur dann gleichzeitig Nominalist und Strukturalist sein, wenn man Klassen*verhältnis* und Klassen*beziehung* miteinander verbindet. Und das setzt voraus, dass man das Klassenverhältnis ausgehend von den beiden *Klassenfaktoren* versteht, ausgehend von den beiden *instrumentalisierten interindividuellen Vermittlungen*, Markt und Organisation, die insgesamt in ihrer Ausübung nichts anderes sind als unsere eigene Vernunft.[249]

§313 Die mikro-makrologische Staatsgliederung

Dies gilt auch für den Staat, eben weil der Staat selbst ein Klassenverhältnis ist: Er ist Teil des Klassenverhältnisses, das die Gesellschaft als Ganzes strukturiert. So ist es bei Marx, aber auch, wie wir sehen werden, bei Foucault. Doch bevor wir verstehen können, inwiefern Strukturalismus und Nominalismus dialektisch miteinander verbunden sind, bedarf es einiger Erläuterungen.

1. Die »Macht« weist bei Foucault in diesem Zusammenhang zwei miteinander verbundene Merkmale auf: (a) ist sie in erster Linie ein Verhältnis zwischen Individuen, (b) ist sie der Gesamtheit sozialer Beziehungen immanent. Diese beiden Thesen richten sich explizit gegen Marx' Ansatz oder wenigstens gegen den eines gewöhnlichen Marxismus.

(a) *Nominalismus, zumindest am Anfang...* Denn »zweifellos muss man Nominalist sein«. Foucault führt dies insbesondere im Abschnitt »Methode« in »Der Wille zum Wissen« aus.[250] Die Macht kommt tatsächlich »von überall«, von einer »Vielfältigkeit von Kraftverhältnissen«, und weder von einem »Mittelpunkt«, noch von »einer Sonne der Souveränität«, noch vom »Gesetz« oder von einem »Generalstab«, einer »Gruppe«, die den Apparat kontrolliert. Der Staat ist nichts anderes als »die insti-

249 Vgl. Étienne Balibar: Foucault und Marx. Der Einsatz des Nominalismus [1989], in: François Ewald/Bernhard Waldenfels (Hrsg.): Spiele der Wahrheit. Michel Foucaults Denken, Frankfurt a. M. 1991, S. 39–65. Balibar kommt zu Recht zu dem Schluss, dass man die Klassenverhältnisse notwendigerweise im Sinne von Beziehungen zwischen konkreten Individuen denken müsse. Gemäß der von mir vorgeschlagenen metastrukturalen Analyse muss man, um vom »Verhältnis« zur »Beziehung« zu gelangen und umgekehrt, die beiden »Vermittlungen« betrachten; sie sind *interindividuelle* Operatoren und betreffen als solche Körper: Körper in Markttransaktionen, Körper in Organisationen, stets normalisiert unter einem Macht-Wissen, da in der modernen Gesellschaft die Marktmacht nie außerhalb der Organisation, außerhalb des Macht-Wissens ausgeübt wird.

250 Michel Foucault: Sexualität und Wahrheit I. Der Wille zum Wissen [1976], übersetzt v. Ulrich Raulf/Walter Seitter [1977], Frankfurt a. M. 1983, S. 93–98.

tutionelle Integration der Machtbeziehungen«.[251] In diesem Metaphernwald sollte eine Gemeinsamkeit zwischen Foucault und Marx unsere an beiden Denkern geschulte Aufmerksamkeit auf sich ziehen, nämlich der Bezug auf eine »Ordnung der Gründe« als ein Vorher—Nachher-Schema, das angibt, womit wir zu beginnen und zu enden haben.[252] »Zunächst« gibt es stets spezifische Kraftverhältnisse, ohne dass ein »primärer« Mittelpunkt auszumachen wäre; sodann gibt es »Gesamtdispositive«, die »Integration« einzelner Mächte. Die Darstellung folgt einer notwendigen Reihenfolge: Man kann nicht vom *Gesamten [l'ensemble]* sprechen, ohne bereits gezeigt zu haben, aus welchen Elementen es zusammengesetzt ist. Diese Ordnung der Gründe drängt sich dem Theoretiker auf: Für eine Sozialontologie bedarf es schließlich einer Reihe von »Existenzberechtigungen« [»raisons d'être«].

Erinnern wir uns, dass Marx im »Kapital« genau so vorgeht. Marx kann auf keinen Fall direkt mit dem Klassenverhältnis *beginnen* (und daher auch nicht mit dem Klassenstaat): Er kann nichts über das Kapital sagen, das ein strukturales Konzept ist, solange er den Markt nicht analysiert hat, ein nominalistisches Konzept, das ausschließlich Individuen kennt. In Abschnitt I gibt es nur Beziehungen zwischen Individuen in einer Marktlogik der Produktion (siehe oben, §112). Und Marx' Problem besteht genau darin, einen theoretischen Weg zu finden, der von der interindividuellen *Beziehung* auf dem Markt zum kapitalistischen Klassen*verhältnis* führt. Marx und Foucault stehen somit vor derselben Frage:

251 Anders als von Bidet referiert, heißt es bei Foucault, der Staat *beruhe auf* dieser Integration, nicht, er *sei* diese Integration (im frz. Foucault-Orig.: »repose sur«, »l'État repose sur l'intégration institutionnelle des rapports de pouvoir«; Histoire de la sexualité I: La volonté de savoir, Paris 1976, S. 127). (Anm. d. Ü.)

252 Editor. Hinweis: Descartes ließ das Denken am Wahrheitsgehalt aller Vorstellungen außer der seiner selbst zweifeln (»cogito ergo sum«) und machte eben die Gewissheit seiner selbst zum Maßstab der Verknüpfung aller übrigen Vorstellungen. Damit begründete er ein Paradigma der Konstruktion der Ordnung der Dinge als »Ordnung der Gründe« (»series rationum«): nicht die »Ordnung des Seins«, der »Dinge, wie sie existieren« (oder zumindest, wie sie sich repräsentieren ließen), sei der Maßstab für die richtige Methode, sondern jene systematisch-rationalistische Ordnung der Erkenntnis, die von den »leichteren« zu den »schwierigeren«, von den einfacheren zu den komplexeren Begriffen fortschreitet, womit die »Dinge« in eine Reihenfolge gebracht sind, »nicht zwar sofern diese Dinge sich auf eine bestimmte Art des Seins beziehen, sondern sofern die einen aus den anderen erkannt werden können«. (*rationum [mearum] series [et nexus]:* R. Descartes: Meditationes de prima philosophia [1641], Praefatio, Abs. 6, Satz 3; *res omnes [...] in quantum unae ex aliis cognosci possunt:* ders.: Regulae ad directionem ingenii [seit 1619, unvollendet], Regel VI, Erläut. 1.) Foucaults Verhältnis zu Descartes ist, wenig überraschend, ein ambivalentes bzw. spannungsreich-produktives: In »Wahnsinn und Gesellschaft« widmet er dem klassischen Rationalisten drei prominente Seiten, im Auftakt zum 2. Kapitel »Die große Einsperrung« (S. 68–71; Übers. der Betitelung korr.), wo er anhand der ersten Meditation seine These zu erhärten sucht, das Vernunftsubjekt der neuzeitlichen Klassik habe sich allein im Ausschluss des Wahnsinns aus dem eigenen Erfahrungsbereich konstituieren können. Und schließlich ist Descartes nicht nur in der »Archäologie der Humanwissenschaften« allgegenwärtig, sondern ebenso ist aus Foucaults (Wunsch-) Betitelung eben jenes Buches die Anspielung auf das rationalistische Systematisierungsdenken nicht wegzudenken. (Laut Didier Eribon hat Foucault für sein Buch zeitlebens den Titel »L'ordre des choses« bevorzugt – im Übrigen eine an der Umgangssprache orientierte Variation des philosophiehistorisch etablierten Ausdrucks »ordre des matières«; der Titel »Les mots et les choses« sei ein Zugeständnis an den frz. Verleger gewesen. Siehe Didier Eribon: Michel Foucault. Eine Biographie [1989], übers. v. Hans-Horst Henschen, Frankfurt a. M. 1999, S. 241.)

Wie kann man zugleich Strukturalist und Nominalist sein? Oder, besser gesagt: *Wir* stehen vor dieser Frage, und es gilt, sie zu beantworten.

(b) *Immanenz der »Macht« in der Gesamtheit der sozialen Beziehungen.*

> »Einen Schematismus«, mahnt Foucault, »sollte man unbedingt vermeiden - einen Schematismus, den man im Übrigen bei Marx selbst nicht findet -, und der darin besteht, dass man die Macht im Staatsapparat lokalisiert und aus dem Staatsapparat das bevorzugte, hauptsächliche, wesentliche, beinahe einzigartige Instrument der Macht einer Klasse über eine andere Klasse macht. In Wirklichkeit geht die Macht in ihrer Ausübung viel weiter, geht sie durch viel feinere Kanäle hindurch, ist sie viel zwiespältiger, weil schließlich jeder im Grunde Vertreter einer bestimmten Macht ist und insofern die Macht befördert. Die Macht hat nicht bloß die eine Funktion, die Produktionsverhältnisse zu reproduzieren. Die Netze der Herrschaft und die Kreisläufe der Ausbeutung überlagern sich, überschneiden sich und stützen einander, aber sie fallen nicht zusammen.«[253]

Hier kreuzen sich verschiedene Themen. Die Immanenz hat nichts mit Zufall zu tun, sondern mit Überschneidung und Diskrepanz. Halten wir fest:

> »Die Machtbeziehungen verhalten sich zu anderen Typen von Verhältnissen (ökonomischen Prozessen, Erkenntnisrelationen, sexuellen Beziehungen) nicht als etwas Äußeres, sondern sind ihnen immanent.«[254]

Foucault denkt Klassenmacht und Staatsmacht als Streuung verschiedener Machtmechanismen. Mit dem Vorschlag Michelle Perrots[255] ist er (»absolut«, wie er sagt) einverstanden:

> »Sie sprechen sich gegen die Vorstellung von einer Macht aus, die eine Überbaustruktur wäre, aber nicht gegen die Vorstellung, dass diese Macht gewissermaßen von gleicher Substanz wie die Entwicklung der Produktivkräfte wäre.«[256]

253 Foucault in: Fragen an Michel Foucault zur Geografie, S. 48.

254 Foucault: Der Wille zum Wissen, S. 94.

255 Michelle Perrot, Historikerin, arbeitete zeitweise mit Foucault zusammen, z. B. hinsichtlich der Geschichte des Strafvollzugs in Frankreich. Dem deutschen Publikum ist sie vor allem als Mitherausgeberin (neben Georges Duby) der fünfbändigen »Histoire des femmes en Occident« (Paris 1991/92; dt. als: Geschichte der Frauen, Frankfurt a. M. 1993) und (neben den Reihenherausgebern Philippe Ariès und Georges Duby) des 4. Bandes der »Histoire de la vie privée« (Paris 1988; dt.: Geschichte des privaten Lebens, Bd. 4, Frankfurt a.M. 1994) bekannt. (Anm. d. Ü.)

256 Perrot in Foucault/Barrou/Perrot: Auge der Macht, S. 265.

2. Wenn nun der Marxismus sich weigert, im Staat eine über den Klassen stehende Institution zu sehen, über der »bürgerlichen Gesellschaft« (um es mit [klassisch-] liberalen Worten zu sagen), wenn er ihn zu einer »Klassenangelegenheit« macht und deshalb »Staat« und »Staatsapparat« im engen Sinne unterscheidet, dann führt er damit genau die Idee ein, dass der Staat allen sozialen Verhältnissen immanent ist, insofern sie Klassenverhältnisse sind. Der Überbau ist der Basis immanent. Seine (Klassen-) Macht übt der Staat in den interindividuellen Klassen*beziehungen* aus, die dem Klassen*verhältnis* eingeschrieben sind. Aus diesem Grund ist das »Unpersönliche« moderner Gesellschaftsverhältnisse gänzlich relativ. Kurz, dies ist nicht das geeignete Feld für eine Konfrontation zwischen Foucault und Marx. Alles ist politisch, bis hinein in die Beziehungen zwischen den Individuen, das zeigen beide, jeder auf seine Weise.

Tatsächlich kann man sie auch Rücken an Rücken stellen, allerdings nicht im selben Sinn. Man kann sagen, dass Foucault sein Programm begrenzte. Sein Nominalismus ist auch ein Alibi, um sich nicht mit dem Wesen von Strukturen und Totalitäten auseinandersetzen zu müssen. Er verlässt sich auf das, was vor ihm über die Klassen (und, in diesem Sinne jedenfalls, vom Staat als Klassenstaat) gesagt wurde, und spricht davon wie von einer allseits bekannten Tatsache, ohne Nachdruck – denn seine Fragestellung ist eine andere. Im Prinzip sagt er: »Sicher, es gibt Strukturen im Hintergrund, aber ich spreche von etwas anderem«.[257] Und vielleicht hat er dafür gute Gründe. Foucault folgt ganz seinem spezifischen Genius: Er eröffnet *ein anderes Feld*, einen anderen »Kontinent«, und zeigt, dass er uns viel beizubringen hat. Und seine Entdeckungen strahlen zurück auf Marx' Feld der Strukturen und der von Strukturen bestimmten Gesamtzusammenhänge. Natürlich stößt Marx auf das Dilemma Nominalismus/Strukturalismus. Doch er hat wohl seine Untersuchung nicht zu Ende geführt. Ich werde daher versuchen, weiter vorzudringen.

3. »Beziehung« und »Verhältnis« können nur *dialektisch* zusammengedacht werden. Darum geht es in der meta/strukturalen Forschung (in der das »/« die dialektische Beziehung zwischen den beiden Begriffen anzeigt: Metastruktur und Struktur). Sie ist, wie wir sehen werden, durch das marxsche Schema im »Kapital« inspiriert (auch wenn dieses fehlerhaft, da »unipolar« ist, wie ich zu zeigen versucht habe: konzentriert auf das Zwischen-Einzelnen des Marktes, abgeschnitten vom Zwischen-Allen der Organisation. Die Reihenfolge, in der Marx seine Ausführung darstellt, ist letztlich

257 Zur Vielfalt der Formulierungen – »Hegemonie«, »Suprematie«, »Übermacht« usw. – mit denen die Prozesse globaler Herrschaft beschrieben werden, siehe Bob Jessop: Pouvoir et stratégie chez Poulantzas et Foucault, in: Actuel Marx, Nr. 36: Marx et Foucault, 2004, S. 89–107, hier S. 101 [urspr.: Power and strategy in Foucault and Poulantzas, in: Ideas and Production, Nr. 6, 1987, S. 59–85; überarbeitete und vollständig übersetzte Fassung als: Macht und Strategie bei Poulantzas und Foucault, übers. v. Ingar Solty, Hamburg 2005 (Einzelveröffentlichung)]. Sie zielen nicht darauf ab, diese Globalität als solche zu *konzeptualisieren*.

nicht pädagogisch, sondern theoretisch motiviert: Sie führt uns durch ein sozialontologisches Projekt und geht dabei von der Beziehung zum Verhältnis und vom Verhältnis zur Beziehung, mit dem Ziel, die moderne Gesellschaft als einen Prozess zu verstehen, der nicht funktionalistisch ist.

(a) Es gibt durchaus einen nominalistischen Anfang, nämlich jenen, auf den sich alle Debatten herunterbrechen lassen, die fragen, was ist und was sein sollte: den Punkt, an dem sich jeder als freier und anderen gegenüber gleicher Sprecher [interlocuteur] definiert. Marx beschreibt dies in Abschnitt I als Welt der modernen (amphibolischen) Anmaßung: Wir sind eine Marktgesellschaft, eine Gesamtheit von Individuen, die sich für frei halten und untereinander ihre Dienste, ihre Arbeit in Form von Waren (Gütern oder Dienstleistungen) austauschen. Vorausgesetzte *Beziehung*. »Metastruktur«.

(b) Tatsächlich lernen wir in Abschnitt III: Die vorausgesetzte freie Marktbeziehung wird gesetzt, generiert durch das moderne Klassenverhältnis (oder: die Metastruktur wird gesetzt, generiert durch die Klassenstruktur, die Arbeitskraft zur Ware macht). Aber dieses Klassenverhältnis, das den Gesellschaftskörper als ein Ensemble freier und rationaler Individuen setzt, teilt sie in zwei Klassen: in jene, die die Produktionsmittel besitzen, und jene, die ihre Arbeitskraft verkaufen und gegen Lohn produzieren. Auf diese Weise, durch die Ausbeutung, reproduziert sich die Totalität der Klasse. Realisiertes *Verhältnis*. »Struktur«.

(c) Doch muss in Klassen*beziehungen* analysiert werden, wie sich dieses Klassen*verhältnis* ins Werk setzt. Der Kapitalist verwirklicht sich als solcher nur in Konkurrenzbeziehung zu anderen, mit deren Ausschaltung er ständig beschäftigt ist. Alle Lohnarbeiter konkurrieren miteinander; jederzeit droht ihnen, durch jemanden ersetzt werden, der mehr Profit generiert. Das Verhältnis zwischen den beiden Klassen realisiert sich auch durch die Beziehung zwischen Individuen: einen Vertrag schließt stets ein singuläres Arbeitgeber/Arbeitnehmer-Paar. Jedenfalls »zunächst«, denn hier stehen sich die beiden Klassen tatsächlich gegenüber, oder wenigstens die Gruppen, die aus ihnen hervorgehen, die in der Lage sind, unter den durch das Klassenverhältnis vorgegebenen Bedingungen Verbindungen einzugehen. Unter diesen Bedingungen sind es *Individuen*, die kämpfen, Situationen interpretieren, Chancen und Risiken analysieren, sich engagieren. »Praktiken«.

(a-b-c) Hierin, in dieser Einheit von Klassenverhältnis und Klassenbeziehung, findet sich *soziale Dialektik*. Stets gelangt man wieder zu der Beziehung zwischen einzelnen Individuen und zu jener zwischen allen. Was uns hierauf zurückverweist, ist das Klassen*verhältnis*. Es ist das kapitalistische Klassenverhältnis, das die Warenbeziehung als allgemeine hervorbringt, wie Marx erklärt. Genauer, die Klassen*struktur* definiert das widersprüchliche Feld der ökonomischen *Praktiken* (die sowohl sozial als auch politisch sind). Diese Praktiken »setzen« die *Metastruktur*. Denn sie sind stets zugleich auch *Sprechakte*. Auf diese Weise wird die metastrukturale Voraussetzung in ihrem substanziellen Gehalt ständig neu aufgerollt: was unter Freiheit und Gleichheit verstanden, was als Rationalität anerkannt wird – die freie Verfügung über den eigenen Körper, die Freiheit des Ausdrucks, Gleichheit auf dem Arbeitsmarkt und in Bezug auf Risiken, sanktionierter Zugang zu Wissensressourcen, und so weiter ad infinitum. Das Klassenverhältnis, die stets unterschiedlich reproduzierte Spaltung, ist somit in ständiger Bewegung und eröffnet andere Felder möglicher Praktiken.

4. So ist auch der *Staat* zu verstehen. Der Staat hat »kein Wesen«, sagt Foucault: »Der Staat ist nichts anderes als der bewegliche Effekt eines Systems von mehreren Gouvernementalitäten«.[258] Dieses Nichtessenzielle, diese Beweglichkeit, diese Bewegung zeigen sich in dialektischen Begriffen.

(a) Der *metastrukturale Staat* ist als der abstrakt »den Klassen vorgängig« betrachtete Staat[259] gedacht, der Staat, wie er sich verfassungsmäßig definiert und deklariert, wie ihn der öffentliche Diskurs unaufhörlich zitiert. *Er ist, zumindest dem Anschein nach, eine rein bürgerliche Organisation*, eine reine Organisation der Rede; er gründet auf der Gleichung »eine Stimme = eine Stimme« sowie auf der »metastrukturalen Asymmetrie«, die auf dieser grundsätzlichen Ebene die Warenbeziehung als »Korruption« ausschließt. Er regiert *dem Anschein nach* über die Gesamtheit der Institutionen, von denen angenommen wird, dass sie zur Ausarbeitung und zur Umsetzung allgemeiner Gesetze und Entscheidungen notwendig sind. *Der deklarierte Staat ist nicht nichts*. In ihm verbirgt sich die Klassenstruktur. In ihm verrät sie sich. Sie verschafft sich Gehör in der *Amphibolie* einer gemeinsamen Erklärung, bei der jene von oben ausrufen, dass die erklärte Ordnung verwirklicht ist, und jene von unten, dass sie noch kommen muss. »Amphibolie«, weil nichtsdestotrotz alle dieselbe Flagge von Freigleichheit-Rationalität [libertégalité-rationalité] hissen. Der »notwendig umkämpfte Begriff«[260] wird durch die Metastruk-

258 Foucault: Geburt der Biopolitik, S. 115.

259 Von diesem »metastrukturalen Staat« bietet Marx in Abschnitt I des »Kapital« eine Skizze, die die kapitalistische Gesellschaft auf der Ebene [niveau] N2 versteht: *vor* der Ebene N3 des Klassenverhältnisses – ein theoretisch-logisches »Vor«, das jenes der Metastruktur ist. Es ist der Moment, in dem die Arbeit noch nicht als Lohnarbeit betrachtet wird (sondern nur als Waren produzierend), der Markt noch nicht als kapitalistischer Markt, und der Staat noch nicht als Klassenstaat. Und doch ist er implizit bereits da, im Geld und im unterstellten territorialen Faktum, wie Marx betont. In Kapitel 3 von »Théorie générale« (1999) habe ich diese wichtige Analyse wieder aufgegriffen, die von der marxistischen Tradition kurioserweise ignoriert wird, die keinen Zugang zu einer dialektischen (meta/strukturalen) Konzeption fand. Nichtsdestotrotz wird sie in Marx' grundlegendem Werk skizziert. – Editor. Hinweis: Steven Corcoran, der Übersetzer der englischen Ausgabe des vorliegenden Buches (Jacques Bidet: Foucault with Marx, London 2016, S. 146), verweist dankenswerterweise auf Bidets Postone-Kritik von 2014, in der dieser die hier sehr kursorisch resümierte Formalisierung der marxschen Darlegungen ausführlich »erstmals vorgestellt hat«: Jacques Bidet: Misère dans la philosophie marxiste: Moishe Postone lecteur du Capital, in: Périodes, November 2014; unter: http://revueperiode.net/misere-dans-la-philosophie-marxiste-moishe-postone-lecteur-du-capital/.

260 Mit »essentially contested concept« greife ich hier den von Walter Bryce Gallie eingeführten Begriff auf [W. B. Gallie: Essentially Contested Concepts, in: Proceedings of the Aristotelian

tur definiert. Er *ist*, als Forderung, und darum auch als etwas, das auf dem Spiel steht.

(b) Der strukturale Staat ist der Staat in seinem Wirken als moderner Klassenstaat, dessen »Voraussetzung« die metastrukturale Deklaration einer freigleichen-rationalen Beziehung zwischen den Individuen ist. Er setzt eine Klassenmacht ins Werk, die eine Klassenkonfrontation ist; deren Ausgang hängt von den Kräfteverhältnissen ab, wie sie im sozialen, ökonomischen und kulturellen Gefüge lang- und kurzfristig Gestalt annehmen. Die Bezeichnung »herrschende Klasse« suggeriert zwar, jegliches Soziale resultiere aus deren Herrschaft, sagt aber nicht alles über das Klassenverhältnis. Wir dürfen nicht alles, was auf der Bildfläche erschien (Schulen, Krankenhäuser, soziale Gesetze, politische Freiheiten), seitdem sie mutmaßlich »an der Macht« ist, der »Macht der Bourgeoisie« zuschreiben. Es bleibt zu analysieren, worin die schöpferische Kraft der Volksklasse besteht (siehe unten, §412).

(c) *Der konkrete Staat* ist ein Prozess, der sich, entlang von Praktiken, als *die Beziehung zwischen Metastruktur und Struktur* darlegt. Individuen und Gruppen, die sich am Stellungskampf der Klassen beteiligen, verändern durch ihre antagonistischen Praktiken im ökonomischen, kulturellen und politischen Bereich unaufhörlich – zeitgleich mit der *strukturalen* Frontlinie: Einheit oder Zersprengung, Abkehr von Allianzen, emanzipatorischer Vormarsch oder Rückzug – den Gehalt dessen, was *metastruktural* (widersprüchlich) deklariert wird.

So verstandene Dialektik ist die reale Form der Beziehung zwischen Realitäten. Nominalismus und Strukturalismus können sie jeweils nur einseitig erfassen. Indem wir Foucaults Nominalismus in einen strukturalen und metastrukturalen dialektischen Rahmen einschreiben, können wir dem historischen Gewicht seines Ansatzes gerecht werden, der die Singularität des Individuums nicht mehr als Essenz versteht, sondern als etwas Ungesichertes, das sich in den beweglichen, doch genauestens kartografierten Räumen der Klassenstrukturen abspielt, die eine spezifische Dynamik aufweisen – die ihrerseits stets auch ungesichert ist.

3.2 Dispositive der Macht *versus* Klassenstrukturen

Marx hat eine Theorie dessen erarbeitet, was man durchaus soziale »Dispositive« nennen könnte. Foucault versäumt es nicht, seine Analysen auf eine »Klassen«-Gesellschaft zu beziehen. Der eine richtet seinen Fokus jedoch auf die *Klassenstruktur* und deren historisches revolutionäres Potenzial; der andere auf *Machtdispositive*, die in großen Strategien zum

Society, New Series, Vol. 56, 1955–1956, S. 167–198], so, wie er für eine Theorie der Moderne verwendbar ist. Dies ist Thema des sechsten Kapitels von »L'État-monde«, betitelt »Idéologies, utopies et cryptologies«. Der moderne nationalstaatliche Prozess umgibt die Bürger mit demselben konzeptuellen Zwang. Das ist es, was die metastrukturale Theorie des »notwendig umkämpften Begriffs« zu verstehen sucht.

Tragen kommen. Foucault bietet genau genommen keine allgemeine, in Konkurrenz zu Marx tretende Theorie der modernen Geschichte. Doch wirft das Paar Dispositiv/Strategie eine Reihe von Fragen zu den Grenzen der marxschen Perspektive auf. Es illustriert die Berechtigung einer nominalistischen Herangehensweise an den historischen Prozess, der in jedem Moment vielfache neuralgische Zentren und thematische Gegenstände, Maßstäbe und Zeitlichkeiten beansprucht, die sich allesamt nicht aufeinander reduzieren lassen (§321). Aber reicht Foucaults Kritik aus, um die revolutionäre Ambition zunichtezumachen, die Marx mit der »Struktur« verband – die *Aufhebung* der Klassenstruktur? (§322)

§321 Foucault: Strategien im Kontext der »Machtdispositive«

»Die Archäologie des Wissens« brachte »diskursive Formationen« zum Vorschein und definierte sie als »Gesamtheit von Praktiken, die systematisch die Objekte formen, von denen sie sprechen«. Foucault beschrieb diese in ihrer grundsätzlichen Streuung und nicht als abgeleitet von der »Weltsicht«[261] einer Epoche, oder von einer Rationalität, die sich in der Geschichte allmählich durchsetzen würde. Er entdeckte dabei zudem eine »Episteme«, ein allgemeines Dispositiv, das allerdings nicht mehr war als ein »spezifisch diskursives Dispositiv«[262] und es möglich machte, innerhalb eines wissenschaftlichen Feldes zu bestimmen, was als wissenschaftlich qualifizierbar gelten kann und was nicht.

Das »Dispositiv«, wie es im späteren Werk erscheint, umfasst »das gesamte nicht-diskursive Soziale«[263]. Es handelt sich nunmehr um ein weitreichenderes Konzept, das ein heterogenes Netz von Diskursen, Institutionen, Gesetzen, Architektur und dergleichen mehr umfasst.[264] Als Beispiel für ein »Dispositiv« nennt Foucault dasjenige, das die Strategien zur Ansiedlung von Arbeitern in Nord- und Ostfrankreich im 19. Jahrhundert beherrschte. Man stellte Unterkünfte, Kredite, Lebensmittelläden, Sparkassen bereit. Das Vorhaben bewegte sich in einem philanthropischen Diskurs, der gewerkschaftliche, arbeitgeberseitige und bildungspolitische Einsätze einschloss.[265] Ein anderes Beispiel ist das Konzil von Trient (1545—1563), aus dem eine ganze Reihe von Mikro-Beziehungen rund um die Ausrichtung von Gewissen und Konfession hervorging,

261 Michel Foucault: Archäologie des Wissens [1969], übers. v. Ulrich Köppen, Frankfurt a. M. 1981, S. 102.

262 Foucault: Das Spiel des Michel Foucault, S. 395.

263 Ebd., S. 396.

264 Ebd., S. 392. Foucault erklärt sich an verschiedenen Stellen zu diesem Konzept. Siehe insbesondere den bereits mehrfach zitierten Text »Das Spiel des Michel Foucault« – ein Interview von 1977 mit der [psychoanalytischen] Zeitschrift *Ornicar?*, die vor allem aufgrund der Qualität und Schärfe ihrer Fragen an die Gesprächspartner interessant ist. [Le jeu de Michel Foucault (entretien avec D. Colas, A. Grosrichard, G. Le Gaufey, J. Livi, G. Miller, J. Miller, J.-A. Miller, C, Millot, G. Wajeman), in: Ornicar? Bulletin périodique du champ freudien, Nr. 10, Juli 1977, S. 62–93; dt. siehe oben, Fn. 144.]

265 Foucault: Das Spiel des Michel Foucault, S. 401 f.

kurz, rund um eine neue Subjektivität. Oder die Gesundheitspolitik im 18. Jahrhundert: Bei dieser handelt es sich um ein auf die Verwaltung der biologischen Merkmale der Bevölkerung zielendes Dispositiv, das nicht nur deren »subjektive/subjektkonstituierende Unterwerfung [assujetissement], sondern auch die ständige Erhöhung ihrer Nützlichkeit sicherstellt«.[266] Foucault spricht außerdem auch von Dispositiven der Psychiatrie, der Sexualität (in kulturhistorischer Reihenfolge: das antike Dispositiv der Lust, das christliche Dispositiv des Fleisches, das moderne Dispositiv des Sex) und dergleichen mehr, aber auch von »einem Dispositiv wie einer Armee oder einer Werkstatt oder irgendeiner anderen Art Institution«.[267]

Wenn also alles, die ganze Gesellschaft, ein »Dispositiv« ist, was genau bezeichnet es dann? Was soll damit gesagt sein? Die Idee des »Dispositivs« wendet sich regelmäßig gegen zwei Gegner: gegen einen Liberalismus, der die Macht von der Gewalt der Souveränität, der Gesetzgebung sowie der Verfassung ableitet, und gegen einen Marxismus, der sie als Staat oder Staatsapparat denkt.[268] Diese beiden mehr oder weniger fiktiven Schreckgespenster legitimieren als Kontrast einen realistischen Ansatz, der sämtliche gesellschaftlichen Institutionen als »Dispositive« versteht. Mit anderen Worten, es geht um Machtbeziehungen, in denen die Macht immer die der einen über die anderen ist, in der Konkretion von »Techniken«, materiellen Zusammensetzungen und diskursiven Formationen – in der Neuzeit wäre das die Biopolitik der Bevölkerung (wir kommen darauf im folgenden Kapitel zurück), mitsamt ihrer Dynamik von Beherrschen und Fördern gleichermaßen. Eine solche Definition sagt jedoch noch nichts über die damit einhergehenden Probleme aus. »Dispositiv« meint nicht nur eine *faktische Disposition*, eine einfache Konfiguration von Orten, Diskursen, Räumen, Zeiten ... Es handelt sich insgeheim um einen teleologischen Begriff: Er setzt ein Agens voraus, das, mit Zielen im Blick, *verfügt* und *anordnet*. Doch was für ein Agens? Nicht die Vernunft in der Geschichte, und auch nicht eine andere »unsichtbare Hand«, dagegen verwahrt sich Foucault:

> »Allgemein denke ich, dass man eher sehen muss, wie die großen Machtstrategien sich in Mikrobeziehungen der Macht einnisten und in ihnen die Bedingungen für ihre Ausübung vorfinden.«[269]

266 Michel Foucault: Die Gesundheitspolitik im 18. Jahrhundert [1979], übers. v. Hans-Dieter Gondek, in: ders.: Schriften, Bd. III, S. 19–37, hier S. 26 (Übersetzung des Zitats modifiziert; d. Ü.).

267 Foucault/Fontana/Pasquino: Interview vom Juni 1976, S. 195.

268 Foucault in Foucault/Barrou/Perrot: Auge der Macht, S. 264.

269 Foucault: Das Spiel des Michel Foucault, S. 398.

Aber gemäß welchem Verhältnis zwischen Mikro- und Makro-Ebene? Zwischen Taktik und Strategie? Strategien sind Ergebnis von Taktiken, deren Rahmen sie unaufhörlich neu bestimmen. So ist es der Fall mit dem nordfranzösischen Industriellendispositiv [dispositif patronal][270] im 19. Jahrhundert: Am Ende erhält man »eine umfassende, zusammenhängende und rationale Strategie [...], von der man jedoch nicht mehr sagen kann, wer sie konzipiert hat«.[271] Das ist der Sinn der Aussage, dass es sich um »Strategien ohne Strategen« handelt. Doch damit ist bloß ein Problem formuliert. Denn wie »erhält man« (wer ist »man«?) eine Strategie aus einer Summe von Taktiken?

Man dringt tiefer in die Frage ein, wenn einem gewahr wird, dass Foucault spezifischer- und problematischerweise das Aufkommen von »Klassenstrategien« im Blick hat. Das Dispositiv, durch vielfältige kleine Mächte ins Werk gesetzt, ist der Ort, an dem sich »Taktiken« beobachten lassen. »Sie sind Stück für Stück entworfen worden, bevor eine Klassenstrategie sie in weit ausholenden kohärenten Gesamtheiten verfestigt.«[272]

> »Man kann sogar sagen, dass das die Strategie ist, die es der bourgeoisen Klasse erlaubt, die bourgeoise Klasse zu sein und ihre Herrschaft auszuüben. Aber dass die bourgeoise Klasse auf der Ebene ihrer Ideologie oder ihres ökonomischen Projekts gleichsam eine Art zugleich reales und fiktives Subjekt erfunden und mit Gewalt diese Strategie der Arbeiterklasse aufgezwungen habe, das, glaube ich, kann man nicht sagen.«[273]

Die Strategie formt, so verstanden, die Klasse (wie Althusser sagt: Der Klassenkampf geht den Klassen voraus[274]). Aber sie konstituiert sie nicht als *Subjekt*.[275] Das ist der entscheidende Punkt.

270 Editor. Hinweis: Es handelt sich dabei um ein kumulatives Bündel paternalistischer und administrativer Maßnahmen, Techniken und Diskurse, mit denen in relativ kurzer Zeit (vornehmlich in den Jahren 1825–1830) in den Zentren der Schwerindustrie durch Schaffung vielfältiger und ausgeklügelter Abhängigkeiten die absolute Verfügbarkeit der Arbeitskräfte, deren Bindung an ihre Arbeitsstätten und schließlich ihre »moralische« Identifikation mit ihren jeweiligen Betrieben sichergestellt werden sollte (ebd., S. 401 f.).

271 Ebd., S. 402.

272 Foucault in Foucault/Barrou/Perrot: Auge der Macht, S. 265.

273 Foucault: Das Spiel des Michel Foucault, S. 402.

274 Editor. Hinweis: Siehe oben, S. 98 und Fn. 243.

275 Editor. Hinweis: Diese Feststellung – bzw. das ihr zugrunde liegende angeführte Zitat – scheint, jedenfalls vordergründig, dem zu widersprechen, was Foucault über den Doppelsinn des »assujetissement« sagt: vgl. oben, S. 113 in Verbindung mit den einschlägigen subjekttheoretischen Thesen des weiter oben – Fn. 207 sowie zu Beginn des §311 – genannten Texts »Subjekt und Macht« aus dem Jahr 1982, wie (S. 275): »Das Wort ›Subjekt‹ hat zwei Bedeutungen: es bezeichnet das Subjekt, das der Herrschaft eines anderen unterworfen ist und in seiner Abhängigkeit steht; und es bezeichnet das Subjekt, das durch Bewusstsein und Selbsterkenntnis an seine eigene Identität gebunden ist.« Die Auflösung jenes Widerspruchs ist darin zu sehen, dass Foucault hier nun (mit Blick auf die soziale Klasse) implizit eine dritte Bedeutung, einen dritten Subjektbegriff, vor Augen hat, der genaugenommen der um die handlungstheoretische Ebene erweiterte zweite Begriff ist und somit auf nichts anderes verweist als auf das Subjekt im her-

Auf die Frage »Welche Rolle spielt also die soziale Klasse?« antwortet Foucault:

> »Ah, ja, damit sind wir im Zentrum des Problems und zweifellos auch der Dunkelheiten meines eigenen Diskurses. Eine herrschende Klasse, das ist keine Abstraktion, aber das ist auch nichts vorweg Gegebenes. Dass eine Klasse zur herrschenden Klasse wird, dass sie ihre Herrschaft sichert und dass diese Herrschaft sich verstärkt, ist genau die Wirkung einer bestimmten Anzahl wirksamer und durchdachter Taktiken, die innerhalb der großen Strategien funktionieren, die diese Herrschaft sichern.«[276]

Kurz, die soziale Klasse ist sehr wohl etwas Reales: Sie »ist keine Abstraktion«. Diese Totalität ist durchaus Teil einer Sozialontologie. Aber sie ist kein »vorweg Gegebenes«, man »erhält« sie. Wir befinden uns immer noch in der Metapher des Vorher und Nachher. Man muss *anfangen* mit den Taktiken, um die Strategien, die die Klasse formen, angemessen zu verstehen, denn so verhält es sich in Wirklichkeit.

Aber um welche Wirklichkeit handelt es sich? Denn es bleibt die Frage, welchen Stellenwert Foucault dem Konzept der »Klasse« zuspricht, das er häufig benutzt. Bezeichnenderweise existiert »Klasse« nicht im Glossar der »Dits et Écrits«, was vermuten lässt, dass darin keine spezifisch foucaultsche Bedeutung des Wortes zu finden sei.[277] Tatsächlich funktioniert das Wort in dessen Diskurs als rezipiertes – mit einer vorausgesetzten Bedeutung, die semantisch mal stärker ökonomisch, mal stärker politisch aufgeladen ist, wie es ihm der marxistischen Tradition zu entsprechen scheint. Andererseits übt Foucault eine *Kritik* am Klassenbegriff, die auf eine neue Version desselben hinausläuft – nicht, um ihn im Feld der Theorie auszuschalten, sondern um, nach Art der analytischen Mar-

kömmlichen modernen Sinn: nämlich die Idee des sowohl erkennenden (und seiner Selbst bewussten) als auch handlungsbefähigten, mithin wirkmächtigen Subjekts. Man kann also auch formulieren: Die »dispositionale Großstrategie« (das »Dispositiv«) konstituiert das *unterworfene* Subjekt (hier: die beherrschte Klasse), nicht jedoch das *unterwerfende* Subjekt (hier: die herrschende Klasse).

276 Foucault: Das Spiel des Michel Foucault, S. 402. Es ist anzumerken, dass der »Klassenkampf« bei Foucault immer wieder auftaucht, bis sich sein Interesse auf den Liberalismus konzentriert. Vgl. seinen Dialog [1978] mit dem abtrünnigen Marxisten Ryumei Yoshimoto zur Frage »Wie wird man den Marxismus los?«: »Marx sagt [...], dass der Motor der Geschichte im Klassenkampf besteht. [...] Das ist wirklich eine unbestreitbare Tatsache.« Aber, fügt er hinzu, »was ist der Kampf [...]?« Und zunächst, »Wer beteiligt sich an einem Kampf?« (Foucault: Methodologie zur Erkenntnis der Welt, S. 761).

277 Siehe Sachregister, in: Foucault: Schriften, Bd. IV, S. 1069–1123. (Anm. d. Ü.) – Editor. Hinweis: Das Sachregister (in der frz. Ausgabe als Indices »des notions«, »des noms de lieux« und »des périodique historiques«; ein »Glossar« im eigentlichen Sinn existiert weder in der frz., noch in der dt. Ausgabe) listet eine Vielzahl von Begriffen, Wörtern und Bezeichnungen auf – in der Mehrzahl auch solche, die überhaupt nicht »im Verdacht stehen«, von Foucault mit einer spezifischen Bedeutung bedacht worden zu sein. Somit ist davon auszugehen, dass die Herausgeber der »Dits et Écrits« den Begriff »Klasse« für eine bei Foucault im Großen und Ganzen unbedeutende Vokabel halten.

xisten, die Klasse in Form singulärer Beziehungen zu denken. Foucault gestattet sich einen (schwachen) Holismus, den er, ausgehend von einem prinzipiellen (starken) Nominalismus, kritisch denkt.

Aber diese Reihenfolge – erst die »Beziehung«, dann das »Verhältnis« – scheint sich methodisch nicht so konstant durchzuziehen, wie man erwartet hätte. Es gibt sie vielmehr auch genau umgekehrt. In einem 1977 geführten Gespräch zwischen Foucault und Jacques Rancière[278] schlägt dieser vor, dass, wenn »der Klassenkampf« nicht »*Ratio* für die Ausübung der Macht« ist, eben diese aber doch »als letzte Garantie der Verständlichkeit im Hinblick auf das Abrichten des Körpers und des Geistes dient (Produktion einer Arbeitskraft, die sich für die Aufgaben eignet, welche ihr die kapitalistische Ausbeutung zuweist, etc.)«.[279] Foucault antwortet, genau so sei es. Was nicht heißen soll, dass die Disziplinen im Dienst eines »wirtschaftlichen Interesses, das ursprünglich gegeben wäre«, stünden, sondern dass sie »innerhalb von Strategien eingesetzt werden können«. »Der Klassenkampf braucht also nicht die »Ratio der Machtausübung« zu sein und kann trotzdem als »Garantie der Verständlichkeit« bestimmter groß angelegter Strategien fungieren.«[280] Es ist hier nicht zu übersehen, dass die »letzte Garantie der Verständlichkeit« einer begrifflichen »letzten Instanz« stark ähnelt, die auf einen sehr realen Gegenstand [bzw. Zusammenhang] verweist. Letzte Instanz der Verständlichkeit: Ausgehend von ihr (oder mit einer anderen Metapher: auf sie hinauslaufend) versteht man, welche Arten singulärer Dinge und Ereignisse geschehen können.

Denn die in Strategien übergehenden Taktiken scheinen auch bei Foucault aus Interessen oder Anliegen der *Klasse hervorzugehen*. So geschehen im Falle der paternalistischen Industriellen des 19. Jahrhunderts: Die Strategie der »Moralisierung der Arbeiterklasse« fand »statt, weil sie dem dringenden Ziel entsprach, eine unstete, umherwandernde Arbeitskraft zu beherrschen«.[281]

Dasselbe gilt für ein »anderes Beispiel«, nämlich jenes des »medizinisch-rechtlichen Systems der Psychiatrie«. In diesem ist nicht von »Dringlichkeit« die Rede, sondern von einer »Notwendigkeit«, mit der sich Psychiater als Elemente der öffentlichen Hygiene Anerkennung verschaffen und den Richtern aufdrängen.[282] Ein spezifisches Klassenanliegen, diesmal: der »kompetenten Entscheidungsträger«.

Alles in allem ist Foucault mit einander ausschließenden Zwängen konfrontiert. Einerseits muss er sich an jenen Nominalismus halten, in

278 Michel Foucault/Jacques Rancière: Mächte und Strategien [»Pouvoirs et stratégies« – Gespräch in der Zeitschrift »Les Révoltes logiques«, Nr. 4, Winter 1977, S. 89–97], übers. v. Jürgen Schröder, in: Foucault: Schriften, Bd. III, S. 538–550.

279 Ebd., S. 546.

280 Ebd., S. 547.

281 Foucault: Das Spiel des Michel Foucault, S. 403.

282 Ebd., S. 403 f.

dem er die Garantie gegen jedwede »Geschichtsphilosophie« sieht, andererseits muss er aber die Gesamtheiten und Gesamtbewegungen denken. Schließlich »vermochte es die bourgeoise Macht im 19. Jahrhundert [...], große Strategien auszuarbeiten, ohne dass man ihnen deswegen ein Subjekt unterstellen muss«.[283] So lautet seine Antwort an Alain Grosrichard, der ihm die Marxisten umtreibende Frage »Wer sind unsere Freunde, wer sind Feinde?«[284] ins Gedächtnis ruft: »[...] jeder gegen jeden. Es gibt nicht unmittelbar gegebene Subjekte, von denen das eine das Proletariat und das andere die Bourgeoisie wäre.« Natürlich ist, dem stimmt Foucault zu, das »Durcheinander«, die allgemeine Unordnung auf dem Schlachtfeld der vorherrschende Zustand. Aber am Ende gelangt er zwangsläufig zur Frage, wie es den einen gelingt, die anderen auszuschalten: man muss »die Probleme [...] in Strategiebegriffen stellen.«[285] Als Klassenstrategieproblem. Als Klassenproblem.

Kurz: Die Logik der Klasse ist nicht das Primäre, aber sie ist die »letzte Garantie der Verständlichkeit«: Um wirklich zu verstehen, muss man von ihr ausgehen. Die zahllosen Taktiken, die man am Werk sieht, sind nicht aus strategischen Imperativen der Klasse *ableitbar*: Sie werden von diesen vorgefunden und genutzt. Aber sie *münden* letztlich in große Strategien, die den Kontext für ihre Wiederholung bilden. Daraus ergibt sich eine Art zirkulärer Beziehung zwischen dem individuellen Moment und dem strukturalen Moment, die, in unterschiedlicher Ausprägung, Gegenstand jedes soziologischen Nachdenkens ist. Foucault ordnet das Schlachtfeld, indem er das Moment des Besonderen im Sinne der »Taktik« zum individuellen, und die Gesamtbewegung im Sinne der Strategie zum strukturalen Moment erklärt. Aber diesem Sprachspiel gelingt es nicht, das Gespenst der »herrschenden Klasse« zu vertreiben, die es unaufhörlich von Neuem in ihrer strategischen Existenz heraufbeschwören muss – als Bezugspunkt individueller Handlungen und Affekte.

Eben dieser Zirkularität versucht, wie wir gesehen haben (§312), die Dialektik »Metastruktur/Struktur/Praktiken« mit Bezug auf die durch Marx eingeführte meta/strukturale Konzeptualität Rechnung zu tragen. Es bleibt jedoch herauszufinden, ob die »metamarxistische« Fragestellung der »Struktur« (definiert als Beziehung zwischen Praktiken und Metastruktur) all das umfassen kann, was sich theoretisch und politisch im Konzept des »Dispositivs« ankündigt. Letzteres könnte nämlich durchaus ein Anzeichen dafür sein, dass eine »strukturale« Fragestellung für das Programm einer emanzipatorischen Politik nicht ausreicht. Wir kommen darauf weiter unten in Abschnitt 3.3. zurück. Um dort klarer sehen zu können, ist es jedoch zunächst notwendig, darüber nachzuden-

283 Ebd., S. 406.
284 Ebd., S. 407.
285 Ebd., S. 408.

ken, was die marxsche »Struktur« ist, und welche »rekonstruktive« Kritik an ihr zu üben ist.

§322 Marx: Strategien im Kontext der »Klassenstrukturen«

Wenn es schwierig ist, Foucault und Marx hier miteinander zu konfrontieren, so liegt das im Grunde daran, dass der eine in »Dispositiven« und der andere in »Strukturen« denkt. In marxscher Begriffstradition scheinen foucaultsche »Dispositive« ausgehend von »Strukturen« (der Klasse, in einem ansonsten »systemischen« Kontext des »Weltsystems«) gedacht werden zu müssen. Will man allerdings die sich in Dispositiven entfaltenden Strategien und Taktiken verstehen, insbesondere die, die zu erkennen Foucault uns lehrte, so ist in meinen Augen ein Neuentwurf des marxschen Rahmens notwendig, der die von Marx definierte kapitalistische Struktur in den »metastrukturalen« Rahmen der modernen Gesellschaftsform einbettet. Es gilt, den marxschen Strukturalismus neu zu begründen, zu erweitern und neu zu dialektisieren. Bleibt nur die Frage, wie.

Dispositiv und Struktur sind nicht Teil derselben Zeitlichkeit. Als Konfrontation von Kräfteverhältnissen wirft das »Dispositiv« die Frage seiner *Dauerhaftigkeit* auf. Denn Foucault versteht es als Dispositiv der *Macht.*[286] Macht wird immer *konfrontiert*, sie trifft stets auf Widerstand. Macht ist bestrebt, sich als Macht zu erhalten und weiterzuentwickeln. Sie sucht keinen »Sieg«, der das Gegenüber neutralisieren würde, sondern vielmehr ihre eigene Bestätigung als Macht über es, als Macht seiner Verhaltensführung. Sie dauert in Form einer instabilen Stabilität. »Tatsächlich stehen Machtbeziehung und Kampfstrategie in einem Verhältnis wechselseitiger Provokation, endloser Verkettung und ständiger Verkehrung.«[287] Ewige Wiederkehr? Dieselben historischen Ereignisse können als Macht und als Kampf gelesen werden, denn Kampf und Macht sind miteinander verwoben. Es geht somit um die relative *Stabilität* eines ungleichen Kräfteverhältnisses zwischen denen, die Macht *ausüben* und denen, die sich ihr *widersetzen*. Die »Herrschaft«, die, wie Foucault sagt, »einen großen Teil der Menschheitsgeschichte« ausmacht, ist genau diese Verflechtung. Die Transformation des einen in das andere. Die Stützung des einen durch das andere. Allerdings nicht, präzisiert er, im Sinne eines organischen Gleichgewichts: »Damit ein bestimmtes Kräfteverhältnis nicht nur erhalten, sondern akzentuiert, stabilisiert wird, an Umfang gewinnt, ist es notwendig, dass es ein Manöver gibt.«[288] Kurz, was die Taktiken und Strategien der Herrschaft anstreben, ist Aufrechterhaltung und Weiterentwicklung der Dispositive der Macht.

286 Siehe Foucault: Subjekt und Macht [1982/2005], S. 291 ff.

287 Ebd., S. 293.

288 Foucault: Das Spiel des Michel Foucault, S. 405.

Die »Struktur« wirft ein ganz anderes Problem auf, nämlich das ihrer *Reproduktion*. Foucaults Formulierung mag hier derjenigen von Marx sehr nahe sein, der zufolge die [bisherige] Menschheitsgeschichte von Anfang an »die Geschichte von Klassenkämpfen« ist.[289] Aber wenn diese Klassenkonfrontation bei Marx langfristig *stabil* ist, dann liegt das nicht daran, dass sich Macht und Kampf in »endlosen Verkettungen und ständigen Verkehrungen« gegenseitig auf den Plan rufen und sich so in gewisser Weise ins Gleichgewicht bringen, sondern daran, dass es die Eigenheit der Klassenstruktur (und spezifisch der kapitalistischen Struktur der Produktion) ist, dass ihr die Bedingungen ihrer *Reproduktion* immanent sind. Der Komplex der Dispositive, Strategien und Taktiken, die Foucault mit glänzender Klarheit zum Vorschein bringt, verdeckt das Fehlen einer hier erforderlichen Kategorie: der Struktur. Das foucaultsche »Dispositiv« als *übergreifender*, große Machtstrategien hervorbringender Mechanismus besetzt tendenziell die Funktion, die der Struktur zukommt. Es ist jedoch ungeeignet, diese Funktion zu erfüllen, da es, anders als die »Struktur«, nicht imstande ist, *sich selbst zu reproduzieren*. Das Konzept der Struktur antwortet somit auf die Fragestellung, die Foucault zwischen den Zeilen mit seiner Aussage stellt: Die Klasse »ist keine Abstraktion«. Die Klassenstruktur ist der *reale* Kontext einer Gesamtheit von Praktiken und Handlungen. Dass sie in der nominalistischen Ontologie Foucaults keinen oder einen allenfalls trivialen (unproduktiven) Platz hat, liegt daran, dass es bei ihm – im Unterschied etwa zu Bourdieu – keinen Platz für das Problem der »Reproduktion«, der *strukturellen* Reproduktion gibt. Dies ist eine Vorüberlegung für die Analyse ihrer historischen Bewegung.

Marx und Foucault beziehen sich beide auf das, was man »strategische Ensembles« nennen könnte: die Arbeiterklasse, die Industrieunternehmerschaft, das Krankenhauspersonal, die tridentinische Kirche und dergleichen mehr. Aber Foucault denkt deren je gemeinsame Strategien ausgehend von konkreten Taktiken, die in Strategien zusammenlaufen. Marx erforscht die strukturellen Bedingungen, unter denen Strategien, sprich historisch wirksame soziale Kräfte überhaupt existieren. Die Strukturen, die er theoretisch herausarbeitet, sind abstraktere Realitäten als die Strategien – nämlich die Spaltungen, die Strategien *hervorbringen*. Marx denkt von der Struktur her: Auch wenn es diesem oder jenem Kapitalisten nicht gelingt, sich als solcher zu reproduzieren, reproduziert sich doch die Struktur. Dies führt dazu, dass er sich für das *spezifische Wesen*

289 Marx/Engels: Manifest, S. 462. Bekanntlich hat Engels dieses Diktum dahingehend präzisiert, dass dies nur für die »*schriftlich* überlieferte Geschichte« gelte, für die durch »Dorfgemeinden mit gemeinsamem Bodenbesitz« charakterisierte »Urform der Gesellschaft von Indien bis Irland« (und erst recht für jegliche Form menschlichen Zusammenlebens vor der Sesshaftwerdung) hingegen *nicht* zutreffe: erst mit »der Auflösung dieser ursprünglichen Gemeinwesen beginnt die Spaltung der Gesellschaft in besondre und schließlich einander entgegengesetzte Klassen.« (Ebd., Anmerkung von Engels zur englischen Ausgabe von 1888.) (Anm. d. Ü.)

der Strukturen interessiert, das heißt für die Prinzipien ihrer Bewegungen: einerseits ihrer Reproduktion, andererseits ihrer Transformationen, die sich aus deren strukturaler Konfiguration, das heißt ihrer Produktivität und zugleich ihrer Widersprüche ergeben. Seiner Ansicht nach entwickelt sich die kapitalistische Struktur, die auf Ausbeutung des Lohnarbeiters im Rahmen der Konkurrenz um die Maximierung des Mehrwerts basiert, zwangsläufig zu einer industriellen Kapitalkonzentration, die letztlich potenziell ihren »Totengräber«[290] hervorbringt. In diesem Kontext stoßen Gesamtstrategien, Tag für Tag durch Taktiken genährt, aufeinander. Ein künftiger Marxismus existiert nur, insofern er dieses Paradigma von »Struktur/Reproduktion/Tendenz« wahrt, auch auf die Gefahr hin, es mehrfach abzuschwächen. Foucaults Ansatz des »Dispositivs« zeugt von einer ähnlichen Ambition, die Welt zu interpretieren, um sie zu verändern. Oder sie zumindest auf irgendeine Weise zu verbessern.[291] Doch die »Dispositive« der Macht, die er aufzeigt, schreiben sich in einen Kontext von Tendenzen ein, die sie selbst nicht zu erklären vermögen. Tatsächlich lässt sich eine historische *Tendenz* – die als solche keine teleologische Perspektive impliziert – mitsamt ihren möglichen Gegentendenzen überhaupt nur aus der Betrachtung einer determinierten *Struktur* heraus diagnostizieren, indem man deren tendenzielle Eigenschaften zu erhellen sucht. Und wir dürfen natürlich nicht vergessen, dass singuläre Entwicklungen sich stets im Spannungsfeld vielfältiger tendenzieller Phänomene befinden. Es gilt jedoch, besagte Gesellschaftsstruktur erst einmal richtig auszuarbeiten, insbesondere, wenn es letztlich darum geht, eine Strategie zu ihrer Aufhebung zu entwickeln. Foucaults Unzulänglichkeit garantiert nicht, dass Marx richtig liegt. Was also gilt es an der Philosophie beider zu ändern, damit sie in einer kritischen Analyse zusammengedacht werden können, in einem gemeinsamen Programm mit dem Ziel der Emanzipation?

Um diese Frage in Angriff nehmen zu können, ist zu fragen, ob die Foucault bisher zugerechnete »Unzulänglichkeit« nicht doch die Kehrseite einer gewissen *Relevanz* ist. Dies würde erklären, warum – zum großen Erstaunen einiger Marx-Abkömmlinge, nach deren Überzeugung dessen Theorie in allen Bereichen der Gesellschaftsordnung von ausreichendem heuristischem und politischem Wert sei – derart viele akademische ebenso wie engagierte Milieus gerade auf Foucault setzen, insbesondere in Bereichen, in denen der Marxismus offenbar nur nach-

290 Ebd., S. 474. (Anm. d. Ü.)

291 Siehe insbesondere sein Interview mit Gérard Raulet von 1983 (Michel Foucault: »Strukturalismus und Poststrukturalismus«, übers. v. Hans-Dieter Gondek, in: ders.: Schriften, Bd. IV, S. 521–555) mit der [programmatischen] Aussage: Die »Aufgabe der Philosophie« besteht darin, »zu sagen, was heute ist, und zu sagen, was ›wir heute‹ ist«, was bedeutet, anhand der »Netze von Kontingenzen« zu entschlüsseln, wie die Dinge »geschaffen wurden«, und wie sie »aufgelöst werden« (S. 544 f.).

träglich und in einer recht unkomfortablen, nicht mehr hegemonialen Position – mehr schlecht als recht – intervenieren kann. Hierfür muss ich das Problem nun mit einem größeren Abstand von beiden angehen.

3.3 Unzulänglichkeit und Relevanz bei Marx und bei Foucault

Bisher haben wir Marx und Foucault als Spiegel des je anderen herangezogen und beide aufgefordert, sich in der Welt des anderen wiederzufinden. Diese Übung hat jedoch ihre Grenzen. Marx' Begriffe haben einen bestimmten Gegenstand, den wir provisorisch »Kapitalismus« nennen wollen, das kapitalistische *Klassen*verhältnis. Foucault greift weiter aus und betrachtet neben der Klasse auch den *Sex* (im Sinne von Sexualität, nicht von »Geschlechterverhältnis«). Im Ausgang hiervon eröffnen sich andere Perspektiven (§331). Die Diskrepanz im Gegenstand zeigt sich deutlich auch darin, dass die Frage der Klasse und des Staates, die bis zu diesem Punkt das Epizentrum des Marxismus markiert hatte, sich durch das beunruhigende Paradigma des von Foucault ans Licht gebrachten »Rassenkrieges« infrage gestellt sieht: das Paradigma vom Krieg als »Analysator« der Gesellschaft. Nun gibt es also neben Klasse und Sexualität auch »Rasse« oder *race*. Vorbehaltlich einiger noch zu bestimmender Verschiebungen scheint das Triptychon damit vollständig zu sein (§332).[292] Aber wie diese drei Teile zusammendenken? Und wie Marx und Foucault zusammenhalten? Ist es möglich, ein größeres begriffliches Feld zu bestellen, auf dem sich die Bedingungen einer Politik formulieren lassen, in der sich beide wiedererkennen können? (§333)

§331 Klasse, Sexualität, *race*: ein foucaultsches Triptychon?

Seit den 1970er-Jahren engagiert Foucault sich in Gefängniskampagnen. Zusammen mit seinem Umfeld (Daniel Defert, Jean-Marie Domenach, Pierre Vidal-Naquet und anderen) ruft er eine Gruppe ins Leben, die informieren und den Betroffenen zu einer Stimme verhelfen soll, und dient damit auch anderen Initiativen mit ähnlichen Anliegen als Inspiration.[293]

292 Edit. Hinweis: Dieses Aperçu legt nahe, in der Entfaltung der Perspektiven bzw. Analyseebenen einen linearen Zweischritt erkennen zu wollen, mit dem der »Klasse« zunächst (§331) die »Sexualität« und sodann vermittelt (§332) über den »Rassenkrieg« eben die »Rasse/*race*« hinzugesellt wird. Mit dieser Einordnung, und d. h. mit der Herleitung der »Rasse/*race*« aus dem »Rassenkrieg«, ist dem Eindruck entgegengewirkt, der Begriff »Rasse/*race*« könne bei Foucault eine Bedeutung annehmen, die jenseits des bzw. unabhängig von der Realität des »Rassenkrieges« gedacht werden könnte. In seiner ausgeführten Darstellung ist Bidet jedoch nicht einer solchen vermeintlich linearen Entfaltung verpflichtet (was sich bereits in den Zwischenüberschriften abzeichnet). Vielmehr nimmt er, und zwar im begrifflichen Vorgriff, nach der Einführung der analytischen Kategorie »Sexualität« (§331.1) unmittelbar die Problematisierung der Kategorie »Rasse/*race*« in den Blick (§331.2), um erst dann auf den »Rassenkrieg« zu sprechen zu kommen (§332) und sodann die konzeptuell-diskursiven Unterschiede von (Klassen-)»Kampf« und (»Rassen«-)»Krieg« zu thematisieren.

293 Auf die GIP, »Groupe d'information sur les prisons« [Gruppe Gefängnis-Information] folgte die GIA, »Groupe d'information asile« [Gruppe Irrenanstalt-Information], dann die GITS, »Groupe d'information des travailleurs sociaux« [Gruppe Sozialarbeiter-Information], und schließlich die GIS, »Groupe d'information santé« [Gruppe Gesundheit-Information]. 1984, nach dem Tode

Regelmäßig äußert er sich zu den seitens der »neuen sozialen Bewegungen« aufgeworfenen großen Fragen. Wichtiger noch als Foucaults eigenes Engagement ist, dass sich diese Bewegungen mit seiner analytischen und kritischen Methode unmittelbar identifizieren und in seinem »Werkzeugkasten« genau jene konzeptuellen Instrumente vorfinden, die sie brauchen; bei Marx fanden selbst diejenigen solche Instrumente nicht, die sich weiterhin auf ihn beriefen.

Foucaults große historische und philosophische Schriften aus den 1960er-Jahren wurden von breiten intellektuell interessierten Kreisen mit Begeisterung aufgenommen. Mit »Wahnsinn und Gesellschaft. Eine Geschichte des Wahns im Zeitalter der Vernunft« (1961) erlangte Foucault sofort große Bekanntheit. Doch erst seine Arbeiten aus den 1970er-Jahren, getragen von der Bewegung der 1968er, in der Foucault sich heimisch fühlte, sollten tief in die »öffentliche Meinung« einsickern. »Überwachen und Strafen« (1975) schreibt sich noch in ein gewisses marxistisches Erbe ein (wir kommen darauf zurück). Foucaults eigene Konzeptualität drängt ihn jedoch weiter. Seit Langem beschäftigt er sich mit Forschungsgegenständen und Fragestellungen, die nicht Teil der Strömung einer großen Emanzipationsgeschichte durch die Revolution der Produktionsverhältnisse waren. Die neuartige Radikalität seines Denkens und sein subversives Potenzial scheinen in der Gesellschaft jenseits traditionell politisierter Milieus jedoch erst mit der Einführung des »Sexualitätsdispositivs« in »Der Wille zum Wissen« (1976) angekommen zu sein. Dieses Buch – der erste Band der »Histoire de la sexualité«[294] – erhellt nachträglich seine

Foucaults, gründete Defert »Aides«, eine Vereinigung zum Kampf gegen Aids. Es gilt festzuhalten, dass solche Initiativen nicht in einer politischen und kulturellen Wüste entstehen. Foucault bekundet, dass die Marxisten und andere Linke vor den 1960er-Jahren »Fragen der Psychiatrie und Sexualität« für »nebensächlich und zweitrangig« hielten (Michel Foucault: Gespräch über die Macht [(1975) 1978], übers. v. Michael Bischoff, in ders.: Schriften, Bd. III, S. 594–608, hier S. 603). Man könnte jedoch unter anderem auf die subversiven Initiativen hinweisen, die seit den 1940er-Jahren auf dem Gebiet der »institutionellen Psychiatrie« von Saint-Alban bis La Borde entstanden sind – in einem Kontext, in dem marxistische und libertäre Engagements unter der Ägide von Marx und Freud koexistierten. Siehe François Tosquelles, Jean Oury und Lucien Bonnafé, später Tony Lainé, die beiden letztgenannten aktive Mitglieder der Kommunistische Partei Frankreichs (PCF). Eine komplexe Geschichte, von der man im Nachhinein jedoch denken kann, dass das »emanzipative« stillschweigende Einverständnis, angeregt von der Idee, dass sich die psychiatrische Tätigkeit mit den sozialen Kämpfen verbinden müsse, die Antagonismen überwog, was im Übrigen die Kreuzung dieser unterschiedlichen Vermächtnisse belegt.

294 Editor. Hinweis: Das auf Deutsch mit »Sexualität und Wahrheit« betitelte Unternehmen hatte Foucault ursprünglich auf sechs Bände angelegt, zu Lebzeiten als Monografien erschienen sind schließlich nur drei (Band 4 posthum 2018). Nachdem ein in Auszügen erstmals 1993 der Öffentlichkeit präsentierter Bericht, wonach ein im Mai 1975 im Death Valley nahe dem Zabriskie Point unternommener LSD-Trip nachhaltigen Einfluss auf das Denken Foucaults gehabt habe (und zumindest als Katalysator für dessen Hinwendung zu den Themen Selbsttechnik, Lebenskunst und Gouvernementalität anzusehen sei), zunächst überwiegend skeptisch bis ablehnend aufgenommen wurde, ist der These, dass jene Erfahrung Foucault dazu veranlasste, das Manuskript für den zweiten Band seiner »Geschichte der Sexualität« zu vernichten und das gesamte Projekt zu überdenken, jüngst verstärkte Aufmerksamkeit geschenkt worden: So stehe die »drogeninduzierte Zäsur« für die sich schlagartig verdichtende Erkenntnis, dass folgend auf die Ereignisse des Jahres 1968 neuartige Formen der Gouvernementalität an die Stelle der Souveränität des Staats, und Technologien des Selbst an die der überkommenden Souveränität des Subjekts rückten (siehe Mitchell Dean/Daniel Zamora: The Last Man Takes LSD – Foucault

Arbeiten über den Wahnsinn, das Spital, die Schule, das Gefängnis, die Justiz, die Irrenanstalt, die Architektur und besiegelt seinen Ruf als Meisterdenker, der imstande ist, die Kritik auf die gesamte Breite gesellschaftlicher Funktionen anzuwenden und zugleich ausgedehnten akademischen und engagierten Milieus als Inspiration zu dienen.[295]

1. Warum sollte man Foucaults Arbeiten über die Sexualität eine derart wichtige Rolle beimessen?[296] Weil sie, so scheint mir, am offensichtlichsten die Vorgehensweise der »Sozialwissenschaften« auf den Kopf stellen. Andere große Theorien scheinen über den Sex nichts *Spezifisches* zu sagen zu haben, außer vielleicht die Psychoanalyse, der es aber recht schwerfiel, sich als *Gesellschafts*theorie zu behaupten. Foucault wirft ihr vor, eine rein ahistorische Begriffsmatrix zu sein.[297] Der Marxismus seinerseits setzt auf eine klar umgrenzte Formation gesellschaftlicher Verhältnisse, nämlich die Beziehungen zwischen Arbeit, Produktionsmitteln, Modalitäten der Kontrolle und Aneignung und dergleichen mehr, mitsamt ihren politischen, rechtlichen und ideologischen Voraussetzungen. Diesen Zirkel kann er nur durchbrechen, indem er seine Begriffsfiguren mit anderen Figuren kreuzt, die *über ihn hinausgehen*. Geschichtswissenschaft und Soziologie sind offensichtlich schon lange an Familie, Geschlechterverhältnissen, Sexualität interessiert. Aber mit seiner Einführung des *Macht-Wissens* stellt Foucault den Raum dieser Disziplinen auf den Kopf: Nunmehr lässt sich »der Sex« als Dispositiv sozialer Macht lesen, das mit sozialem Wissen korreliert. Damit liegt ein neuer allgemeiner Operator vor, der die Macht hautnah an der sozialen Materialität der singulären Körper und der aus Körpern bestehenden Bevölkerung versteht, anhand des gesamten Spektrums sexuellen Lebens, von der Ökonomie der Lüste bis hin zu jener der Reproduktion. Das Paradoxe ist, dass Foucault an diesem Punkt seiner Karriere seine Forschungsarbeit weiterhin stark am marxistischen Rahmen ausrichtet, wie man am Kapitel über die »Periodisierung« der Sexualität sieht.[298] Er sieht darin die »Selbstaffirmation einer Klasse und weniger [...] die Unterwerfung einer anderen«,

and the End of Revolution, New York 2021). Dem entgegen steht die Einschätzung von Foucaults Lebenspartner und Herausgeber Daniel Defert, der die wenig stringente Umsetzung des Projekts auf ein Verzögerungskalkül seitens Foucaults zurückführt, nachdem dieser dem Verlag mit ambivalenten Gefühlen begleitete Zugeständnisse hätte machen müssen (siehe Daniel Defert: Zeittafel, übers. v. Michael Bischoff, in: Foucault: Schriften, Bd. I, S. 15–105, hier S. 78).

295 Vorliegender §331 greift, unter Referenz auf Foucault, eine Reihe von Ideen und Hypothesen auf, die ich in Kapitel 5 (»Classe, Race, Sexe«) von »L'État-monde« ausgeführt habe.

296 Vgl. hierzu noch einmal den Artikel von Étienne Balibar: Foucault und Marx. Der Einsatz des Nominalismus. Einige Gedanken daraus hallen auf den folgenden Seiten nach.

297 Im Gegensatz zu dieser Lesart Foucaults zeigt Stéphane Haber in einer Doppeluntersuchung (Freud et la théorie sociale, Paris 2012; Freud sociologue, Paris 2012) den Einfluss der Psychoanalyse auf die Anthropologie und darüber hinaus, dass man in ihr eine veritable Soziologie erkennen kann: eine »Soziologie des Singulären«, und dass Freud sie in der Nachkriegszeit tatsächlich vor einem historischen Horizont neu aufbereitete.

298 Foucault: Sexualität und Wahrheit I, S. 114–128.

die allenfalls eine indirekte wäre. Eine Sorge um die Erhaltung des »eigenen Wert[s]« des Körpers. Er beschreibt einen »Klassenkörper«, »Klassensexualitäten«, eine Sexualität, die »in ihrem historischen Ursprung bürgerlich ist« und aus Hegemoniegründen in das Proletariat exportiert wird. Aber die Ereignisse, von denen er so berichtet, gehen über Marx' große Erzählung hinaus, in der die »hysterische Frau« und der »perverse Erwachsene«[299] nur am Rande vorkommen. Ausgehend vom Konzept des Macht-Wissens können wir besser verstehen, dass es neben den sozialen Klassenverhältnissen auch soziale *Geschlechts*verhältnisse [rapports sociaux *de sexe]* gibt (selbst wenn das nicht Foucaults ureigenes Thema ist), die eigener theoretischer Überlegungen bedürfen. Die kritische Theorie muss sie als solche betrachten, ohne sie gleich in Klassenverhältnissen zu neutralisieren. So kann das offene und diskontinuierliche Feld all dessen, was über die Klassenordnung hinausgeht, Gestalt annehmen. So etabliert sich ein anderes Denken des Gesamten als dasjenige von Marx. Ein anderer Sammelpunkt. Unter Ägide des Macht-Wissens entdeckt Foucault einen anderen Kontinent: des Nachdenkens über das Individuum in seiner körperlichen Singularität, des Nachdenkens über den Menschen als nicht reduzierbar auf Logik, spezifisch auf eine Logik des Kapitals, die die gesamte Gesellschaft durchzieht. Er »befreit« uns vom Marxismus.

Foucaults Thema ist die *Sexualität*. »Geschlechterverhältnisse« [»rapports de genre«] untersucht er nicht weiter; der Feminismus hat dies als Mangel empfunden. Aber der feministische und homosexuelle Aktivismus identifizierte sich spontan mit seinem Diskurs, der ihm einen anderen Analysepfad als den marxistischen aufzeigte. Ungeachtet all der Missverständnisse ist es sicher besser, auf eine Perspektive der Kooperation zu setzen. Der durch Marx inspirierte materialistische Feminismus hat, zumindest in seinen konsequentesten Versionen, nicht auf Foucault gewartet, um sich mit den »sozialen Geschlechtsverhältnissen« [»rapports sociaux de sexe«] zu befassen. Seine politisch motivierte Soziologie zeigte, dass sich beide Arten sozialer Verhältnisse kreuzen und gegenseitig bedingen (so sind die Geschlechtsverhältnisse unter anderem auch Produktionsverhältnisse), und sie zeigte, dass diese sich in unterschiedliche Zeitlichkeiten einschreiben. Die Zeit der Klasse wird ausgehend von der Beziehung *Struktur/Tendenz* (zur industriellen Konzentration, zum Aufstieg der Lohnarbeiterklasse ...) analysiert, die in volatilen Umständen auch Beharrungskraft aufweist: Die Zeit ist auf jene Revolution hin ausgerichtet, die das Klassenverhältnis *aufheben* soll. Dem Geschlechtsverhältnis ist eine solche Struktur/Tendenz-Beziehung fremd, es kennt somit auch keine solche Zeitlichkeit. Es ist nicht auf dasselbe Ziel gerichtet. Es hat seine eigenen Dringlichkeiten. Es wartet nicht auf die Zeit der Struktur. Es wartet nicht

299 Ebd., S. 105.

auf Zeichen oder Losungen des Klassenverhältnisses. Es muss seine eigene Grammatik festlegen, die keine der »Vermittlungen« Markt/Organisation ist, auch wenn es tausendfach durch diese inspiziert und instrumentalisiert wird. Das Geschlechtsverhältnis ist der Ort einer Herrschaftsbeziehung und ruft einen Kampf auf den Plan, der sich, wie Foucault sagt, gegen den »unmittelbaren« Gegner richtet, nicht gegen den »Hauptfeind«.[300] Wieder wäre weiter zu diskutieren, hier mit Christine Delphy,[301] und zwar darüber, was es heißt, letzteres mit ersterem gleichzusetzen. Hier führt man also eigenständige Kämpfe. Neben dem gemeinsamen Kampf um universelle Emanzipation, den die Aufschlüsselung der Klassenverhältnisse auf die Tagesordnung setzt, gibt es also Kämpfe, die auf bestimmte Weise bestimmte Teile der Menschheit, »Minderheiten« betreffen; paradoxerweise scheint dafür die Stellung der Frau in der Gesamtgesellschaft paradigmatisch zu sein, obwohl Frauen die Hälfte des Gesellschaftskörpers ausmachen. Die Minderheiten haben ihre eigene Zeit, ihre absolute Dringlichkeit. Sie können sich nicht ins Schlepptau des Klassenkampfes begeben, weder theoretisch noch praktisch. Die Analyse der Klasse hilft, richtig vollzogen, auch dabei zu verstehen, dass es neben der Klasse noch andere soziale Verhältnisse gibt. Und die Lektion Foucaults, der sich spezifisch mit der Sexualität beschäftigt, ist in dieser Hinsicht bemerkenswert.

Die »Minderheiten«: Sie sind nicht im Gegensatz zu einer »Mehrheit« zu verstehen, sondern im Gegensatz zu einer *Totalität* – einer Totalität in ihrer historischen Bewegung. Sie stellen Teile dar, denen nicht der Status einer *pars totalis* zukommt, den Althusser kritisiert hatte – das heißt, sie sind als Teil nicht Ausdruck des Ganzen. Sie sind nicht Teil des Spiels eines »hegelschen Marxismus«, der den Standpunkt der totalen historischen Bewegung zum Höchsten erklärt, in der schließlich alles einen Sinn hat. Dieser totalisierende Auswuchs ist selbst mit dem Marxismus *als historischem Phänomen* verbunden. Der »historische Marxismus« ist eine Mischung aus »Sozialismus« und »Kommunismus«. Das ist zumindest die Hypothese, die der metastrukturale Ansatz vorschlägt, in dem Sinn, den er diesen Begriffen beilegt. Der Marxismus drückt die in der Epoche der Großindustrie aufkeimende Anziehungskraft zwischen den

300 Editor. Hinweis: Siehe oben, Kapitel 2, Fn. 212.

301 Editor. Hinweis: Siehe Christine Delphy: Der Hauptfeind [1970], aus dem Frz. übersetzt in: Alice Schwarzer (Hrsg.): Lohn: Liebe. Zum Wert der Frauenarbeit, Frankfurt a. M. 1985, S. 149–171. In diesem für den »materialistischen Feminismus« einflussreichen Artikel, den sie unter dem Pseudonym Christine Dupont im Vorfeld der späterhin sogenannten Hausarbeitsdebatte veröffentlichte, identifiziert Delphy neben der industriell-kapitalistischen eine »familiale« oder »patriarchalische Produktionsweise«, in der die (Ehe-)Frauen von den (Ehe-)Männern auf unentgeltlicher Basis ausgebeutet werden (ebd., S. 161, 163, 168). Delphy schlägt vor, das Geschlechterverhältnis (genauer: Eheverhältnis) als Produktionsverhältnis zu fassen und klassentheoretisch zu analysieren, wobei sich zeige, dass »die Frauen per definitionem [...] zu einer anderen Klasse gehören als ihre Ehemänner«, nämlich eine eigene Klasse bilden. (Ebd., S. 167) – Einen weniger erquicklichen Aspekt der Diskussion stellt der kurze Zeit später gestartete Versuch Delphys dar, dem Sozialanthropologen Marshall Sahlins den Begriff »häusliche Produktionsweise« streitig zu machen und mit ihrem ursprünglichen Konzept der »patriarchalischen Produktionsweise« gleichzusetzen.

sozialen Kräften des Macht-Wissens (der Entscheidungs- und Kompetenzträger, insbesondere der »Kompetenz«) und denen der Basisklasse aus. Falls diese Analyse zutreffend ist, verwundert es nicht weiter, dass der Marxismus mitunter dazu neigen mag, sich als Partei der Ordnung zu gebärden: *einer vermeintlich zwischen allen organisierten Ordnung*. Die Minderheiten sind für ihn unsichtbar, sie fügen sich nicht in sein historisches Emanzipationsprogramm ein. Um die Beschaffenheit des Marxismus als politische Theorie zu verstehen, muss man die historischen und sozialen Bedingungen seiner Entstehung in den Blick nehmen: Sein Programm beruht auf einer Perspektive (Struktur/Tendenz), die sich in den Horizont einer gemeinen Universalität einschreibt. Die Dispositive des Sex stiften Unruhe in diesem Historizismus. Sie bringen »Teile« ans Licht, die – anders als die diversen Fraktionen der Basisklasse (einschließlich der »Ausgeschlossenen«) – nicht aus der Struktur des Ganzen ableitbar sind und deren Schicksal nicht in die Geschichte dieser Totalität, in die große Saga der Emanzipation der Arbeit und ihrer herrschaftsförmigen Einspannungen eingeschrieben ist. Davon legt die Analyse der Sexualität gewissermaßen Zeugnis ab: *Es gibt andere Geschichte(n)*, die ihre eigene Substanz und Materialität, ihre eigenen markanten Begebenheiten und spezifischen Konzepte haben. Es leuchtet daher ein, dass sich im Lauf der Jahrzehnte *andere Kämpfe* mit dem Diskurs Foucaults identifizierten, der Minderheiten wie Gefangene, Homosexuelle, Kranke und psychisch Kranke befreite. Sie haben ihre eigenen Motive, Formen und Dringlichkeiten, die nicht aus den Produktionsverhältnissen ableitbar sind, wenn auch untrennbar mit diesen verbunden. Sie sind vielmehr Folge der auf unterschiedlichste Weise vonstattengehenden Verwaltung des Körpers (des sexualisierten Körpers, des gesunden Körpers, des sterblichen Körpers) durch die gesellschaftliche Macht, insbesondere durch das Macht-Wissen. Diese Kämpfe existieren nur durch ihre eigenen Initiativen und ihren eigenen Diskurs. Mit diesem Vorwissen versteht man leichter, warum die »Marxisten« als Anhänger der großen Geschichte – die trotz aller Polemik, und dies gilt insbesondere für die Althusserianer, den Epistemologen Foucault zu schätzen wussten – oft so wenig Interesse an dessen Sozialkritik und den sich daraus ergebenden politischen Folgen gezeigt haben.

2. Was *race* betrifft, so stellt sich die Frage anders. Marx und Foucault überschneiden sich hier, ohne sich zu begegnen. »Rasse« ist kein Konzept, das sich auf etwas Reales bezieht, denn es gibt keine Rassen; »Rasse« ist eine Vorstellung, die reale Auswirkungen hat, eine Vorstellung im rassistischen Verhältnis.[302] Letzteres hat mit Marx' Begriffen nichts, oder wenigs-

302 Das im Deutschen (zunächst innerhalb des sozialwissenschaftlichen Diskurses der 1990er-Jahre) eingeführte Lehnwort *race* verweist auch auf den Aspekt der Zuschreibungspraxis sowie deren Dekonstruktion. Zu den Ursprüngen der mit dem Wirken des Rechtswissenschaftlers

tens nicht direkt, zu tun; diese sind Begriffe der Klassen*struktur* (und der Staatsstruktur, jedenfalls in dem Sinne, in dem die Klassenstruktur selbst staatlich ist, Überbau sowohl wie Basis). Das rassistische Verhältnis ist zunächst Teil einer Situation, die sich in den Kategorien des Welt*systems* definieren lässt: zwischen Staaten, oder allgemeiner zwischen Gruppen in Territorien, die ausgehend von der Pluralität definiert sind, die der nationalstaatlichen Matrix inhärent ist. Der Raum des Weltsystems, zu dem »Rasse« bzw. *race* gehören, lässt sich nur in der Grammatik des Kolonialismus und des Imperialismus lesen, die nach kapitalistischer Akkumulation strebten – ein Effekt der »Struktur«. *Was die Theorie betrifft*, so konnten die spezifisch marxschen Begriffe (der Klassen*struktur*) aus sich selbst heraus keine Theorie des Welt*systems* liefern: Die (marxistischen) Theoretiker des Zentrum-Peripherie-Modells erfanden eine neue Grammatik, die sich aus dem »Kapital« nicht ableiten lässt.[303] *Was die historische Abfolge betrifft*, so entstand der Marxismus in den Ländern des Zentrums als Diskurs des oben bestimmten »fortschrittlichen« Bündnisses zwischen »Kompetenzträgern« und »Arbeiterklasse«: In dieser Situation machte man aus der Kolonie tendenziell ein subalternes Phänomen, das vom vermeintlichen »Hauptwiderspruch« zwischen Arbeit und Kapital her gedacht werden müsse, der auch auf kolonialem Gebiet nachweisbar sei. Aber die Schwierigkeiten des Marxismus, über Rassismus nachzudenken, sind weder auf die epistemologischen Voraussetzungen noch auf die historischen Umstände zurückzuführen (die ihn im Übrigen nicht daran hinderten, im Kampf gegen Kolonialismus und Rassismus an vorderster Front zu stehen). Das grundlegende Problem ist ein anderes: Um den Rassediskurs zu verstehen, auf den sich die Herrschaft der Kolonisatoren stützt, bedarf es eines anderen theoretischen Registers als desjenigen, das Marx und der Marxismus bereitstellen. Denn das Verhältnis von Struktur und System überkreuzt sich darin mit einem weiteren Verhältnis, das von anderer Art ist: dem Geschlechtsverhältnis. Tatsächlich handelt es sich unmittelbar um den *biopolitischen* Kurzschluss zwischen verschiedenen Bevölkerungen und kolonialen Machtspielen in deren Reproduktion, die gleichzeitig die Reproduktion der Klassen- und der Systemverhältnisse durch tausenderlei kurzfristige Wechselfälle ist: Aneignung von Körpern (Dienerinnen, Ammen, Mätressen), Instrumentalisierung der ethnischen

und Bürgerrechtsaktivisten Derrick Bell verbundenen, seit den frühen 1970er-Jahren sich in den USA formierenden *Critical Race Theory* siehe Richard Delgado/Jean Stefancic: Critical Race Theory: Past, Present, and Future, in: Current Legal Problems, Vol. 51, 1998, Iss. 1, S. 467–491. Seit der Jahrtausendwende ist darüber hinaus eine *Critical Philosophy of Race* präsent, die insofern Grundlagenreflexion betreibt, als sie zum Beispiel der Frage nachgeht, ob es hinreichende »ontologische« Gründe dafür gibt, ganz damit aufzuhören, überhaupt von »Rasse/race« oder »Rassen/races« zu sprechen und ob und inwiefern diese Frage (un-) abhängig von »epistemologischen« und »normativen« Fragestellungen beantwortet werden kann (oder muss). (Anm. d. Ü.)

303 Und nur eine metastrukturale Theorie erlaubt es, das Band zwischen den beiden »Dimensionen« der modernen Gesellschaftsform, zwischen (Klassen-)»Struktur« und (Welt-)»System« angemessen zu denken. Das zumindest habe ich in »L'État-monde« zu zeigen versucht.

Vermischung, Erfindung neuer Ethnien mit Mittlerfunktionen, Verherrlichung (westlicher/–) ausdifferenzierter Sexualmodelle etc. Alles, was in diesen Prozessen zum »Dispositiv des Sex« gehört, zur Artikulation von Körper und Bevölkerung, entzieht sich dem Marxismus und findet seinen Ausdruck in der Sprache Foucaults, ausgehend von der Aufmerksamkeit, die er der Unterwerfung der Körper widmet, vom Macht-Wissen, das auf diese ausgeübt wird und von den biopolitischen Strategien, die sich daraus ergeben.[304] Der Rassismus muss somit in dieser Interferenz zwischen Marx und Foucault und in der unmöglichen Synthese beider Konzepte verstanden werden. Und man ahnt die Prüfung, die uns bevorsteht, wenn man unversehens von »Rasse« zum »Rassenkrieg« gelangt, zu einer – zugegeben – ganz anderen Semantik.

§332 Der Krieg als »Analysator der Gesellschaft«

Die Vorlesungsreihe von 1976, »In Verteidigung der Gesellschaft«, beginnt mit einer These, die man »anthropologisch« nennen kann, da sie sich mit Macht, Krieg und Frieden *allgemein* beschäftigt. Foucault wendet sich gegen Betrachtungsweisen, die *Macht* als Souveränität oder ökonomische Herrschaft verstehen, und bringt vor, dass Macht stets *Unterdrückung* ist und zum Bereich des *Krieges* gehört. Die Macht ist »ein Krieg, der mit anderen Mitteln fortgesetzt wird«.[305] »Der Krieg ist nichts anderes als die Chiffre des Friedens«.[306] Am Anfang ist der Krieg, nicht der *Logos*: »Das sprechende Subjekt ist ein [...] kriegerisches Subjekt«.[307] »Am Anfang der Geschichte«: Brutalität, Energie, Kontingenz, Affekte, Körper, Zufälle.[308] Diese Allgemeinheiten werden in einer historischen Untersuchung hervorgehoben, die zeigt, dass das »historische Bewusstsein« als Kennzeichen der »modernen« Gesellschaft in einem Diskurs des sozialen »Krieges« entsteht.[309] Die sozialen Klassen wurden sich ihrer selbst und ihrer Kämpfe erstmals in Begriffen des »Krieges« bewusst, genauer des »Rassenkrieges«. Gegenüber dem Diskurs der Souveränität und damit zusammenhängenden Vertragstheorien begreift dieser Diskurs die Gesellschaft nicht von ihrer möglichen Einheit unter einer Rechtsordnung her, sondern von ihrer Aufspaltung in unversöhnliche Lager, die ein unersättlicher Krieg gegeneinander aufbringt. Dieses Paradigma

304 Vgl. u. a. das Foucault-Kapitel von Ann Stoler in: dies.: Carnal Knowledge and Imperial Power. Race and the Intimate in Colonial Rule, Berkeley 2002, S. 140–160. Im selben Sinne Elsa Dorlin: La Matrice de la race, Paris 2006.

305 Foucault: Verteidigung der Gesellschaft, S. 35.

306 Ebd., S. 67.

307 Ebd., S. 71 f.

308 Die Idee taucht an verschiedenen Stellen auf: »Die Geschichtlichkeit, die uns mitreißt und bestimmt, ist *kriegerisch*«, sagt er (meine Hervorhebung), »sie ist nicht sprachlicher Natur. Machtbeziehung, nicht Sinnbeziehung. Die Geschichte hat keinen Sinn [...].« Sie ist »verstehbar«, analysierbar, »doch gemäß der Verstehbarkeit der Kämpfe, der Strategien und der Taktiken«. (Foucault in: ders./Fontana/Pasquino: Interview vom Juni 1976, S. 192 f.)

309 Foucault: Verteidigung der Gesellschaft, S. 98–102.

ist im klassischen Zeitalter den verschiedenen konkurrierenden Klassen und Mächten gemein, die es auf unterschiedliche Weisen ausformen. Althergebrachte mythische Rechte und deren Verletzung durch Eindringlinge werden in den Vordergrund gestellt, gegen diese das eigene Recht zu erklären bedeutet, dem geltenden Recht den Krieg zu erklären – bis zum endgültigen Sieg. Diese historische Bedeutung erwächst aus dem Übergangsprozess vom Mittelalter zur Neuzeit. Die Levellers und die Diggers sind hierfür wichtige Beispiele. Die Gesellschaft wird nicht länger als hierarchisches Gebilde wahrgenommen. Sie teilt sich in zwei Hälften: arm und reich, Herren und Abhängige.[310] Auf die Gründungsansprüche der Souveränität folgt die Prophezeiung einer Befreiung, einer künftigen »Revolution«. Dies ist die Matrix des bis dahin beispiellosen historischen Diskurses der Moderne, eines Instruments des Kampfes, des Wissens und der Macht. Marx und Engels fanden darin dank französischer Historiker ihr Rohmaterial. Doch letztlich, fügt Foucault hinzu, neutralisiert der Marxismus dieses Paradigma durch die *dialektische* Operation, die er darauf anwendet: Am Ende der Revolution, nach der endgültigen Abwendung der Herrschaft der Ökonomie, ist der Antagonismus berufen, in eine neue Vertragsordnung der allgemeinen Konzertierung überzugehen. Foucault lehnt diese endgültige Utopie ab. Er erkennt unter den neuen staatlichen Herrschaftsformen den ständig neu entfachten Krieg. Der Krieg ist der wirkliche »Analysator der Gesellschaft«:

> »Die Dialektik ist die philosophisch und vielleicht politisch verordnete Pazifizierung dieses bitteren und parteiischen Diskurses des fundamentalen Krieges.«[311]

310 Luc Foisneau zeigt, wie Foucaults Kritik an Hobbes darauf abzielt, den englischen Historizismus [historicisme anglais], der sich auf soziale Konfliktualität konzentriert, neu zu bewerten. Siehe: Luc Foisneau: Foucault, Hobbes et la critique anti-juridique des Lumières, in: Lumières, Nr. 8, 2006/2 (Foucault et les Lumières), S. 31–50. – Editor. Hinweis: Unter »englischem Histori[zi]smus« ist in vorliegendem Zusammenhang zunächst einmal die (in England ansässige) *Cambridge School of intellectual history* zu verstehen, namentlich die von Quentin Skinner vertretene Forschungsrichtung innerhalb der Geschichte des politischen Denkens (ausgehend von Skinners Beitrag: Conquest and Consent: Hobbes and the Engagement Controversy [1972], überarbeitete Fassung in: Quentin Skinner: Visions of Politics, Bd. 3: Hobbes and Civil Science, Cambridge 2002, S. 287–307). Des Weiteren (und dann über die englische Forschungslandschaft hinausgehend) ist auch an die »prä-postmarxistischen« (Holstun) Ansätze einer »sozialen«, vornehmlich klassenkampforientierten Interpretation der Englischen Revolution zu denken; siehe, ungeachtet seiner erklärtermaßen betont polemischen Grundausrichtung, den lohnenden forschungshistorischen Überblick über diese Interpretation (und ihre Anfeindungen) in James Holstuns Buch: Ehud's Dagger: Class Struggle in the English Revolution, London/New York 2000 (die Foucault-Kritik im zweiten Kapitel ist jedoch in ihrem Urteil zuweilen arg ungerecht). Für eine das foisneausche Anliegen ergänzende Evaluation des foucaultschen Einsatzes sei neben der für die deutschsprachige Forschung einschlägigen Studie von Thomas Lemke (Eine Kritik der politischen Vernunft, Berlin 1997; vor allem S. 131–150, 222–227) verwiesen auf den Aufsatz von Sean Gerard Ferrier: Subjects of History – Foucault on the Emergence of Conflictual Nationhood and Biopolitics, in: Le foucaldien, 6. Jg., Nr. 1, 2020 (Online-Journal), Text Nr. 9 (46 S.).

311 Foucault: Verteidigung der Gesellschaft, S. 77.

Foucault spricht hier nicht mehr von *einer »Wahrheit«, die einer bestimmten Epoche eigen wäre* (in dem Sinne, in dem auf die Wahrheit des Verwaltungsstaates die der liberalen Gouvernementalität *folgte*), sondern von »Wahrheiten«, die einander im Alleingang gegenübertreten, von »Kräfteverhältnissen«, die »Wahrheitsbeziehungen« sind.[312] »Wenn [...] das Kräfteverhältnis die Wahrheit freisetzt, so wird die Wahrheit ihrerseits zu einer Waffe in diesem Kräfteverhältnis.«[313] Die Wahrheitsansprüche, die von gegnerischen Gruppen erhoben werden, wenden sich in Wirklichkeit gegen das Wissen, das diese Ansprüche begründen könnte. So werden die Geschichtswissenschaften geboren, die ebenso der Kriegführung dienen wie die anderen Sozialwissenschaften, deren Wissen Macht und deren Macht Krieg ist. Aber, was »Wahrheiten« betrifft, führt Foucault unversehens auch eine ganz andere Operation durch: Er erzählt uns vom Übergang *von einer Wahrheit zu einer anderen*, von der des »Rassenkrieges« zu der des Klassenkampfes. Er bietet uns eine »Geschichte der Wahrheit«. Und am Ende dieser Geschichte betritt er selbst die Bühne. Er legt sein spezifisches Wissen dar, er liefert uns seine spezifische »Wahrheit«, er zeigt uns, woraus sie *in Wirklichkeit* besteht. Der »Klassenkampf« scheint ihm eine wesentliche Wahrheit zu übersehen, die zum »Rassenkrieg« gehörte. Diese Wahrheit ist freilich nicht »die Rasse«, sondern der (in deren Namen erklärte) Krieg. Die Dialektik der Marxisten verstellt die Tatsache des Krieges.

Foucault hat nicht unrecht, wenn er die historische *Dialektik*, die auf ein Ende zusteuert, an dem sich alle Widersprüche aufheben, mit dem Gesellschafts*vertrag* vergleicht, der von Anfang an dieses Ziel im Blick hat. Dies übrigens ist der entscheidende Gegensatz, und nicht so sehr der zwischen dem konservativen »monistischen« Paradigma der *Souveränität* und dem revolutionären »binären« Paradigma von Klasse oder *race*, den er ebenfalls nennt. Denn der »Gesellschaftsvertrag« steht, Folge der Klassenkonfrontation, einer widersprüchlichen Indienstnahme von oben wie von unten offen. Und anstatt sich mit dem Wissensstreit zwischen Monismus und Binarität zufrieden zu geben, hätte Foucault sich für die Frage interessieren können, warum der Vertrags- und der Klassenkampfdiskurs in den Gesellschaften *gemeinsam* auftauchen. Das liegt meines Erachtens daran, dass sie einander nicht fremd sind, sondern derselben historisch-ontologischen Meta/Strukturierung angehören: Ersterer ist die gesetzte Voraussetzung für letzteren, die Vertragsidee ist die gesetzte Voraussetzung des modernen Klassenverhältnisses. Marx versucht so zu zeigen, wie die Struktur des Klassenstaates die rechtlich-politische Metastruktur des Marktes als ihre Voraussetzung setzt. Eben diese Voraussetzung des (vertraglichen) Friedens kann »der Krieg« nicht

312 Ebd., S. 45.

313 Ebd.

bieten: Er »setzt« keinen Vertrag. Er stellt somit auch kein Konzept für dessen Instrumentierung bereit. Zu sagen, »der Krieg ist die Chiffre des Friedens«, ist daher ungenau.

Foucaults Diskurs neigt dazu, jedenfalls wenn er theoretisch provozieren will,[314] »den Kampf« und »den Krieg« in der unbestimmten Idee einer »Schlacht« aufzulösen, die aus dem *Krieg* »die Chiffre« des sozialen *Kampfes* macht. Dieser ist selbst noch in seinen pazifistischsten Formen von vielen Seiten her gewalttätig, vor allem von oben her, wo umfänglichste, nämlich kommerzielle und organisatorische, kulturelle und politische Gewaltmittel zur Verfügung stehen. In der Kette seiner Konsequenzen ist er oftmals mörderisch. Aber er unterscheidet sich vom Krieg, dessen unmittelbares Mittel, dessen erklärte Norm das Töten ist. Foucaults Anspielung auf Carl Schmitt, für den die grundlegende Kategorie ebenfalls der Krieg, die Scheidung zwischen Freund und Feind ist,[315] scheint mir mit einer beiden gemeinen Unzulänglichkeit zu tun zu haben: Schmitt relativiert den Klassenkampf, indem er den Krieg privilegiert. Foucault wertet ihn auf, indem er ihn Krieg heißt. In beiden Diskursen überschattet der Krieg den Kampf. Wir wissen, dass sich in Wirklichkeit beide Beziehungen überschneiden und verbinden. Aber der »Kampf« (der moderne Klassenkampf) verdient es, für sich selbst betrachtet zu werden: Er unterscheidet sich vom »Krieg« dadurch, dass er sich auf einen möglichen Gemeinwillen als »Wahrheit« bezieht, die von beiden Seiten beansprucht wird – in denselben Begriffen, in der Amphibolie des Klassenverhältnisses –, und dass er eben hierdurch eine eigene Wirksamkeit besitzt. Nur unter diesen Voraussetzungen lassen sich die perversen Beziehungen zwischen Krieg und Kampf verstehen, und allgemeiner zwischen Rechts- und Kräfteverhältnissen.[316]

314 In der konkreten Analyse ist er natürlich nuancierter. Siehe das »maoistische« Interview, das er nach seinem Besuch des Gefängnisses von Attica (Bundesstaat New York) im April 1972 gibt (vgl. oben, Fn. 122). »Als sich die gewerkschaftliche Organisation herausbildete, musste eine Trennung von all jenen aufrührerischen Gruppen und von all denen stattfinden, die sich der Rechtsordnung widersetzten.« (Michel Foucault über Attica, S. 665) Foucault stellt fest, dass dies deren Kampf »nicht selten« diente. Er selbst hat natürlich einen »Kampf« im Sinn, zu dem er auch andere »beachtliche revolutionäre Kräfte« zählt – »zumindest glaubt unsere Gruppe das«, windet er sich – »die Frauen, die Prostituierten, die Homosexuellen, die Drogensüchtigen«, es gibt »da ein Protestpotenzial gegen die Gesellschaft, das im politischen Kampf zu ignorieren wir gar kein Recht haben« (ebd., S. 665–666). Es bleibt dabei, dass sein Schema des Krieges als *Schlüssel* des Kampfes seine *Theorie* des »politischen Kampfes« verschleiert.

315 Carl Schmitt: Der Begriff des Politischen. Synoptische Darstellung der Texte [1927, 1932/1963, 1933], hrsg. v. Marco Walter, Berlin 2018; ders.: Theorie des Partisanen. Zwischenbemerkung zum Begriff des Politischen, Berlin 1963 ([8]2017). (Anm. d. Ü.)

316 Mehrere Kapitel von »L'État-monde« sind der Herausarbeitung dieser Thesen gewidmet. Einerseits gegen Carl Schmitt: Warum gibt es, in dem Sinne, den er dem Begriff verleiht, zwei »Urbegriffe« [»concepts premiers«] und nicht einen einzigen? (S. 92–105). Andererseits zur perversen Interferenz zwischen dem Krieg im Inneren des Weltsystems und dem (Klassen-) Kampf im Inneren des Weltstaats (S. 268–285). – Anm. d. Ü.: Mit dem Geltendmachen der *zwei* »concepts premiers« hat Bidet nicht die beiden Bestandteile des Begriffs*paares* Freund/Feind (oder des »formal« analogen Paares Klassenpartner/Klassengegner) im Blick, sondern die Notwendigkeit, die jeweiligen, nicht aufeinander zurückführbaren Logiken »zivilisierter« *Struktur*herrschaft (Ordnung des nationalen Klassenstaats) und »barbarischer« *System*herrschaft (Ordnung des

Einmal mehr sind wir gehalten, Marx und Foucault nicht Rücken an Rücken, sondern in Konfrontation miteinander zu betrachten. Dem Axiom »Die Geschichte der Menschheit ist die Geschichte des Klassenkampfes«[317] stellt Foucault, jedenfalls an diesem Punkt seiner Forschung, dieses entgegen: »[D]er Krieg ist der Motor der Institutionen und der Ordnung.«[318] Es ist der Krieg, der den Frieden hervorbringt; und er setzt sich in ihm fort. Keine Frage; doch gilt es ebenso *den Frieden zu denken* – den Frieden des Klassenkampfes oder auch den des Geschlechterkampfes –, in dessen spezifischer Kraft und dessen spezifischen Konzepten. Es gilt, seine Vernünftigkeit zu denken – seine Referenzen: ein *Konzept* von Freiheit-Gleichheit-Rationalität –, um die Zweckdienlichkeit seiner Verdienste, seiner Stärken und Schwächen zu verstehen. Im Krieg sind Wahrheiten (Wahrheitsansprüche) rein antithetisch: wir oder ihr. Im Kampf äußern und konfrontieren sie sich zwar in der gleichen *begrifflichen* Hülle, ihre Wirkungen sind aber nicht dieselben. Der auf die Kommandobrücke beförderte Analysator »Krieg« neutralisiert den Operator »Kampf«, dessen normative Voraussetzungen in Foucaults Arbeit im Hintergrund bleiben. Der Moralist ist stets präsent, aber weder im Diskurs einer Moraltheorie noch in dem einer positiven politischen The-

internationalen imperialistischen Systems) zusammenzudenken. Nur auf diese Weise ist, mit Schmitt gesprochen, zu einer adäquaten begrifflichen Erfassung des *Politischen* zu gelangen (in Anlehnung daran, dass Schmitt das Freund/Feind-Paar zum grundlegenden Begriff der politischen Philosophie, die Unterscheidung von Freund und Feind zum primären, wenn nicht gar ausschließlichen »Kriterium des Politischen« erklärt). Zwar ist »Urbegriff«, anders als etwa »Ur-Akt« kein schmittscher Terminus. Da Bidet in den hier angeführten Passagen aus »L'État-monde« aber die Ausdrücke »concept primordial« und »concept premier« synonym verwendet, sehen wir uns zu deren Übersetzung als »Urbegriff« ermutigt, zumal dem schmittschen »Kriterium« in seinem Selbstverständnis die Charakteristika eignen, die in der Tradition deutschsprachiger Philosophie mit dem von uns gewählten Ausdruck herkömmlicherweise verbunden sind: ein logisch starker *Ableitungs*zusammenhang (von Ur- und Nebenbegriffen) und eine der vermeintlich unmittelbaren Erfahrung entspringende Begründung hinsichtlich der Begriffs*einführung*. – Editor. Hinweis: Zwar spricht auch Schmitt an ausgewählten Stellen vom »primären Begriff«, aber dann nur hinsichtlich des Verhältnisses der Begriffe Krieg und Feindschaft zueinander (siehe Schmitt: Über das Verhältnis der Begriffe Krieg und Feind [1938/1963], in: ders.: Begriff des Politischen, S. 266–273 [= Corollarium 2], hier: S. 265, 271; ders.: Theorie des Partisanen, S. 91), nicht im Zusammenhang mit seiner Zugrundelegung von Krieg und Feind/Freund für jedwedes Denken des Politischen – was, in Bezug auf Letzteres, einmal mehr für den interpretierenden Rückgriff auf den Ausdruck »Urbegriff« spricht.

317 In [den Kapiteln 3 und 8 von] »L'État-monde« habe ich zu zeigen versucht, warum Marx' Matrix der Produktionsweise, die er in der Matrix des Gebäudes Basis/Überbau denkt, den Krieg nicht zu denken vermag: Es handelt sich um eine strikt a-geografische Figur. Sie ist der abstrakte Begriff einer bestimmten Art sozialer Formation; er sagt nichts über die *Territorien* aus, die letztere formt. Er kann nichts über die Beziehung zwischen Territorien und [ethnischen] Gemeinschaften aussagen. Er kann nichts über das Weltsystem aussagen. Und auch nichts über den Krieg (darin findet Schmitts Kritik an Marx ihre Berechtigung). Doch muss das Verhältnis der Gemeinschaft zu den Territorien ebenso streng gedacht werden, wie das Verhältnis der Klassen zu den Produktionsmitteln gedacht worden ist. Das ist eins der Ziele dieser Arbeit.

318 »Der Krieg ist nicht zu Ende. Zunächst hat er den Staaten zur Geburt verholfen: Recht, Frieden und Gesetze werden im Blut und im Schlamm der Schlachten geboren. [...] Das heißt aber nicht, dass die Gesellschaft, das Gesetz und der Staat gleichsam der Waffenstillstand in diesen Kriegen oder die definitive Sanktion der Siege sind. Das Gesetz bedeutet nicht Befriedung, denn unterhalb des Gesetzes wütet der Krieg in allen Machtmechanismen, selbst den geregeltsten weiter. Der Krieg ist der Motor der Institutionen und der Ordnung, und selbst der Friede erzeugt in seinen kleinsten Räderwerken stillschweigend den Krieg.« (Foucault: Verteidigung der Gesellschaft, S. 67).

orie. Er steckt im Ungesagten, wie die negative Theologie darin steckt, wovon sie nicht sprechen kann.[319] Und genau darin liegt das Geheimnis seiner zersetzenden Kraft, die stets intakt ist, *niemals kompromittiert*. Der Fluch benennt die Herrschaftsverhältnisse, die der guten Ordnung der Gesellschaft innewohnen, besser als der utopische oder reformerische Diskurs. Genügt dies aber zum Verständnis dessen, woher die Kraft des Volkes kommt? Auch die Machtfülle des Friedens ist die des Volkes.

§333 »Struktur« oder »System«? Foucault, Habermas und andere

Die Vermengung von Kampf und Krieg, die der unklare Diskurs über die »große Schlacht« hervorbringt, verwischt die Differenz zwischen den Praxisformen, die die (Klassen-)Struktur und das (Welt-)System charakterisieren. Um die Struktur zu verstehen, muss man sie vom System unterscheiden. Die metastrukturale Theorie schlägt einen *dialektischen* Begriff von »Struktur« vor, das heißt eine *dialektische Beziehung* zwischen Metastruktur, Struktur und Praktiken. Sie zielt auf eine Kritik des habermasschen Begriffs von »System« ab, das nach liberaler Tradition als Verknüpfung der »ökonomisch-marktwirtschaftlichen« Ordnung mit der »politisch-administrativen« Ordnung verstanden wird.[320] Ein solches »System«, das sich durch Exteriorität zu unserer »Lebenswelt« auszeichnet, erscheint in gewisser Weise verdinglicht, als außerhalb unserer Einflussbereichs.[321] Die (moderne Klassen-)Struktur ist nicht auf diese Weise, nicht als in sich geschlossenes *System* zu verstehen, eben weil die gesetzte metastrukturale Voraussetzung der modernen Gesellschaft nicht einfach durch die *Vermittlungen* Markt/Organisation konstituiert ist (die im Übrigen keineswegs Habermas' »systemischem« Paar, Ökonomie *versus* Politik, entsprechen), sondern durch die im Klassenkampf gegebene Beziehung zwischen diesen *Vermittlungen* und der diskursiven *Unmittelbarkeit* der Kritik, die sich (wie wir gesehen haben) an ihrem antagonistischen Interferenzpunkt manifestiert, in der amphibolischen Form der »Diskrepanz«. Die Klassen*struktur* konstituiert somit kein »System«, in dem die menschlichen Akteure eingeschlossen wären; sie besteht vielmehr aus einem ständigen Widerstreit zwischen Instrumentalisierung und Emanzipation. Sie existiert somit nur in ihrer Verbindung zur *Metastruktur*: zur »Lebenswelt« des öffentlichen Raumes im weitesten Sinne, Raum, in dem Subjekte mit ihren Ansprüchen konfrontiert sind, mit ihren »Wahrheiten«, um mit Foucault zu sprechen. Die Klassenstruktur kann sich nur

319 Und auch dies ist nur ein Moment des Diskurses, denn auch er denkt das Negative außerhalb des Positiven, das er produziert, außerhalb seiner »Produktivität«. Dies ist eine weitere Beziehung, über deren Ambiguität wir noch werden nachzudenken haben.

320 Vgl. État-monde, Kap. 1 und 2. – Die Figur des »metastrukturalen Quadrats«, die oben in der Einleitung vorgelegt wurde, stellt hiervon ein Konzentrat dar.

321 Diese Kritik bringt insbesondere Stéphane Haber vor, besonders in »Penser le néocapitalisme« (Paris 2013). Ich schlage vor, diese Argumentation aufzugreifen und mit den Möglichkeiten des metastrukturalen Ansatzes fortzusetzen.

auf das stete Risiko der Lebenswelt hin »reproduzieren«, erklärt in diesem Binnendiskurs, und ist den *Praktiken* eingeschrieben, deren Rahmen die modernen Klassenstrukturen definieren.[322] Das ist die »Struktur« im prägnanten Sinne, in dem man von »Klassenstruktur« spricht: die *dialektische Beziehung* zwischen Metastruktur, Struktur und Praktiken.[323]

Was den Begriff des »Systems« betrifft, so suggerieren die zeitgenössischen Theorien der »globalen Geschichte« eine bestimmte Verwendung – die zum Konzept des »Weltsystems« passt. In diesem Sinne habe ich als Leitfaden einer Theorie der Moderne die Beziehung zwischen *Klassenstruktur* (ausgehend vom Kontext des Nationalstaats) und Weltsystem (Kontext des Zwischen-Staatlichen) vorgeschlagen. Dies ist der Ausgangspunkt der Rekonstruktion, wie ich sie in »L'État-monde« vornehme. Der marxistische Diskurs spricht heute gern von »anti-systemischen Bewegungen«, von »systemischer« Herrschaft und dergleichen mehr.[324] Diese unbestimmte Verwendung des Begriffs »System« in Bezug auf »strukturale« Phänomene verstellt (wie auch die Behauptung, »den Krieg« zum

322 Im Original: »Elle [= la structure de classe] ne se ›reproduit‹ qu'au risque incessant du monde vécu déclaré dans cet interdiscours, inhérent aux *pratiques* dont les structures modernes de classe définissent le cadre.« Nicht nur aufgrund der eigenwilligen Anschlüsse der Partizipialgruppen bleibt dieser Satz rätselhaft. Der einzige, erkennbar aus dem Zusammenhang zu rekonstruierende Sinn wäre, dass die Klassenstruktur sich nur auf das stete Risiko *des Scheiterns* an der Lebenswelt *reproduzieren* könne: so wie laut Habermas die »Lebenswelt« permanent Gefahr läuft, vom »System« »kolonialisiert« zu werden, so ist seinerseits das »System« (in Bidets Terminologie: die *Struktur*) auf die keineswegs gesicherte »Kollaboration« *(Praktiken)* seitens der Lebenswelt angewiesen, vor allem in jenen Zusammenhängen, in denen die Lebenswelt in den öffentlichen Raum hineinragt bzw. dort, wo der öffentliche Raum per se nur in der Anerkennung konkurrierender lebensweltlicher Ansprüche (»Wahrheiten«), sozusagen im »Binnendiskurs«, existieren kann, wobei die jeweiligen »Freiheitsgrade« der Praktiken, und somit deren maximale »Abweichung« von den systemischen/strukturellen Reproduktionserfordernissen, ihrerseits durch die (Klassen-)Struktur definiert werden. (Anm. d. Ü.)

323 Diese Dialektik ist – ich erlaube mir, dies noch einmal zu betonen –, nicht als historischer Prozess im Sinne einer Dialektik der Geschichte zu verstehen, sondern als *praktischer und augenblicklicher Prozess*, angetrieben von Absichten und Ansprüchen (»Wahrheitsansprüchen«), die in den Rahmen struktureller Zwänge eingefasst sind. Dieser praktische augenblickliche Prozess kommt in volatiler Lage hinzu (1) zu den Unwägbarkeiten der Wechselbeziehung zwischen *strukturellen* (»Produktionsverhältnisse«) und technologischen (»Produktivkräfte«) Prozessen, und (2) überschneidet sich mit den vielfältigen Unwägbarkeiten von deren Verflechtung mit *systemischen* Prozessen (ökonomischen, politischen, kulturellen Vorgängen im Welt*system*), mit deren unmittelbaren Auswirkungen und mit den Perspektiven, die diese Prozesse langfristig eröffnen. Lediglich der praktische Prozess ist dialektisch; und die Meta/Struktur ist sein Konzept. Der Kontext, in dem er sich entfaltet, ist mittels theoretischer Hypothesen und empirischer Untersuchungen auf eine Verflechtung partikularer Ursachen zu beziehen. In diesem Sinne ist es zu verstehen, dass Foucault, im Gegensatz zu den Strukturalismen (Foucault/Fontana/Pasquino: Interview vom Juni 1976, S. 191), »das Ereignis« rehabilitiert. »Zum Ereignis machen«, das heißt, sich für die Vielheit von Ursachen zu interessieren, »das Ereignis den vielfältigen Prozessen entsprechend zu analysieren, die es konstituieren«: Hinter dem Auftauchen des Gefängnisses ist die neue Pädagogik, die Berufsarmee, die englische empirische Philosophie, die neue Arbeitsteilung zu entschlüsseln (Michel Foucault u. a.: Diskussion vom 20. Mai 1978 [1980], übers. v. Hermann Kocyba, in: ders.: Schriften, Bd. IV, S. 25–43, hier S. 29–34). Das Ereignis muss stets *interpretiert* werden, als Zusammenspiel praktischer Prozesse, und es muss *erklärt* werden mit Blick auf die vielfachen Ursachen, die darin aufeinandertreffen. So oder so – es ist nur im Hinblick auf die Kontinuitäten und strukturellen Entwicklungen erkennbar, mit denen es bricht, und die zu bestimmen auch Aufgabe des Historikers ist.

324 Ich gehe hier nicht auf die lexikalische Wendung ein, die in jüngerer Zeit von der extremen Rechten vollzogen wurde. Diese versteht sich als »anti-systemische« Kraft und macht der verblassenden radikalen Linken den Rang streitig. Eine politische Analyse dieser semantischen Verschiebung ginge an der Absicht dieses Buches vorbei.

Analysator der Gesellschaft zu machen) in Wirklichkeit das, worum es in der Beziehung zwischen Klassen*struktur* und Welt*system*, zwischen den beiden »Dimensionen« der modernen Gesellschaftsform geht.[325] Wenn jedes Ereignis, jede Institution der Moderne nur durch diese Verbindung zwischen Struktur und System verständlich wird – zum Beispiel zwischen Nationalem und Kolonialem, zwischen Klasse und *race*, zwischen Kampf und Krieg –, so muss man zunächst jede dieser beiden Ordnungen, zu der jeweils ein spezifisches »soziales Sein« gehört, für sich verstehen; anders lässt sich all dies nicht analysieren.

Hiermit muss eine klare Unterscheidung einhergehen, die es ermöglicht, die Wechselbeziehungen zum Ausdruck zu bringen. Der Diskurs des Rassismus ist der eines im Krieg befindlichen Weltsystems (Zentren/Peripherien, im großen Maßstab wie im kleinen, vom Globalen zum Lokalen), eines sexualisierten Systems, in dem sich Bevölkerungen in Klassennationalstaaten gegenüberstehen.

Man muss anerkennen, dass Foucault wie kein anderer Denker die Reflexion und Forschung über *class/gender/race* stärker beeinflusst hat, und zwar insbesondere die Arbeiten derer, die sich auch auf den Marxismus beziehen. Das Innovative seiner Arbeiten hängt mit der Bedeutung zusammen, die der quasi materialistische Nominalismus, auf den er uns unaufhörlich stößt, dem *Körper* beimisst: einem Körper, der stets zugleich der Sphäre der Klasse (und des Klassenstaats), der Sexualität und der (systemischen) *race* angehört. Die feministische, koloniale und postkoloniale Forschung hat guten Grund, sich darin wiederzufinden. Sklaverei, Völkermischung, Migrationsbewegungen, Gefangenschaft, Geschlechtszuschreibung, Subalternität, Rassismus, Diskriminierung, Widerstand – Foucault ist immer da, eine unerschöpfliche Inspirationsquelle. Und die »Marxisten« sollten darin das Gute erkennen und anerkennen, *ein Gemeingut aus fernen Landen*. Was sie somit von Foucault *bekommen* können, findet sich in zwei verschiedenen Rubriken: Einerseits identifiziert er, wie wir im vorigen Kapitel gesehen haben, namens des Macht-Wissens *den anderen Pol* der herrschenden Klasse, der dem Macht-Eigentum gegenübersteht. Andererseits trägt er – auch wenn er sich nicht mit Geschlechterverhältnissen beschäftigt, was ihm einige Feministinnen zum Vorwurf machten – insbesondere durch seine Aussagen über das Macht-Wissen dazu bei, neben dem gesellschaftlichen Klassenverhältnis (und Systemverhältnis), *das andere gesellschaftliche Haupt-*

325 Hier wird auch der Unterschied zwischen dem zur Struktur gehörenden Kontinuum Ideologie-Utopie und der zum System gehörenden rassistischen Kryptologie deutlich, zwischen dem amphibolischen Diskurs des Friedens und demjenigen des Krieges. Foucault wirft Hobbes vor, den Krieg aus dem Gesellschaftskörper der Republik auszuschließen, um ihn spezifisch zum Analysator der *Ordnung zwischen den Nationen* zu machen. Doch hat Hobbes nicht Unrecht – er ist nur theoretisch nicht dafür gerüstet, den sozialen Kampf zu verstehen, der mit der Republik organisch verbunden ist, und damit auch nicht dafür, die permanente Kontamination des Weltsystems durch den Krieg zu verstehen.

verhältnis zu identifizieren, nämlich das gesellschaftliche Geschlechtsverhältnis – von der Reproduktion bis zur Sexualität –, das eine andere Geschichtlichkeit und eine andere politische Zeitlichkeit aufweist und an dem auch alle »Minderheiten« Anteil haben. Dies wirft ein Licht auf die einander überschneidenden Verhältnisse zwischen Klassenstruktur, Weltsystem und Geschlechtsverhältnissen – durch die wiederum *race* definiert wird, als ideologische Gegebenheit und soziale Gestalt.

Marx und Foucault sind hier beide als Analytiker von Gesamtprozessen wie auch von individuellen Singularitäten aufgetreten. Der eine mit der Figur der »Struktur«, der andere mit der des »Dispositivs«. Holismus und Nominalismus – Makro und Mikro – durchdringen und stützen sich darin je gegenseitig. Einem von beiden scheint jedoch stets philosophischer Vorrang zugestanden zu werden, wodurch in verschiedenen Forschungsfeldern je inkommensurable Erkenntnisse gewonnen werden. Hierher rührt die Versuchung, den einen als Denker der Totalität und den anderen als Denker des Subjekts zu verstehen, auch auf die Gefahr hin, sie auseinanderzureißen und beide zu banalisieren. Eine Kooperation zwischen beiden Ansätzen scheint nicht dadurch möglich zu werden, dass man ihre *philosophische* Spannung zu überwinden sucht; dadurch würden beide eher neutralisiert. Sondern sie wird ermöglicht, wie hier unternommen, im Wege einer *theoretischen* Rekonstruktion – im Sinne einer Theorie der modernen Gesellschaftsform. Es gilt nun deren Solidität zu prüfen, und zwar anhand einer Untersuchung der Frage, wie sich die Beziehung zwischen den von Marx und von Foucault gesellschaftsanalytisch gebrauchten Begriffskomplexen denken lässt: die Beziehung zwischen »Kapitalismus« und »Liberalismus«.

4 —— Marx' »Kapitalismus« und Foucaults »Liberalismus«

Marx und die ihm nachfolgenden Marxisten charakterisieren die seit Mitte des 18. Jahrhunderts im Aufschwung befindliche Gesellschaftsordnung als »Kapitalismus«; und sie haben eine sozialistische bzw. kommunistische Zukunft im Blick. Foucault steht zunächst in dieser Tradition oder bezieht sich zumindest auf eine kapitalistische Klassenherrschaft, die es abzuschaffen gilt; doch Ende der 1970er-Jahre analysiert er die moderne Gesellschaftsordnung schließlich im Zeichen des »Liberalismus« und erkennt nunmehr am Horizont (jenseits der sozialstaatlich geprägten Jahrzehnte) die Voraussetzungen eines bevorstehenden, eines kommenden Neoliberalismus. Die formulierten Diagnosen und Prognosen sind selbstverständlich entsprechend dem Inhalt und Status des jeweiligen Konzepts – »Kapitalismus« beziehungsweise »Liberalismus« – zu interpretieren, die damit in den Vordergrund rücken: Der eine prangert das Gewinnstreben an, der andere verweist auf eine »Vital-« oder »Biopolitik«.

Das Konzept »Biopolitik« bildet in den Vorlesungen von 1978 und 1979 den Kern einer Untersuchung, deren Gegenstand ein Gefüge von Institutionen und ökonomisch-politischen Praktiken ist, die ganze *Bevölkerungen* und nicht Individuen betreffen (Kranke, Schüler, Wahnsinnige, Häftlinge, Soldaten ... wie dies in den Studien der Jahre 1972–1974, in der sogenannten politischen Anatomie der Fall war); Institutionen und Praktiken also, die auf ein gesteigertes Leben des Gesellschaftskörpers als solchen zielen. Der Begriff hat zwei Bedeutungsebenen: Er umschreibt zunächst das Auftauchen einer »Policey« im alten, merkantilistischen Sinne des Wortes, demzufolge die staatliche Initiative alle Bereiche berührt. Später erscheint die Biopolitik, in Foucaults Darstellung mit der 1850 einsetzenden Phase, hingegen als Spezifikum des »Liberalismus« im heutigen Sinne einer *Minimierung des Staates*.[326]

326 Editor. Hinweis: Im Zuge seiner Auseinandersetzung mit dem westdeutschen Ordoliberalismus der 1950-er Jahre stößt Foucault 1979 (Vorlesung v. 14.2., in: Geburt der Biopolitik, S. 210) auf den Begriff der »Vitalpolitik« (ein, wie Foucault anmerkt, »sehr doppeldeutiges Wort«, ebd.). Namentlich Alexander Rüstow konzipierte diese als Ausgleich für das »kalte«, gefühllose Funktionieren des Marktes (Alexander Rüstow: Sozialpolitik oder Vitalpolitik? in: Mitteilungen der Industrie- und Handelskammer zu Dortmund, 15. Nov. 1951, S. 453–459; weitere Literatur bei

Aus marxistischer Sicht verhält es sich bekanntlich gerade umgekehrt: Die vom Liberalismus begünstigten ökonomischen Prozesse führen zur *Maximierung des Staates* als Klasseninstanz, zur staatlichen Maximierung der Klassenmacht. Zugleich aber hält Marx dem kapitalistischen System eine spezifische zivilisatorische Produktivität zugute, wodurch es letztendlich infolge des Potenzials, das es einerseits bei den Ausgebeuteten selbst wachruft und das es andererseits in der Gesamtgesellschaft verbreitet, zur Überwindung seiner selbst gelange.

Anders gesagt, Marx hatte die Dynamik des Kapitalismus im Blick, Foucault (in den Jahren 1977–1979) die Rationalität des Liberalismus. Zwei Ansätze also, mit zwei unterschiedlichen theoretischen Zielen. Dieser entschlüsselt eine *Gesellschaftsstruktur*: Der Kapitalismus als »Produktionsweise« setzt einen mit ihm untrennbar verbundenen Überbau voraus. Jener behält den Kapitalismus als Wirtschaftssystem als Bezugspunkt zwar bei, sein eigentlicher Gegenstand aber ist der Liberalismus als *Regierungspraxis*. Marx suchte *eine allgemeine Formel*, mit der sich der gesamte Gesellschaftsprozess entschlüsseln ließe, um eine Alternativstrategie entwerfen zu können: Er untersucht und begreift die (kapitalistischen, proletarischen) Praktiken als Teil von Strukturen sowie geschichtlichen Tendenzen dieser Strukturen. Foucault lehnt jedwedes Vorhaben einer theoretischen oder praktischen Totalisierung ab, vielmehr bietet er einzig *Aussichtspunkte* – mit Konzepten wie Disziplin, Norm, Biopolitik, Macht-Wissen, Liberalismus; damit eröffnet er Perspektiven auf das Ganze. Allerdings erhellen sich seine verschiedenen Konzepte wechselseitig; damit bilden sie in der Gesamtschau eine gewisse Konstellation und führen Bezeichnungen (Disziplinar-, Kontroll-, medizinisierte Gesellschaft), die sich eher als doppelbelichtet denn als aufeinanderfolgend darstellen – und so ein bestimmtes Bild der modernen Gesellschaft zeichnen. Was Foucault in der neuzeitlichen Vergangenheit, in übereinander gelagerten Schichten, entdeckt, ist offenbar von erschütternder Aktualität. Seine Konzeptionen erzeugen also – darin marxistischen Begriffen vergleichbar – einen bestimmten Blick auf die Welt, in der wir leben, eine »Weltsicht«. Genauer: eine bestimmte Vorstellung sowohl davon, was in der Welt vor sich geht, als auch von den Bedingungen, unter

Foucault: ebd., S. 223, Anm. 62). Eine solche Lebenspolitik sei nicht, wie traditionelle Sozialpolitik, vornehmlich ausgerichtet auf Lohnzuwachs und Arbeitszeitverkürzung; vielmehr werde sie der Lebenssituation (Rüstow: »Vitalsituation«) der Gesamtheit der Arbeiter gewahr, ihrer Realität, ihrer konkreten Situation – und stehe dennoch, oder gerade deswegen, ganz im Zeichen des neoliberalen Projekts, die »Unternehmensform« in allen Lebensbereichen des »Gesellschaftskörper zu verallgemeinern« (Foucault: Geburt der Biopolitik, S. 210). Dieser Zufallsfund bewegt Foucault dazu, die in »Der Wille zum Wissen« (1976) sowie in der Vorlesungsreihe »In Verteidigung der Gesellschaft« (1975/76), also im Zuge seiner Untersuchungen zu den bevölkerungspolitischen Erweiterungen der Disziplinarmacht, eher »beiläufig« eingeführten Wortprägungen *biopolitique* und *biopouvoir* (Petra Gehring: s.v. Bio-Politik/Bio-Macht, in: Clemens Kammler/Rolf Parr/Ulrich Johannes Schneider: Foucault-Handbuch, Berlin [2]2020, S. 266 f.) nunmehr konzeptionell stärker in den Kontext der Gouvernementalität und somit des liberalen (und neoliberalen) Regierungsstaats zu stellen. Vgl. auch weiter unten, S. 164.

denen etwas vor sich geht. Kurz, Marx wie Foucault bieten uns – der eine im Paradigma des Kapitalismus, der andere in dem des Liberalismus – bestimmte Sichtweisen auf die Produktion von Menschen (»Subjekte«) und Gesellschaft unter den Bedingungen der Moderne.

Ausgehend von diesem Schema – einer epochenspezifischen »sozialen Produktivität« – will ich beide Ansätze vergleichen und miteinander (nicht nur anhand ihrer Widersprüche) verknüpfen. Letztlich soll erwiesen werden, was Bezeichnungen wie Kapitalismus, Liberalismus und Neoliberalismus zur intellektuellen Durchdringung der modernen und zeitgenössischen Welt sowie ihrer zukünftigen Entwicklung beitragen. Sind sie Erkenntniswerkzeuge oder epistemologische Hindernisse? Was ist von den Konzepten zu erwarten, von ihrem Wettstreit auf dem Schlachtfeld der Sozialwissenschaften und der politischen Philosophie?

Um das zu beurteilen, müssen wir uns wieder der *biopolitischen* Essenz der marxschen Analyse zuwenden, die das Bewegungs- und Widerspruchsprinzip »des Kapitals« erarbeitet und eine begriffliche Konstellation zur Dekonstruktion des Liberalismus herstellt (4.1). Betont sei erneut die Unvollständigkeit der Herangehensweise: Sie vermag den für die moderne Gesellschaft spezifischen Produktionsprozess in seiner Gesamtheit nicht zu fassen, da sie dessen anderen »Pol« im Dunkeln belässt, der ebenfalls ökonomisch wie auch politisch ist: das »Macht-Wissen«. Foucault macht ihn zum primären Gegenstand seiner kritischen Studien und beschreibt dabei eine paradoxe Kurve, die ihn letztlich wieder auf das marxsche Feld des »Kapitals« führt, in die Position eines Erzählers neuen Typs. Ich folge seinem Weg durch das Gefängnis und die Gerichtsbarkeit, über Spital und Psychiatrie bis hin zur »Regierung« (4.2).

4.1 Die historische Produktivität des »Kapitalismus«

Foucault widerstrebt der Diskurs vom »Widerspruch zwischen Arbeit und Kapital«. Er spricht lieber von »Antagonismus«, von einem gegenseitigen *Agonismus*.[327] Macht ist Auseinandersetzung: Sie lässt sich ununterbrochen vom Widerstand »wiederaufladen«, und sie lädt ihn auf. Dem Konzept des Widerspruchs, das muss man zugeben, haftet ein Makel an: nämlich die Leichtigkeit, mit der es oft zum Operator seiner eigenen Überwindung wird. Die »Entwicklung der Widersprüche des Kapitalismus« künde von dessen unausweichlichem Ende. Doch wie auch der Horizont, entfernt sich dieses Ende offenbar in dem Maße, in dem man sich ihm nähert ... Foucault hat also recht, wider jede Teleologie zu denken. In meinen Augen heißt das allerdings nicht, dass man jedes »Widerspruchsschema« aufgeben kann oder muss. Mein Vorschlag ist, Marx' Analyse noch weiter zu treiben und zwei Konzepte miteinander zu verknüpfen,

327 Foucault: Subjekt und Macht [1982/2005], S. 287 f. (Anm. d. Ü.)

die ich als »politischen Widerspruch« (§411) und als »produktiven Widerspruch« (§412) des Kapitalismus bezeichne. In der Beziehung beider Begriffe findet *Marx' Biopolitik* ihren Ausdruck, welche unweigerlich mit derjenigen Foucaults in Konflikt geraten muss. Eine Klärung jener Fragen, die im Standardmarxismus im Zustand des Impliziten verharren, wird nach meiner Überzeugung eine Auseinandersetzung mit Foucault hinsichtlich der Frage ermöglichen, welche »Produktivität« spezifisch der modernen Gesellschaft zuzuschreiben ist.

§411 Der politische Widerspruch des Kapitalismus

Der allgemeinste Widerspruch des Kapitalismus ist kein einfacher ökonomischer Widerspruch zwischen Kapital und Arbeit, der daraus erwächst, dass die Ausbeutung der Lohnarbeit gegensätzliche Interessen bestimmt und ein Herrschaftsverhältnis ebenso erfordert wie befestigt, gegen das die Arbeiter Widerstand leisten, bis sie sich schließlich dessen Sturz zum Ziel setzen. Ich will mich hier von dem roten Faden des »Kapitals« lösen, demzufolge das im industriellen Großbetrieb konzentrierte Proletariat schließlich in der Lage sein werde, sich die Produktionsmittel anzueignen und ein neues Zeitalter einzuläuten, das auf der Aufhebung des Marktes und einer neuen demokratischen Planung fuße. Der metastrukturale Ansatz, in dem die herrschende Klasse in der modernen Gesellschaftsform zwei Pole umfasst, führt tatsächlich zu einer Distanzierung von jeder derartigen Sichtweise. Er zehrt allerdings, wie wir sehen werden, von Marx' theoretischer Arbeit.

Tatsächlich ist Marx' Analyse feinsinniger: Die Lohnbeziehung setzt in ihrem Aufbau (wie Marx ihn *in deren Verbindung zum Markt* umreißt) die offizielle Anerkennung des Lohnabhängigen voraus, der als freie Person vertraglich über sich verfügt und, zumindest in diesem Sinne, gleich ist – in einem lohnförmigen Ausbeutungsverhältnis, das sich auf eine kommodifizierte Beziehung gründet. Über den freien Gebrauch des Lohnes hinaus, bedeutet diese Freiheit die Möglichkeit, den Herrn zu wechseln. Die Kommentatoren folgern daraus allzu oft, sie erschöpfe sich in eben dem Recht, sich von jemand anderem ausbeuten zu lassen. Eine trügerische Freiheit also. Dies ist aber nicht der Fall. Denn die Möglichkeit zum Wechsel des Herrn, falls sie denn praktisch existiert, verleiht dem Lohnabhängigen eine gewisse Macht über die Macht des Herrn, eine kleine Kraft, die zunächst einmal nur die dunklen, doch für den Betreffenden entscheidenden Stellen finden will, in die er sie investieren kann – jene »kleinen Stellen«, denen Foucault so viel Bedeutung bemisst. Mit der metastrukturalen Situation des Lohnabhängigen, sprich mit dieser *erklärten* Freiheit, die einen kontinuierlichen strukturellen Anreiz für die Konfrontation mit der unternehmerischen Macht bildet, ist also eine potenzielle Kraft verbunden. Foucaults geliebtes Agonismusprinzip:

Macht ist eine wechselseitige Beziehung. Auch weil die erklärte Lohnvertragsfreiheit *formal* untrennbar verbunden ist mit der bürgerlichen Vereinigungsfreiheit und ihren proletarischen Organisationen – untrennbar zumindest im Diskurs der Gleichheit aller, der gesetzten Voraussetzung der modernen Klassengesellschaftsform. Und die Arbeitspsychologen haben gezeigt, dass der Prozess tatsächlich einsetzt, sobald mehrere Menschen gemeinsam einen Ablauf bewerkstelligen sollen: Sie fühlen sich ermuntert, ihre allgemeine Freiheit unter Beweis zu stellen.

In Wirklichkeit birgt die kapitalistische Logik eine Tendenz zur Sklaverei, die zu beiden *Dimensionen der modernen Gesellschaftsform*, sowohl System als auch Struktur, gehört.[328] Dem kapitalistischen Lohnsystem der Zentren entspricht eine kapitalistische Sklaverei der Peripherien. Doch bekanntermaßen steht die Drohung nun im Zentrum selbst. »Systemisch« bestand – das zeigte Hannah Arendts Analyse,[329] der zufolge sich die »Menschenrechte« deutlich von den »Bürgerrechten« unterscheiden – das kolonialkapitalistische Sklavenhalterdispositiv im Ausschluss der betreffenden Bevölkerungsgruppe aus der nationalen Staatsgemeinschaft und *also* aus der Menschheit, aus dem Geltungskreis der Menschenrechte. »Strukturell«, im Lohndispositiv als solchem, verfügt die unternehmerische Macht über ein gleichartiges Element nicht, sie sucht allerdings *stets*, sich die Möglichkeit der uneingeschränkten Entlassung von Lohnabhängigen anzueignen, diese also mittels ökonomischer Unsicherheit und Prekarität abhängig zu machen. So verhält es sich, sobald die Umstände es erlauben. In den Ländern des Zentrums sind es die zunehmend verbreiteten »Praktika« (jener grenzenlosen Vorstufen zu einer echten Anstellung), die anstelle von lebenslang garantierten jederzeit kündbare Arbeitskräfte liefern und in Form eines Lohnsystems ohne Lohn heute eine sozialisierte Sklaverei bilden.[330] Der jahrhundertealte, bis heute ausgetragene Klassenkampf um gesetzliche Arbeitszeitbeschränkungen geht somit einher mit einem Kampf um das Lohnkonzept selbst, um die Institution der abhängigen Beschäftigung an sich.

Die moderne Anerkennung der Freiheit, sofern sie tatsächlich existiert, ereignet sich nicht in der Interindividualität Lohnabhängiger/

328 Dies ist ein zentrales Thema in meinem »L'État-monde«. Ich verbleibe hier im Rahmen des marxschen Denkens und halte mich also an die »strukturale« Dimension des Klassennationalstaats in ihrem Gegensatz zur »systemischen« Dimension des Weltsystems.

329 Editor. Hinweis: Siehe Hannah Arendt: Es gibt nur ein einziges Menschenrecht, in: Die Wandlung, Jg. 4, 1949, H. 8, S. 754–770; dies.: Elemente und Ursprünge totaler Herrschaft [1951], München 2006, Kap. 9: »Die Aporien der Menschenrechte«.

330 Ein französisches Beispiel dafür war die versuchte Einführung des »Contrat premier embauche« [CPE; diese Form des Arbeitsvertrags hätte für Beschäftigte bis 26 Jahren den Kündigungsschutz aufgehoben und deren ökonomische Unsicherheit somit verstärkt, Anm. d. Ü.]; der Gesetzesentwurf wurde 2006 infolge einer massiven Mobilisierung der Bevölkerung zurückgezogen. – Die Gegebenheiten einer Abhängigkeit von Klasse, »Rasse« und Geschlecht, die örtlich verschieden sind und oftmals als bloße Überreste der Vergangenheit gedeutet werden, sind Teil der gegenwärtigen strukturell-systemischen Kräfteverhältnisse.

Arbeitgeber, sondern in der Klassenauseinandersetzung *im Innern des Nationalstaats*, wo die Produzenten in eigener Anschauung erfahren, dass die individuelle Freiheit zwischen Einzelnen inhaltsleer ist, sofern es keine bürgerliche Freiheit zwischen Allen gibt, die in den substanziellen Bereichen von Arbeit und Leben ausgeübt wird – in denen sich das Kräfteverhältnis der Klassen konstituiert (dasselbe gilt auch umgekehrt). *Der allgemeinste Widerspruch des Kapitalismus* besteht also nicht nur im Interessengegensatz von Ausbeutern und Ausgebeuteten. Er ist nicht stumpf ökonomisch. Er ist politischer Natur. Er besteht darin, dass die moderne Ausbeutung die Beherrschung von Arbeitern ist, die als frei bezeichnet werden und die sich mithin organisieren und erheben müssen – und eine Staatsmacht einzufordern haben. Er ist eine Contradictio in Adiecto. Ein *reeller* Widerspruch, der sich im Kreislauf Metastruktur/Struktur/Praktiken entwickelt. Im Klassennationalstaat existiert die kapitalistische Herrschaft immer nur im Schatten eines steten Risikos: der erklärten Freiheit des lohnabhängigen Bürgers, welche das Potenzial einer abgestimmten Aktion von beschäftigten Bürgern und anderen Kapitalabhängigen birgt.

Dieser politische Widerspruch ist *biopolitischer Natur*. Es gibt sehr wohl eine marxsche Biopolitik.[331] Sie ist ausgehend vom ersten Wertbegriff als »Verausgabung menschlicher Arbeitskraft« zu verstehen, das heißt als »produktive Verausgabung von menschlichem Hirn, Muskel, Nerv, Hand usw.«.[332] Die kapitalistische Schnittstelle dieser Verausgabung ist, so erklärt Marx, der »Verbrauch« der Lohnarbeitskraft durch den Arbeitgeber. Hierbei handelt es sich um das *Leben* des Arbeiters. Und, in der Gestalt einer *politischen* Beziehung zwischen erklärtermaßen freien Partnern, um eine Marktfreiheit. Denn zwar »verfügt« der Kapitalist über den Arbeiter bei der Arbeit, dieser aber bewahrt die »Verfügung« über sich selbst und kann den Herrn wechseln. Bei alledem geht es nicht nur um die Warenproduktion, sondern auch um die »Reproduktion der Arbeitskraft«, den Kern der Auseinandersetzung zwischen beiden Partnern, um das Leben des Arbeiters selbst, um dessen Qualität und Spanne. Dies ist im Grunde der Gegenstand des großen, jahrhundertealten Kampfes um den »Normalarbeitstag«, der die Lebensdauer des Arbeiters bestimmt. Dieses Konzept findet im Kontext ökonomischer Theorien allein in derjenigen von Marx einen Platz, und zwar einen zentralen Platz, wie man im Laufe der Lektüre des (sehr langen) Abschnitts »Der Arbeitstag« im ach-

331 »Das biopolitische Korpus des ›Kapitals‹«, auf den die folgenden Punkte verweisen, ist Gegenstand der Einleitung meines Neoliberalismus-Buchs (Bidet: Néolibéralisme, S. 9-16). Dort finden sich dann insbesondere die verschiedenen Ausdrücke, kontextuell verortet und analysiert, die hier in Anführungszeichen wiedergegeben sind.

332 Marx: Kapital, Bd. 1, in: MEW, Bd. 23, S. 58 (ders.: Das Kapital. Kritik der politischen Oekonomie. Erster Band. Buch I: Der Produktionsprocess des Kapitals [1867], in: MEGA², Bd. II/5, S. 24). (Anm. d. Ü.)

ten Kapitel des ersten »Kapital«-Bandes[333] erkennt. Die Begriffe der Wert- und Mehrwerttheorie sind also zugleich ökonomisch-quantitative als auch politische, genauer: biopolitische Begriffe. Der Arbeiter, der – wenn er denn ausgebeutet wird – als freie Person ausgebeutet wird, ist nur deshalb frei, weil er diese Freiheit gewissermaßen geltend machen kann als Grundstein der Möglichkeit, sich mit anderen in einem Klassenkampf zu vereinigen, um sich die Freiheit zu sichern. Diese Vereinigung gipfelt in der Errungenschaft des »gesetzlichen Arbeitstages«, sprich in der Verankerung eines Gesetzes, das vom Marktgesetz verschieden ist. Dieser Vitallogik steht eine kapitalistische Logik gegenüber, die Logik der Kapitalisten als solcher, deren Zweck nichts anderes ist als die Akkumulation abstrakten Reichtums oder des Mehrwerts – für sie das einzige Mittel, um gegenüber ihren Konkurrenten zu bestehen. Nur in diesem Augenblick, da ein *staatsbürgerliches* Arbeitsrecht [droit *citoyen* du travail] besteht, ist die (ökonomisch-politische) Theorie des Mehrwerts, des kapitalistischen Umgangs mit dem Wert, *konzeptionell* geschlossen. Doch vollendet ist sie offenkundig erst im Moment ihrer Überwindung, wenn sich erweist, dass das Marktrecht – sobald es als Freiheit besteht – auf seinen zweipoligen Gegensatz zwischen dem Anspruch auf eine frei organisierte Ordnung zwischen Allen einerseits und der Mehrwertlogik andererseits stößt. Dialektik nicht der Geschichte, sondern des Ereignisses, des alltäglichen Kampfes, der sich kristallisiert in Vorstößen und in Rückschlägen.

§412 Der produktive Widerspruch des Kapitalismus

Als »produktiven Widerspruch« bezeichne ich jenen, der sich analog zum »politischen Widerspruch« auf der anderen, ökonomischen »Seite« der kapitalistischen Struktur zeigt. Hier offenbart sich das gesamte Programm der Biopolitik, das der von Marx aufgeworfenen Fragestellung inhärent ist. Allerdings stehen uns mehrere epistemologische Hindernisse im Weg: Das erste ist Teil der traditionell vorgenommenen Deutung und Auslegung dieses Widerspruchs durch Philosophen. Das zweite ergibt sich aus dem spezifisch begrenzten Charakter, den Marx seiner Wirtschaftsanalyse verleiht. Das dritte hat damit zu tun, dass man landläufig in einem sehr weiten Sinne von »Kapitalismus« spricht.

(1) *Der »Widerspruch des Kapitals« entsteht nicht zwischen Gebrauchswert und Wert, wie die philosophische Glosse gemeinhin meint, sondern zwischen Gebrauchswert und Mehrwert.*

Ich übernehme die Unterscheidung (wie Marx sie im fünften Kapitel des ersten Bands des »Kapitals« vornimmt[334]) zwischen »Produktion

333 So in der Gliederung seit der zweiten Auflage von 1872. In der Erstausgabe von 1867 noch als Kapitel 3.4. (Anm. d. Ü.)

334 Marx: Kapital, Bd. 1, in: MEW, Bd. 23, S. 192–213: »Arbeitsprozess und Verwertungsprozess«. (In der Erstausgabe als erster, gleichnamig betitelter Abschnitt [Unterkapitel] des dritten Kapitels; Anm. d. Ü.)

im Allgemeinen«, sprich der Produktion von *Gebrauchswerten*, und der »eigentlich kapitalistischen Produktion«, sprich der Produktion von *Mehrwert*. Der produktive Widerspruch ist darauf zurückzuführen, dass die Kapitalisten keinen Mehrwert einfahren können, ohne Waren und also Gebrauchswerte herstellen zu lassen. Einige Finanzkapitalisten entledigen sich dieser Aufgabe – die letztendlich allerdings doch erledigt werden muss – zwar zulasten anderer: der Herstellung von Waren, das heißt von *Gebrauchswerten*, die sich als solche erweisen, indem sie Abnehmer auf dem Markt finden. Doch – und an eben diesem Punkt findet der *Widerspruch* Eingang in den *Produktionsprozess* – welche Gebrauchswerte für welche Konsumenten: Privatjets oder Straßenbahnen? Gefängnisse oder Schulen? Luxuriöse Kliniken oder Krankenhäuser für alle? Im Widerspruch Kapital/*Arbeit* steht ebendies konkret auf dem Spiel. Dieser Widerspruch aber ist Teil eines größeren Widerspruchs zwischen den Kapitalisten und der *Bevölkerung im Allgemeinen*. Es geht hier durchaus um die »Bevölkerung«, um ihr individuelles und kollektives *Leben*: es geht hier, mit Foucault gesprochen, um »Biopolitik«. Denn eben weil die Kapitalistenlogik der Profit ist, sucht sie sich durchzusetzen, ungeachtet der Konsequenzen *für die Bevölkerungen* und deren jeweilige Kultur sowie für die Natur (durch kommerziellen, politischen und kulturellen Einfluss – Werbewirtschaft). Somit ist der produktive Widerspruch ein Widerspruch zwischen der Mehrwertlogik und der Gebrauchswertlogik, der in der alltäglichen Auseinandersetzung zwischen dem Volk (als Arbeiter und als Bürger) und der kapitalistischen Klasse zu beobachten ist. Umstritten sind die herzustellenden Gebrauchswerte und die Bedingungen ihrer Produktion, die selbst kollektive Gebrauchswerte sind und die die »Produktion« von Individuen als solche regieren. Bestimmend für die Entscheidung ist das lohn- wie steuerpolitische, das ideologische und politische Kräfteverhältnis, das vor allem am relativen Einfluss des privaten bzw. des öffentlichen Sektors auf die Produktionsmittel hängt.

Der »produktive Widerspruch« ist, wie ersichtlich, an den »politischen Widerspruch« gebunden. Marx' Analyse begreift das kapitalistische Klassenverhältnis als Dispositiv, in dem der Arbeiter (der als freigleich anerkannt und rational gilt) sich angehalten sieht, auf die im Mehrwert angehäufte Macht mit konzertiertem Widerstand gegen die allgemeine *Kommodifizierung* zu reagieren, also in die *Organisation* der Gesellschaft einzugreifen und damit ein Durchsetzungsvermögen im Sinne der Herstellung bestimmter Gebrauchswerte unter bestimmten Bedingungen zu demonstrieren. Dies ist der Schmelztiegel des modernen Klassenkampfs, aus dem heraus die Kämpfe des Sozialismus und des Kommunismus zu verstehen sind. Ebendies ist das Feld einer *Klassen-Biopolitik*, die als solche nur in der Staatssphäre existiert. Die »Bevölkerung«, bei Weitem nicht einfach die Sorge einer Regierung, kümmert sich um sich selbst und um ihre eigene »Regierung«.[335]

Kurz, man muss verstehen, dass der »produktive Widerspruch« die Beziehung zwischen Gebrauchswert *und Mehrwert* betrifft. Es handelt sich nicht um einen »Widerspruch zwischen Gebrauchswert *und Wert*«. Aufgrund dieser theoretischen Verirrung, die in der philosophischen Standardauslegung geläufig ist, kreidet man dem Markt die ganze Pathologie des Kapitalismus an. Eben diese Verirrung verunmöglicht einen Begriff davon, dass die antikapitalistischen Befreiungskämpfe gute Gründe haben, nicht auf die Abschaffung des Marktes abzuzielen, sondern auf die Beherrschung des Marktes durch die Organisation (Sozialismus) und die Beherrschung der Organisation durch eine radikale Demokratie (Kommunismus). Genau das ist im Prinzip das tägliche Brot des Klassenkampfes und der einzige revolutionäre Horizont, den er sich zu geben vermag.

(2) *Was den Marxismus indes hindert, diese Logik sozialer Befreiung in ihrer ganzen Tragweite zum Ausdruck zu bringen, ist die Unvollständigkeit der marxschen Analyse der Arbeit in der modernen Gesellschaft, die auf zwei verschiedene Weisen zu lesen ist.*

Seitens der organisierten modernen Produktion: Der Ansatz im »Kapital« beleuchtet die Verknüpfung zwischen politischem und ökonomischem Widerspruch. Er vernachlässigt allerdings die Tatsache, dass die *Organisation in sich* (und nicht nur durch ihre Rolle in der kapitalistischen Firma) ein Klassenfaktor ist; und dass auch die Organisation, genau wie der Markt, ein Potenzial produktiver Irrationalität in sich trägt. Die Erfahrung des »realexistierenden Sozialismus«, in dem die Organisation den Markt ersetzte, offenbart (wie unter dem Brennglas) ein Potenzial, das sich (mit graduellen Unterschieden) in allen Versionen der modernen Gesellschaft nachweisen lässt. Die mangelnde Aufmerksamkeit der Marxisten für dieses Phänomen muss Gründe haben, die in deren Geschichte zu suchen sind: Der *Marxismus* ist Ausdruck sowohl der Rationalität als auch der Ambivalenz der historischen Bündnisbeziehung zwischen den *Entscheidungs-Kompetenz-Trägern* (stets im Sinne derer, die Kompetenz »besitzen«) und der *Basisklasse*; und aus diesem Grunde oszilliert er zwischen Sozialismus und Kommunismus. Die organisatorische Herrschaft als solche bleibt außerhalb des *theoretischen* Feldes der marxschen Kritik, auch wenn sie in dessen beschreibenden Ebenen zum Tragen kommt.

335 Zu diesem Punkt siehe – im Gegensatz zu Foucault, der den Volksaufständen, in deren Konsequenz die seinerseits analysierten Theorien formuliert werden, nur wenig Beachtung schenkt – Déborah Cohen: La population contre le peuple. L'agonistique masquée des cours de Foucault au Collège de France, 1977–1979, in: Labyrinthe, Nr. 22, Paris 2005, S. 67–79, hier S. 70: »Gleichwohl von einem Macht-Wissen [savoir-pouvoir] genau unter die Lupe genommen, das sie objektiviert, das von den Willenssubjekten tendenziell nur Kontrollobjekte übrig lässt, gleichwohl ist die Bevölkerung doch das Volk.«

Seitens der nicht-kapitalistischen modernen Produktion: Die von Marx vorgebrachte »Kritik der politischen Ökonomie« krankt an der Enge ihrer Vorstellung vom ökonomischen Raum. Es ist tatsächlich wichtig, die Grenzen des Untersuchungsgegenstands, die Marx mit der Bezeichnung »kapitalistische Produktionsweise« absteckte, deutlich zu fassen. Zwar ist Marx' Analyse überaus schlagend – und eignet sich für Forschungsarbeiten auf dem Gebiet der *kapitalistischen* Ökonomie –, allerdings nur weil im Gegenzug verschiedene Bereiche der gesellschaftlichen Produktion faktisch im Dunkel, außerhalb des Schemas verbleiben. Das Modell »kapitalistische Produktionsweise« umreißt das Feld der *kapitalistischen* Produktion strengstens: deren oberstes Ziel ist der Profit, sie steht unter dem Zwang zur Warenproduktion, und diese wiederum ermöglicht die Akkumulation von Kapital in den Händen der Eigentümer der Produktions- und Austauschmittel. Dieses Modell definiert somit seine eigenen Grenzen, was die marxistische Kultur nur einseitig begreift. »Das Kapital« beginnt denn mit folgendem äußerst problematischen Satz: »Der Reichtum der Gesellschaften, in welchen kapitalistische Produktionsweise herrscht, erscheint als eine ›ungeheure Warensammlung‹«. Dass Marx dies so feststellen kann, liegt daran, dass er sich nicht die *allgemeine Produktion* in diesem Gesellschaftstyp zum Gegenstand nimmt, sondern nur die *kapitalistische* Produktion, also die Produktion von *Waren* (und Dienstleistungen) um des Profits willen. Doch unversehens verdeckt er hiermit einen Teil des von ihm aufgeworfenen Problems: Er versteht nämlich, wie er betont, unter »Reichtum« nicht den Wert, sondern den »Gebrauchswert«. Insofern hätte er zum erzeugten Reichtum in den »Gesellschaften, wo [sic; d. Ü.] die kapitalistische Produktionsweise herrscht«, nicht nur die Waren zählen müssen, sondern auch das Arbeitsprodukt, das zum familiären Eigenverbrauch als *care* erbracht wird, ebenso wie das Arbeitsprodukt der unterschiedlichsten Beamten und das der allerlei Soloselbstständigen. Hier entfaltet sich eine vom (kapitalistischen) *Markt* verschiedene Logik: Jenseits einer rein zwischenmenschlichen oder vereinsmäßigen Kooperationsweise (bzw. Selbstlosigkeit), handelt es sich um verschiedene Modi der Arbeitskräfte*organisation* gemäß übergreifender Planung und Kompetenzrangfolgen. Marx erkannte diesen *organisierten* Modus als denjenigen, der die »Arbeitsteilung« *innerhalb der Firma* vorgibt, im Gegensatz zur *warenförmigen* Teilung (sprich: Koordinierung) der Arbeit zwischen Firmen auf dem Markt. Er stellte dieses Paar zweier Formen der »Teilung der Arbeit« ins Zentrum seiner Studie über die Dynamik des Kapitalismus. Doch seine Studien beschränken sich auf den Zusammenhang des kapitalistischen Unternehmens, auf den Kreis der Produktion um des Profits willen;[336] sie hätten ihn zur Analyse der »organisatorischen Teilung« der Arbeit als transversale, alles durchziehende Form in der modernen, in ihrer Gesamtheit betrachteten Gesellschaft führen müssen.

Diesem anderen Teilbereich des gesellschaftlichen Raumes wird Foucault sich zuwenden, allerdings nicht im Modus einer friedlichen territorialen Aufteilung zwischen theoretischen Aufgaben, sondern in einem stillen *konzeptuellen* Ringen um den Produktionsbegriff, dessen Auslöser das Schema des »Macht-Wissens« ist. Diese epistemische Krise lässt sich nur durch die Überwindung der mit ihr verbundenen Vorstellung der modernen Gesellschaftsstruktur lösen: im metastrukturalen Ansatz. Daher haben wir uns dem Kapitalismusbegriff selbst und seinem Gebrauch zuzuwenden.

(3) *Was ist »der Kapitalismus«? Ein epistemologisches Hindernis.*

Dem Leser dürfte nicht entgangen sein, dass ich dem Wort »Kapitalismus« einen Sinn beilege, der sich vom geläufigen Gebrauch unterscheidet; das ist keine rein terminologische Frage. Ich widerspreche vielmehr der Vorstellung, die sich – insbesondere in den Debatten über dessen Wiedererstarken, seine unendliche Widerstandskraft bzw. sein angekündigtes Ende – die Marxisten (wie andere im Übrigen auch) mehrheitlich vom »Kapitalismus« machen. Infrage stellen will ich, ob »der Kapitalismus« tatsächlich die Gesamtheit dessen bezeichnet, was sich in sogenannten kapitalistischen Gesellschaften abspielt, in denen (wie Marx anfangs sagt) die »kapitalistische Produktionsweise herrscht«. Meine Kritik richtet sich unter anderem gegen Strömungen der *Wertkritik*, wie etwa Robert Kurz und Moishe Postone sie formulieren,[337] für die die kapitalistische Akku-

336 Marx' Analyse fußt auf einer in der Warenbeziehung definierten Werttheorie und versäumt es, die nichtwarenförmige Produktion in modernen Gesellschaften zu berücksichtigen. Diese ist der andere, ökonomische Aspekt der hier analysierten Fragestellung; sie als »unproduktive Arbeit« zu begreifen, die zur Reproduktion der Arbeitskraft erforderlich ist, entbehrt des soziologischen Realismus. Daran schließen sich verschiedene Probleme an, wie sie aktuell in den Debatten über die BIP-Berechnung zutage treten, die allerdings den Rahmen der vorliegenden Untersuchung sprengen würden. Sie berühren indes jegliche Theorie sowohl des »Kapitalismus« als auch des »Sozialismus«; siehe dazu meinen Austausch mit Jean-Marie Harribey: Jacques Bidet: Objections adressées à Jean-Marie Harribey au sujet de sa théorie des services publics [Exposé], unter: http://jacques.bidet.pagesperso-orange.fr/harrideb.htm [seinerzeit veröff. in: ContreTemps, Nr. 20, 2003, S. 119–125]; ders.: L'activité non marchande produit de la richesse, non du revenu. Note à propos d'une thèse de Jean-Marie Harribey (Niederschrift 2003; einsehbar mit Antworten von Harribey unter: https://local.attac.org/parisnw/IMG/pdf/Harribey_Valeur_activite_non_marchande_03.pdf). Siehe auch Harribeys zusammenfassend überarbeitete Antworten auf meine Fragen in: ders.: La Richesse, la Valeur et l'Inestimable, Paris 2013, S. 370–375.

337 Editor. Hinweis: Siehe Robert Kurz: Die Krise des Tauschwerts. Produktivkraft Wissenschaft, produktive Arbeit und kapitalistische Reproduktion, in: Marxistische Kritik, Nr. 1, März 1986, S. 7–48; ders.: Geld ohne Wert. Grundrisse zu einer Transformation der Kritik der politischen Ökonomie, Berlin 2012; ders.: Krise und Kritik. Die innere Schranke des Kapitals und die Schwundstufen des Marxismus, nachgelassenes Fragment, Teil I u. II, in: Exit! Krise und Kritik der Warengesellschaft, H. 10, 2012, S. 26–61, H. 11, 2013, S. 64–111; Moshe Postone: Zeit, Arbeit und gesellschaftliche Herrschaft. Eine neue Interpretation der kritischen Theorie von Marx [1993], übers. v. Christoph Seidler, Freiburg 2003. Zu Bidets Postone-Kritik siehe Jacques Bidet: Le Capital lu par Moishe Postone: alchimie ou astrologie?, in: Vrin – Revue de philosophie économique, Vol. 17, 2016/2, S. 39–58, sowie die Angaben im obigen Kapitel 3, Fn. 259.

mulation die Akkumulation der abstrakten bzw. toten Arbeit ist. Die Idee des Kapitalismus als Fetisch und Abstraktion ist kritischen Diskursen, die solchermaßen von allgemeiner Kommodifizierung und Finanzialisierung fabulieren, sicherlich zuträglich. Sie ermöglicht aber nicht, den effektiven oder potenziellen Anteil weder der Basis- bzw. Volksklasse noch des »Macht-Wissens« an Globalisierungsprozessen zu erfassen und also eine Befreiungsstrategie zu umreißen. Erst mit dem Konzept »produktiver Widerspruch des Kapitalismus« lassen sich diese verschiedenen Zusammenhänge *gemeinsam* denken. Wenn der moderne Staat sich um das Leben kümmert, dann nur deshalb, so meine ich, weil er nicht gänzlich in den Händen einer »kapitalistischen Klasse« ist. Das gilt auch umgekehrt: In dem Maße, in dem der kapitalistische Pol der herrschenden Klasse im neoliberalen Prozess zunehmend allein den Ton angibt und den Pol der »Kompetenz« hegemonial beherrscht, gerät das Leben tatsächlich zunehmend in Gefahr – das Leben der Menschen und zahlreicher anderer Arten. Doch die Wunder des kollektiven Lebens sind nicht dem Kapital geschuldet. Das Wort »Kapitalismus« bildet ein epistemologisches Hindernis, sobald man es für das Prinzip oder den Schlüssel des modernen Gesellschaftsganzen hält. Daraus ergeben sich einige Schlussfolgerungen für die Analyse des Liberalismus und des Neoliberalismus.[338]

4.2 Die historische Produktivität des »Liberalismus«

Zwar kann man den Eindruck haben, ein quasi marxistischer Foucault der Jahre 1971–1973 hätte sich langsam zu einem quasi liberalen Foucault der Jahre 1977–1979 gewandelt, gleichwohl lässt sich in seinem Ansatz eine starke epistemische Kontinuität ausmachen; diese äußert sich insbesondere in der Beständigkeit einer bestimmten Konzeption der »Produktivität« gesellschaftlicher Macht-Wissen-Dispositive. So übernimmt er gerade und nur den *allgemeinen Produktionsbegriff*, verstanden als »Produktion von Nutzwerten« (alias Gebrauchswerten), dem Marx' »Ökonomiekritik« einen *spezifischen Produktionsbegriff* gegenüberstellt, welcher der Produktivlogik des Kapitalismus eigen ist: die »Produktion von Mehrwert«. Paradoxerweise eröffnet Foucault gerade durch die theoretische Loslösung von Marx – das Ausblenden der Jagd nach »abstraktem« Reichtum – ein größeres Analysefeld und motiviert damit die metastrukturale Rekonstruktion des Marxismus (§421). Sein Produktionsbegriff wird der gedanklichen Entwicklung im Verlauf des Jahrzehnts – von der

338 Mit dem Modell eines »reflexiven Kapitalismus«, einer spezifisch neokapitalistischen biopolitischen Produktivität, versucht Stéphane Haber, diese Schieflage zu beheben. (Siehe Haber: Du néolibéralisme au néocapitalisme?, in: Actuel Marx, Nr. 51, 2012/2, S. 59–72, sowie ders.: Penser le néocapitalisme, Paris 2013.) Selbstverständlich wird der produktive Gedanke einer »Reflexivität« im Rahmen der dargelegten metastrukturalen Analyse nicht im Ausgang eines Gebildes behandelt, das in seiner Gänze als »der Kapitalismus« bezeichnet wäre, sondern ausgehend vom Spiel der drei hauptsächlichen »gesellschaftlichen Kräfte«, die Gegenstand einer Theorie der »Hegemonialregimes« sind, wie sie dargelegt ist in Bidet: Néoliberalisme.

strafrechtlichen »Disziplin«, über das Sexualitätsdispositiv bis hin zur liberalen Politik – eine gewisse Kohärenz verleihen (§422). Diese Entwicklung mündet allerdings in einem Perspektivwechsel, der das Klassenverhältnis in der Beziehung zwischen Regierenden und Regierten neutralisiert (§423). Ausgehend hiervon taucht die Frage der »Gouvernementalität« auf, die für die revolutionäre Frage der Selbstregierung keinen Platz mehr bietet (§424).

§421 Die »Disziplin« als Produzentin der Nützlichkeit-Fügsamkeit [utilité-docilité][339]

Die »Disziplin«, wie sie in »Überwachen und Strafen« in ihrer Beziehung zum Macht-Wissen aufscheint, definiert einen *allgemeinen* Charakterzug der modernen Gesellschaft. Bezogen auf die Organisation ermöglicht sie eine Ausweitung der von Marx vorgeschlagenen Analyse der Klasse; sie ist Teil sowohl des weberschen Registers der »Rationalisierung« als auch des Frankfurter Registers einer »instrumentellen Vernunft«. Doch das Konzept der Disziplin leistet eine noch genauere Charakterisierung, es verknüpft Wissen und Macht, Norm und Produktivität gemäß einer singulären Konstellation, die einer Epoche eigen sein soll, in der das Leitbild von Wahrheit[-Wirksamkeit] jenes der Wissenschaft und der an diese angebundenen Techniken ist.

Die »Disziplin« erscheint als den verschiedenen modernen gesellschaftlichen »Dispositiven« gemeines Ordnungsprinzip, das eine neue Form der Individualisierung mit sich bringt. Sie impliziert, wie wir sahen, eine Kolonisierung des *Raumes* (Abgeschlossenheit, Parzellierung, Rangfolge, Plätze, Wege, ...) und der *Zeit* (geordnete und volle Zeitverwendung, Standardisierung der Handlungen, Aufgaben und ihrer Bestandteile). Die Disziplin ermöglicht damit die *Kategorisierung* von Individuen aufgrund der Prüfungen, deren Hintergrund der räumlich-zeitliche Rahmen bildet: Hierarchisierung, Kennzeichnung, Unterscheidung, Normenerlass, Archivierung, Prüfung, vielfältige Pfade zu Auszeichnung oder Ausschluss. Sie zielt auf vollumfängliche soziale *Kontrolle*, die im *Panopticon* versinnbildlicht ist. Als *Wissen* und vermittels der genannten Raster erreicht die Disziplin das *Individuum*[340] selbst, das sie nach dessen singulären Merkmalen, dessen Stellung als normal oder abnorm, dessen potenzieller Nützlichkeit oder Gefährlichkeit beurteilt. Als *Macht* über die solcherart zu Individuen gemachten Lebewesen wirkt sie letztendlich auf die *Körper*

339 In »Überwachen und Strafen« wird *utilité*, je nach Kontext, als »Nützlichkeit« und als »Nutzbarkeit« übersetzt (im Plural steht *utilités* auch für »Nutzwerte«), während *docilité* zwischen »Fügsamkeit« und »Gelehrigkeit« changiert. (Anm. d. Ü.)

340 »All die großen Disziplinarmaschinen: Kasernen, Schulen, Werkstätten und Gefängnisse sind Maschinen, die es gestatten, das Individuum einzukreisen...« Sie haben individualisierende Wirkung. »Das Individuum ist zu einem wesentlichen [Wett- oder Spiel-] Einsatz für die Macht geworden« [sprich: Es geht ihr im Kern um das Individuum, dieses ist ihr zentraler Bezugs- und Angriffspunkt; Anm. d. Ü.] (Foucault: Analytische Philosophie der Politik, S. 694).

ein, die sie erzieht, bessert, bestraft, zu Arbeit und Kampf mobilisiert, belehrt, bildet und heilt. Mit einem Wort: Sie ist insofern produktiv, als sie *fügsame und gelehrige*, wie auch *produktive* Lebewesen erzeugt. Die Disziplinen, so heißt es in »Überwachen und Strafen« wiederholt, gingen als die »allgemeinen Herrschaftsformen« insofern zusammen, als sie vor allem »gelehrig/nützlich machen«.[341] Dieses Begriffspaar ist nun in seiner Diskrepanz zu der von Marx eröffneten Perspektive zu betrachten, in der eine Mehrwert-bezogene »Produktivität« die Logik des Kapitals darstellt: eine analytische Lösung, die sich paradoxerweise als fruchtbar erweist.

Die Nützlichkeit

1. Beginnen wir mit der »Nützlichkeit« [utilité]. Foucault spricht von ihr offenbar in dreierlei Hinsicht: in Bezug auf den erzeugten Effekt, die Tauglichkeit des Erzeugers zu dessen Erzeugung und die Erzeugung eines solchen Erzeugers. Das gesunde, gebildete, geübte, mitunter »gebesserte« Individuum ist insofern nützlich, als es fähig ist, gesellschaftlich nützliche Effekte zu erzeugen. In diesem Sinne ist es »produktiv«. Die Logik der verschiedenen Formen des Macht-Wissens wirkt demnach auf die Erzeugung solcher Individuen oder auch ihre Selektion hin. Wir haben gesehen, mit welchen Mitteln. Bei Marx gibt es durchaus einen ähnlichen Ansatz, nämlich in seiner Analyse der Arbeitsteilung in den Manufakturen und Fabriken (in den Kapiteln 12 und 13 des ersten »Kapital«-Bandes):[342] Erfindung der Vermessung von Raum und Zeit, einer Vollzeit, aller ihrer »Poren« ledig, parzelliert und kontrolliert, Mobilisierung des Körpers im Maschinentakt, Normierung der Handgriffe, Standardisierung der Kriterien, Erwartungen und Anforderungen, Festlegung der Tätigkeiten und zwischenmenschlichen Interaktionsketten, hierarchische Organisation – und damit einhergehend Erfindung neuer »Subjekte«, die diesen Bedingungen genügen. Wie wir sahen, bezieht sich Foucault zwar auf diese Texte und übernimmt gewissermaßen das Modell der Fabrik, löst sich hiervon aber in zwei Punkten.

Einerseits *verallgemeinert* er es für alle modernen gesellschaftlichen Dispositive. Oder vielmehr: Das Motiv der Disziplin (das er anhand der Institution Gefängnis wieder aufgreift) gerät zur Universalschablone, die den Austausch zwischen verschiedenen Wissensformen ebenso sicher-

341 Foucault: Überwachen und Strafen, S. 175–176 [»imposent un rapport de docilité-utilité«, wörtlicher hieße das, »einem Gelehrigkeits-Nützlichkeits-Verhältnis unterwerfen«; Anm. d. Ü.]. Die »gelehrigen Körper [corps dociles]« (S. 173), Gegenstand eines ganzen Kapitels in »Überwachen und Strafen«, verfügen über »Tauglichkeit« und »Fähigkeit« (S. 177): »Die Disziplin fabriziert auf diese Weise unterworfene und geübte Körper, fügsame und gelehrige Körper. Die Disziplin steigert die Kräfte des Körpers (um die ökonomische Nützlichkeit zu erhöhen) und schwächt diese selben Kräfte (um sie politisch fügsam zu machen).« (Ebd.) Die militärische und industrielle Disziplin steigert die Tauglichkeit, die Fähigkeit. Dasselbe gilt für die Schulen. »Die Disziplinen werden immer mehr zu Techniken, welche nutzbringende Individuen fabrizieren.« (S. 271) Usw. usf.

342 In der Erstauflage von 1867 als Kapitel 4.3 und 4.4. (Anm. d. Ü.)

stellt wie die Verknüpfung verschiedener Machtformen: militärische, betriebliche, medizinische, rechtliche, pädagogische und sonstige Macht. Die Macht des Gefängnisses kreuzt die gesetzliche Macht des Strafens, die disziplinarische Macht der Erziehung, der Heilung und der Arbeitsanweisung, bis hin zu dem »Augenblick, wo man die Leute mit Fließbandarbeit terrorisierte«.[343] Ein zirkuläres Phänomen. Die Bemessung einer effektiven Strafe setzt Wissen, Urteils- und Unterscheidungskraft voraus. Sollen die Richter zwischen dem Normalen und dem Anormalen unterscheiden, scheuen sie die Herausforderung und rufen nach Experten für das soziale Wesen der Individuen: Ärzte, Psychiater, Erzieher. Sie richten einen mittels der Humanwissenschaften »erkennbaren Menschen«; in deren Laboratorien erarbeitet man in Reaktion auf diese neuen Anforderungen das unendliche Register der *Normen*. Kurz, Disziplin wird ein allgemeines Konzept, das als solches die moderne Gesellschaft charakterisiert, die ebenso disziplinarisch wie warenförmig ist. Und zwar, weil die Disziplin Teil des Macht-Wissens ist, das die Gesellschaft transversal durchwirkt.

Andererseits *positiviert* Foucault das Modell, wenn er die disziplinarische Macht der Ägide eines Wissens unterstellt. In diesem Sinne sind die beschriebenen institutionellen Dispositive ausgerichtet auf Effizienz, auf die Hebung des Leistungsniveaus der betreffenden Individuen.[344] Sie entstehen (oder entfalten sich zumindest) im Zeitalter der Aufklärung, als der *Gemeinnutzen* zum allgemeinen Bezugspunkt in Sachen Recht, Gesundheit, Verwaltung etc. geworden war und gleichermaßen Reformen wie Utopien befeuerte (siehe etwa das Beispiel Beccarias).[345] Dieses Macht-Wissen weiß anscheinend, was nützlich und mit welchen Mitteln das Nützliche zu produzieren ist. Es ist allerdings nicht als »die Vernunft in der Geschichte« zu begreifen. Denn es hat eine Vielfalt an Ausprägungen. Zwar erzeugen verschiedene institutionelle Praktiken auf diese Weise einen neuen Menschen, sie tun dies allerdings nicht namens einer gesellschaftlichen Kraft, eines *general intellect*, die in diesen Praktiken zum Ausdruck käme; vielmehr handelt es sich bei diesem Menschen um das Ergebnis eines Geflechts unterschiedlicher und unvergleichlicher

343 Michel Foucault: Die Bühne der Philosophie [Gespräch mit M. Watanabe am 22. April 1978], übers. v. Jürgen Schröder, in: ders.: Schriften, Bd. III, S. 718–747, hier S. 738.

344 Foucault: Überwachen und Strafen, S. 175.

345 Editor. Hinweis: Vgl. oben Kapitel 2, S. 64 f. – Beccaria ist vor allem für seine entschiedene Ablehnung der Todesstrafe bekannt, eine Position, die in der europäischen Aufklärung noch keineswegs eine nennenswerte Anhängerschaft gefunden hatte. Grundsätzlich vertrat Beccaria in seiner viel beachteten Schrift »Dei delitti e delle pene« (1764/1780; einflussreiche dt. Ausgabe von Karl Ferdinand Hommel, erstmalig Breslau 1778) die These, dass es beim Strafrecht nur um verletzte Rechtsgüter, nicht aber um moralische Vorstellungen gehen dürfe und dass, ausgehend von der utilitaristischen Prämisse »des größtmöglichen Glücks für die größtmögliche Zahl« (Francis Hutcheson), der Staat nur das Maß an Strafen verhängen solle, welches zur Aufrechterhaltung der Ordnung erforderlich sei. Zu den (umstrittenen) utopischen Anteilen des damaligen Diskurses und insbes. zur zeitgenössischen Wahrnehmung Beccarias als »italienischer Rousseau« und als erster italienischer »Sozialist« überhaupt, siehe Franco Venturi: Utopia and Reform in the Enlightenment, Cambridge 1970, S. 105 f.

Mächte, die indes – als Teil derselben gesellschaftlichen Logik, der Logik des *Macht-Wissens* – an einem Gesamtergebnis zusammenwirken.

Dies ist in der Tat, in seiner ganzen Allgemeinheit und Positivität, der strukturale »Kontinent« (struktural im Sinne der Klassenstruktur), den Foucault entdeckt hat. Allerdings darf man hierbei nicht stehen bleiben: Um zu den institutionellen, materiellen und diskursiven *Dispositiven* zu gelangen, in denen die *Praktiken* wirken, beginnt Foucault mit einer Analyse dieser Praktiken. Man muss nun noch vom Dispositiv zur *Struktur* gelangen, in die sich das Dispositiv einfügt. Hierfür gilt es – das zumindest habe ich zu zeigen versucht (§312) –, die interindividuellen »Vermittlungen« zu betrachten, aus denen die Struktur besteht: Markt und Organisation. Verständlich wird somit, was (zumindest in meiner nun folgenden Lesart) Foucault eigentlich »entdeckt hat«, nämlich eine Ordnung, die sich – im Unterschied zu der des *Marktes* (und als deren »*anderer* Pol«) – nicht als aposteriorisches Gleichgewicht zwischen den Initiativen konkurrierender Produzenten entfaltet, sondern als eine apriorische *Organisation* der Mittel bezogen auf die Zwecke, die gleichermaßen definiert werden durch besondere Wissensformen, spezifische Kenntnisse. Doch diese Ordnung, und das ist der entscheidende Punkt, wird nicht von oben, an der Spitze einer Staatsmaschinerie entworfen: Sie erwächst von unten auf, aus der »bürgerlichen Gesellschaft«,[346] das heißt in zunächst fragmentierter Form und im Rahmen der verschiedenen »vitalen« Funktionen – Schule, Betrieb, Spital, Gefängnis ... –, welche die Komplexität der modernen Gesellschaft voraussetzt. Die Orte konfligierenden und konkurrierenden Macht-Wissens sind nicht weniger zahlreich. Diese Formen von Wissens-Macht können zusammenarbeiten, eben weil sie *gemeinsam* eine *andere* Macht bilden, die zum einen eine Eigenlogik besitzt (die Logik eines aus untereinander verbundenen Kenntnissen bestehenden Wissens), und zum zweiten im modernen Klassenverhältnis mit der Eigentumsmacht sowohl assoziiert-konfrontiert als auch in Form großer »Strategien« regelmäßig vermengt ist. Insofern gelangt man, so scheint mir, von den *Praktiken* eines Foucault zu den *Strukturen* eines Marx. Dies allerdings setzt voraus, Marx' Strukturschema zu erweitern: Die herrschende Klasse umfasst mit dem Macht-Eigentum und dem Macht-Wissen zwei Pole. Eben dies ist ein realistisches Bild des modernen Klassenverhältnisses.

2. Es erscheint bemerkenswert, gleichermaßen logisch wie paradox, dass Foucault diese Entdeckung macht, indem er sich von Marx' Fokus, dem kapitalistischen Klassenverhältnis, verstanden als *Ausbeutungsverhältnis* im analytisch-theoretischen Sinne der Produktion von Mehrwert, abwendet. Foucault macht sich wohl das 13. Kapitel des ersten »Kapital«-

346 Im Französischen wie Englischen gleichlautend mit dem jüngeren Konzept der »Zivilgesellschaft«. (Anm. d. Ü.)

Bandes, »Maschinerie und große Industrie«, zu eigen, ignoriert jedoch das 5. Kapitel, »Arbeitsprozess und Verwertungsprozess«, das eben zum Gegenstand hat,[347] dass »produzieren« im Kapitalismus in diesem *doppelten Sinne* zu verstehen ist. Bekanntermaßen formuliert Marx seine Theorie der »Ausbeutung« auf Grundlage dieser Unterscheidung;[348] sie ist der Angelpunkt für die Gesamtkonstruktion des »Kapitals«. Der Arbeitsprozess *im Allgemeinen* ist auf die Produktion eines *Gebrauchsgegenstands [utilité]*, genauer: auf die Produktion von »Gebrauchswerten«, ausgerichtet. Der spezifisch *kapitalistische* Arbeitsprozess, der Verwertungsprozess, besitzt darüber hinaus eine Eigenlogik insofern sein Endzweck der *Mehrwert*, der Profit ist, der sich nur aus der Tatsache ergeben kann, dass der Lohnarbeiter einen Wert produziert, der den Wert seines Lohnes übersteigt. Man kann wohl sagen, dass jeder (und nicht zuletzt Foucault) *weiß*, dass die Lohnabhängigen mit der Produktion nützlicher Dinge (der Waren) Profit herstellen, und dass dies das Ziel der Kapitalisten ist, die sie beschäftigen. *Doch das ist keine Theorie.* Marx war bestrebt, diese widersprüchliche Beziehung zwischen konkretem Gebrauchsgegenstand und abstraktem Profit theoretisch zu fassen; und dafür musste er zunächst die Konstruktion einer Werttheorie in Angriff nehmen (der sogenannten Arbeitswerttheorie; bemerkt sei zudem, dass er auf dieser Grundlage, am Ende seiner Analyse, zum geschichtlichen Prozess der kapitalistischen Akkumulation auf Weltebene gelangte). Im Unterschied dazu zielte Foucault auf die *allgemeine* Tatsache eines Macht-Wissens (in seiner modernen Form), in welchem Bereich (»ökonomisch« oder nicht) dieses auch wirke. Foucault bleibt also bei einem allgemeinen Produktionskonzept als »Gebrauchsproduktion«. Damit wendet er sich genau da von Marx' Theoriebildung ab, wo sie für das Verständnis und die Kritik der modernen Gesellschaft am entscheidendsten ist. Er bleibt im Rahmen dessen, was »Das Kapital« im Gegensatz zum theoretischen Rahmen der klassischen Ökonomie als Rahmen der »Vulgärökonomie« bestimmt hat:[349] beim utilitaristischen Ansatz

347 In der Erstauflage als Kapitel 4.4 bzw. 5.1. (Anm. d. Ü.)

348 In der ersten, von Joseph Roy in enger Absprache mit Marx angefertigten französischen Übersetzung (Marx: Le capital I [1872–75], in: MEGA², Bd. II/7) ist das entsprechende Kapitel [dort Kap. 7] nicht nach Maßgabe der deutschen Textfassung betitelt, sondern trägt die Überschrift »Production de la valeur d'usage et production de la plus-value« (Die Produktion des Gebrauchswerts und die Produktion des Mehrwerts). Die französische Formulierung, die sicherlich von Marx vorgegeben wurde (und anhand derer der ansonsten mit dem Text der deutschen Vorlage übereinstimmende Text in der frz. Ausgabe zusätzlich gegliedert wird), verweist unmittelbarer auf das Problem, das uns hier beschäftigt. [In der jüngeren, von Jean-Pierre Lefebvre für die Neuausgabe beim damaligen PCF-Verlag Éditions Sociales angefertigten Übersetzung von 1983 (Karl Marx: Le capital. Critique de l'économie politique. Livre premier: Le procès de production du capital, Paris) lautet die Überschrift des nunmehr fünften Kapitels – analog zu den deutschen Ausgaben – »Procès de travail et procès de valorisation«; Anm. d. Ü.]

349 Der Vulgärökonomie stellt Marx die klassische Ökonomie gegenüber, auf die er sich beruft: »Die produktive Arbeit wird hier bestimmt vom Standpunkt der kapitalistischen Produktion aus, und A. Smith hat die Sache selbst begrifflich erschöpft, den Nagel auf den Kopf getroffen – es ist dies eines seiner größten wissenschaftlichen Verdienste [...], dass er die produktive Arbeit als Arbeit bestimmt, *die sich unmittelbar mit dem Kapital austauscht*« (Karl Marx: Manuskript »Theorien über den Mehrwert« [1862/63, zuerst veröff. 1905–10], in: MEW, Bd. 26.1, S. 127). Bekannterma-

der Gebrauchsproduktion, den er in »Die Ordnung der Dinge« beschrieb. Foucault erfasst das theoretische Problem der inneren Spannung der Lohnarbeit nicht, die widersprüchlicherweise zugleich Gebrauchswert und Mehrwert produziert. Er muss daher die Begrifflichkeit der »Ausbeutung« umgehen, muss sie neu und allgemeiner als »Herrschaft« beschreiben, womit ihm deren spezifische *Materialität* entgeht. Foucault wendet sich ab vom Problem des »Kapitalismus« als einer spezifischen, durch das Streben nach abstraktem Reichtum dynamisch polarisierten Gesellschaftsform. Eben dies kann man als Defizit gegenüber Marx' Analyse auffassen. Diese Einbuße sollte aber nicht den Nebennutzen verschleiern, der sich in meinen Augen daraus ergibt: Die *allgemeine Idee von Produktion* als Produktion von Gebrauchswerten – die hinter die »kapitalistische« Verknüpfung der Produktion von Gebrauchs- und Mehrwert zurückfällt – ermöglicht es Foucault, das *allgemeine Konzept eines Macht-Wissens* zu formulieren, das sich in die gesamte Gesellschaftsordnung hinein verästelt. Und auf dieser Grundlage leistet er in meinen Augen seinen Beitrag zur Analyse der modernen Gesellschaftsform, in der die Klassenmacht nicht nur die Macht der Kapitalisten, der Kapitaleigner ist, sondern auch – am anderen Pol – die Macht der Entscheidungs-Kompetenz-Träger, der Eigner gesellschaftlichen Wissens, die in unmittelbar kapitalistischen Beziehungen verortet sein können, aber nicht müssen.

Die Fügsamkeit

1. Die »Fügsamkeit«[350] der so zu nützlichen Subjekten gemachten Individuen charakterisiert nicht nur interindividuelle Beziehungen, nicht nur die Unterwerfung der einen unter andere; sie verweist auf das erweiterte, mit einem anderen »Flügel« versehene Klassenverhältnis. In öffentlichen Einlassungen muss Foucault sich auf dieses Terrain begeben, insbesondere wenn ihn seine Gesprächspartner in die Enge treiben. So zum Beispiel im November 1971 bei einem Fernsehauftritt mit Noam Chomsky:[351] Foucault bietet uns eine formvollendet marxistische Analyse im neogramscianischen Stil von 1968 ff. im Geiste von Althussers Artikel »Ideologie und ideologische Staatsapparate«, der 1970 in *La Pensée* erschienen ist und die »ISA« als Gesamtheit der schulischen, familiären, religiösen und sonstigen Institutionen definiert hat.[352] Die Aufzählung ergänzt Fou-

ßen trieb Marx die Analyse noch weiter: Indem er zeigt, dass sich nicht die Arbeit, sondern die Arbeitskraft austauscht, kritisiert und wendet er die klassische Problemstellung selbst.

350 Zu *docilité*, siehe Anmerkung oben, Fn. 339. (Anm. d. Ü.)

351 Michel Foucault/Noam Chomsky: Über die Natur des Menschen: Gerechtigkeit versus Macht [Diskussion im holländischen Fernsehen, November 1971], übers. v. Jürgen Schröder, in: Foucault: Schriften, Bd. II, S. 586–637, hier S. 617.

352 Louis Althusser: Ideologie und ideologische Staatsapparate [1970], in: ders.: Ideologie und ideologische Staatsapparate [Gesammelte Schriften, Bd. 5.1], Hamburg 2010, übers. v. Peter Schöttler [1977; bearb. v. F. O. Wolf], S. 37–102, hier S. 54 f. (Siehe auch: ders.: Der Überbau: Über die Reproduktion der Produktionsverhältnisse, S. 120; wie oben, Fn. 235)

cault um »[d]ie Institutionen des Wissens, der Fürsorge und der Pflege, wie die Medizin«, und fährt fort:

> »Mir scheint, dass in einer Gesellschaft wie der unseren die wahre politische Aufgabe darin besteht, das Spiel der scheinbar neutralen und unabhängigen Institutionen zu kritisieren; sie zu kritisieren und in einer solchen Weise anzugreifen, dass die politische Gewalt, die in ihnen im Verborgenen ausgeübt wird, aufgedeckt wird, sodass man gegen sie kämpfen kann. [...] Vielleicht genügt es nicht zu sagen, dass hinter den Regierungen, hinter dem Staatsapparat, die *herrschende Klasse* steht. Man muss den genauen Punkt der Einflussnahme bestimmen, die Orte und Formen, an und in denen *diese Herrschaft* ausgeübt wird. [...] Wenn es nicht gelingt, diese Stützpunkte der *Macht der herrschenden Klasse* zu erkennen, gestattet man ihnen, weiter zu existieren und erlebt möglicherweise einen Wiederaufbau dieser Macht der herrschenden Klasse nach einem scheinbaren revolutionären Prozess.«[353]

Foucault scheint den Klassenbegriff im gewöhnlichen marxistischen Sinne aufzufassen. Doch zumindest implizit ergänzt er Marx' Konzept. Kurz gesagt: Zur »Abschaffung der ökonomischen Ausbeutung« genügt es nicht, den Klassenbegriff auf das Feld der »Institutionen wie Verwaltung, Polizei, Armee und Staatsapparat«[354] zu übertragen. Man muss die herrschende Klasse in allen Formen ihrer Existenz besiegen: in der gesamten Breite funktionaler Institutionen, die das lebendige Gewebe der Gesellschaft bilden. Die »Fügsamkeit«, Ausdruck einer Unterwerfung nicht unter Gesetze, sondern unter Normen, wird im kapitalistischen Produktionsprozess sicherlich erwartet. Doch sie ist, wie auch »die Nützlichkeit«, eine Figur im *Gesamtgefüge* gesellschaftlicher Interaktionen – insofern verstanden als Klassenbeziehungen –, die von den Institutionen der modernen Gesellschaft vorgeschrieben werden. Allgemeine Fügsamkeit-Nützlichkeit unter produktiver Herrschaft.

An diesem Punkt stellt sich notwendigerweise die Frage nach dem Zusammenhang zwischen dem stichhaltigen Diskurs des *Gelehrten*, der die universelle Herrschaft der nützlichen und fügsamen Individuen bildenden Disziplinen aufschlüsselt, und dem politischen Diskurs des *Intellektuellen*, der zum Kampf dagegen aufruft. Foucault weist einen Weg, insbesondere in der Gruppe Gefängnis-Information, Groupe d'Information sur les Prisons (GIP), die darauf hinwirkt, die Stimme des Häftlings (und später des Kranken, des Geistesgestörten) vernehmbar

353 Foucault in: ders./Chomsky: Über die Natur des Menschen, S. 617 f.; Hervorhebung von mir, J. Bidet.

354 Ebd., S. 617.

zu machen. Damit reiht er sich in die Tradition der Arbeiterbewegung ein, die es sich zu Aufgabe machte, die Stimme des Arbeiters erschallen zu lassen.[355] Widerspenstiges Wort gegen zweifelhafte Nützlichkeit. So wie Marx in Kapitel 8 des ersten »Kapital«-Bandes,[356] bei seiner Studie über den Arbeitstag Zeugnisse von Kompetenzträgern sammelt (Inspektoren, Journalisten, Ärzte, Lehrer), mobilisiert Foucault die Großen des Macht-Wissens (Badinter und Vidal-Naquet ...). Beide machen gleichermaßen die *Faktizität* der Herrschaft und die *Potenzialität* des Widerstands geltend. Woher aber rührt die *Faktizität* dieser Potenzialität? In wessen Namen behauptet sich der Widerstand? Und durch welche Kraft gelingt es ihm, sich zu behaupten? Chomskys »Idealismus« mit seiner Bezugnahme auf eine gerechtere Welt entgegnet Foucault: »Das Proletariat führt diesen Kampf [gegen die herrschende Klasse] [...] um zu gewinnen, und nicht, weil er gerecht ist.«[357] Das angestrebte Ziel des Proletariats fasst er zwar als »die Beseitigung der Macht einer herrschenden Klasse *im Allgemeinen*«. Doch dann stößt er in die Gegenrichtung, das Ziel finde »eine Rechtfertigung in Begriffen der Macht, nicht in Begriffen der Gerechtigkeit«.[358] Seine Argumentation allerdings offenbart definitiv *einen universalistischen Horizont der Emanzipation von jeglicher Klassenmacht, von der Macht einer herrschenden Klasse im Allgemeinen* – das ultimative metastrukturale Geständnis eines Foucault, der sich hier für eine Seite entscheidet. Zwar bezieht er sich auf Nietzsche[359] und erklärt, »Gerechtigkeit« sei eine geschichtliche Erfindung und lasse sich verschiedentlich nutzen. In Wirklichkeit aber verbannt er die Idee letztlich doch nicht aus dem Spiel, sondern integriert sie sogar in die Analyse des Klassenverhältnisses, da »in jedem Fall der Begriff der Gerechtigkeit selbst seine Rolle innerhalb einer Klassengesellschaft spielt, und zwar einerseits als Forderung seitens der unterdrückten Klasse und andererseits als Rechtfertigung seitens der Unterdrücker«.[360] Eben hierin liegt die konstitutive »Amphibolie« des metastrukturalen Anspruchs, der den »notwendig umkämpften Begriff« definiert. In diesem Sinne formuliert »das Proletariat«, zu dessen Sprecher Foucault sich in jenen heroischen Tagen macht, notwendigerweise – zumindest in der bestimmenden Logik des ihm zukommenden Kampfes – einen Begriff von Gerechtigkeit, einer als

355 Die »Arbeiterbewegung« hat sich unter Klassengesichtspunkten natürlich stets mit Schule, Spital, etc. befasst. Doch Foucault ist beteiligt an der Eröffnung neuartiger Fronten. Zur Einordnung sei bemerkt, dass das Gemeinsame Regierungsprogramm, das Sozialisten und Kommunisten in Frankreich zwischen 1970 und 1972 erarbeitet haben, zwar die Abschaffung der Todesstrafe und das Verbot des Polizeigewahrsams vorsah, aber mit keiner Silbe von psychiatrischen Anstalten oder Gefängnissen sprach.

356 Kapitel 3.4 in der Erstausgabe von 1867. (Anm. d. Ü.)

357 Foucault in: ders./Chomsky: Über die Natur des Menschen, S. 625.

358 Ebd., S. 627, Hervorhebung von mir, J. Bidet.

359 Ebd., S. 627 f.

360 Ebd., S. 628.

gerechte/richtige Praxis verstandenen Gerechtigkeit: Diese zielt auf die Abschaffung »der Macht einer herrschenden Klasse im Allgemeinen«. Foucault stellt damit (im Gegensatz zur Nützlichkeit-*Fügsamkeit*, die Kennzeichen »einer Gesellschaft wie der unseren« ist) eine Nützlichkeit-*Freiheit* in den Vordergrund, die als Emanzipation von jeglicher Klassenherrschaft definiert ist – deren Konzept umfasst sowohl die kapitalistische Ausbeutung als auch die Herrschaft des Macht-Wissens.

Indem er die Konzepte von Produktion (Nützlichkeit) und Herrschaft (von Fügsamkeit/Gelehrigkeit bis Widerstand) gegeneinanderstellt, verortet sich der Foucault von »Überwachen und Strafen« insgesamt, wie wir sahen, auf einem Feld von Klasse und Emanzipation, das auch das marxsche Feld ist – Foucault erweitert allerdings dessen Umrisse und manövriert anders. Offen ist noch, ob die politischen Strategien, die sich aus den beiden Herangehensweisen ergeben, miteinander in Einklang zu bringen sind. Auf diese Frage läuft unsere Untersuchung hinaus. Sie jetzt zu stellen wäre indes verfrüht, schließlich ist zu berücksichtigen, dass Foucault (nach dem 1968 eröffneten und um 1976 vollendeten Zyklus) seinen Weg in Richtung eines ganz anderen »Wahrheitshorizonts« fortgesetzt hat.

§422 Der Liberalismus als Produzent von Nützlichkeit-Freiheit

Es gilt nun tatsächlich zu untersuchen, wie Foucault einige Jahre später dazu gelangt, die Nützlichkeit-Freiheit als »Liberalismus« zu bestimmen. Die Beziehung zwischen beiden Momenten versteht man jedoch besser, wenn man sieht, wie sich bei Foucault nicht nur ein anderes Konzept von »Produktion« als das von Marx herauskristallisiert, sondern auch eine spezifische Konzeption der Produktivität des Macht-Wissens. In der Analyse des »Dispositivs der Sexualität« (in »Der Wille zum Wissen«) wird diese Idee sehr anschaulich. Ausgehend also von diesem Angelpunkt, der geprägt ist vom neuen Konzept der »Biopolitik«, widmen wir uns der zweiten Hälfte der sich über ein Jahrzehnt erstreckenden Untersuchungen.

Das Dispositiv der Sexualität

Foucaults *Sozialkritik* weist tatsächlich, trotz der Vielzahl der von ihr berührten Felder, eine bemerkenswerte Kontinuität in ihrem selbstgesetzten Gegenstand auf, zu dem neben der Negativität der Herrschaft auch die schöpferische Positivität der herrschenden Macht zählt. Ersichtlich wird dies in seiner Erforschung des »Dispositivs der Sexualität« von 1973 bis 1975,[361] ebenso wie in der vorherigen Studie zur Disziplin und der nachfolgenden Untersuchung zur Regierung. In einem Interview

361 Siehe »Die Macht der Psychiatrie. Vorlesung am Collège de France 1973–1974«, sowie »Die Anormalen. Vorlesungen am Collège de France 1974–1975«, deren Schlussfolgerungen sich im 1976 veröffentlichten »Der Wille zum Wissen« wiederfinden. Diese großen Texte, deren Bezüge zur i. e. S. marxschen Tradition eher mittelbar sind und es verdient hätten, in einem größeren Rahmen als dem hier gesteckten eigens untersucht zu werden, lasse ich entsprechend außen vor.

bezieht sich Foucault im Juli 1977 auf Marx, der hinter dem Pauperismus die »ungeheuren positiven Mechanismen« des Kapitalismus entdeckt habe, und fügt hinzu: »[I]ch möchte in etwa dasselbe machen. [...] Wie sieht die enorme positive Machtmechanik hinter dem sexuellen Elend aus, die den Körper umstellt und Effekte erzielt.«[362] Diese Annäherung mag überraschen. Wir erinnern uns, Foucault hegt kaum Sympathien für die Kraft des Lohnsystems, die Marx im Horizont jener »ungeheuren positiven Mechanismen« umreißt. Er ist aber nicht unempfänglich für die »vorwärtsgewandten« Nuancen des marxschen Diskurses; diese wendet er gegen den Miserabilismus eines Teils des Marxismus. Der »freudomarxistischen« These einer klassenspezifischen Repression der Sexualität breiter Volksmassen stellt Foucault bekanntlich die These einer *Erfindung* der Sexualität, einer Diskursivierung des Sex entgegen: Die antiken Erotiken waren an private Ethiken gebunden. Das »Fleisch« des Christentums wurde im Namen der Moral in Verbote umgewandelt. Es entsteht nun eine *Wissenschaft* der Sexualität, ausgerichtet auf individuelle und soziale Gesundheit. Diese täuscht sich zwar gewiss, wenn sie einen beachtlichen Teil der Sexualpraktiken als krankhaft bezeichnet. Damit aber bereitet sie den Raum für eine öffentlich vertretbare »Wahrheit«, die eine allgemeine Sexualkausalität behauptet. Sie ist der Interpretation preisgegeben und ebnet heilungsorientierten Eingriffen den Weg. Es gibt ein gesellschaftliches »Sexualgeständnis«, das in Justiz, Medizin, Erziehung, Familie wie auch in Liebesbeziehungen abgelegt wird. Indem die Subjekte über ihre Sexualität sprechen, affirmieren sie ihre Identität. Dabei handelt es sich durchaus um ein Machtverhältnis: Das Subjekt spricht als Subjekt, als Untertan, vor der Macht eines anderen. Das Recht selbst ist für das Begehren konstitutiv. Doch »der Sex« ist nicht rein juristisch im Sinne von Rechten, Gesetzen und Strafen zu verstehen. Er besteht aus Normalisierungs- und Kontrolltechniken, aus gesellschaftlichen Praktiken, die ihren Gegenstand, ihr Objekt selbst herstellen: ein mutmaßlich gesundes Wesen – das der Kritik ausgeliefert und als solches fähig ist zu Widerstand und Rebellion.

Vor diesem Hintergrund nimmt der Kapitalismusbezug, insbesondere in der abschließend in »Der Wille zum Wissen« vorgeschlagenen »Periodisierung«,[363] eine positive Note im Sinne einer hier paradoxen Klassenpositivität [positivité de classe] an. Denn die »scientia sexualis« ist nicht gegen die »Arbeitskraft« gerichtet; sie verbreitet sich zunächst

362 Nachlass-Archiv Michel Foucault, Institut Mémoires de l'édition contemporaine (IMEC). (Hier zit. nach Michel Foucault: Pouvoirs et émancipations. Entretien inédit entre Michel Foucault et quatre militants de la LCR, membres de la rubrique culturelle du journal quotidien *Rouge* [Juli 1977], in: Revue du MAUSS, Nr. 38, 2011/2, S. 33–50, https://doi.org/10.3917/rdm.038.0033. [Auch auf Englisch.])

363 Die nachfolgend zitierten Begriffe stammen aus dem Abschnitt S. 114 ff.; zur Beziehung der Biomacht zum Kapitalismus, siehe S. 136 ff.

in der Bourgeoisie: Klassenaffirmation, Klassenbeherrschung. Sie bildet einen »Klassenkörper«, eine Kultur des sexualisierten Körpers, der sich in eine kulturelle Hegemonie einfügt. In dem Augenblick, da die Disziplin das Volk bei der kleinsten Abweichung unterdrückt (den Betrunkenen, den Entlassenen, das gefallene Mädchen), befreit die Psychoanalyse das Bürgertum. Das alles ist dabei Teil einer aufkommenden »Biomacht«. Als Macht über das Leben – im Unterschied zur klassisch souveränen Macht über den Tod – wirkt das neue Klassenverhältnis auf den Körper und die Gattung. Sie ist dem Kapitalismus inhärent, spiegelbildlich zur Akkumulation des Kapitals. Im Gegensatz zum asketischen Kapitalismus eines Max Weber, markiert sie den Eintritt des Lebens in die Geschichte. Diese *positive* Thematik, die in ähnlicher Weise am Ende der 1976er-Vorlesung »In Verteidigung der Gesellschaft« wieder aufgegriffen wird, bildet schließlich eine zentrale Linie für die Analyse des »Liberalismus«.

Liberalismus, positiv gefasst, und Biopolitik

Warum aber setzt Foucault im Januar 1978 die Frage des Liberalismus auf den Lehrplan am Collège de France? Es fällt schwer, diesen theoretischen Kurswechsel nicht mit dem politischen Kurswechsel jener Tage in Verbindung zu bringen.[364] Die »neuen Philosophen« unternahmen damals eine radikale philosophisch-politische Revision, die sich in der Verteidigung östlicher Dissidenten konkretisierte. Gängig war bis dahin die Hypothese einer langsamen Entwicklung zu irgendeiner Form der Demokratie. Nun bildet sich am Horizont ein unweigerlicher Kollaps des Sowjetsystems ab. Selbst der Gedanke einer sozialistischen Alternative zum Kapitalismus sieht sich erschüttert. Die UdSSR, Vaterland des Kommunismus, symbolisiert nun das radikal Böse: die Kontroll-, Repressions-, Gefängnisgesellschaft, eine unproduktive Gesellschaft, die Untertanen produziert. Foucault tritt an, den »Liberalismus«, dieses Artefakt, dessen Kritik Marx lieferte, positiv zu fassen. Er deckt auf, dass die kapitalistische *Ausbeutung* keinen guten Einstieg bildet, will man die moderne ökonomisch-politische Ordnung in ihrer geschichtlichen Pro-

364 Für diese folgenden Punkte beziehe ich mich auf die minutiöse Zeittafel von Daniel Defert (in: Foucault: Schriften, Bd. I, S. 15–105, hier S. 79–94), der insbesondere für die Zeit nach 1976 wiedergibt, »was viele als eine Krise in seinem [= Foucaults] Denken deuteten« (ebd., S. 78). Dessen öffentliche, bewusst aufsehenerregende Stellungnahmen an der Seite der »neuen Philosophen«, der »zweiten Linken«, lassen für Zweifel eigentlich keinen Raum: Die Anmerkung der Foucault-Herausgeber, seiner Freunde, betont »seine Feindseligkeit gegenüber der im [G]emeinsamen Programm [von PCF und PS] niedergelegten leninistischen Verstaatlichung« (Einleitende editor. Anm. zu Michel Foucault: Eine kulturelle Mobilmachung [1977], übers. v. Jürgen Schröder, in: ders.: Schriften, Bd. III, S. 430–432, hier S. 430). Zu Foucaults politischem Werdegang, siehe insbesondere José Luis Moreno Pestaña: Foucault, la gauche et la politique, Paris 2010. Moreno Pestaña betont Foucaults ablehnende Haltung gegen jegliches Bündnis mit den Kommunisten und sein anhaltendes Desinteresse für soziale Ungleichheiten. Beides beißt sich mit seiner Sensibilität für die Behandlung der »infamen Menschen« (Michel Foucault: Das Leben der infamen Menschen [1977], übers. v. Hans-Dieter Gondek, in: ders.: Schriften, Bd. III, S. 309–332), für die Randexistenzen, die Elenden, Irren, Landstreicher, Kranken, die Elendigen oder Aufständischen jeglicher Couleur, die man parzelliert und einsperrt.

duktivität verstehen – wie denn auch die kapitalistische *Unterdrückung* nicht das richtige Konzept ist, um das Schicksal der modernen Sexualität zu fassen (diese realisierte sich in ihrer neuen Subjektivität vielmehr erst im kapitalistischen Zeitalter). Foucaults Überlegungen stehen nun nicht mehr vor dem Hintergrund des Klassenverhältnisses, den er sich zu Beginn des Jahrzehnts zu eigen gemacht hatte. Dies bedeutete indes nicht, dass er seine vorherigen Kämpfe aufgegeben hätte. Er ist weiterhin an verschiedenen Fronten aktiv: Gefängnisse, Krankenhäuser, Psychiatrien, Gerichte, Homosexualität, Recht auf Abtreibung, Freiheitsrechte im Osten und anderswo. Foucault findet Anerkennung als gesellschaftskritischer Intellektueller par excellence und inspiriert wie stimuliert eine große Bandbreite subversiver Praktiken, und zwar auch über die Landesgrenzen hinweg, insbesondere bei den Marxisten des italienischen Operaismus.[365] Und doch hat er persönlich den Marxismus hinter sich gelassen. Zutage tritt dies in Austausch und Annäherungen mit philosophischen, politischen und gewerkschaftlichen Strömungen, die sich vom Kommunismus und den Kommunisten zu befreien suchten (und im Grenzbereich zum Neoliberalismus enden sollten). Als Professor am Collège de France kann er die Probleme mit Distanz verhandeln und seine Analyse mit einer historischen Perspektive versehen, die ihn politisch nicht verpflichtet. Verantwortlich ist er allerdings für die Entscheidung, den »Liberalismus« auf den Lehrplan zu setzen, der als Paradigma der modernen ökonomisch-politischen Rationalität gilt. Das Gegenteil von Marx. Daraus ergeben sich interessante Probleme.

Nach dem Studium der im 17. Jahrhundert aufgekommenen Disziplinartechniken, in dem er eine »politische Anatomie« herausarbeitete,[366] wandte sich Foucault, wie gesehen, der (in seinen Augen) Neuerung der zweiten Hälfte des 18. Jahrhunderts zu: einer auf das Leben der Gesamtbevölkerung gerichteten »Biopolitik«. Das ist das Eingangsthema der Vorlesung von 1978–1979; er begründet dies insbesondere in seiner bereits erwähnten »Zusammenfassung«,[367] jenem nachträglich verfassten, sehr dichten reflexiven Text. Nunmehr gewährleisten nicht mehr rechtlich-politische Zwänge die Ordnung – verstanden als Abwesenheit von Rechtsverstößen, Unordnung, inneren wie äußeren Kriegen –, sondern eine neue »Regierungskunst«, die das »Gemeinwohl« positiv in den Blick nimmt. Die Biopolitik regiert bekanntermaßen nicht mit Rechten und Pflichten ausgestattete Subjekte, sondern eine »Bevölkerung«, eine Gesamtheit von Lebewesen, die als solche von spezifischen Kenntnissen

365 Siehe Marco Enrico Giacomelli: Ascendances et filiations foucaldiennes en Italie. L'opéraïsme en perspective, übers. v. Jean-Michel Goux, in: Actuel Marx, Nr. 36, 2004/2, S. 109–121. [Vgl. Ulrich Brieler: Antonio Negri, in: Clemens Kammler/Rolf Parr/Ulrich Johannes Schneider (Hrsg.): Foucault-Handbuch. Leben – Werk – Wirkung, Berlin ^{2}2020, S. 231–234; Anm. d. Ü.]

366 Vgl. Foucault: Der Wille zum Wissen, S. 135. (Anm. d. Ü.)

367 Foucault: [Résumé:] Geburt der Biopolitik [Bericht Jahrbuch 1979]. Siehe oben, Fn. 52.

und Fertigkeiten in den Bereichen »Gesundheit, Hygiene, Geburtenziffer, Lebensdauer, Rassen« abhängig sind.[368] Im Zeitalter des Verwaltungsstaats und seiner »Policey« (im alten Wortsinn), und mehr noch im liberalen Zeitalter, berührt die Biopolitik alle Formen materieller Existenz: Rohstoffe, Produktion, Handel, Infrastruktur und Städtebau. Man sei somit von einer negativen Macht – ausgeübt »in einer negativen Form, das heißt in einer rechtlichen Form«[369] – zu einer positiven, auf Wissen gegründeten Macht übergegangen.

Das Konzept »Biopolitik« verleiht dem Konzept »Macht-Wissen« gewissermaßen die erforderliche konkrete Substanz und definiert seinen vorausgesetzten Gegenstand: eine Lebenspolitik, die sowohl normativ als auch produktiv ist, rational im doppelten Sinne. Dies ist eine bedeutende Ressource für das Studium der Macht, die im Wissenschaftszeitalter auf Individuen und auf Bevölkerungen – bis hinein in die intimste Materialität des Körpers, und zwar weitgehend unbemerkt – ausgeübt wird. Jede Forschung zum Zugriff des Kapitalismus auf das Leben, auf die Natur als Grundlage des Lebens, kann sich daher auf das Konzept der Biopolitik berufen.

Bemerkt sei indes, dass Marx damit noch nicht aus dem Spiel ist. Man kann sogar meinen, Foucault sei ihm gegenüber ungerecht: In Erwägung, dass er seinerseits die »Anpassung der Bevölkerungsphänomene an die ökonomischen Prozesse«, die »Abstimmung der Menschenakkumulation mit der Kapitalakkumulation«[370] in den Vordergrund gestellt hat, glaubt Foucault sich in der Position, Marx einen Vorwurf daraus machen zu können, sich auf die Klassenanalyse zu konzentrieren und »das Problem der Bevölkerung«, das Malthus wichtig war, »zu umgehen«.[371] Vergessen wir indes nicht, dass Marx im 23. Kapitel des ersten Bandes des »Kapitals« unter der Überschrift »Das allgemeine Gesetz der kapitalistischen Akkumulation« ausführlich »ein der kapitalistischen Produktionsweise eigentümliches Populationsgesetz« behandelt; insbesondere die »relative [...] Surplus-Arbeiterbevölkerung«,[372] im Zusammenhang mit den unregelmäßigen Bewegungen des Kapitals, der Enteignung der Landbevölkerung, den Wanderungsbewegungen und dergleichen mehr, bis hin zur »absoluten Surpluspopulation«, die jedes Mittels entbehrt.[373] Marx wahrt gebührlichen Abstand zu der funktionalen Rationalität, von

368 Ebd., S. 1020.

369 Foucault: Das Spiel des Michel Foucault, S. 400. (Anm. d. Ü.)

370 Foucault: Der Wille zum Wissen, S. 136.

371 Foucault: Sicherheit, Territorium, Bevölkerung, S. 117.

372 Marx: Kapital, Bd. 1, in: MEW, Bd. 23, S. 660, 658 (MEGA², Bd. II/5, S. 508, 507), (die Rede ist hier von »Zuschuss-Arbeiterbevölkerung«, auch bekannt als »industrielle Reservearmee«). (Anm. d. Ü.)

373 Dazu siehe Guillaume Sibertin-Blanc: La loi de population du capital, biopolitique d'État, hétéronomie de la politique de classe, in: Franck Fischbach (Hrsg.): Marx. Relire *Le Capital*, Paris 2009, S. 77–100.

der eine »Biopolitik« zu künden scheint. Er ist auch in der Lage, eine Biopolitik von unten aufscheinen zu lassen. Offen gesagt: Wer die radikale Neuerung von Marx, des Initiators einer Biopolitik von unten – die sein eigentlicher Forschungsgegenstand ist – erfassen will, muss dahingehend dessen gesamte Theorie der modernen Gesellschaft befragen und sie ausgehend von ihren konstitutiven Begriffen (der Wert- und Mehrwerttheorie) aufgreifen.[374]

Bemerkt sei hier nur, dass Foucaults Problemstellung gewisse Unsicherheiten birgt, die die von ihr aufgeworfene biopolitische Frage verstellen. Im letzten Abschnitt von »Der Wille zum Wissen« – dem Kapitel »Recht über den Tod und Macht zum Leben«, in dem erstmals die Formel »Bio-Macht« auftaucht[375] – gerät man in ein Spiel der Ungewissheit zwischen *Bio-Politik* als Teil der Politik und *Bio-Macht* als Teil von Macht im Allgemeinen. Foucault betont den Zusammenhang zwischen »Lebensmacht« und Macht über den Tod, denn: »Die Massaker sind vital geworden«,[376] sozusagen lebensnotwendig. Doch sind sie dies nicht seit Anbeginn der Zeit,[377] zumindest unter bestimmten Umständen, die stets die Stärksten bestimmen? Insofern überrascht die Aussage: »[D]ie atomare Situation ist heute der Endpunkt dieses Prozesses«.[378] Foucault wirft hier unumgänglich gewordene Fragen auf, die sich auf den Zugriff des modernen Menschen auf das Leben beziehen, und für die er uns wertvolle Konzepte hinterlassen hat. Wie wir gesehen haben, besitzen diese allerdings nur dann Gültigkeit, wenn man sie mit anderen Arbeiten im Bereich der Kritik kreuzt.

So gesehen ist es wohl besser, Foucault auf dem ihm vertrautesten Feld zu begegnen, das er bis zum Ende des Jahrzehnts bearbeitete: dem der öffentlichen Hygiene [médecine publique]. Doch auch hier ist er mit der Konnotation *rationaler Herrschaft*, die dem Konzept der Biopolitik tendenziell anhaftet, nicht unbedingt gut beraten: Zunächst gerichtet auf die Besorgung öffentlicher städtischer Hygiene, habe sich die öffentliche Hygiene im 19. Jahrhundert wesentlich zu einer Technik effizienter Verwaltung und Normalisierung der Arbeitskraft entwickelt. Foucault schreibt hier dem Liberalismus eine Reformbewegung zu, die in Wirklichkeit vielmehr Ausdruck von Entstehung und Aufstieg des Sozialismus gewesen ist.[379] Hier drängt sich abermals die Frage auf: Wer übt

374 Ich erlaube mir, abermals auf mein Neoliberalismus-Buch von 2016 hinzuweisen, insbes. auf Kapitel 1 »L'idée d'une théorie de la société moderne«.

375 Foucault: Der Wille zum Wissen, S. 135. (Anm. d. Ü.)

376 Ebd., S. 133.

377 Siehe Alain Testart: Avant l'histoire. L'évolution des sociétés de Lascaux à Camac, Paris 2013, S. 498 ff., zum Krieg auf Leben und Tod in der Altsteinzeit.

378 Foucault: Der Wille zum Wissen, S. 133.

379 Vgl. Emmanuel Renault: Biopolitique, médecine sociale et critique du libéralisme, in: Multitudes, Nr. 34, 2005, S. 195–205; sowie ders.: Souffrances sociales. Philosophie, psychologie et politique, Paris 2008, S. 219–246. Renault zeigt, dass die »Sozialmedizin« in den Ausprägungen,

welche Biomacht aus? Das als »Biopolitik« Bezeichnete ist nach meinem Dafürhalten besser platziert in einem umfassenderen (metastruktural gefassten) theoretisch-historischen Zusammenhang, in dem *verschiedene gesellschaftliche Kräfte*, von oben wie von unten, die *Initiative* führen. Dies – und nicht das simple Schema Herrschaft–Widerstand – ist der Ausgangspunkt dafür, Gestalt und Wesen der politischen Macht in der modernen Gesellschaft zu entschlüsseln sowie Strategien zu denken. So lautet zumindest die vorgebrachte These.

§423 Liberalismus als Beziehung zwischen Regierenden und Regierten

Welche Macht ist es eigentlich, die Foucault uns unter dem Namen »Liberalismus« zu erkennen gibt? Einmal mehr ist hier die Diskrepanz zwischen Foucaults und Marx' jeweiligen Forschungsvorhaben zu betonen. Letzterer ist ein Theoretiker der kapitalistischen *Struktur* und deren historischer *Tendenz*. Er untersucht die »bürgerliche Gesellschaft«, ausgehend von der *Marktrationalität* (in dieser Struktur) konkurrierender Kapitalisten sowie den daraus erwachsenden, unerwünschten Nebeneffekten (Konzentration der Produktion und dergleichen mehr), aus der sich schließlich eine geschichtliche Tendenz zum Sozialismus ergebe. Marx macht den Liberalismus, also das Ensemble ökonomischer und politischer Lehrsätze, die an die Praktiken des Kapitalismus gebunden sind – und in dem sich die Gesellschaft als Tauschspiel dar- und vorstellt – zum Gegenstand der »Kritik«, im Zugriff seiner theoretischen Konstruktion. Foucault hingegen ist die Ambition fremd, eine solche Theorie des geschichtlichen Prozesses der modernen Gesellschaft aufzustellen. Er konzentriert sich nicht auf eine Struktur und deren Tendenz, sondern auf eine Form der »Regierungspraxis«, die er als konstitutiv für die Biopolitik eines bestimmten Zeitalters ansieht. Aufgefasst wird der »Liberalismus« hier weder als »Theorie« noch als »Ideologie«, sondern als Sonderform »politischer Rationalität«.[380]

In Foucaults Textkorpus lässt sich jedoch ein gewisses Spannungsfeld zwischen der Kategorie »Klasse« und der Kategorie »Regierung« ausmachen. Einerseits präsentiert er den Liberalismus in dessen Beziehung zu den Markt- und Organisationsgegebenheiten; Foucaults Ansatz ist also einerseits, wie wir in §222 sahen, anschlussfähig für die Beschreibung

die sie in Deutschland und Frankreich nach 1848 (auch unter dem Einfluss der Französischen Revolution) annehmen sollte, nicht zur normalisierenden Biopolitik gehört, die Foucault dem Liberalismus zuordnet. [Renault nennt u. a. Rudolf Virchow, Salomon Neumann und Rudolf Leubuscher; Anm. d. Ü.] Die Sozialmedizin zeigt sich vielmehr als vollwertiges ärztliches Betätigungsfeld. Sie kritisiert die damals gültige sanitäts- und verwaltungspolitische Versorgungslage und verbindet ihre Ziele mit den Zielen einer sozialistischen Transformation, die sich ebensowohl einer »liberalen« Rechtstheorie rühmen kann ... Diese trägt, wie wir gesehen haben und wie ich hinzufügen möchte, das Gepräge der »modernen Amphibolie«.

380 Foucault: [Résumé:] Geburt der Biopolitik [Bericht Jahrbuch 1979], S. 1020.

moderner Klassenverhältnisse. Andererseits wird dieser Zusammenhang von einer Gliederung des sozio-politischen Raumes in Form von Regierenden/Regierten überlagert.

Im Gegensatz zu dem, was man erwarten würde, praktiziert die liberale Regierung – bei Weitem nicht allein auf die Perspektive des Marktes gepolt, dessen »Gesetz« sie zu achten habe – »ein feines Zusammenspiel von Interventionen und Freiheiten«, dessen das Gemeinwohl bzw. »öffentliche Wohl« bedarf.[381] Sie ist sicherlich »auf die Respektierung des Rechtssubjekts und der Entscheidungsfreiheit bedacht«.[382] Allerdings besitzt sie auch die regulatorische, sprich: *organisatorische* Fähigkeit, einen allgemeinen Zweck zu bestimmen und die dafür erforderlichen Mittel anzuordnen. Dieser Zweck ist nicht die Stärkung der Regierung (schließlich »bricht der Liberalismus mit jener ›Staatsräson‹« aus dem 16. Jahrhundert), sondern die »Gesellschaft« selbst, deren Leben, das die Regierung im Sinne »maximaler Ökonomie« der Mittel zu »steigern« sucht.[383] In seiner als Beitrag für den Sammelband zu den »Heilmaschinen«[384] verfassten Studie[385] zeichnet Foucault ein beeindruckendes Fresko der *öffentlichen* Einrichtungen, die zur damaligen Zeit parallel zum kommerziellen Aufstieg der Medizin geschaffen wurden. Diese Institutionen veranschaulichen gewiss eine »Biopolitik«, *die sich von der des Marktes unterscheidet.*

Auf diese Weise bietet Foucault, wie wir gesehen haben (§§211–212), *was bei Marx fehlt.* Zumindest in seinem theoretischen Hauptwerk tut Marx so (und er ist in diesem Sinne liberaler als die Liberalen), als wäre die gesamte Moderne vom Markt ausgehend zu begreifen, einschließlich ihrer »organisierten Form«, die sich mit und seit dem Fabrikzeitalter in ihrem Inneren entwickele und sie schließlich ersetzen werde, womit sie zur Abschaffung der »Marktform« und zur Konstruktion eines höheren Begriffs solidarischer gesellschaftlicher Subjektivität gelange. Es ist Foucault, der (eindringlicher als alle seine Vorgänger, die seit Weber diesen Pfad beschritten hatten) herausarbeitet, dass sich die moderne Rationalität nicht nur in ihrem politischen Gehalt, sondern auch *in ihrer sozioökonomischen Substanz* – parallel zur *Marktform* – in jener *organisierten Form* entwickelt, mit der er sich beschäftigt (in diesem Sinne weist seine Forschung über das gesamte Jahrzehnt hinweg Kontinuität auf), um die mehrdeutigen Rationalitäten in den Bereichen Spital, Gefängnis, Schule

381 Foucault: Gesundheitspolitik im 18. Jahrhundert, S. 913.

382 Foucault: [Résumé:] Geburt der Biopolitik [Bericht Jahrbuch 1979], S. 1020.

383 Ebd., S. 1021.

384 Michel Foucault/Blandine Barret Kriegel/Anne Thalamy/François Beguin/Bruno Fortier: Les Machines à guérir. Aux origines de l'hôpital moderne, Brüssel 1976, ²1979.

385 Editor. Hinweis: Es handelt sich dabei um den bereits oben in Fn. 381 bzw. Fn. 266 angeführten Text »Gesundheitspolitik im 18. Jahrhundert«, der in den »Dits et Écrits« in der von Foucault überarbeiteten Fassung von 1979 wiedergegeben ist.

und Armee, des Städtebaus unter Ägide mannigfaltiger Formen von Macht-Wissen zu ergründen.

Doch andererseits findet sich offensichtlich alles, was zur modernen *Klassenstruktur* und ihrer konstitutiven Antinomie zählt, den Aufgaben einer *Regierung* zugerechnet, die *sowohl für eine »administrative«, »disziplinarische«, »polizeiliche« Ordnung als auch ein ökonomisches »Laisser-faire«* verantwortlich ist. Die liberale Gouvernementalität tritt zugleich als »rational« und als »vernünftig« auf, denn: »Sie muss nicht nur nach den geeignetsten (oder den kostengünstigsten) Mitteln zur Erreichung ihrer Zwecke fragen, sondern nach der Möglichkeit und selbst der Legitimität ihres Vorhabens, diese Ziele zu erreichen.«[386] Die liberale Regierungstechnik »entspringt zweifellos ebenso wenig einer juristischen Reflexion« wie sie »die Idee einer auf vertragliche Bindungen gegründeten politischen Gesellschaft« voraussetzt. Vielmehr reguliert sie durch das »Gesetz« (und nicht vermittels »außerordentlicher Maßnahmen«) mit der »Beteiligung der Regierten in einem parlamentarischen System«.[387] An diesem Punkt figuriert die Macht offensichtlich nicht mehr als Klassenmacht: Analysiert wird sie als Regierungsfakt [fait de gouvernement]. Im Übergang von der Kunst des Strafens, Erziehens und Heilens zur singulären Kunst des »Regierens« erweist sich, dass die »Regierenden« deren Träger sind und sie über die »Regierten« ausüben. *Angelpunkt der Gesellschaftsordnung, nunmehr unter dem Aspekt der Politik behandelt, ist die Beziehung zwischen Regierenden und Regierten.* Das Konzept »Kapitalismus« ordnet die Gesellschaft um das Klassenverhältnis, das Konzept »Liberalismus« um das Regierungsverhältnis.

Foucault führt die »Gouvernementalität« ausgehend von einem Begriff Paul Veynes ein: dem Pastorat.[388] So legt er eine Traditionslinie des Denkens wie auch von Praktiken frei, die im alten, insbesondere klösterlichen Christentum Form angenommen hatte: die »Regierung der Seelen«. Diese Denkfigur verbindet einen Imperativ der Kenntnis des Einzelnen und des Wohles aller mit einer Gehorsamskategorie, die den Regierenden

386 Foucault: [Résumé:] Geburt der Biopolitik [Bericht Jahrbuch 1979], S. 1022.

387 Ebd., S. 1024.

388 Editor. Hinweis: Die Zurückführung des genealogisch-analytischen »Pastorat«-Modells auf Veynes »Brot und Spiele. Gesellschaftliche Macht und politische Herrschaft in der Antike« (frz. 1976; dt. 1988) kann sich auf Foucaults Vorlesung vom 8.3.1978 berufen (Geburt der Biopolitik, S. 348). Ironischerweise hat aber Veyne, ein enger Vertrauter Foucaults, seinerseits konstatiert, dass er sein Buch anders geschrieben hätte, wenn er Foucaults 1978 ausgebreitete Methodologie bereits zwei Jahre zuvor zur Kenntnis hätte nehmen können (Paul Veyne: Der Eisberg der Geschichte. Foucault revolutioniert die Historie [1978], übers. v. Karin Tholen-Struthoff, Berlin 1981, S. 20). Zwar hat Foucault seine methodischen Experimente und seine Zwischenergebnisse regelmäßig mit Veyne und anderen diskutiert und z. B. von Veyne umfangreiche Recherche-Hinweise erhalten, durch die Klarstellungen des Herausgebers Michel Senellart sowie Veynes selbst, demnach in Foucaults Bemerkung letztlich eine humoristische Reminiszenz an den guten Freund zu sehen sei (Michel Senellart [2004], in: Foucault: Sicherheit, Territorium, Bevölkerung, S. 364, Anm. 22), ist indes weitgehend erhärtet, dass es sich bei der begrifflichen Fassung des »Pastorats« (in seiner individualisierenden Form der Seelenführung) tatsächlich um eine genuin foucaultsche Neuerung handelt.

in einem symmetrischen Zwang absoluter Hingabe bindet. Einer solchen Führung seines Verhaltens unterworfen, findet sich das Subjekt der Kritik seiner inneren Wahrheit verpflichtet, einer wahrhaftigen, authentischen Bezeichnung seiner selbst, die zwischen freiwilliger Unterwerfung und Widerstand oszilliert. *Erst* (und das scheint mir entscheidend) in der Neuzeit wird diese Denkfigur zum politischen Paradigma. Es ist diese Perspektive, in der Foucault sowohl die allmähliche Entstehung des Verwaltungsstaates und der liberalen Regierung fasst, als auch die »Aufstände des Verhaltens«, die vom Zeitalter der Reformation bis zu dem der Revolutionen, bis 1917 also, aufeinander folgen,[389] wobei er die übermäßig pastorale UdSSR ganz besonders berücksichtigt.[390] Man darf wohl fragen, was die Entstehung jenes Konzepts motivierte, für das es in Foucaults vorheriger Forschung keine offenkundigen Anhaltspunkte gibt. Es bildet, so scheint mir, das Medium, das es Foucault erlaubt, aus der philosophisch-politischen Tradition auszutreten, in der der Marxismus steht und die den Staat letztlich als Klassenstaat definiert. Das »Pastorat« ermöglicht es, und darin liegt seine epistemologische Existenzberechtigung, die politische Frage nicht mehr ausgehend von der Beziehung zwischen den Klassen anzugehen, sprich als Frage des (Klassen-) Staates, sondern *ausgehend von der Beziehung zwischen Regierenden und Regierten*, sprich als Frage der Regierung. Abgesehen von der Aufmerksamkeit, die es auf deren produktive oder auch totalitäre Potenziale lenkt, befördert uns das Konzept von einer durch (herrschende/beherrschte) Klassen strukturierten Welt in eine nach Regierenden/Regierten geordnete Welt.

Das Konzept des »Pastorats« bezeichnet die »Regierung« als transitiven gesellschaftlichen Prozess; damit lässt sich die moderne soziale und politische Rationalität als »Regierungskunst« analysieren. Ihm entspricht eine bestimmte Konzeption von Freiheit: »Die Freiheit ist niemals etwas anderes – aber das ist schon viel – als ein aktuelles Verhältnis zwischen Regierenden und Regierten.«[391] Wenn sich Knechtschaft und Freiheit nur noch an der Beziehung zu einer »Regierung« entscheiden, macht die Staatsmacht die Klassenmacht vergessen. »Liberaler« geht es nicht. An diesem Punkt seiner Laufbahn und seines Diskurses – beide lassen sich nicht leicht voneinander trennen – hat Foucault sich »vom Marxismus befreit«.[392] Es fällt allerdings schwer, sich über diesen kritisch-philosophischen Rückzug, der sich über das gesamte Jahr 1978 erstreckt, nicht zu wundern.

389 Foucault: Sicherheit, Territorium, Bevölkerung, S. 332 [»Aufstände des Verhaltens«, auch »Verhaltensrevolten«; Anm. d. Ü.].

390 Ebd., S. 291.

391 Foucault: Geburt der Biopolitik, S. 97.

392 Vgl. Foucault: Methodologie zur Erkenntnis der Welt, S. 748 ff. (Anm. d. Ü.)

§424 »Gouvernementalität« und Selbstverwaltung

»Pastorat« und »Gouvernementalität« führen uns zurück zur Figur der »bürgerlichen Gesellschaft«, die es Foucault erlaubt, die *revolutionäre* Problematik des Rechts, das von seinem »Ursprung« aus betrachtet wird, zu umgehen und »das theoretische und juristische Problem der ursprünglichen Konstitution der Gesellschaft beiseitezulassen«.[393] Er betont die Grenzen seiner Forschung: Es handele sich bloß um »den möglichen Plan einer Analyse – de[n] der ›gouvernementalen Vernunft‹«.[394] Er macht aus dem Begriffspaar Staat/bürgerliche Gesellschaft »eine Form der Schematisierung [...], die einer spezifischen Technologie der Regierung eigen ist«.[395] Genau dieses Schema ist, um einen marxschen Ausdruck aufzugreifen,[396] der »Leitfaden« von Foucaults historischer Forschung. Die »liberale« Gouvernementalität, die er in Szene setzt, gründet sich auf die vorgeblich wohltuende Kraft des Marktes.[397] Es ergibt sich ein paradoxer »Liberalismus mit menschlichem Antlitz«. Er, der das Ende des Humanismus ausgerufen und die Figur des Menschen beerdigt hatte, lässt hier die des *homo* wieder auferstehen. Im Anschluss an Hume will Foucault die »formale Heterogenität« angehen, die radikale Kluft zwischen dem *homo juridicus*, dem Rechtssubjekt, und dem *homo oeconomicus*, dem Interessensubjekt.[398] Die liberale Lösung besteht darin, ersteren mit letzterem in eins zu setzen, der im Marktmenschen personifiziert und als solcher als Grundelement der Rechtsordnung anerkannt ist. Wir befinden uns nicht mehr in der disjunktiven Vorgehensweise von »Überwachen und Strafen«, die das Imaginäre der juristischen Fiktion (das Formale, den Schein, das Ideal, ...) der Realität einer disziplinarischen Ordnung gegenüberstellte. Hier geht es nun um die *Spaltung* zwischen dem Ökonomischen und dem Juridisch-Politischen. Genau das ist »die

393 Foucault: Geburt der Biopolitik, S. 423.

394 Foucault: [Résumé:] Geburt der Biopolitik [Bericht Jahrbuch 1979], S. 1025.

395 Ebd., S. 1023.

396 Marx: Vorwort von »Zur Kritik der politischen Ökonomie« (1859), in: MEW, Bd. 13, S. 7–11, hier S. 8. (MEGA², Bd. II/2, S. 99–103, hier S. 100) (Anm. d. Ü.)

397 Mit einem Zitat aus »Die Geburt der Biopolitik« unterstreicht Céline Spector, dass Foucault mit dem Rückgriff auf Fergusons »Versuch über die Geschichte der bürgerlichen Gesellschaft« (engl. 1767) ausdrücklich in die Fußstapfen Hayeks tritt: »Es war Hayek, der vor einigen Jahren sagte: ›Was wir brauchen, ist ein Liberalismus als lebendiger Gedanke.‹ [...] Es liegt an uns, liberale Utopien zu schaffen«, Foucault: Geburt der Biopolitik, S. 305; Bezug auf Ferguson: ebd., S. 408 f.). Spector vermutet, dass sich der »radikale Kritiker« durchaus »unversehens und unbeabsichtigt« zum »liberalen‹ Kritiker« gewandelt haben könnte, genau wie »P. Rosanvallon, P. Manent, M. Gauchet und vor allem F. Ewald« (Céline Spector: Foucault, les Lumieres et l'histoire. L'emergence de la societé civile, in: Lumieres, Nr. 8, 2007, S. 169–191). Isabelle Garo zeigt überzeugend, wie sich Foucault – ohne jemals zu sagen, der Liberalismus sei »wahr« – schließlich selbst in den Liberalismus einreiht (Foucault, Deleuze, Althusser & Marx. La politique dans la philosophie, Paris 2011, S. 151 f.). Hinzuzufügen ist, dass ihn dies nicht hindert, noch 1979 zu erklären: »eine wirklich sozialistische Gouvernementalität [...] Man muss sie erfinden.« (Foucault: Geburt der Biopolitik, S. 137) Offen bleibt selbstverständlich, in welchem Sinne hier »Sozialismus« zu verstehen ist. [Literaturangaben korrigiert und ergänzt; d. Ü.]

398 Foucault: Geburt der Biopolitik, S. 379.

Spaltung« zwischen »Bürger« und »Staatsbürger«, von der Marx sprach[399] und für die er, in der Einrichtung einer demokratisch zwischen Allen abgestimmten Wirtschaft, einen *politischen* Ausweg suchte. Foucault hingegen zeigt uns, wie der Liberalismus sie durch die »Ausrichtung« der Rechtsordnung an der ökonomischen Marktordnung überwindet. Ebendies bestimmt Foucault als die Leistung des »Liberalismus«, rhetorisch offen lässt er allerdings die Frage nach dessen Legitimität und Wirklichkeitsgehalt.[400]

In Wirklichkeit steht auch Foucault vor einem Ursprungsproblem: Die Frage ist, auf welcher Grundlage man berechtigterweise eine Rechtsordnung diskutieren, denken kann. Er beantwortet diese Frage, indem er einen *anderen* Ursprung erzeugt, eine ursprüngliche Voraussetzung, der zufolge es immer Weisende und Angewiesene, Dirigierende und Dirigierte gibt und geben *muss*, ein zeitloser Ursprung ... Die Dirigierenden tragen die Verantwortung, mit bestimmten historischen Notwendigkeiten umzugehen, hier: mit denjenigen des Marktes, die für die Rationalität unserer Zeit charakteristisch sind.

Doch lässt sich die *moderne* Frage der Politik derart auf jene der Verhandlung – auch der agonistischen – zwischen Regierenden und Regierten reduzieren? Geht es den modernen Subjekten nicht vielmehr (seit Hobbes) darum, *sich selbst* zu regieren? Kann sich eine Regierungskunst in der Neuzeit wirklich anders *darstellen* denn als Transaktionsmodus zwischen Subjekten, die *sich* zu regieren beanspruchen? Gewiss lässt sich erwidern, realistischer sei es, nicht einen solchen Anspruch zum Ausgangspunkt zu nehmen, sondern *das, was ist,* also den Fakt, dass notwendigerweise eine »Regierung« existiert. Denn von diesem Ausgangspunkt her ist auch der Widerstand zu denken. Und genau dem widmet sich Foucault, mit Erfolg. Doch kann man ihm in diesem Unterfangen folgen? Lässt sich dergestalt die moderne Frage der Politik in ihrer wahren Radikalität stellen? *Wäre demnach unser Anspruch, uns* selbst zu regieren – von dem eine ganze Tradition politischer Philosophien ausgeht, von Rousseau über Kant bis hin zu Marx – sozusagen *etwas Irreales?*[401] Die

399 Zu der »Spaltung zwischen dem *politischen* Staat und der *bürgerlichen* Gesellschaft« (Marx), dem zentralen Thema in »Zur Judenfrage« ([1844], in: MEW, Bd. 1, S. 347–377), siehe die präzise philologische Analyse von Solange Mercier-Josa: Entre Hegel et Marx, Paris 1999.

400 Bemerkt sei hier noch, dass Foucault nun – im Unterschied zu seinen Arbeiten über die psychiatrische Anstalt, die Sexualität oder das Gefängnis – kein besonderes »Dispositiv« offenlegt, keine Strategie oder Taktik. Er übernimmt lediglich, in der mehrdeutigen Stellung des Beobachters, den Diskurs der Liberalen.

401 Bemerkenswerterweise schlägt sich bei Foucault die Vermeidung dieser Frage in der Tatsache nieder, dass das »wir« (*nous*) regelmäßig ersetzt wird durch ein »man« (*on*). Seite um Seite legt er uns die Entstehung »[unserer] modernen politischen Vernunft« dar (Foucault: Politische Technologie der Individuen, S. 1002). Dabei fehlt die Frage der Demokratie, welche die »Zusammenfassung der Vorlesung« der Jahre 1978–1979 in den Worten vom »parlamentarischen System« fasst (ders.: [Résumé:] Geburt der Biopolitik [Bericht Jahrbuch 1979], S. 1024), paradoxerweise in den »Vorlesungen« selbst (ders.: Geburt der Biopolitik), als wäre sie kein wesentliches Element »unserer modernen Vernunft«.

Metastruktur, in die sich dieser Anspruch einschreibt, hat nur Existenz als Transaktion, als Anspruch. Sie existiert immer nur *instrumentalisiert* in der modernen Klassenstruktur, die durch die *doppelte Vermittlung* der beiden »Klassenfaktoren« konstituiert wird: *Markt* und *Organisation*. Doch eben dieses Instruments bemächtigt sich der Klassenkampf ständig neu. Dies ist der Ausgangspunkt für das Denken des revolutionären Prozesses, der der Moderne immanent ist. Der kritische Realismus Foucaults teilt dem »Oben« eine (stets strategische) Regierungskunst zu, und dem »Unten« Widerstandspraktiken. Demnach wäre die Kraft der gesellschaftlichen Basis, die Macht der Multitude, zurückzuführen auf deren Widerstandsfähigkeit, von der die produktive Herrschaft offenbar zehrt.

Insgesamt sympathisiert Foucault immer wieder mit jeglicher Form der Selbstverwaltung – im Gegensatz zur hierarchischen, bürokratischen Organisation –, so wie Marx sich seinerzeit für die russische Dorfgemeinde begeisterte,[402] gleichzeitig übernimmt er aber auch die liberale Losung, wonach man immer dazu neige, »zu viel« zu regieren.[403] Marx erklärte, dass man umso gewaltsamer regiere, je mehr Markt man durchsetze; denn der Staat steht nicht über der bürgerlichen Gesellschaft, er setzt auf das Klassenverhältnis auf. Er konzentriert dessen Widersprüche. In Foucaults Augen hingegen vermochte der Liberalismus im 20. Jahrhunderts (Ordoliberalismus und Chicagoer Schule) lediglich die »Kritik der dem Exzess der Regierung eigentümlichen Irrationalität«[404] zu radikalisieren; jener Irrationalität, von der der Nazismus, der Kommunismus und auch der keynesianische New Deal zeugten. Der (marxsche) Gedanke, *Irrationalität* könne auch einer kapitalistischen marktwirtschaftlichen Dynamik anheften und dieser einen wachsenden Koeffizienten der auf »Gebrauchswerte« bezogenen Unproduktivität einpflanzen, tritt in Foucaults Darstellung nicht zutage. Was nicht heißt, dass dieser Gedanke ihm nicht in den Sinn gekommen wäre; offenkundig ist er im Hintergrund präsent. Er wird aber in Foucaults kritischer Arbeit theoretisch nicht erfasst[405] und gehört nicht zu Foucaults Forschungsinteressen.

An diesem Punkt stellt sich eine Reihe von Fragen: Wie weit genau geht Foucault, wenn er mit dem Wort »Liberalismus« die Selbstbezeichnung jener Denk- und Praxistradition verwendet? Inwiefern macht er sich den damit einhergehenden Anspruch einer Wesensverwandtschaft zwi-

402 Siehe Karl Marx: [Brief an Vera Iwanowna Sassulitsch; 8. März 1881], in: MEW, Bd. 35, S. 166 f., sowie ders.: [Entwürfe einer Antwort auf den Brief von V. I Sassulitsch], in: ebd., Bd. 19, S. 384–406. (Anm. d. Ü.)

403 Foucault: [Résumé:] Geburt der Biopolitik [Bericht Jahrbuch 1979], S. 1021 f.

404 Ebd., S. 1026.

405 Frédéric Lebaron zeigt indes, dass sich Foucaults Schulterschluss mit den politischen und gewerkschaftlichen Bewegungen, die vom Aufstieg des Neoliberalismus kündeten, doch verbunden war mit der Neigung, sich gegen den Abbau bestimmter sozialer Errungenschaften zu stellen. (Siehe Frédéric Lebaron: De la critique de l'économie à l'action syndicale, in: Eribon [Hrsg.]: L'infréquentable Michel Foucault, S. 157–164.)

schen ökonomischem und politischem Liberalismus zu eigen? Welchen Anteil hat bei alledem die Gesellschaftstheorie und welchen die deutende Übernahme eines Diskurses der herrschenden Klasse? Wie steht es seiner Meinung nach um den Wirklichkeitsgehalt oder Realitätsmodus, welcher der »bürgerlichen Gesellschaft« zukomme, die wir (dazu ruft Foucault uns in seiner letzten Vorlesung zum Thema am 4. April 1979 auf) als einfache »Transaktionsrealität«,[406] als »Regierungstechnik«[407] ansehen sollen? Als Teil einer *praktischen* Konzeption also, deren *theoretische* Konzeption (mit der Gesellschaftsstruktur als Gegenstand) wohl zur Enträtselung beitragen könnte. Und wie sähe schlussendlich jene »Regierungskunst« aus, die über die Geheimformel des Gleichgewichts zwischen dem Markt und seiner Regulierung verfügte? Wer sind die Akteure, die uns ein konsequenter Nominalismus als Praktiker dieser Kunst benennen könnte? Wie reproduzieren sie sich? Welche Beziehungen unterhalten sie zu dem, was Foucault gern als »Bourgeoisie« und mitunter auch als »herrschende Klasse« bezeichnet? In seinem Werk Antworten auf diese Fragen zu finden, ist nicht einfach, insbesondere wenn er sie nicht stellt, wiewohl seine Ausführungen sie unweigerlich aufwerfen.

Trotz aller dieser Uneindeutigkeiten, die sich in der letzten Etappe seiner Unternehmung häufen, hält Foucault den Widerstandsgeist stets wach und hoch. Nichts kann den kraftvollen Impuls der Analyse und Kritik tilgen, der sich insbesondere aus seiner konzeptuellen Ausarbeitung des Macht-Wissens ergibt – dem Anfang einer tiefgreifenden Erneuerung gerade der Idee der modernen Gesellschaft. Es verbietet sich also nicht, das Erbe, das Foucault uns hinterlässt, gemeinsam mit demjenigen von Marx, gerade im Hinblick auf jene Strategie von unten aufzugreifen, die doch beide zu befördern suchten.

406 Foucault: Geburt der Biopolitik, S. 406 f.

407 Editor. Hinweis: Es mag nützlich sein, hier die entsprechende foucaultsche Ausführung mitanzugeben: »Die bürgerliche Gesellschaft ist […] keine philosophische Idee. Die bürgerliche Gesellschaft ist […] ein Begriff der Regierungstechnik oder vielmehr das Korrelat einer Regierungstechnik, deren rationales Maß sich juristisch an einer Wirtschaft ausrichten soll, die als Produktions- und Tauschprozess aufgefasst wird.« (Ebd., S. 405)

Vorläufiges Fazit
Eine Strategie von unten

Kehren wir also zurück zum »Widerspruch im Volke«, unserem Ausgangspunkt. Es ist natürlich allgemein bekannt, dass Eigentum und Wissen stets in irgendeiner Art zusammenhängen. Die Konzepte allerdings, mit denen wir darin die beiden Faktoren moderner Klassenmacht entschlüsseln konnten, verdanken sich zweier heterogener theoretischer Herangehensweisen, die sich nicht nur auf unvereinbare Philosophien stützen, sondern aus denen sich auch unterschiedliche Arten der menschlichen Emanzipation ergeben. Daher fällt es den an Marx bzw. an Foucault Geschulten von Marx bzw. von Foucault Inspirierten einigermaßen schwer, sich auf eine gemeinsame strategische Perspektive zu verständigen.

Marx' Strategien

In seinen historischen Arbeiten analysiert Marx die Strategien und Taktiken der Bourgeoisie und ihrer einzelnen Fraktionen. In seinem theoretischen Hauptwerk widmet er sich jedoch der Aufgabe, neben einer kritischen Analyse der kapitalistischen Gesellschaft auch die Grundsätze einer *Strategie des Proletariats* zu begründen. Alle, die sich auf Marx beriefen, sowohl Lenin als auch Mao, Jaurès und Gramsci, Castro und viele andere, nicht zu vergessen auch jene, die auf eine Ausweitung des Sozialismus im Kapitalismus hinwirkten – sie alle folgten ihm auf diesem Pfad. Die vorgeschlagenen Ansätze waren so vielfältig wie die vorgefundenen geschichtlichen Bedingungen. Die vertretene Generallinie war und ist jedoch die gleiche: Es gehe darum, ausgehend von der Macht, welche die industrielle Konzentration der Arbeiterklasse verleiht, alle Arbeiter hinter dem Ziel zu vereinen, eine Ökonomie zu schaffen, die nicht mehr einem »Gesetz des Marktes« unterworfen wäre, sondern einer demokratischen, vom Volke kontrollierten Organisation. Der Sozialismus beruft sich gewiss auf die Internationale, doch realisiert er sich in einer neuen Form des Nationalstaats. Mit ausreichend zeitlichem Abstand ermisst man heute besser sowohl den nachhaltigen revolutionären Einfluss der kommunistischen Bewegung der ersten Hälfte des 20. Jahrhunderts in der ganzen Welt – und insbesondere deren Rolle bei der Umwandlung der überkommenen Gesellschaften, die vom Imperialismus in seinen verschiedenen Formen eine Zeit lang unterjocht waren –, als auch die Grenzen ihrer historischen Erfahrung.[408] Im »real existierenden Sozialismus« brachte das Macht-Wissen der Organisationskader in den allermeisten Fällen eine neue herrschende Klasse und ein Hegemonialregime hervor, das seinen tödlichen Widersprüchen nicht entgehen konnte. Oder aber es kam letztendlich, wie in China, zu einer Allianz mit der kapitalistischen Macht. Seinerseits hat auch der »Sozialismus im Kapitalismus«, mit seinem Bündnis zwischen Macht-Wissen und Basisklasse, im Verlauf der 30 Jahre nach Ende des Zweiten Weltkriegs den Gang der Weltgeschichte stark geprägt. Doch zu Beginn der 1980er-Jahre ist er in eine finale Krise geraten: Das Finanzkapital hat seine alten Projekte nicht aufgegeben und schafft es schließlich – dank technologischer und geopolitischer Umstände (sich anbahnender Siegeszug der Digitalisierung; Verfügbarkeit beinahe kostenloser Arbeitskraft und privilegierte Disposition über zu plündernde Bodenschätze der Peripherie) –, im Weltmaßstab eine neoliberale Hegemonie zu etablieren, die die früheren Aussichten des sozialen Nationalstaats neutralisiert. Die Rechte und die Linke fungieren nunmehr als zwei Variationen ein- und derselben Politik – eine große Herausforderung für alle, die weiterhin der Überzeugung sind, dass man über die herrschende Klasse ohne ein Bündnis zwischen dem (hegemonischen) Volk und dem Macht-Wissen nicht wird siegen können.

Foucaults Strategien

Foucault war sozial engagiert und inspirierte Auseinandersetzungen, die sich oftmals als fruchtbar erweisen sollten. Ebenso wie Marx war er gleichermaßen theoretisch wie praktisch aktiv. In den 1970er-Jahren kommen die Wörter »Strategie« und »Taktik« in seinem Diskurs regelmäßig vor, oftmals gekoppelt und in Verbindung mit dem Klassenkampfgedanken. Sie adressieren sowohl die Herrschenden als auch die Beherrschten. Doch das Konzept »Strategie« ist unmittelbarer verbunden mit dem Konzept »Herrschaft«,[409] ist also den Dispositiven der »Bourgeoisie« auf den mannigfaltigen Feldern der Institutionen des Strafvollzugs, der Rechtspflege, der Schule, der Gesundheit, der Psychiatrie und der Sexualität zugeordnet. Die ökonomische Dimension lässt Foucault nicht außer Acht. Denn die Konzepte des Macht-Wissens gelten auch für die Analyse der Arbeitsbeziehungen. Doch der Gesamtprozess als Verknüpfung von Macht-Wissen und

408 Für eine Bilanz siehe Göran Therborn: Klasse im 21. Jahrhundert [2012], übers. v. Alrik Schubotz, in: Heinz Bude/Philipp Staab (Hrsg.): Kapitalismus und Ungleichheit. Die neuen Verwerfungen, Frankfurt a. M. 2016, S. 285–315. (Auszug: Gehört das 21. Jahrhundert der Mittelklasse?, übers. v. Rainer Rilling [2013], online unter: https://www.zeitschrift-luxemburg.de/gehoert-das-21-jahrhundert-der-mittelklasse/.)

409 Michel Foucault: Fragen an [die Zeitschrift] *Hérodote* [1976], übers. v. Hans-Dieter Gondek, in: ders.: Schriften, Bd. III, S. 125 f.

(kapitalistischem) Macht-Eigentum verbleibt, wie auch die entsprechende strategische Herausforderung, außerhalb seines Blickfeldes. Insgesamt stehen die foucaultsche und die marxistische Strategie mit dem Rücken zueinander: Beide kämpfen an ihrer eigenen Front und verkennen die andere.

Marx denkt in gesellschaftlichen *Strukturen* und kann nicht unmittelbar zu den Strategien übergehen. Wie wir gesehen haben, definiert er das Klassenverhältnis nicht als Verhältnis zweier Gesellschaftsgruppen, die jeweils für sich als feststehende Substanz konstituiert wären, sondern als Teilendes, als strukturellen Spaltungsprozess, der mehr oder weniger dauerhafte Gruppierungen hervorbringt (die »Industriearbeiterklasse«, die Bergbaubarone, etc.). Deren »Klassenbewusstsein« wächst mit den technologischen Transformationen, welche – mit den historischen Tendenzen und Bedingungen – die wandelbaren strategischen Möglichkeiten bestimmen. Wie wir gesehen haben, fasst Foucault den sozialen Raum im Sinne von *Dispositiven* auf und denkt, auf einer *unmittelbar konkreten* Ebene, Macht- und Herrschaftsformen als »Strategie«. Er bringt eine herrschende Klasse auf die Bühne, die sich bei der Ausgestaltung ihrer Machtdispositive ihrer selbst bewusst ist. Die Bourgeoisie des 19. Jahrhunderts, schreibt er, habe »eine absolut bewusste, organisierte und reflektierte Strategie« entwickelt, sodass sie genau gewusst habe und auch »sehr genau sagte, was sie tat«.[410] Der Gang in die Archive, in denen man die Erinnerung daran bewahrt, werde uns helfen, deren aktuelle Strategien besser zu begreifen (das Arsenal von »Gesetze[n, die] von den einen gemacht und den anderen aufgezwungen werden«) und im Gegenzug Taktiken zu erarbeiten – für die Foucault seinerseits seine »Werkzeugkisten« anbietet.[411] Er verkennt nicht, dass auch das Proletariat (unter anderem unter dem Einfluss des Marxismus) zu einem gewissen »Selbstbewusstsein« gelangt ist und über ein Jahrhundert hinweg versucht hat, eine geschichtlich wirksame Konterstrategie zu entwerfen. Doch diese Erfahrung inspiriert ihn nicht, jedenfalls ruft sie keinerlei Enthusiasmus hervor. Vielmehr bringt sie ihn wohl dazu, von vornherein jeden Ansatz einer Gesamtstrategie im Namen der Emanzipation zurückzuweisen. Die Bourgeoisie führte einen Klassenkampf, aber zumindest hatte sie – und dies ist der springende Punkt beim »Krieg der Rassen«[412] – nicht den wahnsinnigen und gefährlichen Anspruch, einen Schlusspunkt zu setzen.

Foucault bemüht sich, den Beherrschten Elemente von *Taktik*, Gegenangriff, Konteroffensive an die Hand zu geben. Er ist durchaus der Ansicht, dass die Widerstände sich unweigerlich in Vorstöße übersetzen.

410 Foucault: Von den Martern zu den Zellen, S. 887. Foucault erklärt, dass man insbesondere im Strafrechtssystem »Strategien der Macht sehen kann, die vollkommen kalkuliert, beherrscht sind.« (Strafgesellschaft, S. 321)

411 Foucault: Von den Martern zu den Zellen, S. 886, 887.

412 Siehe §332 im vorliegenden Buch, sowie Foucault: Verteidigung der Gesellschaft, S. 94 ff. (Anm. d. Ü.)

Und dass an den verschiedenen Fronten der Häftlingsrechte, der Irren-, Frauen-, Ausländer- und Schwulenrechte etc. »neue Strategien« erfunden werden müssen.[413] Im Gegensatz zu einem anarchistischen Linksradikalismus behauptet er sogar die Notwendigkeit ihrer Verknüpfung.[414] Er scheut aber, das gesellschaftliche Subjekt zu benennen, das deren Träger wäre. Foucault disqualifiziert von vornherein jene, die sich in dessen Namen als Akteure einer *strategischen Mission* darstellen. Die »Politik der Wahrheit« – die er, wie wir gesehen haben, unter Ägide der »Philosophie« stellt – sucht den Teilbereichskämpfen eine Gesamtbedeutung zu verleihen. Sie skizziert also den Rahmen einer Strategie der Emanzipation; sie definiert indes kein geeintes historisches Subjekt, wie es ehedem »die Bourgeoisie« als gesellschaftliche Kraft und Trägerin einer Strategie ohne Strategen gewesen ist (und als deren Nachlassempfänger das Proletariat sich präsentieren konnte). Foucault fasst die Bourgeoisie in ihrer doppelten Identität – der kapitalistischen Macht, die er immer im Blick behält, und des Macht-Wissens, seinem unmittelbaren Forschungsgegenstand – als produktive gesellschaftliche Kraft. Den Widerstand, auf den diese Klassenherrschaft trifft, denkt Foucault sehr wohl als widerständige *Macht*, doch bietet er uns kein historisch bestimmtes, *positives Konzept* einer solchen »Macht« – was durchaus dem endgültigen Eingeständnis einer Subalternität gleichkommen könnte. So fragt man sich schließlich, warum es so schwierig ist, den Strategen von unten, den Gramsci (in Anlehnung an Machiavelli) den »modernen Fürsten« nannte, gedanklich zu fassen.[415] Ist er etwa verdammt zur reinen »Arbeit des Negativen«?

Bemerkt sei, dass der foucaultsche »Widerstands«-Diskurs weniger auf eine geschichtlich definierte, als eine zeitlose Konzeption verweist. Entsprechend überträgt er ein Konzept in ein *allgemeines* Register, das er den Ausführungen Hegels über die Gesellschaft seiner Zeit entnimmt: das Konzept des »Pöbels«[416] und bezeichnet damit die Existenz »einer beständigen und ständig stummen Zielscheibe der Dispositive der Macht«.[417] Einer reagierenden Zielscheibe. »Es gibt etwas Plebejisches in den Körpern und den Seelen, es ist in den Individuen, im Proletariat, im Bürgertum.«[418] Darin finden die Machtbeziehungen beständig ihre Grenzen. Das Andere der Macht quittiert letztere stets »mit einer ausweichenden Bewegung«:[419]

413 Foucault: Nein zum König Sex, S. 348–352.

414 Foucault: Politische Funktion des Intellektuellen, S. 148.

415 Vgl. Antonio Gramsci: Anmerkungen zur Politik Machiavellis (Heft 13 [XXX], 1932–34), übers. v. Klaus Bochmann, in: ders.: Gefängnishefte (Kritische Gesamtausgabe), Bd. 7, hrsg. v. Deutschen Gramsci-Projekt (wiss. Leitung Klaus Bochmann/Wolfgang F. Haug), Hamburg/Berlin 1996, S. 1537. (Anm. d. Ü.)

416 Bei Hegel der »Pöbel«, wurde Foucaults »plèbe« in der Übersetzung als »Plebs« übertragen. (Anm. d. Ü.)

417 Foucault in: ders./Rancière: Mächte und Strategien, S. 541.

418 Ebd., S. 542.

419 Ebd.

ein quasi vitalistischer Charakterzug, eine Tatsache der menschlichen Natur, in den Körper eingeschriebene Fähigkeit. Das Lebendige als Lebendiges ist immer frei. Die Freiheit des Sklaven, erklärt Foucault, besteht, sofern dieser nicht in Ketten liegt: in der Möglichkeit zu entfliehen.[420] Wenn Foucault »ein permanentes Provozieren« anspricht, verstanden als »gegenseitiges Antreiben und Kampf«,[421] hat er nicht nur eine spezifische antagonistische Gesellschaftsformation im Blick, sondern einen spezifisch menschlichen Agonismus.[422] Während er einen Marxismus ablehnt, der in Richtung der trügerischen Gestade einer ausgesöhnten Gesellschaft weist, sucht er in »der Genealogie Nietzsches« »die strategische Methode, die den Kampf betrifft« und dem Marxismus fehlt.[423] Der Kampf währt allezeit, und der Krieg »ist die Chiffre des Friedens«.[424] Man muss allerdings fragen, ob Foucault, der hier in den anthropologischen Gefilden der menschlichen Natur weilt, während er doch eigentlich eine *Geschichte* der politischen Vernunft schreiben will, sich in der Position befindet, einer *geschichtlich definierten* Fähigkeit von unten Rechnung zu tragen und eine etwaige Strategie *für das Heute* zu konzipieren, die den Taktiken und Gegenangriffen einen Horizont historischer Universalität verleihen würde. Will man den modernen Klassenkampf mit seinen spezifischen Bedingungen und Logiken verstehen, muss man das revolutionär-strategische Prinzip dann nicht (wie Marx) just in der Form der modernen Gesellschaft suchen?

Provokation und Anrufung

Die hier als Antwort auf diese Frage vorgebrachte Argumentation ist Bestandteil eines als »metastruktural« bezeichneten Arbeitsprogramms. Es entschlüsselt die »Struktur« anhand der amphibolischen Voraussetzungen, die sie hervorbringt, und versucht so, Marx' Theorie auf einer

420 Foucault: Subjekt und Macht [1982/2005], S. 287: »Sklaverei ist keine Machtbeziehung, wenn der Mensch in Eisen geschlagen ist (dann handelt es sich um ein Verhältnis physischen Zwangs); sie ist es nur dann, wenn er sich bewegen und letztlich auch entfliehen kann.« – Editor. Hinweis: Es zeigt sich an diesen Ausführungen einmal mehr, wie sehr die Definitionen der foucaultschen Macht- und Subjektanalytik im Fluss sind und gleichsam nur mit dem berühmten *Körnchen Salz* rezipiert werden sollten. Nicht nur bei Sklaverei-Historikern müssen solcherart Aussagen Foucaults auf Unverständnis stoßen; auch vor dem Hintergrund der Machtsoziologie z. B. eines Max Weber sind jene Bestimmungen nur schwer vermittelbar.

421 Ebd., S. 287 f.

422 Mit Judith Butler (»Psyche der Macht« [1997], übers. v. Reiner Ansén, Frankfurt a. M. 2001) lässt sich darin eine Variante jener das Subjekt hervorbringenden *Umkehrung [turning back on oneself]* erkennen. Man landet damit im Problem der Verinnerlichung des Gesetzes, das sich dem Subjekt aufdrängt, welches das Gesetz zugleich akzeptiert und sich ihm verhaftet, sich derart aber sich selbst verhaftet, sodass es schließlich fähig ist, diese Akzeptanz-Verhaftung zu verneinen. Lebendiges Gesetzessubjekt, jenseits bestimmter Zeit. Guillaume Le Blanc betont, dass die hier angedeutete Umkehrung – im Sinne eines universellen anthropologischen Diskurses – an einen »Drang zu leben« erinnere, der »vitale Polaritäten mit sich bringe, die indes nicht völlig erhellt sind« (Être assujetti, in: Actuel Marx, Nr. 36, 2004/2, S. 45–62, hier S. 59).

423 Foucault: Methodologie zur Erkenntnis der Welt, S. 760–761.

424 Michel Foucault: Man muss die Gesellschaft verteidigen [1976], übers. v. Hans-Dieter Gondek, S. 165–173, hier S. 168. (Anm. d. Ü.)

höheren Ebene aufzugreifen. In meinen Augen vollzieht sich erst in dieser »Höhe« ein Schulterschluss zwischen Marx und Foucault.

Es ist kein Geheimnis, durch welchen anfänglichen »Klacks« das theoretische Getriebe des »Kapitals« in Bewegung gerät: Das erste Kapitel postuliert, der Wert der Waren sei durch die zu ihrer Herstellung notwendige Arbeitszeit bestimmt.[425] Fungiert die Arbeitskraft vermittels der Institution des Lohnsystems als Ware, so muss der Arbeiter längere Zeit arbeiten, als für die Produktion der Güter aufgewandt wird, die ihm sein Lohn verschafft und durch die er sich reproduziert. Tatsächlich nur unter dieser Bedingung wird er in Anspruch genommen. Durch die Mehrarbeit produziert er den Mehrwert, der das Kapital verwertet [sic]. Diese Operation vollzieht sich indes in einem spezifisch *marktförmigen* Rahmen, denn die Arbeitskraft wurde zu ihrem Wert eingekauft, der per definitionem mit dem Lohn bemessen wird.[426]. Das hier angeführte Begriffsgerüst ist gewiss nicht unproblematisch: Es muss sich einer Flut unablässig wiederkehrender Einwände und Zweifel erwehren, und muss aufs Strengste den ihm eigenen Wahrheitsraum und dessen Grenzen bestimmen.[427] Bleiben wir hier zunächst beim formalen Aspekt: *Der Kapitalismus wird als Instrumentalisierung der Marktrationalität verstanden.* Sofern es richtig ist, dass (wie die Institutionenökonomik sagt) die »vernünftige Koordinierung auf gesellschaftlicher Ebene« zwei Hauptmodalitäten umfasst, nämlich *den*

425 Im weiteren Verlauf erklärt »Das Kapital«, dass und warum diese Waren nicht zu ihrem Wert getauscht werden, sondern zu abweichenden Preisen. Angeraten sei daher, jedes vorschnelle Strapazieren der »Werttheorie« zu unterlassen, weist Marx' Darstellung ihr doch einen bestimmten Platz zu: am Ursprung und nicht am Ende der Theorie.

426 Editor. Hinweis: Angesichts der sehr kurz gehaltenen, aber bei genauer Lektüre eben auch sehr dichten Ausführungen sei darauf hingewiesen, dass Bidet bereits in diesem Satz die Ebene der Werttheorie verlässt. Denn mit »per definitionem« meint er nicht die soeben erwähnte allgemein-prinzipielle (arbeits-) werttheoretische Definition, demnach der »Wert der Arbeitskraft, gleich dem Wert jeder anderen Ware«, bestimmt ist »durch die zur Produktion, also auch Reproduktion, dieses spezifischen Artikels notwendige Arbeitszeit.« (Marx: Kapital, Bd. 1, in: MEW, Bd. 23, S. 184) Marx seinerseits relativiert die werttheoretische Prämisse dahingehend, dass, im »Gegensatz zu den anderen Waren«, die Wertbestimmung der Arbeitskraft ein »historisches und moralisches Element« enthalte, sieht diese Besonderheit aber letztlich – zumindest auf der Ebene seiner Kapital-Theorie – in die werttheoretische Betrachtung zurückgeholt: »Für ein bestimmtes Land, zu einer bestimmten Periode jedoch, ist der Durchschnitts-Umkreis der [zur Erhaltung der lebendigen Arbeiter-Individuen] notwendigen Lebensmittel gegeben.« (Ebd., S. 185) In den »Kapital«-Kritiken, wie sie von feministischer, dependenztheoretischer und althusserianischer Seite vorgebracht wurden, sind die Probleme der werttheoretischen »Axiomatik« benannt worden: Nicht nur ist es – eben weil der (Re-) Produktionsprozess des Kapitals mit dem Reproduktionsprozess der Arbeitskraft nicht zusammenfällt – dem Kapital immer wieder und über lange Phasen gelungen, den Preis (= Lohn) der Arbeitskraft unter ihren Wert zu drücken; auch weist Marx selbst in seinen Ausführungen über den (Normal-) Arbeitstag sowie über die relative Mehrwertproduktion implizit darauf hin, dass der Klassenkampf das Austauschverhältnis von Kapital und Arbeit ganz massiv mitbestimmt, so dass die »historisch-moralischen« Kräfte, die an der geschichtlichen Formung der Struktur mitwirken, nicht als untergeordnete »Elemente« missverstanden werden sollten. Wie in Fn. 425 angedeutet, muss laut Bidet die (innerhalb der Werttheorie wichtige) Trennung von Preis- und Wertebene letztlich überwunden werden, um den Fallstricken des »Ökonomismus« endgültig zu entgehen (und zwar nicht etwa erst bei der Interpretation des dritten »Kapital«-Bandes): denn der Definitionsrahmen des Wertes der Arbeitskraft bilde sich im Klassenkampf ausgehend von der (umstrittenen) Frage nach ihrem Preis. (Siehe ausführlich Bidet: Que faire du Capital?, Kap. 4.)

427 Ich erlaube mir den Verweis auf Bidet: Explication et réconstruction.

Markt und *die Organisation*, sind beide gleichermaßen zu betrachten, nämlich als gesellschaftlich *instrumentalisierbar*. Mithin sind wir – mit Bezug auf die großen analytischen Traditionen der politischen Philosophie und der Soziologie – in der Lage zu verstehen, dass die beiden Vermittlungen die ökonomische Seite des Zwischen-Einzelnen und des Zwischen-Allen bilden, deren Kehrseite die rechtlich-politische ist; das bezeichne ich als »metastrukturales Quadrat«. Daraus ist abzuleiten, dass die herrschende Klasse nicht allein die der Kapitalisten ist: Sie hat zwei Pole, den des Macht-Eigentums auf dem Markt und den des Macht-Wissens in der Organisation. Wie wir gesehen haben, trägt Foucaults Forschungsarbeit dazu bei, dieser These Substanz zu verleihen. Die Voraussetzungen für eine Begegnung auf höchster Ebene zeichnen sich nun langsam ab.

Will man das Problem des »Widerstands« angehen – das Foucaults Analyse mit ihrer anthropologischen Schutzbehauptung nur unbefriedigend behandelt –, muss man in der theoretischen Konstruktion höher hinaus. Die beiden *vernünftig-verständigen* »Vermittlungen« können als solche nur in dem Maße erklärt und ausgerufen werden, wie sie sich als Relais des Einvernehmens zwischen freien, gleichen und rationalen Wesen in der *Unvermittlung [immédiation]* eines kommunikativen Diskurses darstellen können: In letzter Konsequenz heißt das in einer staatlichen Ordnung, die die Ansprüche von Markt und Organisation beurteilt, »ein Mensch = eine Stimme«. So zumindest lautet die *moderne Fiktion*, die ihren Ausdruck im offiziellen Diskurs von Freiheit/Gleichheit/Rationalität findet: Das Macht-Eigentum erklärt diese als garantiert durch den »freien Markt«, das Macht-Wissen erklärt sie als garantiert durch die Ausarbeitung zwischen allen »konzertierter Pläne«. Dieser Diskurs, den niemand zurückweisen kann, ohne zu sich selbst in Widerspruch zu geraten, ist der Ort der (dem modernen Klassenverhältnis immanenten) *Diskrepanz* zwischen denen, die von oben herab erklären, die Anforderungen seien soweit erfüllt als es *hic et nunc* nur möglich sei, und jenen, die von unten herauf ausrufen, sie müssten *hic et nunc* verwirklicht werden. An diesem Punkt entbrennt der moderne Klassenkampf zwischen denen, deren (Eigentums- und Wissens-)Privilegien sich in der steten Wiederholung des Strukturmechanismus reproduzieren, und jenen, deren Horizont die Abschaffung dieser Vorrechte ist. Von Foucault als Prinzip eines unablässig fortgesetzten *anthropologischen* Agonismus dargestellt, findet das »gegenseitige Antreiben« hier seine *geschichtliche* Bestimmung.

Der metastrukturale Ansatz greift so in nominalistischer und geschichtlich kontextualisierter Weise[428] »die Anrufung« wieder auf, die

428 Die Anrufung ist also auf die »moderne« Gesellschaftsform bezogen. Eindeutig geht es hier auch um eine Theorie der Moderne. Ich erlaube mir den abermaligen Verweis auf mein »Weltstaat«-Buch (Bidet: État-monde), dessen Ziel – mit demselben Konzeptkorpus, wie es im vorliegenden Buch Anwendung findet – u. a. die Beweisführung ist, dass die Moderne nicht mit »dem Okzident« oder »dem Westen« zu verwechseln ist: Sie entsteht an verschiedenen Orten zu verschiedenen Zeiten.

Althusser aufruft;[429] setzt das »Unterwirf dich!« aber in Bezug zu einem antithetischen »Zeige dich!« oder »Kopf hoch!« Die Anrufung (oder Interpellation) ist Antreiben, antagonistischer Antrieb, stetes Ringen. Im modernen Klassenkontext sind es einzelne Personen, die andere, mutmaßlich freie, gleiche und rationale Personen anrufen durch das Tauschen-Teilen eines mutmaßlich gemeinsamen Diskurses. Die Interpellation ist nichts anderes als eine klassenmäßige amphibolische Interinterpellation, eine übergreifende Anrufung. Alle Akteure begegnen sich hier, in ihrer Klassenposition. Foucault spricht von einem »permanenten Provozieren«. Dieses aber ist nicht allezeit dasselbe. Die Anrufung von oben zeigt sich in Gestalt der Kommunikation, die vermittels materiell-institutioneller Netzwerke auf einen Herrschaftseffekt gerichtet ist. Darin liegt, so lässt sich sagen, das ewig Politische. Doch das Politische spielt sich anders aus, sobald es sich auf die Freiheit und Gleichheit zwischen Allen beruft. Wer als frei, gleich und rational angerufen wird, ist dies im Übrigen nur deshalb, weil er sich schon als solcher gezeigt und erklärt hat – im Verlaufe eines »Kampfes«, wie Marx im »Kapitel« über den »Arbeitstag« sagt, in der französischen Übersetzung: eines »uralten Kampfes« [»lutte séculaire«].[430] Man kann somit die Vernunft nicht instrumentalisieren, ohne dass sie sich aktualisiert – im Positiven, und auf vielfältige Weise gegen Herrschaft ausgerichtet. Die Figur eines Subjekts von unten nimmt allmählich Gestalt an. Doch seine Strategie ist damit noch nicht definiert.

Strategie und Hegemonie

Will man in diesem Sinne vorankommen, ist zunächst die Idee einer »Strategie der Bourgeoisie« zu dekonstruieren. In der Tat handelt es sich dabei um ein epistemisches Hindernis, welches die – wesentliche – Tatsache verschleiert, dass (in der Neuzeit) seitens der Oberen verschiedene Strategien möglich sind. Der Grund dafür ist, dass die privilegierte Klasse *zwei* gesellschaftliche Kräfte (Kapitalisten/Entscheidungs-Kompetenz-Träger) miteinander verknüpft, die zweifellos zusammengehen, potenziell aber auch gegenläufig sind. Diesen beiden Polen entsprechen zwei Typen unterschiedlicher Privilegien, die ihren Trägern je verschiedene machtbezogene Reproduktions- und Akkumulationsweisen, also verschiedene strategische Perspektiven eröffnen: Die großen Irrenärzte und Stadtbaumeister, von denen Foucault spricht, die hochrangigen Beamten,

429 Das französische Wort »interpellation« meint die parlamentarische Anfrage, aber auch die polizeiliche Gewahrsamnahme und Feststellung der Personalien; bei Althusser wird es meist als »Anrufung« übersetzt. Auch Žižek und Butler greifen den Terminus auf (dort auch übersetzt als »Interpellation oder Anrufung«). (Anm. d. Ü.)

430 Marx: Kapital, Bd. 1, in: MEW, Bd. 23, S. 249; frz.: MEGA², Bd. II/7, S. 194. (Anm. d. Ü.)

die Richter … sie haben unwillkürlich einen anderen Machthorizont als die Kapitaleigner. *In der modernen Gesellschaft gibt es zwei Klassen, doch der Klassenkampf ist eine* ménage à trois, *denn die privilegierte Klasse besteht aus zwei unterschiedlichen Kräften, die auf zwei unterschiedlichen Typen gesellschaftlich reproduzierbarer Privilegien fußen.* Der »bürgerliche« Moment (1750–1930, als grober Anhaltspunkt) ist der einer verhältnismäßig stark ausgeprägten Konvergenz in den oberen Sphären – innerhalb dieser historischen Schranken findet der Gedanke einer »Strategie der Bourgeoisie« seine Rechtfertigung. Später allerdings, unter dem Druck von unten, unter dem Eindruck eines enormen Aufruhrs, einer sozialen Umwälzung, die alle Kontinente erfasste – während in anderen Systemzusammenhängen andere gesellschaftliche Formationen entstanden –, erblickte im alten westlichen Zentrum ein Bündnis zwischen dem Kompetenzpol und der Basisklasse das Tageslicht, ein nach Art und Grad sehr variables Bündnis. So festigten sich landesspezifische Strategien des »Sozialstaats«, dessen Zukunft gesichert schien. Die 1980er-Jahre erlebten – und wir haben oben versucht, die Bedingungen dieser Umkehrung auszumachen – den Triumphzug einer neoliberalen Strategie, die vom spezifischen Einfluss der Kompetenz-Entscheidungs-Träger relativ frei war, wobei sich vor allem deren oberste Schicht tendenziell in den Dienst des Finanzkapitals stellte. Die Gier der »Finanzwirtschaft« gibt nun den Ton an und radikalisiert die Abstraktionsstrategie, die Marx als Spezifikum des Kapitals definierte: die Akkumulation von Mehrwert, in völligem Absehen von den Konsequenzen für Mensch, Kultur und Natur. Die »Bourgeoisie«, von der Marx und Foucault sprechen, gibt es nicht mehr: Sie wird nur ein Provisorium gewesen sein. Dies zumindest ist der Leitfaden einer metastrukturalen Geschichte der »Hegemonialregimes«,[431] verstanden im Ausgang jenes Spiels von Allianz und Auseinandersetzung (in den einzelnen Phasen der Neuzeit einander abwechselnd) zwischen den drei sozialen Hauptkräften, die eine Gesellschaft konstituieren, in der sich letzten Endes doch zwei Klassen gegenüberstehen.

Kurz gesagt, die Machtformen in der modernen Gesellschaft sind gerade deshalb so unterschiedlich und unstet, weil sie sich nicht in der Burgfeste einer privilegierten und im Wesentlichen einigen Klasse konstituieren, sondern im Gegeneinander der sozialen Kräfte an den beiden Klassenpolen. Diese strukturieren sich in den immer neuen Wechselspielen von Widerstand und Initiative, von Zugriff und Lockerung, von Bündnis und Kompromiss, welche die Beziehung zu den Unteren prägen, die ihrerseits niemals jeglicher Macht ledig sind. Sie verwurzeln und verflechten sich in und mit den mannigfaltigen Funktionen und Dimensionen des Gesellschaftslebens. Sie stützen sich auf »Positionen«

431 Siehe Kapitel 2, »Repériodiser les temps modernes« in Bidet: Néolibéralisme.

in der Eigentumsordnung bzw. der Gesellschaftsorganisation, deren verschiedene Körperschaften, Gruppen und Individuen sich die Privilegien (ungleich) untereinander aufteilen. Ausgehend davon kann die Frage – die jeweils in den aktuellen Zustand des Weltsystems einzuordnen ist – einer Strategie von unten ins Auge gefasst werden.

Die verstreute Ordnung der Strategie von unten

Im Prinzip könnte die Sache klar scheinen. In ihrer naiven Einfachheit (mit Blick auf den abstrakten Zusammenhang der »modernen Struktur« zweier herrschender, doch heterogener Pole) zielte eine Strategie von unten, nennen wir sie: »metastrukturale« Strategie, auf eine kollektive Wiederaneignung von Markt und Organisation, die letztendlich die in der modernen Klassenherrschaft teilinstrumentalisierten Formen unserer gemeinsamen sozialen Rationalität bilden. Anders gesagt, sie würde auf eine Emanzipation von den Klassenverhältnissen durch eine Massenassimilation [assimilation populaire] der beiden »Vermittlungen« zielen, die diese als Klassenfaktoren neutralisieren würde. Der strategische Horizont wäre die Beherrschung des Marktes durch die Organisation (sprich »Sozialismus«) und die Beherrschung der Organisation durch den unmittelbaren, zwischen allen gleich ge- und verteilten Diskurs (sprich »Kommunismus«, radikale Demokratie). Kurz, die Selbstkontrolle des Sozialismus durch den Kommunismus. So fände sich die Logik des Kampfes zur Emanzipation von den Klassenverhältnissen definiert (wobei nicht zu vergessen ist, wir kommen noch zu diesem Punkt, dass die soziale Emanzipation nicht darauf reduziert ist): Aufbau der *Einheit* der Basisklasse, Bedingung ihrer Hegemonie über den Pol der Kompetenzträger im Rahmen einer *Allianz* gegen die Kapitalisten. Zerschlagung der Einheit der herrschenden Klasse, Abschaffung kapitalistischer Existenz. Nie wird man dabei vergessen, dass der alliierte Partner, der Kompetenz-Entscheidungs-Träger, zunächst ein Klassengegner ist, als solchem hat man ihm *überlegen* zu sein – just damit er ein Partner wird, im gemeinsamen Kampf. Die »Strategie« gibt keine Garantien, keine Versprechungen. Sie behauptet sich lediglich wie ein unumgängliches Axiom. Man mag einwenden, eine solche Abstraktion verdiene die Bezeichnung »Strategie« nicht. Doch allein durch ihre Formulierung – und das ist ihre Rechtfertigung –, lassen sich die Hindernisse auf dem Weg zu einer Massenemanzipation besser erkennen. Genauer gesagt ermöglicht sie es, die Hindernisse im Spiegel aller drei Achsen dieser Konfrontation zu deuten.

Die kapitalistische Macht schlägt im Grunde – zumal ihr Ziel der »abstrakte Reichtum«, der Mehrwert ist – *wahllos* überall dort zu, wo sich eine Chance auf Profit auftut. Die Finanzwirtschaft hat ihre Strategie; jeder Hedgefonds hat seine Taktiken und seine Beuteobjekte, auf die er sich im Moment ihrer Verwundbarkeit augenblicklich stürzt. Was an der

Spitze komplexe Strategie des Finanzkapitals ist – welches sich im Maße seiner Konzentration *organisiert*, entweder mit Blick auf den *geplanten*, ideologisch ausgerufenen Abbau aller Einrichtungen des sozialen Nationalstaats, oder im Hinblick auf die Kontrolle ganzer Produktionsketten –, übersetzt sich an der Basis in *chaotische* Zerstörung. Die berühmte »schöpferische Zerstörung« ist zugleich eine räuberische. Sie ereilt ihre Beute in Vereinzelung. Die Einschlagpunkte sind auch die Orte, an denen die Erhebungen entstehen, an denen der Klassenfuror den Strategien von unten Nahrung bietet. Diese Erwiderungen brechen vereinzelt auf, so wie die *wahllosen* Coups des Kapitalismus. Mobilisierungsfähig sind sie nur durch Berufung auf Prinzipien und Normen, die sich alle zu eigen machen können. Der Kampf von unten triumphiert nur, wenn er sich als allgemeiner Kampf geltend macht. Er kommt aber nur voran in seiner Zersplitterung in tausend einzelne Fronten.

Das Macht-Wissen existiert, wie Foucault betont, nur als Vielzahl verschiedener Mächte, spezifischer »Dispositive«, an der Kreuzung funktionaler Anforderungen und unterschiedlichster Kenntnisse. Daraus ergibt sich eine ebensolche Zahl emanzipatorischer Kämpfe, die nicht gegen *die Macht* zu führen sind, sondern gegen *bestimmte Mächte oder Machtformen*, nicht gegen »den Hauptfeind«, sondern gegen »den unmittelbaren Gegner«, der sich in den verstreuten Funktionen der Organisation gesellschaftlichen Lebens verbirgt, sprich: in »einer ganzen Reihe von Machtnetzen, die durch die Körper, die Sexualität, die Familie, die Haltungen, die Wissensarten und die Techniken hindurchgehen« und im Verhältnis zur »Metamacht« eine Beziehung von Bedingendem und Bedingtem bilden.[432] Es handelt sich durchaus um eine *Klassen*macht, die sich strukturell in einem Klassen*verhältnis* reproduziert, das über die interindividuellen Beziehungen hinausgeht. Sie wirkt aber auf singuläre Lebewesen ein, in allen Facetten ihrer Existenz. Und aus jenem Abgrund der Singularitäten müssen die kollektiven Emanzipationspraktiken entstehen, die für den Einzelnen von Bedeutung sind.

Die Basisklasse lässt sich schließlich konkret nur im Verhältnis zu Geschlecht und *race* denken, die ihrerseits mit den Konfigurationen des Weltsystems verbunden sind. Abstrakt betrachtet durch das Prisma und in den Grenzen unseres Forschungsvorhabens – der Klassenstruktur – erscheint sie als von zwei Spaltungsmodalitäten geplagt.

Wir haben die *vertikale Spaltung* erwähnt: ihre metastrukturale Trifraktionierung (§312). Drei »Fraktionen« sind anhand ihrer Beziehungen zu den beiden Vermittlungen-Klassenfaktoren zu unterscheiden. Markt und Organisation fungieren stets als »Instrumente« des Klassenverhältnisses – das zwar auf allen lastet, aber in unterschiedlicher Weise, je

432 Foucault/Fontana/Pasquino: Interview vom Juni 1976, S. 201.

nach dem relativen Gewicht der beiden Faktoren: hierarchische Beziehung (Beschäftigte des öffentlichen Dienstes), marktförmige Beziehung (Selbstständige in Gewerbe und Handel), ausgeprägte Überlappung beider (Beschäftigte der Privatwirtschaft). Die Klassenauseinandersetzung spielt sich immer in beiden Bereichen ab: dem Markt (Löhne etc.) und der Organisation (Arbeitsbedingungen etc.), je nach den von Fraktion zu Fraktion variierenden Modalitäten. Der Prozess setzt »von unten« eine unablässig reaktivierte Dynamik voraus, mit der man sich diese »Instrumente« möglichst wieder anzueignen sucht, um aus ihnen Elemente einer von unten möglichst kontrollierten Koordinierung zu machen. Ihre Fortschritte bemessen sich an den festgeschriebenen »Errungenschaften«, die ebendies mit den »Privilegien« (des Macht-Eigentums und des Macht-Wissens) gemein haben, dass sie als solche nur insofern existieren, als sie das Prinzip ihrer Reproduktion in sich tragen. Typisch hierfür: Entgelt- und Beschäftigungsstandards, anerkannte Qualifikationstabellen, etc. Doch die Stoßrichtungen dieser unterschiedlichen Fraktionen, der privat und öffentlich Beschäftigten, der Selbstständigen und der Abhängigen, sind zunächst einmal voneinander abgesetzt und die gemeinsame Zugehörigkeit aller »Kinder des Volkes«[433] zu ein- und derselben »Volksklasse« bleibt äußerst kontra-intuitiv. Und es ist die Aufgabe der Theorie gleichermaßen aufzuzeigen, was sie trennt und was sie eint, ob sie nun lohnabhängig beschäftigt sind oder nicht, ob im öffentlichen oder im privatwirtschaftlichen Bereich. Dieser Aufgabe dient die metastrukturale Grammatik der »Vermittlungen«.

Gleichzeitig umreißt diese Grammatik die *zweite, horizontale* Spaltung der Basisklasse. Denn deren Vorstöße sind natürlich ungleichmäßig, in Abhängigkeit von den Kräfteverhältnissen, die sich in den unterschiedlichen Berufswelten historisch herausgebildet haben. Solange die Allianz zwischen Kompetenz und Volk im Schmelztiegel des sozialen Nationalstaats vorherrschend war, gründete die Tendenz zu vereinheitlichten Bedingungen auf der massenhaften Beteiligung am Hegemonialregime und konnte sich also auf organisatorische Vorkehrungen stützen, die Teil des Rechts, Teil der kritischen Inszenierung einer gewissen Allgemeingültigkeit waren. Mit dem Neoliberalismus, der die nationalstaatliche Instanz soweit neutralisiert, wie es ihm möglich ist, tut sich ein Graben zwischen denjenigen auf, die (kraft einer akkumulierten berufsständischen Stärke) ihre »Errungenschaften« geltend machen können, und denjenigen, die davon ausgeschlossen oder am Zugang gehindert und auf ihren Status als Unsichtbare zurückgeworfen sind. Man darf »Errun-

433 So lautet der Titel eines Romans von Jules Vallès, den der flüchtige Kommunarde 1879 aus dem Londoner Exil veröffentlichte; »Ein Sohn des Volkes« hieß die Autobiografie des langjährigen (1930–1964) PCF-Generalsekretärs Maurice Thorez, und auch Wilhelm Pieck wurde 1950 ehrenhalber so bezeichnet. (Anm. d. Ü.)

genschaften« und »Privilegien« nicht verwechseln. Und man darf die neue Sozialordnung – anders als heute von verschiedener Seite vorgeschlagen – nicht als Ausdruck eines Grabens zwischen den Privilegierten, die am »Einvernehmen« teilhätten, und den Anderen, die davon mehr oder weniger ausgeschlossen und auf das »Unvernehmen« verwiesen seien, analysieren.[434] Denn dieser manifeste Graben ist selbst Teil einer Spaltung, die weniger unmittelbar lesbar, dafür aber umso tiefer ist: die Klassenspaltung, die in ihrem ganzen Ausmaß, in ihren Widersprüchen, ihren Dynamiken und ihren Horizonten die moderne Gesellschaft als Schlachtfeld definiert. Der metastrukturale Klassenansatz liefert den analytischen Operator, das Erklärungs- und Deutungsprinzip. Es ist aber doch die Stimme der »Anteillosen« – Trägerin des Universellen und Allgemeinen, demgegenüber das verstreute und gespaltene Volk immer mangelbehaftet ist –, welche die Prioritäten festlegt und den Blickwinkel einer metastrukturalen Strategie bestimmt. Denn nur sie allein ist den kritischen Ansprüchen der Moderne angemessen.

Jenseits des Horizonts der Klassen

Wir beschränkten uns bisher, gemäß dem Gegenstand unserer Studie, auf den abstrakten Rahmen einer (von Marx auf Foucault erweiterten) »Klassenstruktur«. Wir haben das Gerüst auf Grundlage des Konzepts der »Instrumentalisierung der Vernunft« erneuert, das uns die Formulierung eines strategischen Emanzipationsprinzips und die Identifizierung von Hindernissen ermöglichte. Diese hübsche Abstraktion ist allerdings unzureichend zu nennen, und, für sich genommen, auch trügerisch. Die moderne Gesellschaft ist all dies – aber auch, was hier nur am Rande erwähnt werden kann, etwas ganz anderes.[435]

434 Editor. Hinweis: Mit »Unvernehmen« (Neologismus für »mésentente«) bezeichnet Jacques Rancière den Indifferenzpunkt zwischen Konflikt und Missverständnis: eine gesellschaftliche Situation, die durch wechselseitige Verkennung geprägt ist. Die moderne »Konsensdemokratie« bestimmt Rancière als Negation des »Politischen«, weil sie mit dem »Streit« auch den »Demos« liquidiert habe und sich darin genüge, die Übereinstimmung von staatlichen Institutionen und gesellschaftlichen Verhältnissen zu artikulieren. Politik finde dagegen genau dann statt, wenn diejenigen, die keine Stimme haben – die »Anteillosen«, die Ausgeschlossenen und Mittellosen –, symbolische Grenzlinien überschreiten und damit die dominante Identität der Herrschenden, Reichen, Etablierten und hegemonial Angepassten verschieben: einzig dadurch könne eine gemeinsame und geteilte Öffentlichkeit immer wieder neu hergestellt werden, innerhalb derer sich die Sprechenden als gleichrangig anerkennen. Eröffnet ist damit eine kraftvolle Gegenposition zu jeglicher politischen Philosophie, die ihre Hoffnungen in institutionelle und formale Rationalitäten setzt. (J. Rancière: Das Unvernehmen. Politik und Philosophie [1995], übers. v. Richard Steurer, Frankfurt a. M. 2002, S. 43; vgl. Aristotelis Agridopoulos: Das anteillose Volk gegen die soziale Hierarchisierung. Zur an-archischen und egalitären Logik im Denken Rancières, in: Thomas Linpinsel/Il-Tschung Lim [Hrsg.]: Gleichheit, Politik und Polizei: Jacques Rancière und die Sozialwissenschaften, Wiesbaden 2018, S. 231–248.) Obgleich er die Existenz soziökonomischer Klassen keineswegs leugnet, misstraut Rancière der soziologischen Klassenanalyse, da sie die ungehemmte Freisetzung von Subjektivitätsformen blockiere.

435 Eben dieses »Andere« ist Gegenstand in Bidet: État-monde [dessen vollständiger Untertitel programmatisch lautet: »Libéralisme, socialisme et communisme à l'échelle globale. Refondation du marxisme« (»Liberalismus, Sozialismus und Kommunismus auf globaler Ebene. Neugründung des Marxismus«)].

Herrschaft, Ausbeutung und Gewalt der Moderne weisen eine Dimension auf, die nicht die des »strukturellen« Klassenverhältnisses ist, sondern die der Welt als geografisches, »systemisches« Ganzes, insofern sie aus verschiedenen Territorialgesellschaften besteht, vollendet in Form von Nationalstaaten. Dieses Herrschaftsverhältnis ist nicht Teil einer Aneignung der Produktionsmittel bzw. der Wissens-Macht-Formen durch eine herrschende Klasse, sondern der Gebietsaneignung durch ethnische bzw. staatliche Gemeinschaften. Die entsprechenden Konzeptionen eines »Weltsystems« lassen sich nicht auf eine irgend geartete *Instrumentalisierung* der Vernunft beziehen: Ein anschauliches Beispiel hierfür bietet das Ideengerüst des Rassismus, das auf der *Negation* der Vernunft derer basiert, die man unterdrückt und gleichsam aus der Anrufung der Moderne ausschließt. Das Weltsystem offenbart die andere, die allgemeine (systemische, nicht strukturelle) Dimension der Moderne und, in dieser, den Raum der Kolonie und der Postkolonie. Weder Marx noch Foucault ebnen den Weg für eine Emanzipation aus dem Joch des Weltsystems. Der Internationalismus selbst ist nur die beiläufige Abhandlung einer Frage, die es frontal noch anzugehen gilt. Dabei geht es nicht nur um die Herrschaft von Völkern/Territorien über andere. Es geht weder um die der Zentren über die Peripherien, noch um deren Vermischung. Denn was hier in Rede steht, ist die Aneignungsrelation zwischen einem Gebiet und einem Volk, das sich als staatliche Gemeinschaft versteht. Und auch die moderne »Republik« – auf die sich der Nationalstaat beruft, Medium der Freiheit für sich und der Unterdrückung des Anderen – muss man »emanzipieren«. Offen bleibt die Frage, vor welchem weiteren und breiteren Horizont.[436]

Auch das Patriarchat – im Sinne des Genderbegriffs des materialistischen Feminismus – hat rein gar nichts mit einer irgend gearteten »Instrumentalisierung der Vernunft« zu tun. Es ist nicht Ausdruck der Umkehrung einer natürlich-vernünftigen Komplementarität, sondern eines (geschichtlich konstituierten und unendlich wiederholten) Kräfteverhältnisses zwischen den Geschlechtern, das in der von Foucault erarbeiteten Chronologie des Macht-Wissens sowie in Marx' ökonomisch-politischen Skizzen nachzulesen ist. Eben im Lichte universeller Rechte, und nicht im Lichte der »Differenz«, können die verschiedenen Kämpfe ihr Ziel erreichen. Sie können nur als aktiver Teil der gemeinsamen Sache obsiegen. Zugleich aber schreiben sie sich in eine ganz andere Zeitlichkeit ein, als Teil eines ganz anderen Zählers der Dringlichkeit und unmittelbaren Notwendigkeit. Und dies gilt *a fortiori* für jedes Amalgam von Singularitäten

436 Die Probleme einer allgemeinen Strategie von unten sind Gegenstand des achten Kapitels in »L'État-monde« mit dem Titel »Au terme territorial de la modernité: l'imbroglio du système-monde et de l'État-monde« (»Am territorialen Ende der Moderne: das Durcheinander von Weltsystem und Weltstaat«).

in der Schnittmenge der verschiedenen Emanzipationsgedanken, ob sie sich nun auf Geschlecht, Klasse oder *race* beziehen.

Kurz, die Zeitläufte und Programmatiken der Emanzipation fügen sich nicht in eine große Erzählung. Allerdings ist die Anrufung universell und nichts entgeht mehr, wenigstens grundsätzlich nicht, der Kommunikation zwischen allen Menschen. Die Menschheit steht nun sich selbst gegenüber, als gefährdete Gattung am seidenen Faden des Lebens. Die Diskurse, die Einheit und Vielfalt, Widerspruch und Solidarität, Erfindung der Zukunft und Achtung vor der Natur zusammenzuführen in der Lage sind ... das sind keine Theorien. Diese Diskurse sind kollektive, kulturelle wie politische Schöpfungen im Zuge alltäglicher Kämpfe und Erfahrungen, in der Gemengelage einer vielfältigen, stets unfertigen Erinnerung. Die theoretische Arbeit kann daran einen Anteil haben.

Frieder Otto Wolf

Die Rezeption von Jacques Bidet in Deutschland ist längst überfällig – und seine Analyse Foucaults ist ein guter Anfang dafür!

Das vorliegende Buch Bidets ist systematisch aufgebaut und geradezu didaktisch selbsterklärend. Dem soll hier keine alternative Kommentierung an die Seite gestellt werden. Stattdessen möchte ich hier daran arbeiten, einige Kontexte zu skizzieren, von denen aus sich Bidets systematisierende Zuspitzungen vor allem der französischen Debatte nach Althusser vielleicht besser einordnen und nachvollziehen lassen. Dabei werde ich mir Mühe geben, meine eigenen, durchaus anders ansetzenden Konzeptionen im Hintergrund zu belassen – und mich darauf konzentrieren, in groben Zügen nachzuzeichnen, in welchen Stand der Debatte Bidets systematische Argumentation eingreift. Damit gehe ich keineswegs auf Distanz zu einer derartigen systematischen Debatte, die ich im Gegenteil für dringend geboten halte, um die philologische, und unterschwellig relativistische, d. h. an der Gewinnung wissenschaftlicher Wahrheiten nicht nur nicht interessierte, sondern sie bewusst ablehnende und daher vermeidende Haltung zu überwinden, wie sie nicht nur hierzulande die Marxismus-Debatten beherrscht.

1 Marx' wissenschaftliche Durchbrüche

Seit Marx' Durchbrüchen zu einer wirklichen Wissenschaft von der Herrschaft des Kapitals in modernen bürgerlichen Gesellschaften, in seinem von Engels geretteten Hauptwerk der Kritik der politischen Ökonomie, also der drei Bände des »Kapitals«,[1] wird immer wieder versucht, eine tragfähige theoretische Alternative zu Marx' wissenschaftlicher Leistung zu finden. Marx' zentrale These war es, die »Anatomie der modernen bürgerlichen Gesellschaften« begreifen zu können, indem er theoretisch systematisch rekonstruierte, auf welchen Grundlagen sich die Herrschaft der kapitalistischen Produktionsweise in modernen bürgerlichen Gesellschaften (seit ihrer endgültigen Durchsetzung in der »industriellen Revolution« im Übergang zum 19. Jahrhundert) immer wieder erfolg-

1 Marx' nur punktuell ausgearbeitete »Kritik der Politik« wird in der Rezeption immer wieder ausgeblendet. Zur Thematik siehe den weiter unten in Fn. 56 gegebenen Literaturhinweis, ergänzt etwa um die prägnanten Problematisierungen von Gérard Bensussan: Politik als Übersetzung. Marx und die Revolution [2014], übers. v. Lucian Ionel, in: Allgemeine Zeitschrift für Philosophie, Heft 43.3, 2018, S. 292–305.

reich reproduzieren konnte[2] – bekanntlich bis hin zum Zusammenbruch des gescheiterten Versuchs eines »sozialistischen Übergangs« in der Sowjetunion und in den von ihr mehr oder minder[3] abhängigen Gesellschaften.

Nach der von Louis Althusser in den 1970er-Jahren diagnostizierten[4] »Krise des Marxismus«[5] ist – nach einem langen »Marsch durch die Wüste« – international und eben auch in Frankreich, Italien und Deutschland eine Erneuerung der Debatte um die Weiterführung des theoretischen und politischen Projekts von Marx (und Engels) in Gang gekommen, die über die verdienstvollen Versuche des »Kritischen Wörterbuchs des Marxismus« (hrsg. von Georges Labica und Gérard Bensussan) und des »Historisch-Kritischen Wörterbuchs des Marxismus« (seit 1994, hrsg. von Wolfgang Fritz Haug, später zusätzlich von Frigga Haug, Peter Jehle und Wolfgang Küttler) hinausgeht.

2 Diese von Marx begründete und weitgehend ausgearbeitete, wenn auch nicht vollendete (vgl. Raúl Rojas: Das unvollendete Projekt. Zur Entstehungsgeschichte von Marx' *Kapital*, Hamburg 1997), systematische Theorie der Reproduktionsformen der in modernen bürgerlichen Gesellschaften herrschenden kapitalistischen Produktionsweise bildet die Voraussetzung dafür, auch deren historische Durchsetzung sachgemäß analysieren zu können, wie dies Heide Gerstenberger eindrucksvoll geleistet hat (Markt und Gewalt. Die Funktionsweise des historischen Kapitalismus, Münster 2017, korr. [2]2018).

3 Das Scheitern etwa des jugoslawischen Sozialismusmodells, das sich vom sowjetischen Vorbild abgesetzt hatte (vgl. immer noch die programmatische Abhandlung von Edward Kardelj: On People's Democracy in Yugoslavia, New York 1949, sowie rückblickend Harold Lydall: Yugoslav Socialism – Theory and Practice, Oxford 1984) und der gewalttätig betriebene »Zerfall« Jugoslawiens gehören offenbar in denselben historischen Zusammenhang wie der Zerfall der Sowjetunion und der Wiederherstellung der Herrschaft der kapitalistischen Produktionsweise in ihren Satellitenstaaten aus der Zeit des Kalten Krieges, ebenso wie in Russland und den selbstständig gewordenen Sowjetrepubliken – während in Ländern, in denen sich eine Politik des sozialistischen Übergangs mit einer Befreiung aus kolonialer (oder auch semikolonialer) Abhängigkeit verbunden hatte, also etwa in China, in Vietnam und in Kuba, zwar auch die Anpassung an den kapitalistischen Weltmarkt durchgesetzt hat, aber doch zumindest Optionen einer sozialistischen Transformation offen geblieben sind.

4 Also nach der nicht etwa nur »ausgerufenen« Krise. Ins Epizentrum der Diskussion rückte Althussers auf der Konferenz der Zeitschrift *Il Manifesto* 1977 präsentierter Beitrag: Enfin la crise du marxisme, in: Il Manifesto (Hrsg.): Pouvoir et opposition dans les sociétés postrevolutionaires, Paris 1978, S. 242–253. Der klassische Marxismus, wie ihn die sozialdemokratischen und kommunistischen »Internationalen« vertreten hatten, war in der Tat in eine historische Krise eingetreten, aus der ein Ausweg nur noch durch eine radikale Erneuerung gefunden werden konnte.

5 Der von Peter Schöttler zusammengestellte Sammelband (Louis Althusser: Die Krise des Marxismus, Hamburg 1978) hat die Debatte für den deutschen Sprachraum radikal zuzuspitzen versucht – was allerdings weitgehend an der noch bestehenden Resilienz sowohl der mehr oder minder an der DDR und an der Sowjetunion orientierten Positionen (vgl. rückblickend selbstkritisch Dieter Klein: Theoretische Reflexionen zur Krise in der DDR, in: Gerd-Joachim Glaeßner [Hrsg.]: Eine deutsche Revolution. Der Umbruch in der DDR, seine Ursachen und Folgen, Frankfurt a. M. 1991, S. 43-59), als auch der »Frankfurter Schule« (vgl. Alex Demirović: Der nonkonformistische Intellektuelle. Die Entwicklung der Kritischen Theorie zur Frankfurter Schule, Frankfurt a. M. 1999) gescheitert ist. Diese Resistenzen gegenüber dem »französischen Moment der Philosophie« sind in Deutschland immer noch nicht verschwunden – und müssen und können daher auch bearbeitet werden, um Bidets theoretische Beiträge adäquat würdigen und verarbeiten zu können.

2 Jacques Bidets Werk

Jacques Bidets umfangreiches und scharfsinnig ausgearbeitetes Werk ist bisher in deutscher Sprache noch nicht zugänglich gemacht worden. Das ist ein schweres Versäumnis – denn Bidet hat gründliche Beiträge zu den auch hierzulande notwendigen Grundsatzdiskussionen geleistet.

Das beginnt mit seiner systematisch-kritischen »Kapital«-Lektüre, die zentrale Impulse der reflexiven, »symptomalen« »Kapital«-Lektüre von Louis Althusser und seinen jüngeren Mitarbeitern aufgegriffen hat – und sie dabei nach einer Richtung vertiefen konnte, die in der deutschen Althusser-Rezeption gar nicht weiter beachtet worden ist:[6] nämlich in der Richtung einer kritischen Lektüre, der es um die adäquate systematische Rezeption der unvollendeten marxschen Darstellung der Herrschaft der kapitalistischen Produktionsweise in modernen bürgerlichen Gesellschaften geht.[7] Neben einer immer wieder aufgenommenen Kommentierung des marxschen »Kapitals« hat Bidet in wichtigen theoretischen Eingriffen[8] immer wieder daran gearbeitet, klarzustellen, worum es Marx im »Kapital« gegangen ist – und dies deutlich vom herrschenden Mainstream, etwa in Gestalt der Neoklassik oder der an Max Weber anknüpfenden »Soziologie« abzugrenzen.

Bidet selber hat seine eigene Entwicklung gut nachvollziehbar zusammengefasst:[9] Im Ausgang von einem »von Althusser initiierten Forschungsprogramm«[10] habe er zunächst das Verhältnis »zwischen den ›Grundrissen‹ als einem ersten Entwurf und dem ›Kapital‹ als dem endgültigen Text« untersucht und sich dabei sowohl gegen die unter Philosophen vorherrschenden Versuche gestellt, »eine neue ›Kapital‹-Lektüre im Lichte der ›Grundrisse‹« zu erarbeiten, als auch gegen die »traditionelle ökonomistische Lektüre«, die auf einen Neo-Ricardianismus hinauslaufe.[11] Dabei habe er in Marx' Texten zwei gegensätzliche Positionen ausgemacht: Einerseits habe Marx deutlich gemacht, »dass wir nicht in einer ›Marktwirtschaft‹ leben, [...] sondern in einer *kapi-*

6 Diese Einseitigkeit ist sicherlich auch bestärkt worden durch Althussers Konzentration auf seine eigenen und Étienne Balibars in der Tat vorrangig die philosophische Reflexion betreibenden Beiträgen in den weiteren Auflagen von »Lire Le Capital« (1968, 1971).

7 Vgl. die systematisierende Aufarbeitung dieser Debatte durch Stefano Breda: Kredit und Kapital. Kreditsystem und Reproduktion der kapitalistischen Vergesellschaftungsweise in der dialektischen Darstellung des Marxschen »Kapital«, Würzburg 2019.

8 Jacques Bidet: Que faire du Capital?, Paris 1985 ([2]2000; engl. U. d. Titel: Exploring Marx's *Capital*, übers. v. David Fernbach, Leiden/Boston 2006); ders.: Explication et reconstruction du Capital, Paris 2004; ders.: Explanation and reconstruction of Marx's Capital, in: Rethinking Marxism, Vol. 19, 2007, Nr. 3, S. 358–376.

9 Siehe Bidets anlässlich der IV. Jahrestagung der Zeitschrift *Historical Materialism* im November 2007 verfassten Überblick: A reconstruction project of the Marxian theory: from *Exploring Marx's Capital* (1985) to *Altermarxisme* (2007), via *Théorie Générale* (1999) and *Explication et reconstruction du Capital* (2004); unter: http://jacques.bidet.pagesperso-orange.fr/londongla.htm. – Übersetzung der im Folgenden herangezogenen Zitate aus dem Englischen von mir, Frieder O. Wolf.

10 Ebd., einleitende Bemerkung.

11 Ebd.

talistischen Ökonomie«[12] – andererseits gelte es offensichtlich aber auch, dass »in der modernen Gesellschaft Kapital und Markt intrinsisch miteinander verknüpft sind«.[13] Nachdem ihm in den »Grundrissen« eine entsprechende »dialektische Beweisführung«[14] misslungen war, sei es Marx erst im »Kapital« gelungen, seine These zu begründen, dass »eine *immanente* Beziehung zwischen diesen beiden kontrastierenden ›Formen‹ oder Verhältnissen [relations][15]« besteht, wenn diese jetzt auch rein analytisch und nicht mehr dialektisch ausgefallen sei:[16] Indem er nämlich aufzeige, dass es »genau eine Ware gibt, welche mehr Wert produzieren kann, als sie selber habe: [nämlich] die Lohnarbeitskraft (welche als durch den Lohn bezahlte Arbeitskraft zur Ware wird), sobald sie länger arbeitet als diejenige Zeit, welche zur Produktion der Güter erforderlich ist, die durch ihre Lohnsumme erworben werden kann«.[17] Bidet interpretiert Marx' entsprechende Beweisführung sodann »meta-theoretisch«, indem er argumentiert, dass Marx' entsprechende Beweisführung im »Kapital« zwar dazu in der Lage sei, einer »ökonomistischen Forderung nach einer quantitativen Erklärung« Genüge zu tun, nicht aber begreiflich machen könne, »wie die egalitäre und rationale Voraussetzung, wie sie in der als vertraglich konstituiert unterstellten Markt-Beziehung – als solche in Marx' Worten ausgesprochen in ›Freiheit, Gleichheit und Bentham!‹ – weiterhin [geradezu] im Herzen des Lohnarbeitsverhältnisses, d. h. im Herzen des Kapital-Verhältnisses als solchen, am Werk bleibt, als die Hefe einer auf den Klassenkampf ausgerichteten Freiheit«.[18] Damals habe er, so Bidet in seiner rückblickenden Selbstdarstellung, »die dialektische Unangemessenheit der marxschen Erklärung an diesem Punkt, wo dialektisch eben auch politisch bedeutet« durchaus schon festgehalten.[19] Er sei dann aber erst später dazu in der Lage gewesen, selber »eine dialektische Rekonstruktion vorzuschlagen«:[20] nämlich im Ausgang von der »primären Dualität« des »marxschen Wertbegriffs« – als »sowohl ökonomisch wie politisch« –, wie sie sowohl in der »Marktform« als auch in der »Kapitalform« angelegt sei.[21] Bidet fasst das Ergebnis seiner

12 Ebd., Abschnitt I (Fragenkomplex 1).

13 Ebd.

14 Ebd.

15 Bekanntlich stellt die Schwierigkeit, die im Deutschen geläufige Unterscheidung zwischen völlig unbestimmten »Beziehungen« und näher bestimmten »Verhältnissen« auf Englisch adäquat zu reproduzieren, eine nicht unbedeutende Schwierigkeit der Marx-Übersetzung dar. Bidet bietet in dieser Frage eine ähnliche, obgleich nicht identische Unterscheidung an, die sich am Gegensatz von Nominalismus [Beziehung] und Strukturalismus [Verhältnis] orientiert. Siehe im vorliegenden Buch oben, Kap. 3, S. 95.

16 Bidet: Recontruction project, Abschn. I (1).

17 Ebd.

18 Ebd.

19 Ebd.

20 Ebd.

21 Ebd., Abschn. I (2).

Argumentation folgendermaßen zusammen: »Kurzum, die große Innovation von Marx besteht darin, dass er die Ökonomie [economics] in die gesellschaftliche Form mit einschließt«, sodass er dann auch dazu in der Lage ist, das schon von Adam Smith und seinen unmittelbaren Nachfolgern an den Tag gelegte Streben nach einer »politischen Ökonomie« als solche zu verwirklichen[22] – indem er sich nämlich als dazu in der Lage erwies, »eine neue Begrifflichkeit zur Verfügung zu stellen, welche sowohl politisch und ökonomisch ist, voller Paradoxien. Immer noch erst zu entziffern«.[23] Des Weiteren habe Bidet zu zeigen versucht, »dass Marx aus gutem Grund allmählich auf den Gedanken verzichtet habe, dass es in der Marktproduktion als solcher einen Widerspruch zwischen Gebrauchswert und Wert gebe«.[24] Die »marxsche Arbeitswerttheorie« beschreibe nämlich gar keinen »Widerspruch«, sondern artikuliere vielmehr »die substanzielle Rationalität der Marktproduktion« – der »Widerspruch«, wie er »im Markt als einer gesellschaftlichen Produktionslogik« bestehe, sei von ganz »anderer Art«.[25]

Damit kommt Bidet (im erkennbaren Anschluss wiederum an Althussers einschlägige Vorstöße[26]) auf die Problematik der Ideologie zu sprechen: Marx beziehe sich im »Kapital« auf jeder Stufe seiner (nicht-strukturalistischen) Struktur-Analyse auch auf Subjektivität.[27] Dies bleibe aber verstreut und sei nicht leicht zusammenzufassen. Bidet beansprucht, mit seinen später erarbeiteten Konzepten der »Freigleichheit« (freequality/ libertégalité)[28] und der spezifischen, als typisch neuzeitlich postulierte n,(subjektkonstitutierenden) Rationalität begrifflich rekonstruieren zu können, was Marx aus »den Marktbeziehungen als solchen« habe herauslesen können.[29]

22 Ebd.

23 Ebd. – Hier kann ich nicht vermeiden, anzumerken, dass Bidet gar nicht auf den historisch *gewordenen* Charakter der modernen Unterscheidung zwischen dem Politischen und dem Ökonomischen Bezug nimmt, wie sie sich in der Tat mit der historischen Durchsetzung der Herrschaft der kapitalistischen Produktionsweise in modernen bürgerlichen Gesellschaften etabliert hat.

24 Ebd., Abschn. I (3).

25 Ebd.

26 vgl. Louis Althusser: Ideologie und ideologische Staatsapparate [1970], in: ders.: Ideologie und ideologische Staatsapparate (Gesammelte Schriften, Bd. 5.1), übers. v. Peter Schöttler [1977; bearb. v. Frieder O. Wolf], Hamburg 2010, S. 37–102.

27 Bidet: Reconstruction project, Abschn. I (4).

28 In Hinsicht auf die konzeptionell-analytische Erfassung der »zentralen Denkfigur der Moderne« (mit der als genuin modern betrachteten Vorstellung der *wechselseitigen Bedingtheit von Freiheit und Gleichheit als Einheit von Gegensätzen*) haben Balibar und Bidet begriffliche Neologismen vorgeschlagen: während Balibar seit 1989 die zusammengesetzte Form »égaliberté« (Gleichfreiheit) als Integralbegriff eingeführt hat, plädiert Bidet für die umgekehrte Variante »libertégalité« (Freigleichheit), um der, wie er meint, Gefahr der Assoziation mit einer »schwachen Vorstellung von ›gleicher Freiheit‹ zu entgehen« (Jacques Bidet: Le système-monde et l'Etat-monde en gestation, in: Revue Internationale de Philosophie, Vol. 61, 2007/1, Nr. 239, S. 57–80, hier S. 60, Fn. 6). Zu Balibars Konzept siehe ausführlich dessen Aufsatzsammlung: Gleichfreiheit. Politische Essays [frz. 2010], übers. v. Christine Pries, Berlin 2012.

29 Bidet: Reconstruction project, Abschn. I (4).

Bereits in »Que faire du Capital?« (1985) hatte Bidet das Thema der »Perspektive der konzertierten (organisierten) Planung, als eine finale Alternative zum Markt« ausdrücklich aufgegriffen, das zwar im »Kapital« bereits gestreift werde, aber eben nur am Rande in den Blick käme.[30] Dazu formuliert Bidet eine gewichtige These zur Interpretation des »Kapital«: »Erst in dieser Präambel des ›Kapital‹ (Bd. I, Teil 1) kommt Marx zufällig dazu, diesen Begriff der Produktion für den Markt [market production] zu erläutern, welchen er dann dem der eigentlich kapitalistischen Produktion gegenüberstellen wird (Teil 3). Wenn das nicht verstanden wird, wird in Bezug auf die marxsche ›Arbeitswertlehre‹ nur sehr wenig verstanden.«[31] Damit sieht sich Bidet immerhin schon auf der Schwelle dazu, »das Problem des Verhältnisses von Markt und Kapital als eine sowohl ökonomische, als auch gesellschaftlich-rechtlich-politische Angelegenheit«[32] anzugehen – und diese Rekonstruktionsaufgabe hat er dann, gemäß seinem Selbstverständnis, in seiner »Theorie der Modernität« in Angriff genommen und damit eine »zweite Phase meiner Forschung« eröffnet.[33] In dem unter diesem Titel 1990 publizierten Buch[34] hat er die These einer »›Metastruktur‹ der Modernität« – von Bidet selber als Analogon zu John Rawls' »original position« erläutert[35] – dargelegt. Er wendet sich jetzt gegen Marx' (angebliche) These, dass »die Marktbeziehung den Bezugspunkt« lieferte, welcher dann »den adäquaten Ausgangspunkt für die Analyse«[36] darstellte und macht sich daran, eine »beide Seiten«, nämlich »Markt und Organisation« systematisch artikulierende Theorie auszuarbeiten.[37] Dazu knüpft er an »Marx' Entdeckung« der »Metastruktur« an, die dieser im ersten Teil des »Kapitals« artikuliert habe[38] – und welche dort »als die rational-vernünftige Voraussetzung der Struktur [der kapitalistischen Klassenstruktur]«[39] offengelegt werde – und arbeitet die These aus, »dass sich Markt und Organisation wechselseitig einschließen, bis hin zu der höchsten orga-

30 Ebd., Abschn. I (5).

31 Ebd., Abschn. I (Überleitung)

32 Ebd.

33 Ebd., Abschn. II.

34 Jacques Bidet: Théorie de la modernité, (suivi de) Marx et le marché, Paris 1990.

35 Bidet: Reconstruction project, Abschn. II.

36 Bidet verwendet hier »analysis« als Oberbegriff für jegliche Art von wissenschaftlicher Argumentation, unterscheidet also nicht zwischen »analytischen« und »synthetischen« Argumentationen, wie dies doch etwa für ein adäquates Verständnis des Anfangs des »Kapitals« sehr hilfreich wäre: Auf die oft geradezu überlesene *analytische* Argumentation, welche vom »Reichtum der Gesellschaften« über die »ungeheure Warensammlung« und die »einzelne Ware« bis zu deren beiden »Faktoren« – »Gebrauchswert« und »Tauschwert« vordringt, folgt dann die synthetische »Entwicklung des Begriffs«, nämlich des Begriffs des »Werts« als Ausgangspunkt der weiteren, systematischen Darstellung im »Kapital«.

37 Bidet: Reconstruction project, Abschn. II. Vgl. auch das von Bidet in der Einleitung dieses Buches vorgestellte Schema, S. 18.

38 Bidet: Reconstruction project, Abschn. II.

39 Ebd.

nisierten Form, dem Nationalstaat, welcher die Grundform [cell] der kapitalistischen Gesellschaft bildet«, dem gegenüber dann »das ›Weltsystem‹, wie es die Theoretiker der Dritten Welt in den 1960er-Jahren [konzeptuell] entwickelt haben«, »als ein vollständig davon verschiedenes System verstanden werden muss«.[40] Auf dieser Grundlage hat Bidet dann ein anspruchsvolles Projekt der angemessenen »Rekonstruktion« des »Kapitals« in Angriff genommen und ausgeführt.[41] Zusammen mit Gérard Duménil hat er schließlich ihren soweit gemeinsam vertretenen »alternativen Marxismus« (im neugeschaffenen Kofferwort »altermarxisme« zusammengefasst) als eine besondere Art von »Neomarxismus« artikuliert.[42]

In der rückblickenden Bilanz betrachtet, ist es Bidet insgesamt gelungen, zumindest eine paradoxale Ambivalenz aufzulösen, die sich aus Althussers Versuchen ergeben hatte, in seiner »symptomalen« Lektüre des marxschen »Kapitals« die stalinistischen, auf Kautsky zurückgehenden und sich auf Engels berufenden Konzepte des »historischen« bzw. »dialektischen« Materialismus unter äquivoken Titulierungen[43] »umzufunktionieren«[44]: Das »Kapital« hat eindeutig nicht den Prozess der gesamten Geschichte zum Gegenstand und löst vielmehr die Fragestellung nach einer allgemeinen Theorie der Geschichte, wie sie Marx und Engels noch in ihren Manuskripten zur »Deutschen Ideologie«[45] behandelt hatten, in eine Untersuchung der – in der Tat historisch situierten – Herrschaft der kapitalistischen Produktionsweise in ihrem »idealen Durchschnitt« (Marx) auf. Und die dort entfaltete »materialistische Dialektik« bezieht sich auf die Rekonstruktion der grundlegenden Antagonismen dieser Produktionsweise als Gegenstand beständiger Klassenkämpfe. Es geht also gegenständlich um etwas ganz anderes als um »die Geschichte« oder »das Denken« –Gegenstandsbestimmungen, die doch für den reifen Marx ihren ideologischen Charakter geradezu klar

40 Ebd.

41 Ebd., Abschn. III. Für diese dritte Forschungsphase Bidets steht vor allem sein Buch »Explication et reconstruction du ›Capital‹« von 2004.

42 Jacques Bidet/Gérard Duménil: Altermarxisme, un autre marxisme pour un autre monde, Paris 2007.

43 Vgl. dazu den von Alex Demirović herausgegebenen Sammelband: Kritik und Materialität, Münster 2008.

44 Gleichwohl hat Althussers Unterfangens der »philosophischen« Rehabilitation des »historischen« und des »dialektischen« Materialismus wider deren »weltanschauliche« Erstarrung auch den langfristigen Effekt gehabt, eine Marx-Lektüre zu stabilisieren, die auch noch etwa das »Kapital« als eine exemplarische Darstellung des historischen Materialismus liest. Meines Erachtens handelt es sich dabei aber um ein grundlegendes Missverständnis von Althussers Versuch eines »kritischen Zersingens« des bisherigen, kautskyanischen bzw. stalinistischen Versionen des »offiziellen Marxismus«, mit denen Bidet auf eine bemerkenswerte Weise gebrochen hat.

45 Zu deren lang erwarteten, inzwischen vorliegenden historisch-kritischen Edition in der MEGA² vgl. Danga Vileisis/Frieder Otto Wolf: Marx und Engels im Umbruch: Zur kritischen Neuedition der Texte zur *Deutschen Ideologie*, in: Deutsche Zeitschrift für Philosophie, Bd. 66, 2018, H. 1, S. 134–141.

auf die Stirn geschrieben trugen. Genau hier setzt Bidet ein, indem er es unternimmt, eine »Metatheorie« zu rekonstruieren, die Marx in seinen theoretischen Ausarbeitungen als Voraussetzung in Anspruch nimmt, ohne sie als solche immer deutlich zu artikulieren. Auch wer den kühnen Vereinfachungen und Rekonstruktionen nicht zu folgen vermag, zu denen Bidet dabei kommt, wird sie als Beiträge zur genaueren Artikulation einer weiterhin zu bearbeitenden Schwierigkeit in der Bestimmung und Begründung der »marxschen Theorie« mit Gewinn nachvollziehen.

3 Bidets möglicher Eingriff in die deutsche Debatte

Bidets ebenso zugespitzte wie gründliche Ausarbeitung dieser Problematik, ebenso wie seine darauf Bezug nehmenden und sich daraus begründenden Polemiken, sind immer wieder so eigenständig und scharfsinnig formuliert, dass das deutschsprachige Publikum nicht davon ausgehen kann, dass dies durch analoge Ansätze in den deutschsprachigen Debatten – etwa in Bezug auf die »Kapital«-Lektüre[46], das Verhältnis von Max Weber zu Marx[47], oder in Bezug auf die Frage der »großen Methode« (Bertolt Brecht)[48] – bereits umfassend geleistet wären. Vielmehr bringt Bidet – ich denke, vor dem Hintergrund des »französischen Moments der Philosophie«[49] – eine neue Radikalität und Gründlichkeit in die Debatte, die nicht nur über die gegenwärtig immer noch im Vordergrund stehende eher philologische Marx-Lektüre, sondern vor allem auch über die in Deutschland schon fast vergessenen Leistungen der in die Jahre

46 Vgl. als Einstieg den umfassend angelegten, durchaus informativen, aber leider ziemlich parteiischen Artikel von Wolfgang Fritz Haug: Kapital-Lektüre, in: Historisch-kritisches Wörterbuch des Marxismus, Bd. 7/I, hrsg. v. W. F. Haug/Peter Jehle/Wolfgang Küttler, Hamburg 2008, Sp. 323–348.

47 Vgl. den inzwischen schon klassischen Versuch einer systematischen Konfrontation von Weber mit der marxschen Theorie, den Veit-Michael Bader, Johannes Berger, Heiner Ganßmann und Jost von dem Knesebeck vom Westberliner »Projekt Krise« im Jahr 1976 unternommen haben (Einführung in die Gesellschaftstheorie Gesellschaft. Wirtschaft und Staat bei Marx und Weber, 2 Bde., Frankfurt a. M. 1976).

48 Brecht bezog sich bekanntlich in dieser seiner Bezugnahme auf Karl Korsch – vgl. dazu Wolfdietrich Rasch (Bertolt Brechts marxistischer Lehrer. Aufgrund eines ungedruckten Briefwechsels zwischen Brecht und Karl Korsch, in: Merkur, H. 188, Jg. 17, 1963, S. 988–1003), Heinz Brüggemann (Literarische Technik und soziale Revolution. Versuche über das Verhältnis von Kunstproduktion, Marxismus und literarischer Tradition in den theoretischen Schriften Bertolt Brechts, Reinbek 1973) oder Klaus-Detlef Müller (Anmerkungen zur »Korsch-Legende«, in: Brecht-Jahrbuch 1977, S. 184–187), sowie, in Neuaufnahmen der Debatte, innerdeutsch Florian Vaßen (Bertolt Brechts Experimente, in: Hans Joachim Piechotta/Ralph-Rainer Wuthenow/Sabine Rothemann [Hrsg.]: Die literarische Moderne in Europa, Bd. 3, Opladen 1994, S. 146–174) u. international Darren Roso (Weimar's Marxist Heretic. Reading Karl Korsch Today, in: Spectre, Januar 2022 [Online-Publikation], unter: https://spectrejournal.com/weimars-marxist-heretic/; ders.: Karl Korsch. Weimar Germany's Marxist Heretic, Leiden 2023 [in Vorber.]).

49 Diese – m. E. sinnvoll philosophiegeschichtlich auf andere Momente, wie etwa den ersten deutschen Moment der Philosophie von Kant bis zu Hegel, zu übertragende – Konzeption historischer Verdichtungen der Philosophie hat vor allem Alain Badiou entwickelt (insb. Politics as Truth Procedure, in: ders.: Theoretical Writings, hrsg. u. übers. v. Ray Brassier/Albert Toscano, New York 2004, S. 155–166; ders.: The Adventure of French Philosophy, in: New Left Review, 2005, Nr. 35, S. 67–77).

gekommenen »neuen Marx-Lektüre« seit den späten 1960er-Jahren[50] hinausgeht – und eine durchaus bemerkenswerte Alternative zu der von Michael Heinrich mit berechtigtem internationalen Erfolg betriebenen Weiterentwicklung ihrer Ergebnisse darstellt.

Dies gilt auch, worum es in diesem Band speziell geht, für die theoretische Bedeutung der theoretischen und »tiefenhistorischen« Initiativen Michel Foucaults. Bidet lässt sich nicht täuschen durch Foucaults spätere geradezu polemische »Ausblendung« vor allem von Althusser[51] und Marx,[52] sondern analysiert Foucaults theoretische Initiativen[53] in ihrem Verhältnis zu den von Althusser mit bleibendem Recht postulierten marxschen Errungenschaften: den marxschen Durchbrüchen zu einer *wirklichen Wissenschaft* – wenn auch nicht, wie zunächst von Marx noch antizipiert, zu einer umfassenden »Wissenschaft von Geschichte und Gesellschaft«,[54] sondern vor allem zur *Kritik der politischen Ökono-*

50 Mit im Rückblick fast vergessenen unterschiedlichen Entwicklungslinien etwa in Frankfurt a. M. und in Westberlin (vgl. Ingo Elbe: Marx im Westen. Die neue Marx-Lektüre in der Bundesrepublik seit 1965, Berlin 2008, ²2010, sowie Frieder O. Wolf: Der Westberliner Marxismus der 1970er Jahre als Fortsetzung der 1968er Bewegung, in: Werner Thole/Leonie Wagner/Dirk Stederoth [Hrsg.]: »Der lange Sommer der Revolte«, Wiesbaden 2020, S. 17–27).

51 Vgl. meine Einführungen: Frieder O. Wolf: Althusser-Schule, in: Historisch-Kritisches Wörterbuch des Marxismus, Bd. 1 (1994), hrsg. v. Wolfgang Fritz Haug, Hamburg/Berlin 1994, Sp. 184–191; ders.: Althusser, Louis, in: Thomas Bedorf/Kurt Röttgers (Hrsg.): Die französische Philosophie des 20. Jahrhunderts. Ein Autorenhandbuch, Darmstadt 2009, S. 15–21, sowie etwa die Aktualisierungsversuche in Ekrem Ekici/Jörg Nowak/Frieder O. Wolf: Althusser: Die Reproduktion des Materialismus, Münster 2016.

52 Vgl. dazu die kritischen Evaluationen von Antonio Negri (Marx and Foucault [Essays, Bd. 1], Cambridge 2016), sowie innerhalb der deutschen Debatte z. B. von Alex Demirović (Das Wahr-Sagen des Marxismus, in: PROKLA. Zeitschrift für Kritische Sozialwissenschaft, Jg. 38, 2008, H. 151, Nr. 2, S. 179–201).

53 Vgl. in Bezug auf die philosophisch-programmatische »Sorge um sich« etwa Martin Saar: [Nachwort:] Die Form des Lebens. Künste und Techniken des Selbst beim späten Foucault, in: Michel Foucault: Ästhetik der Existenz. Schriften zur Lebenskunst, hrsg. v. Daniel Defert und François Ewald unter Mitarbeit von Jacques Lagrange, ausgewählt v. M. Saar Frankfurt a. M. 2007, S. 321–343.

54 Dieser Umstand – d. h. die werkgeschichtlich sukzessive Läuterung hinsichtlich der lebensgeschichtlichen Machbarkeit und theoretisch-wissenschaftlichen Möglichkeit einer mehr oder weniger geschichtsphilosophisch orientierten »Großtheorie« – hat dann, vor allem bei Althusser, zu einem komplexen terminologischen »Spiel« zwischen einem weiterhin postulierten »historischen Materialismus« (siehe S. 192, Fn. 44) und den wirklich ausgearbeiteten wissenschaftlichen Durchbrüchen »nur« zu einer Theorie der Reproduktion der Herrschaft der kapitalistischen Produktionsweise in modernen bürgerlichen Gesellschaften (sowie zu ersten Vorstößen auf das Terrain einer wissenschaftlichen »Kritik der Politik«) geführt – an die im Weiteren das geistesgeschichtliche Unternehmen einer Rekonstruktion des »historischen Materialismus« von Althusser (siehe etwa die »spinozistisch-theoretizistische« Nachzeichnung von Jean Matthys: Althusser lecteur de Spinoza. Genèse et enjeux d'une éthico-politique de la theorie [Diss. 2020], Sesto San Giovanni [Lombardei] 2023) und vor allem der anspruchsvolle Versuch einer theoretischen Konstruktion eines gleichsam alternativen »historischen Materialismus« angeschlossen haben; letzterer in jenem Sinne, der über Althussers (von mir in die Richtung einer Verabschiedung dieses im »historischen Marxismus« dominanten Konstrukts interpretierte) kritische Andeutungen umfassend systematisierend hinausgeht, wie ihn auf eindrucksvolle Weise Gérard Duménil und Dominique Lévy unternommen haben (vgl. ihre mehrsprachige Textsammlung unter https://www.cepremap.fr/membres/dlevy/exindex.htm; darunter sind als Einführung vor allem jene englischsprachigen Zusammenfassungen zu empfehlen: Gérard Duménil: Structural Crises in the Historical Dynamics of Social change, Vorlage für den Sechsten Internationalen Marx-Kongress, Universität Paris Ouest-Nanterre, La Défense, September 2010; ders./Dominique Lévy: Marxian Political Economy: Legacy and Renewal, in: World Review of Political Economy, Jg. 1, 2010, H. 1, S. 7–22).

mie, deren reifste Ausarbeitung im »Kapital« vorliegt[55], sowie zu der nur in exemplarischen Analysen zur Politik im modernen Staat und den realen Möglichkeiten von dessen historischer Überwindung vorliegenden Ansätzen einer marxschen *Kritik der Politik*.[56]

Bidet legt mit guten, jedenfalls ernsthaft bedenkenswerten Argumenten – und auf dieser Ebene auch einfach zu Recht – frei, dass dadurch ein ganzes Feld wissenschaftlicher Untersuchungen frei gelegt worden ist, das sich in den von Marx ausgearbeiteten »Kritiken«[57] keineswegs erschöpft – und er erkennt in Foucault einen kreativen, wenn auch allenfalls auf ganz andere Weise systematischen Erkunder der dadurch eröffneten Möglichkeiten.

55 Mit Recht hat sich daher die philosophische und theoretische Initiative von Althusser und seinen Mitarbeitern auf das marxsche Hauptwerk konzentriert (siehe die inzwischen vollständige deutsche Ausgabe: Louis Althusser/Étienne Balibar/Roger Establet/Pierre Macherey/Jacques Rancière: Das Kapital lesen. Vollständige und ergänzte Ausgabe mit Retraktationen zum Kapital, hrsg. v. Frieder O. Wolf, Münster 2015, korr. ²2018).

56 Vgl. die leider als solche nicht weitergeführten Rekonstruktionsversuche, die Étienne Balibar zusammen mit Cesare Luporini und André Tosel unternommen hat (Marx et sa critique de la politique, Paris 1979).

57 Insofern lohnt es, Bidets hier vorgelegte Thesen als eine Ergänzung und sogar als eine Alternative zu Urs Lindners einschlägiger Untersuchung (Marx und die Philosophie. Wissenschaftlicher Realismus, ethischer Perfektionismus und kritische Sozialtheorie, Stuttgart 2013) zu lesen. Vgl. auch das Gespräch von Bidet mit Lindner und Duménil: *Le capital* de Marx, quelle interprétation et quel usage?, in: Actuel Marx, Nr. 56, 2014/2, S. 180–195.

Literatur

Bei Übersetzungen oder späteren Auflagen eines Textes verweisen die Jahreszahlen in eckigen Klammern auf das Erscheinungsjahr der Erstausgabe im Original. Die Reihenfolge der Nennung orientiert sich am ersten Erscheinungsjahr des Originaltextes bzw. am Zeitpunkt seiner Entstehung (bei posthum veröffentlichten Texten).

Werke von Marx und Engels

Zur Zitierweise der Texte von Marx und Engels: In der Regel wird nach den Marx-Engels-Werken (Sigle: MEW) zitiert. Bei den Schriften (bzw. Werkbetitelungen) »Die deutsche Ideologie« (MEW, Bd. 3) sowie »Das Kapital«, Bd. 2 (MEW, Bd. 24) und Bd. 3 (MEW, Bd. 25) werden zusätzlich jeweils die Stellen in der »zweiten« historisch-kritischen Marx-Engels-Gesamtausgabe (Sigle: $MEGA^2$) angegeben (in der Regel in Klammern; bei Vorliegen entsprechender inhaltlicher Gründe auch in anderer Position). Bei der ersten Nennung im Buch wird – wie bei Titelnennungen anderer Autorinnen und Autoren auch – der vollständige Titel der Schrift angegeben, bei allen weiteren Nennungen marxscher und/oder engelsscher Texte der Kurztitel mit Angabe des Bandes der MEW oder der $MEGA^2$ (bei eindeutig kontextualisierten Bezügen auf weitere Auflagen oder auf Übersetzungen einer Schrift mitunter auch ohne Kurztitel, d. h. nur mit MEW- bzw. $MEGA^2$-Nachweis).

Bei Texten, die nach MEW oder $MEGA^2$ zitiert werden, entfällt die Reproduktion im Literaturverzeichnis.

$MEGA^2$ Karl Marx/Friedrich Engels: Gesamtausgabe, Berlin 1975 ff.
MEW Karl Marx/Friedrich Engels: Werke, Berlin 1956 ff.

Marx, Karl: Das Kapital 1.1. Resultate des unmittelbaren Produktionsprozesses. Sechstes Kapitel des ersten Bandes des »Kapitals« [Entwurf von 1863–65; zuerst veröff. 1933], bearbeitet und kommentiert von Rolf Hecker/Hildegard Scheibler, Berlin 2009.

Marx, Karl: Le capital. Critique de l'économie politique. Livre premier: Le procès de production du capital, nach der 4. dt. Ausgabe [1890] übersetzt von Jean-Pierre Lefebvre, Paris 1983.

Werke von Foucault

Foucault, Michel: Wahnsinn und Gesellschaft. Eine Geschichte des Wahns im Zeitalter der Vernunft [1961], übersetzt von Ulrich Köppen [1969], Frankfurt a. M. [11]1995.

Foucault, Michel: Rezension [Dez. 1961] zu Alexandre Koyré: La Révolution astronomique. Copernic, Kepler, Borelli (Paris 1961), übersetzt von Hans-Dieter Gondek, in: ders.: Schriften in vier Bänden. Dits et Écrits [1994], herausgegeben von Daniel Defert/François Ewald unter Mitarbeit von Jacques Lagrange, [Bd. I: 1954–1969; Bd. II: 1970–1975; Bd. III: 1976–1979; Bd. IV: 1980–1988,] Frankfurt a. M. 2001–2005, hier Bd. II, S. 238–240.

Foucault, Michel: Die Ordnung der Dinge. Eine Archäologie der Humanwissenschaften [1966], übersetzt von Ulrich Köppen, Frankfurt a. M. [13]1995.

Foucault, Michel: Archäologie des Wissens [1969], übersetzt von Ulrich Köppen, Frankfurt a. M. 1981.

Foucault, Michel: Über den Willen zum Wissen. Vorlesungen am Collège de France 1970–71, gefolgt von Das Wissen des Ödipus [2011], unter Leitung von François Ewald und Allesandro Fontana herausgegeben von Daniel Defert, übersetzt von Michael Bischoff, Berlin 2012.

Foucault, Michel: Gespräch mit J. K. Simon [1971], übersetzt von Michael Bischoff, in: ders.: Schriften, Bd. II, S. 222–235.

Foucault, Michel/Noam Chomsky: Über die Natur des Menschen: Gerechtigkeit versus Macht [von Fons Elders moderierte Diskussion im holländischen Fernsehen, aufgenommen in der Techn. Hochschule von Eindhoven, November 1971], übersetzt von Jürgen Schröder, in: Foucault: Schriften, Bd. II, S. 586–637.

Foucault, Michel: Theorien und Institutionen der Strafe. Vorlesungen am Collège de France 1971–1972 [2015], übersetzt von Andrea Hemminger, Berlin 2017.

Foucault, Michel: Die große Einsperrung [1972], übersetzt von Hans-Dieter Gondek, in: ders.: Schriften, Bd. II, S 367–381.

Foucault, Michel/Gilles Deleuze: Die Intellektuellen und die Macht [Gespräch vom 4. März 1972], übersetzt von Hans-Dieter Gondek, in: Foucault: Schriften, Bd. II, S. 382–393.

Foucault, Michel: Von der Archäologie zur Dynastik [Gespräch mit S. Hasumi am 27. September 1972], übersetzt von Jürgen Schröder, in: ders.: Schriften, Bd. II, S. 504–518.

Foucault, Michel: Michel Foucault über Attica. Gespräch mit J. K. Simon [1972/1974], übersetzt von Reiner Ansén, in: ders.: Schriften, Bd. II, S. 653–667.

Foucault, Michel: Die Strafgesellschaft. Vorlesungen am Collège de France 1972–1973 [2013], übersetzt von Andrea Hemminger, Berlin 2015.

Foucault, Michel: [Résumé:] Die Strafgesellschaft [(Vorlesungs-) Bericht für das Jahrbuch (Annuaire) des Collège de France; 1973], übersetzt von Hermann Kocyba, in: ders.: Schriften, Bd. II, S. 568–585.

Foucault, Michel: Die Wahrheit und die juristischen Formen [fünf Vorträge an der Katholischen Universität in Rio de Janeiro, 21.–25. Mai 1973], übersetzt von Michael Bischoff, in: ders: Schriften, Bd. II, S. 669–792.

Foucault, Michel: Die Macht der Psychiatrie. Vorlesung am Collège de France 1973–1974 [2003], übersetzt von Claudia Brede-Konersmann/Jürgen Schröder, Frankfurt a. M. 2005.

Foucault, Michel: Die Anormalen. Vorlesungen am Collège de France 1974–1975 [1999], übersetzt von Michaela Ott und Konrad Honsel, Frankfurt a. M. 2007.

Foucault, Michel: Überwachen und Strafen. Die Geburt des Gefängnisses [1975], übersetzt von Walter Seitter, Frankfurt a. M. 1977.

Foucault, Michel: Gespräch über die Macht [(1975) 1978], übersetzt von Michael Bischoff, in: ders.: Schriften, Bd. III, S. 594–608.

Foucault, Michel: Von den Martern zu den Zellen [Gespräch mit R.-P. Droit, 1975], übersetzt von Hans-Dieter Gondek, in: ders.: Schriften, Bd. II, S. 882–888.

Foucault, Michel: Irrenanstalten. Sexualität. Gefängnisse [Gespräch in São Paulo; 1975], übersetzt von Hans-Dieter Gondek, in: ders.: Schriften, Bd. II, S. 955–970.

Foucault, Michel: In Verteidigung der Gesellschaft. Vorlesungen am Collège de France 1975–1976 [1996], übersetzt von Michaela Ott [1999], Frankfurt a. M. 2001.

Foucault, Michel: Sexualität und Wahrheit, Bd. 1: Der Wille zum Wissen [1976], übersetzt von Ulrich Raulff/Walter Seitter [1977], Frankfurt a. M. 1983.

Foucault, Michel: Fragen an Michel Foucault zur Geografie [Interview in der Zeitschrift *Hérodote – revue de géographie et de géopolitique;* 1976], übersetzt von Hans-Dieter Gondek, in: ders.: Schriften, Bd. III, S. 38–54.

Foucault, Michel: Verbrechen und Strafen in der UdSSR und anderswo... [1976], übersetzt von Hans-Dieter Gondek, in: ders.: Schriften, Bd. III, S. 83–98.

Foucault, Michel: Die gesellschaftliche Ausweitung der Norm [1976], übersetzt von Hans-Dieter Gondek, in: ders.: Schriften, Bd. III, S. 99–105.

Foucault, Michel: Die politische Funktion des Intellektuellen [1976], übersetzt von Hans-Dieter Gondek, in: ders.: Schriften, Bd. III, S. 145–152.

Foucault, Michel: Man muss die Gesellschaft verteidigen [1976], in: ders.: Schriften, Bd. III, übersetzt von Hans-Dieter Gondek, S. 165–173.

Foucault, Michel: Gespräch mit Michel Foucault [= M. Foucault/A. Fontana/R. Pasquino: Interview vom Juni 1976], übersetzt von Hans-Dieter Gondek, in: ders.: Schriften, Bd. III, S. 186–213.

Foucault, Michel: Corso del 7 gennaio 1976, in: ders.: Microfisica del potere: interventi politici, herausgegeben von Alessandro Fontana/Pasquale Pasquino, ins Italienische übersetzt von Giovanna Procacci/P. Pasquino, Turin 1977, S. 163–177. Deutsch in: Foucault: Schriften, Bd. III, S. 213–231 (übersetzt von Hans-Dieter Gondek aus dem Französischen).

Foucault, Michel/Blandine Barret Kriegel/Anne Thalamy/François Beguin/Bruno Fortier: Les Machines à guérir. Aux origines de l'hôpital moderne, Brüssel 1976, [2]1979.

Foucault, Michel/Jean-Pierre Barou/Michelle Perrot: Das Auge der Macht [Gespräch 1977], übersetzt von Hans-Dieter Gondek, in: Foucault: Schriften, Bd. III, S. 250–271.

Foucault, Michel: Die Machtverhältnisse gehen in das Innere der Körper über [Gespräch mit L. Finas; 1977], übersetzt von Hans-Dieter Gondek, in: ders.: Schriften, Bd. III, S. 298–309.

Foucault, Michel: Das Leben der infamen Menschen [1977], übersetzt von Hans-Dieter Gondek, in: ders.: Schriften, Bd. III, S. 309–332.

Foucault, Michel: Nein zum König Sex [Gespräch mit Bernard- Henri Lévy; 1977], übersetzt von Hans-Dieter Gondek, in: ders.: Schriften, Bd. III, S. 336–353.

Foucault, Michel: Das Spiel des Michel Foucault [Gespräch mit D. Colas, A. Grosrichard und anderen; veröffentlicht 1977], übersetzt von Hans-Dieter Gondek, in: ders.: Schriften, Bd. III, S. 391–429.

Foucault, Michel/Jacques Ranciére: Mächte und Strategien [Pouvoirs et stratégies – Gespräch in der Zeitschrift »Les Révoltes logiques«, Nr. 4, Winter 1977, S. 89–97], übersetzt von Jürgen Schröder, in: Foucault: Schriften, Bd. III, S. 538–550.

Foucault, Michel: Pouvoirs et émancipations. Entretien inédit entre Michel Foucault et quatre militants de la LCR, membres de la rubrique culturelle du journal quotidien *Rouge* [Juli 1977], in: Revue du MAUSS, Nr. 38, 2011/2, S. 33–50, https://doi.org/10.3917/rdm.038.0033. (Auch auf Englisch.)

Foucault, Michel: Geschichte der Gouvernementalität I. Sicherheit, Territorium, Bevölkerung. Vorlesung am Collège de France, 1977–1978 [2004], herausgegeben v. Michael Sennelart, übersetzt von Claudia Brede-Konersmann/Jürgen Schröder, Frankfurt a. M. 2004.

Foucault, Michel: Vorwort [Introduction] [zur engl. Ausgabe von Canguilhems »Le normal et le pathologique« [1943/66]: Georges Canguilhem: On the Normal and the Pathological, Boston 1978], übersetzt von Hermann Kocyba, in: ders.: Schriften, Bd. III, S. 551–567.

Foucault, Michel: Die analytische Philosophie der Politik [1978], übersetzt von Hermann Kocyba, in: ders.: Schriften, Bd. III, S. 675–695.

Foucault, Michel: Die Bühne der Philosophie [Gespräch mit M. Watanabe am 22. April 1978], übersetzt von Jürgen Schröder, in: ders.: Schriften, Bd. III, S. 718–747.

Foucault, Michel: Methodologie zur Erkenntnis der Welt: Wie man sich vom Marxismus befreien kann [Gespräch mit Ryumei Yoshimoto 1978], übersetzt von Jürgen Schröder, in: ders.: Schriften, Bd. III, S. 748–777.

Foucault, Michel: Geschichte der Gouvernementalität II. Die Geburt der Biopolitik. Vorlesung am Collège de France, 1978–1979 [2004], übersetzt von Jürgen Schröder, herausgegeben von Michael Sennelart, Frankfurt a. M. 2004.

Foucault, Michel: Die Gesundheitspolitik im 18. Jahrhundert [1979], übersetzt von Hans-Dieter Gondek, in: ders.: Schriften, Bd. III, S. 19–37.

Foucault, Michel: [Résumé:] Die Geburt der Biopolitik [(Vorlesungs-) Bericht für das Jahrbuch (Annuaire) des Collège de France; 1979], in: ders.: Schriften, Bd. III, S. 1020–1028.

Foucault, Michel: Die politische Technologie der Individuen [Vortrag an der Universität von Vermont, Oktober 1982; veröff. 1988], übersetzt von Michael Bischof, in: ders.: Schriften, Bd. IV, S. 1010.

Foucault, Michel: The Subject and Power, in: Hubert L. Dreyfus/Paul Rabinow:Michel Foucault – Beyond Structuralism and Hermeneutics, mit einem Nachwort von und einem Interview mit Foucault, Chicago 1982/21983, S. 208–226.

Foucault, Michel: Das Subjekt und die Macht [1982], übersetzt von Claus Rath, in: Dreyfus/Rabinow: Michel Foucault – Jenseits von Strukturalismus und Hermeneutik, aus dem Amerikanischen von Claus Rath/ Ulrich Raulff, Weinheim 1987/[2]1994, S. 243–261.

Foucault, Michel: Le sujet et le pouvoir, aus dem Englischen übersetzt von Fabienne Durand-Bogaert, in: ders.: Dits et Écrits, herausgegeben von Daniel Defert/François Ewald unter Mitarbeit von Jacques Lagrange, Bd. IV, Paris 1994, S. 222–243.

Foucault, Michel: Subjekt und Macht [1982], übersetzt von Michael Bischoff, in: ders: Schriften, Bd. IV, S. 269–294.

Foucault, Michel: Die Maschen der Macht [veröff. 1981/1985], übersetzt von Michael Bischof, in: ders.: Schriften, Bd. IV, S. 224–244.

Foucault, Michel: Strukturalismus und Poststrukturalismus, Interview mit Gérard Raulet [1983], übersetzt von Hans-Dieter Gondek, in: ders.: Schriften, Bd. IV, S. 521–555.

Foucault, Michel: Gebrauch der Lüste und Techniken des Selbst [1983], übersetzt von Hans-Dieter Gondek, in: ders.: Schriften, Bd. IV, S. 658–686 [in leicht veränderter Textgestalt ebenso als Einleitung in: Foucault: Sexualität und Wahrheit, Bd. 2: Der Gebrauch der Lüste, Frankfurt a. M. 1986, S. 7–45].

Florence, Maurice [Pseudonym]: s.v. Foucault, in: Denis Huisman (Hrsg.): Dictionnaire des philosophes, Bd. 1, Paris 1984, S. 942–994; dt. in: Foucault: Schriften, Bd. IV, S. 776–782, übersetzt von Hans-Dieter Gondek.

Foucault, Michel: Schriften in vier Bänden. Dits et Écrits [1994], herausgegeben von Daniel Defert/François Ewald unter Mitarbeit von Jacques Lagrange, Bd. I: 1954–1969; Bd. II: 1970–1975; Bd. III: 1976–1979; Bd. IV: 1980–1988, übersetzt von Reiner Ansén/Michael Bischoff/Ulrike Bokelmann/Horst Brühmann/Hans-Dieter Gondek/Hermann Kocyba/ Jürgen Schröder, Frankfurt a. M. 2001; 2002; 2003; 2005.

Monografien und Werkausgaben, Aufsätze, Aufsatzsammlungen, Sammelbände

Agridopoulos, Aristotelis: Das anteillose Volk gegen die soziale Hierarchisierung. Zur an-archischen und egalitären Logik im Denken Rancières, in: Thomas Linpinsel/Il-Tschung Lim (Hrsg.): Gleichheit, Politik und Polizei: Jacques Rancière und die Sozialwissenschaften, Wiesbaden2018, S. 231–248.

Althusser, Louis: Widerspruch und Überdetermination. Anmerkungen für eine Untersuchung [1962], übersetzt von Gabriele Sprigath [1968], überarbeitete Übersetzung von Frieder Otto Wolf [2011], in: ders.: Für Marx [1965], vervollständigte und durchgesehene Neuausgabe, herausgegeben und mit einem Nachwort von Frieder Otto Wolf, übersetzt von Werner Nitsch/Karin Priester/Klaus Riepe/Elin Sanders/Peter Schöttler/Gabriele Sprigath/Frieder Otto Wolf, Berlin 2011, S. 105–144.

Althusser, Louis: Retraktationen [1968–1978], in: ders./Étienne Balibar/Roger Establet/Pierre Macherey/Jacques Rancière: Das Kapital lesen. Vollständige und ergänzte Ausgabe mit Retraktationen zum Kapital, herausgegeben von Frieder Otto Wolf unter Mitwirkung von Alexis Petrioli, Münster 2015, ^{2}2018, S. 653–725.

Althusser, Louis: Der Überbau: Über die Reproduktion der Produktionsverhältnisse [Manuskript 1969; veröff. 1995], in: ders.: Über die Reproduktion (Gesammelte Schriften, Bd. 5.2), übersetzt von Frieder O. Wolf, Hamburg 2012, S. 30–303.

Althusser, Louis: Ideologie und ideologische Staatsapparate [1970], in: ders.: Ideologie und ideologische Staatsapparate (Gesammelte Schriften, Bd. 5.1), übersetzt von Peter Schöttler [1977; bearb. v. Frieder O. Wolf], Hamburg 2010, S. 37–102.

Althusser, Louis: Antwort an John Lewis [zuerst eng., 1972], in: Horst Arenz/Joachim Bischoff/Urs Jaeggi (Hrsg.): Was ist revolutionärer Marxismus? Kontroverse über Grundfragen marxistischer Theorie zwischen Louis Althusser und John Lewis, Berlin 1973, S. 35–76.

Althusser, Louis: Bemerkungen zu einer Kategorie: »Prozess ohne Subjekt und ohne Ende/Ziel« [zuerst eng., 1973], in: Was ist revolutionärer Marxismus?, S. 89–94.

Althusser, Louis: Marx dans ses limites [1978], in: ders.: Écrits philosophiques et politiques, herausgegeben von François Matheron, Bd. 1, Paris 1994, S. 327–534.

Arendt, Hannah: Es gibt nur ein einziges Menschenrecht, in: Die Wandlung, Jg. 4, 1949, H. 8, S. 754–770.

Arendt, Hannah: Elemente und Ursprünge totaler Herrschaft [1951], München 2006.

Arnoux, Mathieu: Le temps des laboureurs. Travail, ordre social et croissance en Europe (XIe–XIVe siècle), Paris 2012.

Bachelard, Gaston: Die Philosophie des Nein. Versuch einer Philosophie des neuen wissenschaftlichen Geistes [1940], übersetzt von Gerhard Schmidt/Manfred Tietz [1978], Frankfurt a. M. 1980.

Balibar, Étienne: Foucault und Marx. Der Einsatz des Nominalismus [1989], in: François Ewald/Bernhard Waldenfels (Hrsg.): Spiele der Wahrheit. Michel Foucaults Denken, Frankfurt a. M. 1991, S. 39–65.

Balibar, Étienne: La Crainte des masses. Politique et philosophie avant et après Marx, Paris 1997. (Dt. als: Der Schauplatz des Anderen. Formen der Gewalt und Grenzen der Zivilität, übers. v. Thomas Laugstien, Hamburg 2006.)

Beccaria, Cesare: Dei delitti e delle pene, München 1764, korrigierte und vermehrte Ausgabe, Ha[a]rlem/Paris 1780 [Original-Ausgaben seinerzeit ohne Verfasserangabe]; dt. unter d. Titel: Des Herrn Marquis von Beccaria unsterbliches Werk von Verbrechen und Strafen, übersetzt von Philipp Jakob Flathe und mit einer Vorrede von Karl Ferdinand Hommel, Breslau 1778, [2]1788.

Bert, Jean-François: Introduction à Michel Foucault, Paris 2011.

Bettelheim, Charles: Les luttes de classes en URSS [Buchreihe in 4 Teilen, Paris 1974–1983], Bd. »Troisième période: 1930–1941« in 2 Teilbänden [1982/83]; dt. als: Charles Bettelheim: Die Klassenkämpfe in der UdSSR: Band 3 und 4, übersetzt von Andreas G. Förster, Berlin 2016, [2]2021.

Bidet, Jacques: Que faire du Capital?, Paris 1985 ([2]2000; engl. als: Exploring Marx's *Capital*, übersetzt von David Fernbach, Boston/Leiden 2006).

Bidet, Jacques: Théorie de la modernité, Paris 1990.

Bidet, Jacques: Für eine metastrukturale Theorie der Moderne, übersetzt von Joachim Wilke, in: Deutsche Zeitschrift für Philosophie, Jg. 39, 1991, H. 12, S. 1331–1340.

Bidet, Jacques: Théorie générale. Théorie du droit, de l'économie et de la politique, Paris 1999.

Bidet, Jacques: Objections adressées à Jean-Marie Harribey au sujet de la théorie des services publics [Exposé], unter: http://jacques.bidet.pagesperso-orange.fr/harrideb.htm (auch in: ContreTemps Nr. 20, 2003, S. 119–125).

Bidet, Jacques: L'activité non marchande produit de la richesse, non du revenu. Note à propos d'une thèse de Jean-Marie Harribey [Niederschrift 2003]; mit Antworten von Harribey unter: https://local.attac.org/parisnw/IMG/pdf/Harribey_Valeur_activite_non_marchande_03.pdf.

Bidet, Jacques: Explication et réconstruction du »Capital«, Paris 2004. (Auch auf Spanisch und Italienisch.)

Bidet, Jacques: Die metastrukturale Rekonstruktion des *Kapital*, übersetzt von Martin Krzywdzinski/Frieder Otto Wolf, in: Jan Hoff/Alexis Petrioli/Ingo Stützle/Frieder Otto Wolf (Hrsg.): Das Kapital neu lesen, Münster 2006, S. 146–158.

Bidet, Jacques: L'État-monde. Libéralisme, socialisme et communisme à l'échelle globale – refondation du marxisme, Paris 2011.

Bidet, Jacques: Misère dans la philosophie marxiste: Moishe Postone lecteur du Capital, in: Périodes, November 2014; unter: http://revueperiode.net/misere-dans-la-philosophie-marxiste-moishe-postone-lecteur-du-capital/.

Bidet, Jacques: Le Capital lu par Moishe Postone: alchimie ou astrologie?, in: Vrin – Revue de philosophie économique, Vol. 17, 2016/2, S. 39–58.

Bidet, Jacques: Le néolibéralisme. Un autre grand récit, Paris 2016.

Bidet, Jacques/Gérard Duménil: Altermarxisme. Un autre marxisme pour un autre monde, Paris 2007.

Boccon-Gibod, Thomas: Michel Foucault. Dire la vérité, Poitiers 2013.

Boucheron, Patrick: Les laboratoires politiques de l'Italie, in: ders. (Hrsg.): Histoire du monde au XVe siècle, Paris 2009, S. 53–74.

Bourdieu, Pierrre: Was heißt sprechen? Die Ökonomie des sprachlichen Tauschs [1982], übersetzt von Hella Beister, Wien 1990.

Bourdieu, Pierre: Der Staatsadel [1989], übersetzt von Franz Hector/Jürgen Bolder, Konstanz 2004.

Bouveresse, Jacques: L'objectivité, la connaissance et le pouvoir, in: Didier Eribon (Hrsg.): L'infréquentable Michel Foucault. Renouveaux de la pensée critique, Paris 2001, S. 133–145.

Brieler, Ulrich: Antonio Negri, in: Clemens Kammler/Rolf Parr/Ulrich Johannes Schneider (Hrsg.): Foucault-Handbuch. Leben – Werk – Wirkung, Berlin [2]2020 (erw.), S. 231–234.

Butler, Judith: Psyche der Macht. Das Subjekt der Unterwerfung [1997], übersetzt von Reiner Ansén, Frankfurt a. M. 2001.

Castel, Robert: Nicht Exklusion, sondern Desaffiliation. Ein Gespräch mit François Ewald, in: Das Argument, Jg. 38, 1996, Nr. 217, S. 775–780.

Citton, Yves: Renverser l'insoutenable, Paris 2012.

Cohen, Déborah: La population contre le peuple. L'agonistique masquée des cours de Foucault au Collège de France, 1977–1979, in: Labyrinthe, Nr. 22, 2005/3, S. 67–76; auch online unter: https://doi.org/10.4000/labyrinthe.1035.

Dardot, Pierre/Christian Laval: La Nouvelle Raison du monde, Paris 2009.

Dean, Mitchell/Daniel Zamora: The Last Man Takes LSD – Foucault and the End of Revolution, New York 2021.

Deleuze, Gilles: Was ist ein Dispositiv? [1988], übersetzt von Hans-Dieter Gondek, in: François Ewald/Bernhard Waldenfels (Hrsg.): Spiele der Wahrheit. Michel Foucaults Denken, Frankfurt a. M. 1991, S. 153–162.

Defert, Daniel: Zeittafel, übersetzt von Michael Bischoff, in: Foucault: Schriften, Bd. I, S. 15-105.

Deng, Kent G.: Demystifying Growth and Development in North Song China, 960–1127, London 2013 [London School of Economics, Department of Economic History, Working Paper No. 178/13].

Delgado, Richard/Jean Stefancic: Critical Race Theory: Past, Present, and Future, in: Current Legal Problems, Vol. 51, 1998, Iss. 1, S. 467–491.

Delphy, Christine: Der Hauptfeind [1970], aus dem Frz. übersetzt in: Alice Schwarzer (Hrsg.): Lohn: Liebe. Zum Wert der Frauenarbeit, Frankfurt a. M. 1985, S. 149–171.

Descartes, René: Regulae ad directionem ingenii [seit 1619, unvollendet], in: Œuvres de Descartes, herausgegeben von Charles Adam/Paul Tannery, 11 Bde. + Supplement-Bd., Paris 1897–1913, Bd. 10 [1908], S. 349–488.

Descartes, René: Meditationes de prima philosophia [1641], in: ebd., Bd. 7 [1904].

Dorlin, Elsa: La Matrice de la race, Paris 2006.

Duménil, Gérard/Dominique Lévy: Cadres et classes populaires: Entre gauche traditionnelle, altermondialisme et anticapitalisme, in: Actuel Marx, Nr. 44, 2008/2, S. 104–116.

Duménil, Gérard/Dominique Lévy: La grande bifurcation. En finir avec le néolibéralisme, Paris 2014.

Durand-Gasselin, Jean-Marc: L'École de Francfort, Paris 2012.

Egger, Lukas: Der »schreckliche erste Abschnitt«. Zu Louis Althussers Kritik an der marxschen Werttheorie, in: PROKLA – Zeitschrift für Kritische Sozialwissenschaft, 47. Jg., 2017, H. 188, S. 435–452.

Eribon, Didier: Michel Foucault. Eine Biographie [1989], übersetzt von Hans- Horst Henschen, Frankfurt a. M. 1999.

Eribon, Didier (Hrsg.): L'infréquentable Michel Foucault. Renouveaux de la pensée critique, Paris 2001. (Auch auf Spanisch.)

Ferguson, Adam: Versuch über die Geschichte der bürgerlichen Gesellschaft [1767; dt. 1768; frz. 1783], übersetzt von Hans Medick, Frankfurt a. M. 1986.

Ferrier, Sean Gerard: Subjects of History – Foucault on the Emergence of Conflictual Nationhood and Biopolitics, in: Le foucaldien, 6. Jg., Nr. 1, 2020 (Online-Journal), Text Nr. 9 (46 S.).

Foisneau, Luc: Foucault, Hobbes et la critique anti-juridique des Lumières, in: Lumières, Nr. 8/2006 (Foucault et les Lumières), S. 31–50.

Gajac, Olivier: La notion de désaffiliation chez Robert Castel, in: Revue du MAUSS [Mouvement anti-utilitariste dans les sciences sociales] permanente [Online-Ausgabe], 28.10.2015, unter: https://www.journaldumauss.net/?La-notion-de-desaffiliation-chez-1250.

Gallie, Walter Bryce: Essentially Contested Concepts, in: Proceedings of the Aristotelian Society, New Series, Vol. 56, 1955–1956, S. 167–198.

Garo, Isabelle: Foucault, Deleuze, Althusser & Marx. La politique dans la philosophie, Paris 2011.

Gehring, Petra: s.v. Bio-Politik/Bio-Macht, in: Clemens Kammler/Rolf Parr/Ulrich Johannes Schneider: Foucault-Handbuch, Berlin ²2020, S. 266–267.

Giacomelli, Marco Enrico: Ascendances et filiations foucaldiennes en Italie. L'opéraïsme en perspective, übersetzt von Jean-Michel Goux, in: Actuel Marx, Nr. 36, 2004/2, S. 109–121.

Goldschmidt, Werner (Hrsg.): Das gemeinsame Regierungsprogramm der Sozialisten und Kommunisten in Frankreich [Gemeinsames Regierungsprogramm, unterzeichnet von den Delegationen von PCF und PS am 26. Juni 1972], übersetzt von Renate Karst, eingeleitet von W. Goldschmidt, Köln 1972.

Gramsci, Antonio: Anmerkungen zur Politik Machiavellis (Heft 13 [XXX], 1932–34), übersetzt von Klaus Bochmann, in: ders.: Gefängnishefte (Kritische Gesamtausgabe), herausgegeben vom Deutschen Gramsci-Projekt (wiss. Leitung Klaus Bochmann/Wolfgang F. Haug, ab Bd. 7 [1996] mit Peter Jehle), 10 Bde., Hamburg/Berlin 1991–2002, Bd. 7 [1996].

Haber, Stéphane: Du néolibéralisme au néocapitalisme?, in: Actuel Marx, Nr. 51, 2012/1, S. 59–72, unter: https://doi.org/10.3917/amx.051.0059. (Auch auf Englisch.)

Haber, Stéphane: Penser le néocapitalisme. Vie, capital et aliénation, Paris 2013.

Haber, Stéphane: Freud et la théorie sociale, Paris 2012.

Haber, Stéphane: Freud sociologue, Paris 2012.

Habermas, Jürgen: Theorie des kommunikativen Handelns [1981], 2 Bände, Frankfurt a. M. 1985.

Harribey, Jean-Marie: La Richesse, la Valeur et l'Inestimable. Fondements d'une critique socio-écologique de l'économie capitaliste, Paris 2013.

Hegel, Georg Wilhelm Friedrich: Religions-Philosophie [Manuskript der Vorlesungen über die Philosophie der Religion], Dritter Theil, in: ders.: Gesammelte Werke, in Verbindung mit der Deutschen Forschungsgemeinschaft herausgegeben von der Rheinisch-Westfälischen Akademie der Wissenschaften, Hamburg 1968 ff., Bd. 17 [1987]: Vorlesungsmanuskripte I (1816–1831), herausgegeben von Walter Jaeschke, S. 205–300.

Hibou, Béatrice: La bureaucratisation du monde à l'ère néolibérale, Paris: 2012. (Auch auf Englisch sowie auf Arabisch und Spanisch.)

Horkheimer, Max: Traditionelle und Kritische Theorie [1937], in: ders.: Gesammelte Schriften, herausgegeben von Alfred Schmidt/Gunzelin Schmid Noerr, Bd. 4, Frankfurt am Main 1988, S. 162–216.

Iseli, Andrea: Gute Policey. Öffentliche Ordnung in der frühen Neuzeit, Stuttgart 2009.

Jánoska, Judith/Martin Bondeli/Konrad Kindle/Marc Hofer: Das »Methodenkapitel« von Karl Marx. Ein historischer und systematischer Kommentar, Basel 1994.

Jessop, Bob: Pouvoir et stratégie chez Poulantzas et Foucault, in: Actuel Marx, Nr. 36 (Marx et Foucault), 2004/2, S. 59–85 [urspr.: Power and strategy in Foucault and Poulantzas, in: Ideas and Production, Nr. 6, 1987, S. 59–85; überarbeitete und vollständig übersetzte Fassung als: Macht und Strategie bei Poulantzas und Foucault, übersetzt von Ingar Solty, Hamburg 2005 (Einzelveröffentlichung)].

Kant, Immanuel: Metaphysische Anfangsgründe der Rechtslehre [= Metaphysik der Sitten, Teil I; 1797], in: Kants Werke, herausgegeben von der Königlich Preußischen Akademie der Wissenschaften, 9 Bde. [= Kants Gesammelte Schriften, Abteilung I], Berlin 1902-1923, Bd. VI [²1914], herausgegeben von Paul Natorp, S. 302–372 (Photomech. Nachdruck 1968).

Kurz, Robert: Die Krise des Tauschwerts. Produktivkraft Wissenschaft, produktive Arbeit und kapitalistische Reproduktion, in: Marxistische Kritik, Nr. 1, März 1986, S. 7–48.

Kurz, Robert: Geld ohne Wert. Grundrisse zu einer Transformation der Kritik der politischen Ökonomie, Berlin 2012.

Kurz, Robert: Krise und Kritik. Die innere Schranke des Kapitals und die Schwundstufen des Marxismus, nachgelassenes Fragment, Teil I u. II, in: Exit! Krise und Kritik der Warengesellschaft, H. 10, 2012, S. 26–61; H. 11, 2013, S. 64–111.

Labica, Georges: Basis, übersetzt von Eckhard Volker, in: Kritisches Wörterbuch des Marxismus [1982, ²1985], herausgegeben von Georges Labica/Gérard Bensussan, dt. Fassung herausgegeben von Wolfgang Fritz Haug, 8 Bände, Berlin/Hamburg 1983–89, Bd. 1 [1983], S. 147–150.

Lagasnerie, Geoffroy de: La Dernière Leçon de Foucault: Sur le néolibéralisme, la théorie et la politique, Paris 2012.

Lascoumes, Pierre: La gouvernementalité. De la critique de l'État aux technologies du pouvoir, in: Le Portique, Nr. 13–14: Foucault, usages et actualités, 2004, S. 169–190 (Online-Ausgabe unter: https://doi.org/10.4000/leportique.601).

Le Blanc, Guillaume: Etre assujetti. Althusser, Foucault, Butler, in: Actuel Marx, Nr. 26, 2004/2, S. 45–62.

Lebaron, Frédéric: De la critique de l'économie à l'action syndicale, in: Didier Eribon (Hrsg.): L'infréquentable Michel Foucault. Renouveaux de la pensée critique, Paris 2001, S. 157–164.

Legrand, Stéphane: Le marxisme oublié de Foucault, in: Actuel Marx, Nr. 26, 2004/2, S. 27–43.

Legrand, Stéphane: Les normes chez Foucault, Paris 2007.

Lemke, Thomas: Eine Kritik der politischen Vernunft. Foucaults Analyse der modernen Gouvernementalität, Berlin 1997.

Lemke, Thomas: »Marx sans guillemets«. Foucault, la gouvernementalité et la critique du néolibéralisme, übersetzt von Marc Chemali, in: Actuel Marx, Nr. 36, 2004/2, S. 13–26 (online unter: www.cairn.info/journal-actuel-marx-2004-2-page-13.htm).

Lenin, Wladimir Iljitsch: Staat und Revolution [1917/18], in: Lenin Werke, Bd. 25, S. 393–507.

Lin, Justin Yifu: The Needham Puzzle: Why the Industrial Revolution Did Not Originate in China, in: Economic Development and Cultural Change, Vol. 43, 1995, Nr. 2, S. 269–292.

Macherey, Pierre: De Canguilhem à Foucault. La Force des normes, Paris 2009. (Auch auf Spanisch.)

Mao Zedong [Tse-tung]: Über den Widerspruch [1937], in: ders.: Ausgewählte Werke, 5 Bde., Peking [Verlag für fremdsprachige Literatur] 1968–1978, Bd. 1 [1968], S. 365–408.

Mao Zedong [Tse-tung]: Über die richtige Behandlung der Widersprüche im Volke [1957], in: ebd., Bd. 5 [1978], S. 434–476.

Mercier-Josa, Solange: Entre Hegel et Marx, Paris 1999.

Moebius, Stephan/Lothar Peter: Die französische Epistemologie, in: Gerhard Fröhlich/Boike Rehbein (Hrsg.): Bourdieu-Handbuch, Stuttgart 2014, S. 10–15.

Moreno Pestaña, José Luis: Foucault, la gauche et la politique, Paris 2010.

Noiriel, Gérard: Michel Foucault: les trois figures de l'intellectuell engagé, in: Marie-Christine Grandjon (Hrsg.): Penser avec Michel Foucault. Théorie critique et pratiques politiques, Paris 2005, S. 301–330.

Piper, Ernst: Der Aufstand der Ciompi. Über den »Tumult«, den die Wollarbeiter im Florenz der Frührenaissance anzettelten [1978], Berlin 1990.

Pomeranz, Kenneth: The Great Divergence – China, Europe, and the Making of the Modern World Economy [2000], um ein neues Vorwort erweitert, Princeton ²2021.

Postone, Moshe: Zeit, Arbeit und gesellschaftliche Herrschaft. Eine neue Interpretation der kritischen Theorie von Marx [1993], übersetzt von Christoph Seidler, Freiburg 2003.

Rancière, Jacques: Das Unvernehmen. Politik und Philosophie [1995], übersetzt von Richard Steurer, Frankfurt a. M. 2002.

Renault, Emmanuel: Foucault et l'École de Francfort, in: Yves Cusset/Stéphane Haber (Hrsg.): Habermas et Foucault, Paris 2006, S. 55–68.

Renault, Emmanuel: Souffrances sociales. Philosophie, psychologie et politique, Paris 2008.

Renault, Emmanuel: Biopolitique, médecine sociale et critique du libéralisme, in: Multitudes, Nr. 34, 2008/3, S. 195–205, unter: doi: 10.3917/mult.034.0195.

Revel, Judith: Foucault. Une pensée du discontinu, Paris 2010. (Auch auf Spanisch.)

Rüstow, Alexander: Sozialpolitik oder Vitalpolitik? in: Mitteilungen der Industrie- und Handelskammer zu Dortmund, 15. Nov. 1951, S. 453–459.

Schmitt, Carl: Der Begriff des Politischen. Synoptische Darstellung der Texte [1927, 1932/1963, 1933], herausgegeben von Marco Walter, Berlin 2018.

Schmitt, Carl: Über das Verhältnis der Begriffe Krieg und Feind [1938/1963], in: ders.: Begriff des Politischen, S. 266–273 [= Corollarium 2].

Schmitt, Carl: Theorie des Partisanen. Zwischenbemerkung zum Begriff des Politischen, Berlin 1963 ([8]2017).

Schöttler, Peter: Die »Annales«-Historiker und die deutsche Geschichtswissenschaft, Tübingen 2015.

Sgro', Giovanni: Die dialektisch-materialistische Methode der Marxschen Kritik der politischen Ökonomie. Stichworte zu einer unendlichen Geschichte, in: Stefan Müller (Hrsg.): Probleme der Dialektik heute, Wiesbaden 2009, S. 201–227.

Sibertin-Blanc, Guillaume: La loi de population du capital, biopolitique d'État, hétéronomie de la politique de classe, in: Franck Fischbach (Hrsg.): Marx. Relire *Le Capital*, Paris 2009, S. 77–100.

Skinner, Quentin: Conquest and Consent: Hobbes and the Engagement Controversy, in: Gerald Edward Aylmer: The Interregnum. The Quest for Settlement 1646–1660 [1972], London, S. 79–98; überarbeitete Fassung in: Q. Skinner: Visions of Politics, Bd. 3: Hobbes and Civil Science, Cambridge 2002, S. 287–307.

Spector, Céline: Foucault, les Lumières et l'histoire. L'émergence de la société civile, in: Lumières, Nr. 8, 2007, S. 169–191.

Stella, Alessandro: La Révolte des Ciompi. Les hommes, les lieux, le travail, Paris 1993.

Stoler, Ann: Carnal Knowledge and Imperial Power. Race and the Intimate in Colonial Rule, Berkeley 2002 (mit einem neuen Vorwort, [2]2010).

Testart, Alain: Avant l'histoire. L'évolution des sociétés de Lascaux à Camac, Paris 2013.

Therborn, Göran: Klasse im 21. Jahrhundert [2012], übersetzt von Alrik Schubotz, in: Heinz Bude/Philipp Staab (Hrsg.): Kapitalismus und Ungleichheit. Die neuen Verwerfungen, Frankfurt a. M. 2016, S. 285–315. (Auszug unter dem Titel: Gehört das 21. Jahrhundert der Mittelklasse?, übersetzt von Rainer Rilling [2013], unter: https://www.zeitschrift-luxemburg.de/gehoert-das-21-jahrhundert-der-mittelklasse/)

Thompson, Edward Palmer: Das Elend der Theorie. Zur Produktion geschichtlicher Erfahrung [1978], übersetzt von Peter Huth, mit einer Einleitung von Michael Vester, Frankfurt a. M. 1980.

Thompson, Edward Palmer: Die englische Gesellschaft im 18. Jahrhundert: Klassenkampf ohne Klasse? [1978], in: ders.: Plebeische Kultur und moralische Ökonomie, herausgegeben von Dieter Groh, übersetzt von Günther Lottes, Berlin 1980, S. 247–289.

Thorez, Maurice: Fils du peuple, Paris 1937 (dt. 1938 u. 1951).

Vallès, Jules: Les Enfants du Peuple, Paris 1879.

Venturi, Franco: Utopia and Reform in the Enlightenment, Cambridge 1970.

Veyne, Paul: Brot und Spiele. Gesellschaftliche Macht und politische Herrschaft in der Antike [1976], übersetzt von Klaus Laermann (Text) und Hans Richard Brittnacher (Anm.), Frankfurt a. M./New York.

Veyne, Paul: Der Eisberg der Geschichte. Foucault revolutioniert die Historie [1978], übersetzt von Karin Tholen-Struthoff, Berlin 1981.

Veyne, Paul: Un archéologue sceptique, in: Didier Éribon (Hrsg.): L'Infréquentable Michel Foucault, Paris 2001, S. 19–59.

Williamson, Oliver E.: Die ökonomischen Institutionen des Kapitalismus. Unternehmen, Märkte, Kooperationen [1985], übersetzt von Monika Streissler [1990], Tübingen 2009.

Zusätzlich im Nachwort verwendete Literatur

Althusser, Louis: Enfin la crise du marxisme [Überarbeitung des urspr. unbetitelten Beitrages für die Il Manifesto-Konferenz, Venedig 1977], in: Il Manifesto (Hrsg.): Pouvoir et opposition dans les sociétés postrevolutionaires, Paris 1978, S. 242-253. (Wieder in: La solitude de Machiavel, herausgegeben von Yves Sintomer, Paris 1988, S. 267–279.) – Dt.: Über die Krise des Marxismus, übersetzt von Peter Schöttler/Erika Töller, in: Louis Althusser: Die Krise des Marxismus [Textsammlung], [= Reihe Positionen, Bd. 6, besorgt von Peter Schöttler,] übersetzt von Peter Schöttler/Erika Töller, Hamburg 1978, S. 53–68. (Wieder in: ders.: Die Krise des Marxismus. Ein hellrotes Bändchen aus den 1970er Jahren [= Neuauflage mit gegenüber der Ausgabe 1978 veränderter Textauswahl], mit einem Nachwort von Frieder Otto Wolf, Hamburg 2022, S. 63–78.)

Althusser, Louis: Le marxisme comme théorie finie [1978], in: ders.: La solitude de Machiavel, herausgegeben von Yves Sintomer, Paris 1988, S. 285–294.

Althusser, Louis/Balibar, Étienne/Establet, Roger/Macherey, Pierre/Rancière, Jacques: Das Kapital lesen [1965]. Vollständige und ergänzte Ausgabe mit Retraktationen zum Kapital, herausgegeben von Frieder Otto Wolf unter Mitwirkung von Alexis Petrioli, Münster 2015 (korr. [2]2018).

Bader, Veit-Michael/Berger, Johannes/Ganßmann, Heiner/v. d. Knesebeck, Jost: Einführung in die Gesellschaftstheorie Gesellschaft, Wirtschaft und Staat bei Marx und Weber, 2 Bde., Frankfurt a. M. 1976.

Badiou, Alain: Politics as Truth Procedure, in: ders.: Theoretical Writings, herausgegeben und übersetzt von Ray Brassier/Albert Toscano, New York 2004, S. 155–166.

Badiou, Alain: Das Sein und das Ereignis, übersetzt von Gernot Kamecke, Berlin 2005.

Badiou, Alain: The Adventure of French Philosophy [frz. 2004], in: New Left Review, Nr. 35, 2005, S. 67–77. (Wieder als »Preface« in: ders.: The Adventure of French Philosophy, herausgegeben und übersetzt von Bruno Bosteels, London/Brooklyn 2012.)

Badiou, Alain: Logiken der Welten: Das Sein und das Ereignis 2, übersetzt von Heinz Jatho, Zürich/Berlin 2010.

Badiou, Alain: Ist Politik denkbar?, übersetzt von Frank Ruda/Jan Völker, Berlin 2010.

Badiou, Alain/Rancière, Jacques: Politik der Wahrheit, herausgegeben von Rado Riha, Wien 1996 (gekürzt ²2013).

Balibar, Étienne: Cinq études du matérialisme historique, Paris 1974.

Balibar, Étienne: The History of Truth: Alain Badiou in French Philosophy, in: Think Again: Alain Badiou and the Future of Philosophy, herausgegeben von Peter Hallward, New York 2004, S. 21–38.

Balibar, Étienne: Gleichfreiheit. Politische Essays [2010], übersetzt von Christine Pries, Berlin 2012.

Balibar, Étienne/Luporini, Cesare/Tosel, André: Marx et sa critique de la politique, Paris 1979.

Bidet, Jacques: John Rawls et la théorie de la justice, Paris 1995.

Bidet, Jacques: Théorie générale, Paris 1999.

Bidet, Jacques: Explication et reconstruction du Capital, Paris 2004.

Bidet, Jacques: The Rule of Imperialism and the Global-State in Gestation, in: Traces, Nr. 4, 2006, S. 175–210.

Bidet, Jacques: Le système-monde et l'Etat-monde en gestation, in: Revue Internationale de Philosophie, Vol. 61, 2007/1, Nr. 239, S. 57–80.

Bidet, Jacques: A reconstruction project of the Marxian theory: from *Exploring Marx's Capital* (1985) to *Altermarxisme* (2007), via *Théorie Générale* (1999) and *Explication et reconstruction du Capital* (2004), Vorlage für die IV. Jahrestagung von Historical Materialism, SOAS University of London, November 2007.

Bidet, Jacques: Explanation and reconstruction of Marx's *Capital,* in: Rethinking Marxism, Nr. 19/3, 2007, S. 358–376.

Bidet, Jacques: L'État-monde, Libéralisme, Socialisme et Communisme à l'échelle mondiale. Refondation du marxisme, Paris 2011.

Bidet, Jacques/Eustache [Stathis] Kouvelakis (Hrsg.): Dictionnaire Marx Contemporain, Paris 2001. (Engl.: Critical Companion of Contemporary Marxism, Boston/Leiden 2007.)

Bidet, Jacques/Duménil, Gérard: Altermarxisme, un autre marxisme pour un autre monde, Paris 2007.

Bidet, Jacques/Duménil, Gérard/Lindner, Urs: *Le capital* de Marx, quelle interprétation et quel usage?, in: Actuel Marx, Nr. 56, 2014/2, S. 180–195.

Bidet, Jacques/Tinel, Bruno/Duménil, Gérard/Löwy, Michael/Renault, Emmanuel: Sur Marx et les marxismes [Discussion], in: Actuel Marx, Nr. 48, 2010/2, S. 129–137 (engl.: On Marx and Marxisms. Discussion, unter: https://www.cairn-int.info/revue-actuel-marx-2010-2-page-129.htm&wt.src=pdf).

Breda, Stefano: Kredit und Kapital. Kreditsystem und Reproduktion der kapitalistischen Vergesellschaftungsweise in der dialektischen Darstellung des Marxschen »Kapital«, Würzburg 2019.

Brüggemann, Heinz: Literarische Technik und soziale Revolution. Versuche über das Verhältnis von Kunstproduktion, Marxismus und literarischer Tradition in den theoretischen Schriften Bertolt Brechts, Reinbek 1973.

Demirović, Alex: Der nonkonformistische Intellektuelle. Die Entwicklung der Kritischen Theorie zur Frankfurter Schule, Frankfurt a. M. 1999.

Demirović, Alex: Das Wahr-Sagen des Marxismus, in: PROKLA. Zeitschrift für Kritische Sozialwissenschaft, Nr. 151, Jg. 38, 2008, H. 2, S. 179–201.

Demirović, Alex (Hrsg.): Kritik und Materialität, Münster 2008.

Duménil, Gérard: Structural Crises in the Historical Dynamics of Social change, Vorlage für den Sixth International Marx Congress, Universität Paris Ouest-Nanterre, La Défense, September 2010.

Duménil, Gérard: Modernity and capitalism: Notes on Jacques Bidet's analytical framework, 2013, unter: https://www.cepremap.fr/membres/dlevy/dge2013a.pdf.

Duménil, Gérard/Lévy, Dominique: Marxian Political Economy: Legacy and Renewal, in: World Review of Political Economy, Jg. 1, 2010, H.1, S. 7–22.

Elbe, Ingo: Marx im Westen. Die neue Marx-Lektüre in der Bundesrepublik seit 1965, Berlin 2008, [2]2010.

Ekici, Ekrem/Nowak, Jörg/Wolf, Frieder Otto: Althusser – Die Reproduktion des Materialismus, Münster 2016.

Fischbach, Franck (Hrsg.): Relire *Le Capital*, Paris 2009.

Gerstenberger, Heide: Markt und Gewalt. Die Funktionsweise des historischen Kapitalismus, Münster 2017 (korr. [2]2018).

Haug, Wolfgang Fritz: Kapital-Lektüre, in: Historisch-kritisches Wörterbuch des Marxismus, herausgegeben von Wolfgang Fritz Haug (ab Bd. 7/I [2008] mit Frigga Haug/Peter Jehle, ab Bd. 8/I [2012] zusätzlich mit Wolfgang Küttler), Hamburg/Berlin 1994 (Bd. 1), Hamburg 1995 ff. (Bd. 2 ff.), Bd. 7/I [2008], Sp. 323–348.

Heinrich, Michael: Die Wissenschaft vom Wert. Die Marxsche Kritik der politischen Ökonomie zwischen wissenschaftlicher Revolution und klassischer Tradition, Hamburg 1991 (erweitert [7]2017).

Heinrich, Michael: Kritik der politischen Ökonomie. Eine Einführung in »Das Kapital« von Karl Marx, Stuttgart 2004 ([15]2021).

Heinrich, Michael: Wie das Marxsche Kapital lesen? Leseanleitung und Kommentar zum Anfang des »Kapital«, Bd. 1, Stuttgart 2008 ([4]2021).

Heinrich, Michael: Wie das Marxsche Kapital lesen? Leseanleitung und Kommentar zum Anfang des »Kapital«, Bd. 2, Stuttgart 2013 ([2]2021).

Heinrich, Michael: Marx' Ökonomiekritik nach der MEGA. Eine Zwischenbilanz nach dem Abschluss der II. Abteilung, in: Marx-Engels-Jahrbuch 2012/2013, Berlin 2013, S. 144–167.

Kardelj, Edward: On People's Democracy in Yugoslavia, New York 1949.

Klein, Dieter: Theoretische Reflexionen zur Krise in der DDR, in: Gerd-Joachim Glaeßner (Hrsg.): Eine deutsche Revolution. Der Umbruch in der DDR, seine Ursachen und Folgen, Frankfurt a. M. 1991, S. 43–59.

Lindner, Urs: Marx und die Philosophie. Wissenschaftlicher Realismus, ethischer Perfektionismus und kritische Sozialtheorie, Stuttgart 2013.

Lydall, Harold: Yugoslav Socialism: Theory and Practice, Oxford 1984.

Matthys, Jean: Althusser lecteur de Spinoza. Genèse et enjeux d'une éthico-politique de la theorie, Sesto San Giovanni (Lombardei) 2023 [Diss. 2020 m. d. Haupttitel: Althusser et Spinoza].

Müller, Klaus-Detlef: Anmerkungen zur »Korsch-Legende«, in: Brecht-Jahrbuch 1977, S. 184–187.

Negri, Antonio: Marx and Foucault (Essays, Bd. 1), Cambridge 2016.

Rancière, Jacques: Der Begriff der Kritik und die Kritik der politischen Ökonomie von den *Manuskripten von 1844* bis zum *Kapital* [1965], übersetzt von Eva Pfaffenberger, in: Louis Althusser/Étienne Balibar/Roger Establet/Pierre Macherey/Jacques Rancière: Das Kapital lesen. Vollständige und ergänzte Ausgabe mit Retraktationen zum Kapital, herausgegeben von Frieder Otto Wolf unter Mitwirkung von Alexis Petrioli, Münster 2015 (korr. ²2018), S. 105–207.

Rasch, Wolfdietrich: Bertolt Brechts marxistischer Lehrer. Aufgrund eines ungedruckten Briefwechsels zwischen Brecht und Karl Korsch, in: Merkur, H. 188, Jg. 17, 1963 (Nr. 10/Oktober), S. 988–1003 (wieder in: ders., Zur deutschen Literatur seit der Jahrhundertwende. Gesammelte Aufsätze, Stuttgart 1967, S. 243–273).

Rojas, Raúl: Das unvollendete Projekt. Zur Entstehungsgeschichte von Marx' *Kapital*, Hamburg 1997.

Roso, Darren: Weimar's Marxist Heretic. Reading Karl Korsch Today, in: Spectre, Januar 2022 [Online-Publikation], unter: https://spectre-journal.com/weimars-marxist-heretic/.

Roso, Darren: Karl Korsch. Weimar Germany's Marxist Heretic, Leiden 2023 (in Vorber.).

Saar, Martin: [Nachwort:] Die Form des Lebens. Künste und Techniken des Selbst beim späten Foucault, in: Michel Foucault: Ästhetik der Existenz. Schriften zur Lebenskunst, herausgegeben von Daniel Defert/François Ewald unter Mitarbeit von Jacques Lagrange, ausgewählt von Martin Saar, Frankfurt a. M. 2007, S. 321–343.

Schöttler, Peter: Althusser and the Historiography of the »Annales« – an Impossible Dialogue?, in: E. Ann Kaplan/Michael Sprinker (Hrsg.): The Legacy of Althusser, London 1993, S. 817–898.

Tosel, André: Sur un retour de Marx en philosophie et en politique. Éléments de recension bibliographique, in: Actuel Marx, Nr. 59, 2016/1, S. 153–169.

Vaßen, Florian: Bertolt Brechts Experimente. Zur ästhetischen Autonomie und sozialen Funktion von Brechts literarischen und theatralen Modellen und Versuchen, in: Hans Joachim Piechotta/Ralph-Rainer Wuthenow/Sabine Rothemann (Hrsg.): Die literarische Moderne in Europa, Wiesbaden 1994, S. 146–175.

Vileisis, Danga/Frieder Otto Wolf: Marx und Engels im Umbruch: Zur kritischen Neuedition der Texte zur *Deutschen Ideologie*, in: Deutsche Zeitschrift für Philosophie, Bd. 66, 2018, H. 1, S. 134–141.

Wolf, Frieder Otto: Althusser-Schule, in: Historisch-kritisches Wörterbuch des Marxismus, herausgegeben von Wolfgang Fritz Haug (ab Bd. 7/I [2008] mit Frigga Haug/Peter Jehle, ab Bd. 8/I [2012] zusätzlich mit Wolfgang Küttler), Hamburg/Berlin 1994 (Bd. 1), Hamburg 1995 ff. (Bd. 2 ff.), Bd. 1 [1994], Sp. 184–191.

Wolf, Frieder Otto: Althusser, Louis, in: Thomas Bedorf/Kurt Röttgers (Hrsg.): Die französische Philosophie des 20. Jahrhunderts. Ein Autorenhandbuch, Darmstadt 2009, S. 15–21.

Wolf, Frieder Otto: Der Westberliner Marxismus der 1970er Jahre als Fortsetzung der 1968er Bewegung, in: Werner Thole/Leonie Wagner/Dirk Stederoth (Hrsg.): »Der lange Sommer der Revolte«, Wiesbaden 2020, S. 17–27.